# 가르침을
# 배우다

빠알리 성전을 통해 본 불교 기초 교리

나모 땃사 바°가와또 아라하또 삼마̄삼붓닷°사

나모 땃사 바°가와또 아라하또 삼마̄삼붓닷°사

나모 땃사 바°가와또 아라하또 삼마̄삼붓닷°사

Namo tassa bhagavato arahato sammāsambuddhassa.

Namo tassa bhagavato arahato sammāsambuddhassa.

Namo tassa bhagavato arahato sammāsambuddhassa.

아라한이시며 정등각자이신 그 거룩하신 세존께 예경 올립니다.

아라한이시며 정등각자이신 그 거룩하신 세존께 예경 올립니다.

아라한이시며 정등각자이신 그 거룩하신 세존께 예경 올립니다.

# 가르침을 배우다

빠알리 성전을 통해 본 불교 기초 교리

## 일러두기

1. 본문에 인용된 빠알리 문헌은 모두 6차 결집본이다.
2. M.iii.37은 6차 결집본 《맛지마 니까야》 제3권 37쪽을 뜻하고, M76은 《맛지마 니까야》의 76번째 경을 뜻한다.
   Dhp.118은 《법구경》 118번째 게송을 뜻한다.
   It.91은 《여시어》 91번째 경을 뜻한다.
   J480은 《본생담》 480번째 일화를 뜻한다.
3. 빠알리어는 정체로 표기했고, 영문은 이탤릭체로 표기했다. 미얀마어는 영어로 표기한 후 이탤릭체로 표기했다.
4. 약어에 전체 빠알리어가 제시된 문헌은 본문에 따로 빠알리어를 표기하지 않았다.
5. 미얀마어로 된 참고문헌은 영어의 이탤릭체로 표기한 뒤 그 의미를 이어서 표기했다. 저자도 영어의 이탤릭체로만 표기했다.
6. 반복 인용된 문헌은 처음에만 저자를 표기하고 두 번째부터는 책의 제목만 표기했다.
7. 게송은 들여쓰기를 했다.

## 약어

| | |
|---|---|
| A. | Aṅguttara Nikāya 앙굿따라 니까야 增支部 |
| AA. | Aṅguttara Nikāya Aṭṭhakathā 앙굿따라 니까야 주석서 |
| AAṬ. | Aṅguttara Nikāya Aṭṭhakathā Ṭīkā 앙굿따라 니까야 복주서 |
| Ap. | Apadāna 아빠다나 譬喩經 |
| ApA. | Apadāna Aṭṭhakathā 아빠다나 주석서 |
| Abhi-Sgh. | Abhidhammatthasaṅgaha 아비담맛타상가하 |
| Bv. | Buddhavaṁsa 붓다왐사 佛種姓經 |
| Cp. | Cariyāpiṭaka 짜리야삐따까 所行藏 |
| CpA. | Cariyāpiṭaka Aṭṭhakathā 짜리야삐따까 주석서 |
| D. | Dīgha Nikāya 디가 니까야 長部 |
| DA. | Dīgha Nikāya Aṭṭhakathā 디가 니까야 주석서 |
| Dhp. | Dhammapada 담마빠다 法句經 |
| DhpA. | Dhammapada Aṭṭhakathā 담마빠다 주석서 |
| Dhs. | Dhammasaṅgaṇi 담마상가니 法集論 |
| DhsA. | Dhammasaṅgaṇi Aṭṭhakathā = Aṭṭhasālinī 담마상가니 주석서 |
| DPPN. | G.P.Malalasekera's Dictionary of Pāli Proper Names |
| It. | Itivuttaka 이띠웃따까 如是語 |
| ItA. | Itivuttaka Aṭṭhakathā 이띠웃따까 주석서 |

| | |
|---|---|
| J. | Jātaka 자따까 本生譚 |
| JA. | Jātaka Aṭṭhakathā 자따까 주석서 |
| Khp. | Khuddhakapāṭha 쿳다까빠타 小誦經 |
| KhpA. | Khuddhakapāṭha Aṭṭhakathā 쿳다까빠타 주석서 |
| | |
| M. | Majjhima Nikāya 맛지마 니까야 中部 |
| MA. | Majjhima Nikāya Aṭṭhakathā 맛지마 니까야 주석서 |
| Mil. | Milindapañha 밀린다빤하 彌蘭陀王問經 |
| Mhv. | Mahāvaṁsa 마하왐사 大史 |
| | |
| NaṬ. | Namakkāra Ṭīkā 나막까라 복주서 |
| Nd1. | Mahā Niddesa 마하 닛데사 大義釋 |
| Nd2. | Cūla Niddesa 쭐라 닛데사 小義釋 |
| | |
| Pe. | Petavatthu 뻬따왓투 餓鬼史 |
| PeA. | Petavatthu Aṭṭhakathā 뻬따왓투 주석서 |
| Pm. | Paramatthamañjūsā = Visuddhimagga Mahāṭīkā = Mahāṭīkā 위숫디막가 대복주서 |
| Ps. | Paṭisambhidāmagga 빠띠삼비다막가 無碍解道 |
| PsA. | Paṭisambhidāmagga Aṭṭhakathā 빠띠삼비다막가 주석서 |
| PTS | Pāli Text Society |
| | |
| S. | Saṁyutta Nikāya 상윳따 니까야 相應部 |
| SA. | Saṁyutta Nikāya Aṭṭhakathā 상윳따 니까야 주석서 |
| SAṬ. | Saṁyutta Nikāya Aṭṭhakathā Ṭīkā 상윳따 니까야 복주서 |
| SdṬ. | Sāratthadīpanī Ṭikā 사랏타디빠니 복주서 要義燈釋 |
| Sn. | Suttanipāta 숫따니빠따 經集 |
| SnA. | Suttanipāta Aṭṭhakathā 숫따니빠따 주석서 |

| | |
|---|---|
| Thag. | Theragāthā 테라가타 長老偈 |
| | |
| Ud. | Udāna 우다나 感興語 |
| UdA. | Udāna Aṭṭhakathā 우다나 주석서 |
| | |
| Vbh. | Vibhaṅga 위방가 分別論 |
| VbhA. | Vibhaṅga Aṭṭhakathā 위방가 주석서 |
| Vin. | Vinaya Piṭaka 위나야 삐따까 律藏 |
| VinA. | Vinaya Aṭṭhakathā 위나야 주석서 |
| Vis. | Visuddhimagga 위숫디막가 淸淨道論 |
| Vv. | Vimānavatthu 위마나왓투 天宮史 |
| VvA. | Vimānavatthu Aṭṭhakathā 위마나왓투 주석서 |

## ●● 책을 펴내면서

장수건강 용모천상 높은가문 무위불사
승리자의 백화점에 모두진열 되었다네

백화점에는 여러 가지 상품이 진열되어 있어서 원하는 이들이라면 적당한 값을 지불하고 자신이 바라는 물건을 무엇이든 살 수 있습니다. 진정한 승리자이신 거룩하신 부처님의 가르침도 백화점과 같습니다. 믿음이라는 값만 지불하면 보시라는 선업, 지계라는 선업, 수행이라는 선업으로 장수라는 상품, 건강이라는 상품, 천상이라는 상품, 높은 가문이라는 상품, 더 나아가 형성되지 않은 성품이어서 '무위無爲'라고도 하고, 또한 죽음 없는 법이어서 '불사不死'라고도 하는 열반까지 얻을 수 있습니다(Mil.324).

근면보호 선우균형 금생행복 네가지고
믿음지계 베풂지혜 내생행복 네가지네
수행으로 궁극행복 불교목적 행복실현

그러한 여러 가지 이익과 행복을 원하는 이들을 위해 부처님께서는 다양한 법을 설하셨습니다. 궁극적 행복인 열반을 성취하게 하는 법인 수행만 설하신 것이 아니라 내생의 행복을 성취하게 하는 법인 믿음과 지계와 베풂과 지혜도 설하셨고, 더 나아가 금생의 행복을 성취하게 하는 법인 근면과 보호와 선우와 균형까지도 설하셨습니다(A8:54).

이렇듯 부처님께서는 으뜸인 열반의 행복과 그 행복에 도달하게 하는 수행이라는 법들만 가르치신 것이 아니라 열반을 증득하는 데 바탕과 기초가 되는 보시와 지계라는 법들, 더 나아가 일상생활 속에서의 행복을 얻게 하는 '재산관리법'까지 설하셨습니다. 이 가운데 수행에 관한 내용들이나 심오한 교학적인 내용들은 책이나 강의 등을 통해 그동안 많이 전달되었지만 수행의 바탕이 되는 보시나 지계 등에 대해서는 자세하게 설명된 경우가 많지 않았습니다. 그래서 이 책을 통해 부처님 가르침의 바탕이 되는 보시와 지계 등 불자로서 꼭 알아야 할 내용들을 소개하고자 했습니다. 또한 수행하려는 마음이 생겨나게 하는 여러 내용들, 수행과 관련하여 기본적인 내용들도 보충하여 설명했습니다.

사실 이 책은 2012년 출간된 《부처님을 만나다》에 담긴 내용 중 교학과 관련된 내용, 2015년 제따와나 초기불교대학에서 강의한 내용, 2016년 법보신문에 '차근차근 기초 교리'라는 제목으로 연재된 내용을 정리한 것입니다. 불교 기초 교리에 관한 책들이 많기는 하지만 빠알리 성전에 근거한 책은 부족하다는 점, 《부처님을 만나다》에서는 일대기도 함께 다루었기 때문에 자세하게 설명하지 못했던 기초 교리에 대해 자세하게 설명할 필요가 있다는 점, 제따와나 초기불교대학에서 강의한 내용도 책을 통해서 쉽게 접할 수 있다는 점, 법보신문에 연재할 때 지면의 제한 때문에 생략한 부분도 충분히 설명할 수 있다는 점, 이러한 점들을 고려해서 이 책을 준비하게 되었습니다.

이 책은 모두 8장으로 구성되어 있습니다. 제1장에서는 먼저 불자로서 행해야 할 일과를 간단하게 소개했습니다. 제2장에서는 불교의 시작이라고 할 수 있는 '삼귀의'의 의미와 종류, 이익 등을 설명했고, 제3장에서는 부처님과 가르침과 승가라는 삼보의 덕목을 살펴보았습니다. 이어서 부처님의 차제설법 차례에 따라 제4장에서는 보시에 대해, 제5장과 제6장에서는 계에 대해 설명했습니다. 차제설법의 차례에서는 계 다음에 천상에 대한 설법만 나오지만 이 책 제7장에서는 다른 탄생지들과 함께 업과 윤회 등에 대해서도 보충해서 설명했습니다. 마지막으로 제8장에서는 수행에 대해 다루면서 감각욕망의 허물과 출리의 공덕, 사마타 수행과 위빳사나 수행, 청법과 설법과 정견 등을 포함시켜 설명했습니다.

불교를 처음 접하는 분들도 이해할 수 있도록 가능한 한 쉽게 설명하려 노력했고, 내용과 관련된 일화도 많이 소개했습니다. 특히 중요한 내용들은 게송 형식으로 표현하여 기억하는 데 도움을 주고자 했습니다.

이 책이 나오기까지 곁에서 많은 조언을 해 주신 우 소다나 사야도께 우선 감사드립니다. 묵묵히 제자를 지원해 주신 은사스님께도 고마움을 전합니다. 병환 중인 은사스님께서 쾌차하여 이 책을 읽으실 수 있기를 기원해 봅니다. 늘 법의 큰 산이 되어 시원한 그늘을 드리워 주시는 법산스님, 불법과 수행에 대해 마음껏 법담을 나눌 수 있는 범라스님과 현암스님, 초기불교대학에서 강의할 기회를 마련해 주신 일묵스님, 그리고 여러 도반스님께도 고마움을 전합니다. 그리고 빠알리 성전들을 훌륭하게 번역해 놓으신 각묵스님과 대림스님, 전재성 박사님을 비롯한 많은 분께 감사드립니다.

한국마하시선원과 진주녹원정사 회원들, 필수품과 법으로 불법을 뒷받침하면서 도움을 주신 재가불자 여러분들과 가족들, 특히 이 책을 출판하는 데 모든 비용을 법 보시해 주신 이장천, 권봉화, 이종철, 김정림, 이진비 가족분들의 신심에도 사두를 외칩니다. 또한 원고 교정으로 도움을 주신 까루나 님, 구성표를 도안해 주신 다룩칸다띳사 님, 표지그림을 그려 주신 담마시리 님, 표지원본사진을 제공해 주신 유근자 교수님, 좋은 책을 만들어주신 홍수연 님을 비롯한 나눔커뮤니케이션 관계자 여러분들의 정성에도 사두를 외칩니다.

부처님의 가르침에 믿음을 낸 선남자와 선여인들이 각자가 바라는 선업이라는 상품에 대해서 잘 알고 노력하여 구입해서 그 상품을 마음껏 누리는 데, 각자가 바라는 행복에 대해서 잘 알고 노력하여 얻어서 마음껏 누리는 데 이 책이 조금이나마 도움이 되기를 바랍니다. 특히 많은 불자가 열반이라는 궁극적 행복을 얻기 위한 기초이자 디딤돌인 보시와 지계 등에 대해 바르게 이해하여 그 굳건한 기초 위에 수행이라는 건물을 차근차근 쌓아나가시길 기원합니다.

불기 2661년(2017년) 10월
법의 그늘, 담마차야Dhammachāya에서
비구 일창 담마간다Dhammagandha 삼가 씀

# 가르침을 배우다 구성표

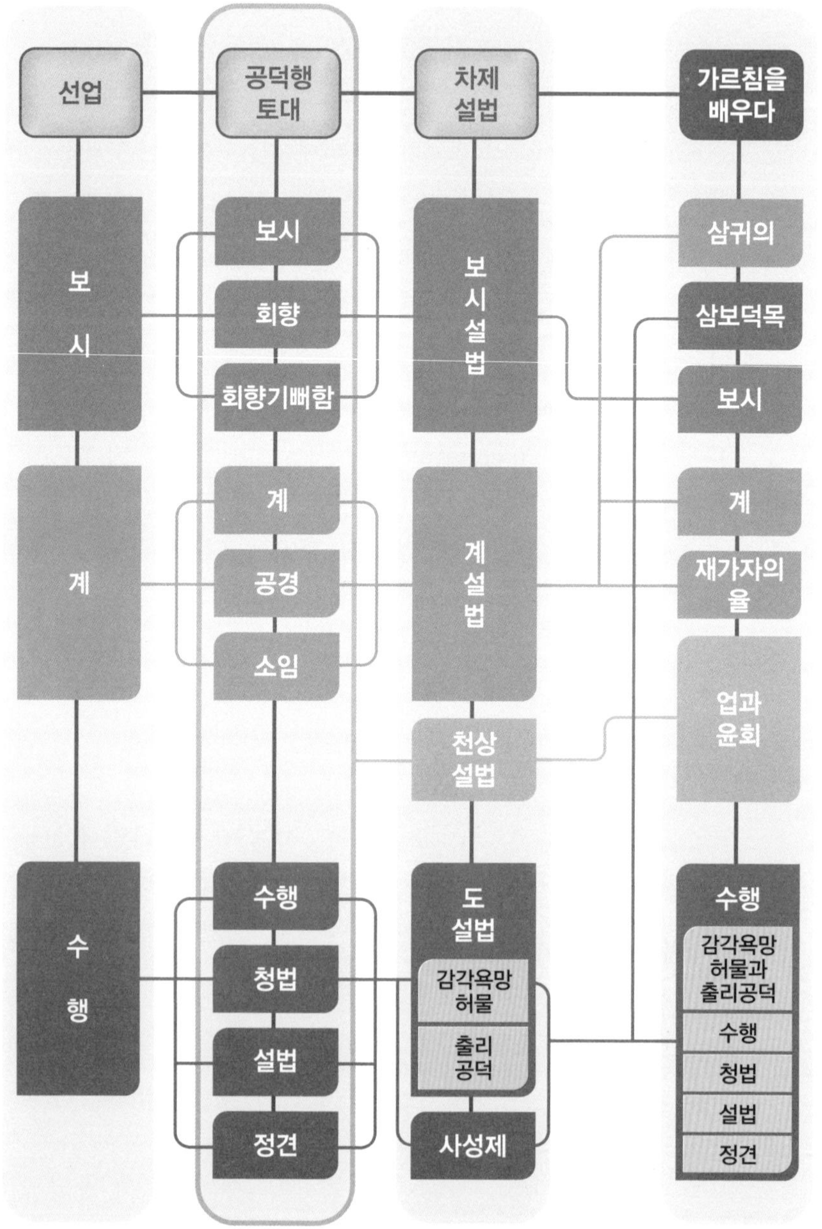

선업
공덕행 토대
차제 설법
가르침을 배우다
보시
보시
회향
회향기뻐함
보시설법
삼귀의
삼보덕목
보시
계
계
공경
소임
계설법
계
재가자의 율
천상 설법
업과 윤회
수행
수행
청법
설법
정견
도 설법
감각욕망 허물
출리 공덕
사성제
수행
감각욕망 허물과 출리공덕
수행
청법
설법
정견

# 차 례

# 제1장

# 불자의 일과

불교 신도, 즉 불자佛者의 한 사람이라면 매일 부처님의 가르침과 관련된 여러 행위를 하나의 의무로서 실천하고 노력해야 합니다.

'부처님佛'이란 보시 등의 열 가지, 자세하게 삼십 가지 바라밀을 오랫동안 닦은 뒤 깨달음의 금강좌 아래에서 네 가지 진리와 함께 알아야 할 모든 법을 스스로 바르게 깨달으신 분을 말합니다.

'부처님의 가르침', 즉 불교佛敎란 부처님께서 45년 내내 사람과 천신, 범천을 비롯한 많은 중생의 이익과 번영, 열반 증득을 위해 설하신 가르침을 뜻합니다.

불교 신도, 즉 불자란 부처님께서 설하신 그 가르침을 믿고 확신하고 존경하고 의지하면서 그에 따라 실천하고 노력하는 이들을 말합니다.

따라서 불자라면 단지 불자라고 이름만 불리는 정도에서 그쳐서는 안 됩니다. 부처님의 가르침에 따라 다음과 같은 선업들을 직접 실천하고 노력해야 합니다. 그래야 진정한 불자, 불교 신도, 부처님의 제자가 될 수 있습니다.

① 예불
② 자애
③ 회향
④ 보시
⑤ 교법의 유지와 선양
⑥ 삼특상의 숙고와 관찰

'예불'이란 부처님, 가르침, 승가라는 삼보의 덕목을 새기고 독송하면서 정성스럽게 예경 올리는 것을 말합니다. 재가자라면 삼귀의와 오계를 먼저 수지하고 나서 예불 올리는 것이 좋습니다.

'자애'란 모든 중생들이 건강하고 행복하기를 바라는 마음을 일으키는 것, 보내는 것, 닦는 것입니다.

'회향'이란 자신이 행한 보시, 지계, 수행 등 선업의 공덕몫을 자신과 동일하게 다른 많은 중생에게 '고르게, 고르게, 고르게' 나누어 주는 것입니다.[1]

'보시'란 여법한 물건을 수혜자에게 좋은 의도로 베푸는 것입니다.

'교법의 유지와 선양'이란 이 세상에 교법이 오랫동안 유지되도록, 더욱 널리 퍼지도록 행하는 것입니다. 사찰이나 승가에 필요한 물품을 보시하거나 봉사를 통해 물질적으로도 뒷받침하는 것, 스스로 교학을 배우고 법을 실천하거나 다른 이로 하여금 교학을 배우고 법을 실천하도록 권선하고 권장하는 것이 여기에 해당됩니다.

'삼특상의 숙고와 관찰'이란 부처님께서 중생들에게 궁극적으로 바라

1 예불과 자애, 회향을 포함한 아침 일과를 매일 실천하는 것이 좋다. 참고로 '나모 땃사 – 삼귀의 – 구계 혹은 오계 수지 – 지계 서원 – 삼보 덕목 독송 – 자애 – 서원과 회향'으로 구성된 한국마하시선원의 아침 일과는 한국마하시선원, 《법회의식집》 pp.6~14를 참조하라.

시는 열반의 실현을 위해 물질과 정신의 무상의 특성, 괴로움의 특성, 무아의 특성을 숙고하거나 위빳사나를 통해 직접 관찰하는 것입니다.

사람의 생이란 진실로 얻기 힘듭니다. 더 나아가 부처님의 가르침을 만나는 것, 또 부처님의 가르침에 믿음을 내는 것은 더욱 어렵습니다. 이렇게 얻은 좋은 기회를 놓쳐서는 안 됩니다. 따라서 위와 같은 여러 선업을 매일, 할 수 있는 만큼 열심히 실천해야 할 것입니다.[2]

---

2 *Byidounsu Myanmarnaingan Asouya Sāsanāwangyiṭhāna*, 《*Buddhabhāthātayato* 불교의 가르침》, pp.19~21 참조.

# 제2장

# 삼귀의

불자가 아닌 이들이 불자가 되려면 제일 먼저 귀의saraṇagamana를 해야 합니다. 이미 불자인 이들이 오계나 팔계 등의 계를 수지할 때, 또한 비구나 비구니로 출가할 때도 마찬가지로 삼귀의를 먼저 해야 합니다. 법회도 삼귀의를 하는 것으로 시작됩니다. 그래서 삼귀의는 부처님 교법의 제일 처음이자 입구라고 할 수 있습니다. 이렇게 불교 가르침에서 제일 기초가 되는 법이자 매우 중요한 삼귀의에 대해서 살펴보겠습니다.

## 삼귀의의 의미와 종류

먼저 삼귀의tisaraṇagamana 三歸依란 세 가지ti 三 귀의처saraṇa 歸依處에 귀의하는 것saraṇagamana 歸依을 말합니다. 여기서 세 가지 귀의처란 바로 부처님과 가르침과 승가라는 세 가지ti 三 보배ratana 寶, 즉 삼보tiratana 三寶를 뜻합니다. 그러면 왜 이 세 가지를 보배라고 할까요? 우선 즐거움을 ratiṁ 생겨나게 하기 때문에janeti 보배ratana라고 합니다.

또한 소중하기 때문에, 가치가 크기 때문에, 비교할 바가 없기 때문에, 얻고 보기 힘들기 때문에, 거룩한 이들만 누릴 수 있기 때문에 보배라고 합니다(DA.ii.35).

소중하고 가치가커 비교할바 없기때문
얻고보기 힘들기에 거룩한이 누려보배

예를 들어 다이아몬드나 루비를 보석이라고 합니다. 왜냐하면 이러한 보석들은 세간적인 시각으로는 소중한 것이고, 보통의 돌멩이나 나무 같은 것들보다 가치가 크기 때문입니다. 잘 가공된 보석들은 비교할 바 없이 아름답습니다. 얻고 보기에 쉽지 않습니다. 재산을 가진 이, 복덕을 가진 이들만 누릴 수 있습니다. 그래서 보석, 보배라고 합니다. 하지만 세상의 그 어떤 보배들보다도 부처님과 가르침과 승가라는 보배가 제일 소중하고 가치가 큽니다. 왜냐하면 세상의 보배들은 현생의 행복, 세속적인 행복 정도만 생겨나게 하지만 삼보는 현생의 행복은 물론이고 내생의 행복까지, 또한 세속적인 행복뿐만 아니라 출세간의 행복까지 생겨나게 하기 때문입니다. 또한 거친 파도가 쳐서 의지할 곳이 없는 망망대해에서 안전한 의지처가 되어주는 섬과 마찬가지로 끝없는 윤회에서 여러 가지 위험과 고통, 악처의 비참함을 제거해 주기 때문에himsati 진정한 의지처가 되어주는 삼보야말로 진실로 귀의할 만한 곳입니다. 그래서 부처님, 가르침, 승가라는 삼보를 '귀의처'라고 합니다(DA.i.205). 그 세 가지 보배를 진정한 의지처요, 귀의처라고 믿고 확신하여 가까이하고 의지하는 것을 '귀의saraṇagamana'라고 합니다. 그렇게 삼보에 귀의한 재가자들은 삼보에 가까이하기 때문에upāsana 청신사upāsaka, 청신녀upāsikā라고 합니다(DA.i.209).

하지만 불교에서 귀의한다는 것은 어떠한 절대자를 맹목적으로 믿고 의지하는 것과는 다릅니다. 비유를 하나 들어 보겠습니다. 어느 도시에 병과 약, 치료에 능통한 훌륭한 의사와 그 가르침을 잘 전수받은 제자가 있다고 합시다. 도시 사람들이 그 의사와 제자를 믿는 것은 약을 복용하지 않고 단지 맹목적으로 믿는 것만으로 자신의 병을 그들이 낫게 해 주기 때문이 아닙니다. 의사가 처방한 대로 약을 먹고 삼가라는 음식을 삼가고 권유하는 운동을 그대로 따라서 실천하면 병이 나을 것이라고 믿고 확신하기 때문에 의지하는 것입니다. 그와 마찬가지로 단지 맹목적으로 믿기만 하면 인간과 천상, 열반의 행복을 가져다주기 때문에 부처님, 가르침, 승가에 귀의하는 것, 삼보를 의지하는 것이 아닙니다. 부처님이나 승가가 처방한 가르침에 따라 스스로 실천하면 그러한 행복을 얻을 수 있을 것이라고 믿고 확신하기 때문에 의지하는 것입니다. 이 비유에서 환자는 번뇌나 여러 악행이라는 불선업으로 가득찬 사람들과 같습니다. 의사를 의지하는 것은 부처님을 의지하는 것과 같습니다. 약을 의지하는 것은 부처님의 가르침을 의지하는 것과 같습니다. 제자를 의지하는 것은 승가를 의지하는 것과 같습니다.[3]

이러한 귀의에는 출세간의 귀의와 세간의 귀의라는 두 종류가 있습니다. 출세간의 귀의란 깨달음을 얻는 것과 동시에, 바로 그 순간에 어떠한 위협이나 유혹, 속임수에도 무너지지 않을 정도로 확고하게 삼보에 귀의하는 것을 말합니다(DA.i.205). 그리고 그 이후부터는 설령 생이 바뀌어도 절대로 삼보에 대한 믿음이 무너지는 일이 없습니다. 그들이 어느 장소를 가든, 어떤 곳에 태어나든 성자의 가슴에는 부처님과 가르침과 승가라는 세 가지 보배가 마지막 윤회에서 벗어날 때까지 항상 깃들어 있습니다.[4]

세간의 귀의란 아직 깨달음을 얻지 못한 범부들이 부처님과 가르침,

3 *Ledi Sayadaw*, 《*Ledi Dīpanī Paunchouk* 레디 해설서 총전집》 제1권, 〈*Maggaṅga Dīpanī* 도 요소 해설서〉, pp.188~189; 일창 스님, 《부처님을 만나다》 pp.372~373 참조.

4 성자들의 경우, 도의 순간에 열반을 대상으로 하여 귀의를 오염시키는 번뇌를 근절하는 것으로 삼보 모두에 동시에 귀의하는 작용이 성취되는 것을 말한다.

승가의 여러 덕목에 대한 바른 이해와 믿음을 바탕으로 삼보에 귀의하는 것을 말합니다.[5] 이러한 세간의 귀의, 즉 범부들의 귀의는 어리석음이나 의심, 사견에 의해 오염될 수도 있고, 어떤 위협이나 속임수, 유혹으로 무너질 수도 있습니다.

불법승의 삼보만이 진정한- 귀의처라
믿고새겨 의지하며 다가가는 삼귀의는
출세간과 세간이란 두가지의 종류있네

## 삼귀의를 수지하는 방법

일반적으로는 다음과 같이 부처님과 가르침과 승가에 귀의한다는 사실을 세 번 소리 내어 밝히는 것으로 삼귀의를 수지합니다.[6]

붓당̊ 사라낭̊ 갓차̄미
Buddhaṁ saraṇaṁ gacchāmi.
담̊망 사라낭̊ 갓차̄미
Dhammaṁ saraṇaṁ gacchāmi.
상강̊ 사라낭̊ 갓차̄미
Saṅghaṁ saraṇaṁ gacchāmi.

5 범부들의 경우, 삼보 각각의 덕목을 대상으로 하여 귀의를 오염시키는 번뇌를 억압하는 것으로 성취되는 것을 말한다. 삼보에 대해 믿음을 갖춘다는 뜻이다.

6 독송과 관련된 내용은 정확한 발음을 위해 빠알리어를 엄밀하게 표현했다. 빠알리어 표기와 발음은 부록을 참조하라.

두띠얌삐 붓당 사라낭 갓차미
Dutiyampi buddhaṁ saraṇaṁ gacchāmi.
두띠얌삐 담망 사라낭 갓차미
Dutiyampi dhammaṁ saraṇaṁ gacchāmi.
두띠얌삐 상강 사라낭 갓차미
Dutiyampi saṅghaṁ saraṇaṁ gacchāmi.

따띠얌삐 붓당 사라낭 갓차미
Tatiyampi buddhaṁ saraṇaṁ gacchāmi.
따띠얌삐 담망 사라낭 갓차미
Tatiyampi dhammaṁ saraṇaṁ gacchāmi.
따띠얌삐 상강 사라낭 갓차미
Tatiyampi saṅghaṁ saraṇaṁ gacchāmi.

의미는 다음과 같습니다.

**붓당**Buddhaṁ거룩한 부처님을 **사라낭**saraṇaṁ진정한 의지처라고 **갓차미**gacchāmi믿고 새겨 가까이하며 귀의합니다.

**담망**Dhammaṁ거룩한 가르침을 **사라낭**saraṇaṁ진정한 의지처라고 **갓차미**gacchāmi믿고 새겨 가까이하며 귀의합니다.

**상강**Saṅghaṁ거룩한 승가를 **사라낭**saraṇaṁ진정한 의지처라고 **갓차미**gacchāmi믿고 새겨 가까이하며 귀의합니다.

**두띠얌삐**Dutiyampi두 번째도 **붓당**buddhaṁ거룩한 부처님을 **사라낭**saraṇaṁ진정한 의지처라고 **갓차미**gacchāmi믿고 새겨 가까이하며 귀의합니다.

**두띠얌삐**Dutiyampi두 번째도 **담̊망**dhammaṁ거룩한 가르침을 **사라낭̊**saraṇaṁ진정한 의지처라고 **갓차̄미**gacchāmi믿고 새겨 가까이하며 귀의합니다.

**두띠얌삐**Dutiyampi두 번째도 **상·강̊**saṅghaṁ거룩한 승가를 **사라낭̊**saraṇaṁ진정한 의지처라고 **갓차̄미**gacchāmi믿고 새겨 가까이하며 귀의합니다.

**따띠얌삐**Tatiyampi세 번째도 **붓̊당̊**buddhaṁ거룩한 부처님을 **사라낭̊**saraṇaṁ진정한 의지처라고 **갓차̄미**gacchāmi믿고 새겨 가까이하며 귀의합니다.

**따띠얌삐**Tatiyampi세 번째도 **담̊망**dhammaṁ거룩한 가르침을 **사라낭̊**saraṇaṁ진정한 의지처라고 **갓차̄미**gacchāmi믿고 새겨 가까이하며 귀의합니다.

**따띠얌삐**Tatiyampi세 번째도 **상·강̊**saṅghaṁ거룩한 승가를 **사라낭̊**saraṇaṁ진정한 의지처라고 **갓차̄미**gacchāmi믿고 새겨 가까이하며 귀의합니다.

한글 계송으로 다음과 같이 표현해 보았습니다.

거룩한 부처님을 진정한 귀의처라 믿고 새겨 귀의합니다.
거룩한 가르침을 진정한 귀의처라 믿고 새겨 귀의합니다.
거룩한 승가를 진정한 귀의처라 믿고 새겨 귀의합니다.

두 번째도 거룩한 부처님을 진정한 귀의처라 믿고 새겨 귀의합니다.
두 번째도 거룩한 가르침을 진정한 귀의처라 믿고 새겨 귀의합니다.
두 번째도 거룩한 승가를 진정한 귀의처라 믿고 새겨 귀의합니다.

세 번째도 거룩한 부처님을 진정한 귀의처라 믿고 새겨 귀의합니다.
세 번째도 거룩한 가르침을 진정한 귀의처라 믿고 새겨 귀의합니다.
세 번째도 거룩한 승가를 진정한 귀의처라 믿고 새겨 귀의합니다.

출가자가 되려는 이라면 빠알리어 한 종류로만 독송하도록 허용됩니다.[7] 또한 재가자와 달리 빠알리어도 매우 정확하게 발음하면서 독송해야 합니다. 재가자라면 "붓당 사라낭 갓차미"라는 빠알리어든지 "거룩한 부처님을 진정한 귀의처라 믿고 새겨 귀의합니다"라는 한국어든지 그 의미를 잘 이해하고 독송하면서 수지하면 됩니다. 하지만 빠알리어로 독송하면 나중에 사무애해四無碍解[8]의 조건이 될 수도 있기 때문에 더욱 좋습니다. 그리고 스님을 의지해서 수지할 수도 있고 탑이나 불상 등을 대상으로 혼자서 독송하면서 수지할 수도 있습니다. 중요한 것은 단지 입으로 독송하는 것에 그쳐서는 안 되고 부처님과 가르침, 승가의 덕목에 대한 올바른 이해[9], 삼보에 대한 진실한 믿음, 진실로 귀의하고자 하는 마음이 포함되어야 한다는 점입니다. 또한 귀의가 오염될 수도 있기 때문에 오염

7 부처님께서 처음 전법하실 때는 삼귀의를 독송하는 것으로 구족계(비구계)를 받았다. 지금은 비구계를 받기 전에 사미계를 먼저 받아야 하는데, 사미계를 받을 때 삼귀의를 빠알리어로 독송한다.

8 사무애해paṭisambhidā는 분명하게 구분해서 아는 네 가지 분석적인 통찰지이다. ① 의무애해attha paṭisambhidā 義無碍解는 말하려는 의미나 결과법들을 자세히 구분해서 아는 지혜이다. ② 법무애해dhamma paṭisambhidā 法無碍解는 말 자체나 원인법들을 자세히 구분해서 아는 지혜이다. ③ 사무애해nirutti paṭisambhidā 詞無碍解는 여러 가지 언어, 특히 빠알리어를 자세히 구분해서 아는 지혜이다. ④ 변무애해paṭibhāna paṭisambhidā 辯無碍解는 세 가지 모든 지혜에 대해 자세히 구분해서 아는 지혜이다.

9 삼보의 덕목에 대해서는 본서 제3장의 '삼보의 덕목'을 참조하라.

된 귀의를 다시 깨끗하게 하기 위해, 다시 빛나게 하기 위해, 더욱 확고하게 하기 위해 매일 여법하게 삼귀의를 수지하는 것이 좋습니다.

이러한 기본적인 방법 외에도 삼귀의를 수지하는 데는 다음과 같은 네 가지 방법이 있습니다.

① 자기헌신attasanniyyātana 방법
② 삼보피안tapparāyaṇa 방법
③ 제자표명sissabhāvūpagamana 방법
④ 예경예배paṇipāta 방법

먼저 자기헌신 방법이란 "오늘부터 저는 제 자신을 부처님에게, 가르침에, 승가에 헌신합니다"라는 등으로 말하면서 삼보를 믿는 마음으로 자신을 삼보에 헌신하고 맡기면서 귀의하는 것입니다. 예를 들어 "저는 제 자신과 제 목숨을 부처님에게, 가르침에, 승가에 완전히 맡겼습니다. 목숨이 다할 때까지 부처님에게, 가르침에, 승가에 귀의하겠습니다"라는 등으로 수지하는 것입니다.

두 번째로 삼보피안 방법은 "오늘부터 저는 부처님과 가르침과 승가를 피난처로 삼겠습니다. 삼보 외에 다른 피난처란 저에게 없습니다"라고 말하면서 귀의하는 것입니다.[10]

세 번째로 제자표명 방법은 "오늘부터 저를 부처님과 가르침과 승가의 제자라고 기억해 주십시오"라는 등으로 귀의하는 것입니다.

10 알라와까Āḷavaka 야차는 부처님의 가르침을 통해 수다원이 되어 삼보에 대해 확고한 믿음을 가지게 되었고, 그 귀의하는 마음과 신심을 마음에 담아 둘 수 없어 "이제 저는 마을에서 마을로, 천상에서 천상으로 부처님과 가르침과 승가의 공덕을 칭송하면서 다닐 것입니다"라는 등으로 말했다(Sn.307). 이것도 삼보피안 방법에 해당된다.

네 번째로 예경예배 방법이란 부처님의 발에 머리를 대고 손으로 쓰다듬으며 정성스럽게 예배 올리면서[11] 자신의 이름을 밝히는 등으로 귀의하는 것입니다.[12]

요약하자면 이러한 네 가지 방법 중 어느 하나를 통해 삼귀의를 수지하면 **"붓당° 사라낭。 갓차미"**라는 등으로 소리 내어 독송하지 않아도 삼귀의를 수지한 것에 해당됩니다. 하지만 지금은 이 네 가지 경우로 삼귀의를 수지하는 것보다는 **"붓당° 사라낭。 갓차미"**라는 등으로 수지하는 경우가 대부분입니다.

삼보만을 귀의처라 믿고새겨 다가가는
일반적인 방법함께 자기헌신 삼보피안
제자표명 예경예배 네가지로 수지하네

## 삼귀의의 오염과 무너짐

이러한 삼귀의는 오염되거나 무너지기도 합니다. 어리석음, 의심, 사견, 믿지 않음으로 인하여 삼귀의는 오염될 수 있습니다. 삼보에 대해 아예 모르거나, 간략하게만 알고 자세하게는 모르거나, 삼보에 귀의해야 한다는 사실 자체를 모르는 것이 바로 어리석음으로 인해 삼귀의가 오염되는 것입니다. '부처님이란 분은 진실로 아홉 가지 공덕을 갖춘 진짜 부

11 이와 관련하여 네 가지 예배를 알아야 한다. 네 가지 예배란 ① 친척이어서 예배하는 것, ② 두려워서 예배하는 것, ③ 스승이어서 예배하는 것, ④ 공양 받을 만한 거룩한 분이어서 예배하는 것이다. 이 중 네 번째 경우만 귀의에 해당한다. 나머지 경우는 귀의에 해당하지 않는다.

12 브라흐마유Brahmāyu 바라문이 부처님의 발에 머리를 조아리면서 자신의 이름을 아뢴 경우도 이에 해당한다(M91/M.ii.345).

처님일까?'라는 등으로 의문을 갖는 것이 의심으로 인해 삼귀의가 오염되는 것입니다. 삼보의 덕목에 대해서 바르게 알지 못하고 잘못 아는 것, 삼보에 귀의하는 것은 쓸데없는 일이라는 견해를 가지는 것이 사견으로 인해 삼귀의가 오염되는 것입니다. 삼보를 믿지 않고 삼보에 공손하지 않고 삼보를 존경하지 않고 예경하지 않는 것 등이 믿지 않음으로 인해 삼귀의가 오염되는 것입니다.

하지만 이 정도는 삼귀의가 오염되는 정도일 뿐이지 아직 무너진 것은 아닙니다. 또한 세간의 삼귀의만 오염되지 출세간의 삼귀의는 절대로 오염되지 않습니다.

삼귀의가 무너지는 경우도 세간의 삼귀의만 해당됩니다. 삼귀의가 무너지는 것에는 허물이 있는 경우와 허물이 없는 경우가 있습니다. 그 중 허물이 있는 경우는 부처님이 아닌 다른 스승 등에게 자신을 헌신하거나 다른 외도 스승을 자신의 피안처라고, 혹은 그 스승의 제자라고 밝히거나 외도에게 예배하는 것[13] 등을 말하고 그것은 사악처에 태어나는 등 나쁜 과보가 뒤따릅니다. 허물이 없는 경우는 평생 삼귀의를 잘 수지한 이가 죽은 뒤에 저절로 무너지는 것을 말하고 그것은 나쁜 결과가 없습니다.[14] 하지만 다음 생에 불교를 접하기 힘든 곳에 태어난다면 다시 부처

---

13 예를 들어 삼귀의를 수지한 이가 외도 지도자인 친척 어른에게 단지 친척이어서 예배하는 것으로는 귀의가 무너지지 않는다. 마찬가지로 두려워서 예배하는 것, 학문을 가르쳐 준 스승이어서 예배하는 것으로도 귀의가 무너지지 않는다. 세간적 번영 정도만을 목적으로 천신에게 절을 하는 것으로도 귀의가 무너지지 않는다. 하지만 배가 좌초되었을 때 천신에게 기도하지 않고 계속 헤엄쳤던 자나까Janaka 왕자만 마니메칼라Maṇimekhalā 천녀가 구해주었고 천신에게 기도했던 모두는 그대로 죽었다는 일화에(J539) 주의해야 한다. *Byidounsu Myanmarnaingan Asouya Sāsanāwangyiṭhāna*, 《*Buddhabhāthā leswekyan* 불교 핸드북》 제1권, p.44 참조.

14 죽어서 삼귀의가 저절로 무너진 이를 위해 삼귀의를 독송하더라도 시체는 삼귀의를 수지하지 못한다. 하지만 그 죽은 이가 바로 다음 생에 삼귀의를 독송할 수 있는 아귀, 지신, 천신, 야차 등의 존재로 태어났다면 삼귀의를 다시 수지할 수 있기 때문에 그 목적으로 시체를 대상으로 하여 삼귀의를 독송하기도 한다. 혹은 죽은 이가 수지하지 못한다 해도 살아있는 남은 가족들

님의 가르침과 멀어질 수도 있기 때문에 절대로 무너지지 않는 출세간의 삼귀의를 증득하도록 보시와 지계에 만족하지 말고 수행의 선업까지 노력해야 합니다. 출세간의 삼귀의는 어떠한 위협이나 유혹, 속임수에도 무너지지 않을 정도로 확고합니다. "'부처님을 믿지 않는다'라고 말하지 않으면 죽이겠다"라고 아무리 위협해도 흔들리지 않습니다. "'부처님을 믿지 않는다'라고 말하면 전륜성왕의 부귀영화를 누리게 해 주겠다"라고 아무리 유혹해도 동요하지 않습니다. 마라가 부처님의 모습으로 변신해서 부처님의 가르침과 반대되는 가르침을 말한다 하더라도 원래 부처님의 가르침에 대한 믿음을 무너지게 할 수 없습니다.[15] 또한 출세간의 삼귀의는 남아있는 다음의 여러 생에서도 무너지지 않습니다.

어리석음 의심사견 믿지않음 네가지로
세간귀의 오염되고 출세간은 오염안돼
허물있는 무너짐과 허물없는 무너짐에
세간귀의 무너지고 출세간은 안무너져

## 삼귀의의 이익

삼귀의는 여러 가지 이익을 누리게 합니다. 먼저 출세간의 삼귀의는

은 그대로 다시 삼귀의를 수지하게 된다. 또한 머지않은 과거에 죽은 이들 중에 삼귀의를 수지할 수 있는 존재들도 삼귀의를 수지할 기회를 얻을 수 있다. 그래서 불교 가르침에서 죽은 시체를 대상으로 삼귀의를 주는 것은 무의미하지 않다. 자신과 남, 두 가지 이익을 얻게 하는 것이다. 《*Buddhabhāthā leswekyan* 불교 핸드북》 제1권, p.49 참조.

15 성자들의 믿음이 확고한 모습에 대해서는 마하시 사야도 지음, 비구 일창 담마간다 옮김, 《위빳사나 수행방법론》 제2권, pp.443~451을 참조하라.

수다원과, 사다함과, 아나함과, 아라한과라는 네 가지 과를 가져다줍니다. 또한 윤회 등 많은 고통을 다하게 해 주는 이익이 있습니다. 부처님께서는 법구경에서 다음과 같이 설하셨습니다(Dhp.190~192).

그러나 누구든 붓다와 가르침과
승가를 진정한 의지처로 삼는다면
네 가지 성스러운 진리라는 사성제를
올바른 통찰지로 알고 또한 본다네.

괴로움과 그리고 괴로움의 생겨남과
또한 괴로움을 초월한 자리와
괴로움의 적멸로 바르게 인도하는
성스러운 여덟 가지 구성요소 팔정도.

이 의지처 진실로 안전한 의지처며
이 의지처 진실로 수승한 의지처니
이와 같은 의지처에 귀의한 존재들은
괴로움과 모든 고통 완전히 벗어나네.

그리고 세간적인 삼귀의는 적어도 악처에 태어나지 않고 선처에 태어나게 합니다(S1:37). 또한 천상에 태어나더라도 다른 천신들보다 수명과 용모, 행복, 대중, 권위라는 다섯 가지 덕목에서 더욱 수승하고 형색, 소리, 냄새, 맛, 감촉이라는 다섯 대상도 더욱 좋은 것을 누리게 합니다(S40:10). 또한 태어나는 곳마다 칭송받고 지혜가 예리하며 사람들이 잘 따릅니다. 많은 재산도 누리고 용모도 구족하며 사람들이 소중하게 생각

하고 좋아하며 명성이 자자합니다.[16]

> 출세간의 삼귀의는 네가지과 고통다함
> 세간적인 삼귀의는 악처피해 선처나고
> 천상수명 용모행복 대중권위 다섯수승
> 다섯대상 열가지로 다른천신 뛰어나네
> 태어난곳 칭송받고 지혜예리 사람따라
> 부귀누려 용모구족 소중하게 좋아하고
> 명성자자 여덟가지 삼귀의의 여러이익

이러한 이익을 누린 대표적인 예로 사라나가마니야Saraṇagamaniya 존자의 일화를 소개해 드리겠습니다. 지금으로부터 약 108대겁 전에 아노마닷시Anomadassī 부처님께서 출현하셨을 때, 눈이 먼 부모를 봉양하며 사는 한 젊은이가 있었습니다. 그 젊은이는 '나는 눈이 먼 부모님을 봉양해야 하기 때문에 출가를 할 수 없다. 부처님께서 출현하신, 이 만나기 힘든 기회를 놓쳐서는 안 될 것이다. 다음을 위해서라도 내가 의지할 만한 선업을 마련하는 것이 마땅하다'라고 생각하고는 당시 아노마닷시 부처님의 상수제자였던 니사바Nisabha 존자를 찾아가 삼귀의를 수지하고서 10만 년 내내 잘 지켰습니다.

그렇게 눈 먼 부모를 봉양하면서 삼귀의를 잘 수지한 과보로 다음 생에 도리천에서 많은 천신을 거느린 제석천왕이 되었습니다. 이렇게 제석천왕으로 80번, 사대주를 다스리는 전륜성왕으로 75번 태어났고, 한 나라의 왕으로 태어난 것은 헤아릴 수 없이 많았다고 합니다. 그리고 91대

16《*Buddhabhāthā leswekyan* 불교 핸드북》 제1권, pp.91~92 참조. '여러 경전에서 설했다'라고만 설명하고 구체적인 경전 근거는 제시하지 않았다.

겁 동안 사악처에는 한 번도 떨어지지 않고 계속 사람이나 천신으로만 태어나면서 사람의 행복, 천신의 행복을 누렸습니다. 또 그러한 사람과 천신의 생에서도 다른 사람이나 천신들로부터 칭송을 받는 등 여러 가지 좋은 이익을 누렸습니다.

그 후, 고따마 부처님 당시에는 사왓티 성에 재산이 아주 많은 부호의 아들로 태어났습니다. 그는 일곱 살이 되었을 때 친구들과 놀이를 하던 중 스님들이 머무는 정사에 갔다가 그곳에서 수행하는 스님들의 거룩한 모습을 보고 "삼귀의를 수지하겠습니다"라고 청했습니다. 아라한인 스님 한 분이 삼귀의를 주자, 아직 어린아이였음에도 불구하고 그는 삼귀의를 수지함과 동시에 아라한이 되었습니다. 오랜 세월 삼귀의를 무너뜨리지 않고 수지했던 공덕으로 인해 이렇게 어린 나이에 아라한이 되어 '사라나가마니야 존자'라는 이름으로 명성이 자자했습니다(Ap.i.82; ApA.ii.39).

또한 스리랑카에 살던 다밀라Damiḷa라는 어부의 일화도 살펴볼 만합니다. 그는 평생 어업으로 생계를 유지하면서 스님들께 공양을 한 번도 올리지 않았습니다. 50년이 흘러 다밀라는 병에 걸려 자리에서 일어나지 못하게 되었습니다. 그때 한 스님이 그의 집을 방문했습니다. 그 사실을 알게 된 다밀라는 "나는 평생 스님께 한 번도 가지 않았는데 스님이 내가 베푼 무슨 은혜에 보답하기 위해서 여기에 오셨는지 물어 보시오"라고 부인에게 말했습니다. 하지만 부인은 스님에게 가서 "죄송합니다. 스님, 공양이 없습니다"라고만 말했습니다. 그러자 스님이 물었습니다.

"거사님은 좀 어떻습니까?"

"어떻게 아셨습니까? 사실 남편이 매우 위독합니다."

스님은 부인을 따라 집으로 들어가 다밀라 어부에게 말했습니다.

"거사님, 삼귀의와 오계를 수지하지 않겠습니까?"

"수지하겠습니다. 스님."

그렇게 다밀라는 삼귀의를 수지했고, 이어서 오계를 수지하려 했습니다. 그러나 그 찰나에 더 이상 입과 혀를 움직이지 못한 채 죽어서 사대왕천 천상에 태어났습니다. 천상에 태어난 즉시 그는 삼귀의를 한 번 수지한 선업 덕분에 천상에 이르렀다는 것을 알고, 인간세상에 내려와 삼귀의와 오계를 주신 스님께 가서 예경을 올린 뒤 그 사실을 아뢰었습니다.

"스님, 제가 지금 사대왕천에 이른 것은 스님께서 섭수해 주셔서 삼귀의를 수지했기 때문입니다. 스님께서 오계까지 주셨다면 더 높은 천상에 이르렀을 것입니다. 스님의 은혜가 매우 큽니다"(AA.ii.107).

이처럼 불교 가르침의 기본이자 바탕, 시작인 삼귀의를 그 의미와 수지방법, 오염과 무너짐, 그리고 이익까지 잘 알고서 어리석음 등으로 오염되지 않도록, 더 나아가 출세간의 삼귀의까지 수지할 수 있도록 노력해야 하겠습니다.

# 제3장

# 삼보의 덕목

삼귀의를 할 때는 단지 입으로 독송하는 것에 그쳐서는 안 되고 삼보의 덕목에 대한 올바른 이해를 바탕으로 한 굳건한 믿음으로 부처님이나 가르침, 승가의 덕목을 대상으로 해야 한다고 제2장에서 언급했습니다. 그래서 바르게 삼귀의를 할 수 있도록, 어리석음이나 의심 등에 의해 삼귀의가 오염되지 않도록 삼보의 덕목에 대해 바르게 알아야 합니다.

또한 삼보의 덕목, 특히 부처님의 덕목을 거듭 마음에 새기는 '부처님 거듭새김buddhānussati' 수행은 네 가지 보호명상[17] 중의 하나로 의심과 두려움을 없애고 믿음을 증장시키며 선처에 태어나게 하는 등 여러 이익을 줍니다. 이러한 부처님의 덕목에는 아홉 가지, 혹은 열 가지가 있습니다. 그 중 한 덕목만 새기거나 독송하면 물론 집중도 빨리 되고 희열도 쉽게 생겨날 수 있습니다. 하지만 마치 작은 정원에는 볼거리가 적어 시간이 갈수록 무료해지는 것처럼 한 덕목만 계속 새기거나 독송하면 마음이 느슨해질 수 있습니다. 반대로 여러 가지 아름답고 신기한 꽃이 만발한 넓은 정원에는 볼거리가 많아 시간이 갈수록 더욱 기쁨이 넘쳐나는 것처럼 여러 가지 덕목을 새기거나 독송을 하면 마음에 더욱 깊은 믿음과 존경심, 희열이 생겨날 것입니다.[18] 이러한 여러 이유로 삼보의 공덕들을 바르고 자세하게 아는 것이 좋습니다.

---

17 보호명상에 관해서는 제8장의 '보호명상'을 참조하라.

18 강종미 번역, 《불교입문》 제1권, p.120 참조.

## 부처님의 덕목

먼저 부처님의 덕목 전체를 살펴보겠습니다.[19]

> **이띠삐 소 바가와 아라항 삼마삼붓도 윗자짜라나삼빤노 수가또 로까위두 아눗따로 뿌리사담마사라티 삿타 데와마눗사낭 붓도 바가와**
>
> Itipi so bhagavā arahaṁ sammāsambuddho vijjācaraṇasampanno sugato lokavidū anuttaro purisadammasārathi satthā devamanussānaṁ buddho bhagavā.

**소 바가와**So bhagavā그 거룩하신 세존께서는 **이띠삐**itipi또한 이와 같이 ① **아라항**arahaṁ나쁜 습관과 함께 모든 번뇌로부터 떠나셔서 사람과 천신, 범천들의 특별한 공양을 받을 만한 응공應供이시며, ② **삼마삼붓도**sammāsambuddho알아야 할 모든 법을 스스로 바르게 깨달은 정등각자正等覺者이시며, ③ **윗자짜라나삼빤노**vijjācaraṇasampanno지혜와 실천을 모두 구족한 명행족明行足이시며, ④ **수가또**sugato바르고 훌륭한 말씀만을 설하는 선서善逝이시며; 피안의 열반으로 잘 가신 선서善逝이시며, ⑤ **로까위두**lokavidū모든 세상을 잘 아는 세간해世間解이시며, ⑥ **아눗따로 뿌리사담마사라티**anuttaro purisadammasārathi

---

19 일반적으로 네 종류의 부처님이 있다. ① 문불sutabuddha 聞佛은 많이 배운 비구를 뜻한다. ② 사제불catusaccabuddha 四諦佛은 번뇌가 다한 아라한을 뜻한다. ③ 벽지불paccekabuddha 辟支佛은 정등각자가 출현하지 않은 시기에 스스로 깨달음을 얻은 이를 말한다. ④ 일체지불sabbaññubuddha 一切智佛은 사성제와 함께 알아야 할 모든 법을 스스로 바르게 깨달은 정등각자 부처님을 말한다(A1:13:5/AA.i.89). 여기서는 네 번째인 일체지불의 덕목을 뜻한다.

제도할 만한 이들을 제도하는 데 가장 으뜸인 무상사 조어장부無上師 調御丈夫이시며, ⑦ 삿타 데와마눗사낭satthā devamanussānaṁ천신과 인간의 진정한 스승인 천인사天人師이시며, ⑧ 붓도buddho사성제의 바른 법을 깨달은 부처님佛이시며, ⑨ 바가와bhagavā여러 가지 공덕을 모두 구족한 세존世尊이십니다."

우선 이 빠알리어 문장과 그 의미를 여러 번 독송해서 마음속에 새긴 뒤 매일 예불 드릴 때나 혹은 어떠한 이유로 마음속에 두려움이 생겨날 때, 신심을 일으키고자 할 때 소리 내어 독송하거나 혼자 조용히 그 의미를 거듭 새겨 보십시오. 그러면 신심도 늘어나고 두려움도 사라지는 등 여러 좋은 이익을 얻을 수 있습니다. 그러면 먼저 '아라한' 덕목부터 차례대로 살펴보겠습니다.

## 아라한

부처님의 첫 번째 덕목은 '아라한'입니다. 우선 부처님께서는 나쁜 습관과 함께 모든 번뇌로부터 멀리 떠났기 때문에ārakā '아라한arahanta'이십니다. 탐욕, 성냄, 어리석음 등 중생들을 오염시키고 번민하게 하는 모든 번뇌를 부처님께서는 멀리 다 여의셨습니다. 일반 제자 아라한들도 모든 번뇌를 사라지게 한 것으로는 부처님과 동일합니다. 하지만 부처님께서는 그 정도가 아니라 그러한 번뇌들과 함께 조금이라도 비난 받을 만한 나쁜 습관까지도 모두 다 제거하셨습니다. 그래서 진정한 아라한이라고 칭송받는 것입니다. 예를 들어 부처님 당시에 삘린다왓차Pilindavaccha 존자는 아라한이 된 후에도 사람을 부를 때 "어이 천민, 이리 오게"라는 식으로 상대방의 기분을 상하게 할 수도 있는 표현을 사용했다고 합니다. 물론 나쁜 의도는 없었으나 과거 500생 동안 높은 가문에서만 태어나 오랫동안 그러한 표현을 사용해 왔기 때문에 습관이 남은 것입니다(Dhp.408 일화). 이것은 술이 든 병에 비유할 수 있습니다. 비록 술을 버리고 물로 몇 번 씻었다 하더라도 아직 그 병에는 술 냄새가 남아 있을 수 있습니다. 그렇듯 제자 아라한들은 윤회하게 하는 모든 번뇌를 다 제거했다 하더라도 그들이 과거 여러 생에 걸쳐 익혔던 나쁜 습관은 아직 그대로 남아 있을 수 있다는 뜻입니다. 부처님께서는 그러한 나쁜 습관까지도 모두 다 제거하셨다는 점에 유의해야 합니다.

두 번째로 부처님께서는 번뇌라는 여러 적들을arīnaṁ 통찰지라는 칼로 죽였기 때문에hatattā 아라한arahanta이십니다.

세 번째로 부처님께서는 윤회바퀴의 바퀴살을arānaṁ 다 부수었기 때문에hatattā 아라한arahanta이십니다. 중생들은 시작을 알 수 없는 과거로부터 계속해서 지옥이나 축생, 아귀, 인간, 천상 등의 여러 세상에 태어나고 죽으면서 윤회를 해 왔습니다. 이렇게 계속해서 돌고 도는 것이 마치 쳇바퀴와 같기 때문에 '윤회바퀴'라고 합니다.[20] 무명과 갈애가 윤회바퀴의 바퀴통입니다. 늙음과 죽음이 바퀴의 테두리이고, 번뇌가 차축입니다. 보시와 지계 등 선처에 태어나게 하는 공덕행, 살생과 도둑질 등 악처에 태어나게 하는 비공덕행, 그리고 무색계 선정이라는 부동不動행,[21] 이러한 세 가지 형성들이 바로 윤회바퀴의 바퀴살입니다.[22] 부처님께서는 금강보좌 아래에서 정진이라는 두 발로, 계라는 대지에 굳게 서서, 믿음이라는 손으로 지혜라는 도끼를 단단히 거머쥐고 그 바퀴살을 다 부수

20 윤회하는 모습은 본서 제7장의 '윤회'를 참조하라.

21 자세한 의미는 대림스님 옮김, 《청정도론》 제3권, p.52 참조.

22 혹은 무명이 바퀴통이고 늙음과 죽음이 테두리이며 형성과 의식을 비롯한 나머지 열 가지 연기요소를 바퀴살이라고 하기도 한다. 자세한 내용은 《청정도론》 제1권, pp.480~485 참조.

어 버리셨기 때문에 아라한이시라는 뜻입니다.

네 번째로 부처님께서는 비할 바 없는 계, 삼매, 지혜, 해탈, 해탈지견, 설법의 덕목 등 특별한 덕목들을 갖추셔서 여러 사람과 천신, 범천들의 특별한 공양을 받을 만하시기 때문에arahatta 아라한arahanta 응공 應供이십니다. 실로 부처님께서는 현존하셨을 때 아나타삔디까Anāthapiṇḍika 장자나 위사카Visākhā 부인 등 여러 재가신자들, 꼬살라Kosala국의 빠세나디Pasenadi 대왕이나 마가다Magadha국의 빔비사라Bimbisāra 왕 등 여러 왕들, 제석천왕 등 여러 천신들, 대범천을 비롯한 여러 범천들의 공양을 받으셨던 것은 말할 필요도 없고, 2천600여 년이 지난 지금까지도 많은 중생의 존경과 예경을 받고 계십니다.

마지막 다섯 번째로 부처님에게는 몰래 악행을 행하기 위한 밀실이raho 없기 때문에abhavato 아라한arahanta이십니다. 사실 부처님께서 성도하시기 전, 출가하실 때부터 마라가 계속 쫓아다니며 잠시라도 마음에 나쁜 법이 생겨나면 해치기 위해 감시하며 부처님을 살펴보았지만 전혀 허물을 찾아볼 수 없었다고 합니다.[23] 정등각을 이룬 뒤에는 말할 필요도 없습니다. 몰래 악행을 일으키기 쉬운 밀실에서조차 악행을 행하지 않으시는 부처님입니다.

아라한이라는 덕목에는 이러한 다섯 가지 의미가 포함되어 있습니다.

멀리떠나 적을죽여 바퀴살을 파괴했고
특별공양 받을만해 몰래악을 안행하네
아라한의 다섯가지 덕목갖춘 부처님

23 본서 제7장의 '타화자재천 탄생지'에 대한 설명을 참조하라.

## 정등각자

부처님의 두 번째 덕목은 '정등각자'입니다. 부처님께서는 괴로움의 진리, 생겨남의 진리, 소멸의 진리, 도의 진리라는 네 가지 성스러운 진리四聖諦와 함께 알아야 할 모든 법을[24] 스스로saṁ 올바르게sammā 깨달은 분이기 때문에buddha 정등각자sammāsambuddha이십니다. 알아야 할 법들 중에 부처님께서 알지 못하시는 법은 없습니다. 알아야 할 법들보다 더 넘어서 부처님께서 아시는 것도 아닙니다. 그러한 법들을 다른 스승의 도움을 받지 않고 스스로 깨달았기 때문에, 또한 올바르게 깨달았기 때문에 정등각자라고 한다는 뜻입니다. 벽지불paccekabuddha 辟支佛도 스승의 도움 없이 네 가지 진리를 깨달은 분입니다. 하지만 알아야 할 법들을 모두 아는 일체지는 갖추지 못했습니다. 또한 부처님의 제자들도 네 가지 진리를 올바르게 깨달은 분이기는 합니다. 하지만 스스로 아는 것도 아니고, 알아야 할 법들을 모두 아는 일체지도 갖추지 못했습니다. 부처님께서는 이렇게 벽지불이나 제자와 달리 네 가지 진리와 함께 알아야 할 모든 법을 스스로 바르게 깨달으셨기 때문에 정등각자라고 불리십니다. 특히 '눈은 괴로움의 진리이다. 눈을 생겨나게 하는 과거의 갈애가 생겨남의 진리이다. 이 둘의 다함이 소멸의 진리이다. 소멸을 잘 아는 실천이 도의 진리이다. 귀는 … 형색은 … 늙음과 죽음은 괴로움의 진리이다. 태어남은 생겨남의

24 '알아야 할 법ñeyyadhamma'에는 다섯 가지가 있다. ① 형성saṅkhara은 조건 때문에 생겨나는 구체적 물질 18, 마음 1, 마음부수 52이다. ② 변화vikāra는 구체적 물질의 특별한 모습으로 몸 암시, 말 암시, 가벼움, 부드러움, 적합함이라는 추상적 물질 다섯 가지이다. ③ 특성lakkhaṇa은 물질 · 정신법의 무상, 고, 무아의 특성과 생성, 지속, 머묾, 소멸이라는 형성된 특성들이다. ④ 열반nibbāna은 모든 번뇌가 다한, 형성되지 않고 조건지워지지 않은 성품이다. ⑤ 개념paññatti은 여러 가지 명칭개념, 여러 가지 물질 · 정신 상속개념, 여러 가지 형체개념, 방향개념, 시간개념, 장소개념, 개인이나 중생개념 등으로 사람이나 천신이나 범천 중생들이 제정해 놓은 여러 가지 개념들이다. 허공요소라는 추상적 물질도 그 개념에 포함시켜 취해야 한다. Nd2.339; *Mahāsi Sayadaw*, 《*Paṭiccasamuppāda tayatogyi* 연기에 대한 법문》 제2권, p.382 참조.

진리이다. 이 둘의 다함이 소멸의 진리이다. 소멸을 잘 아는 실천이 도의 진리이다'라는 등으로 모든 법에 대해 아주 자세하게 네 가지 진리를 적용한 방법으로 스스로 깨달으셨기 때문에 정등각자라고 합니다.

사성제와 알아야할 모든법을 스스로-
올바르게 깨달으신 정등각자 부처님

## 명행족

부처님의 세 번째 덕목은 '명행족'입니다. 부처님께서는 세 가지, 혹은 여덟 가지 명지vijjā와 열다섯 가지 실천행caraṇa을 모두 구족하여 지혜의 측면과 실천행의 측면을 모두 구족한sampanna 분이기 때문에 명행족 vijjācaraṇasampanno이십니다. 세 가지 명지란 숙명통지pubbenivāsañāṇa 宿命通智, 천안통지dibbacakkhuñāṇa 天眼通智, 누진통지āsavakkhayañāṇa 漏盡通智를 말하고 여기에 위빳사나 지혜vipassanāñāṇa, 마음창조신통지manomayiddhiñāṇa, 신족통지iddhividhañāṇa 神足通智, 천이통지dibbasotañāṇa 天耳通智, 타심통지cetopariyañāṇa 他心通智를 더하면 여덟 가지 명지가 됩니다.[25] 열다섯 가지 실천행이란 계 단속, 감관 단속, 음식의 양을 아는 것, 깨어있음에 몰두하는 것, 믿음, 새김, (도덕적) 부끄러움, (도덕적) 두려움, 정진, 배

25 숙명통지는 자신의 여러 과거 생에 대해 아는 지혜, 천안통지는 다른 중생들의 여러 과거 생에 대해 아는 지혜, 누진통지는 모든 누출āsava들이 다한khaya 아라한도의 지혜를 말한다. 위빳사나 지혜는 위빳사나 수행을 통해 얻어지는 여러 지혜, 마음창조신통지는 감각기관을 갖춘 여러 가지 몸을 만들어내는 지혜, 신족통지는 물 위를 걷거나 땅 속으로 꺼지는 등을 나투는 지혜, 천이통지는 멀고 가까운 모든 소리를 들을 수 있는 지혜, 타심통지는 다른 중생들의 마음을 알 수 있는 지혜를 말한다. 각각의 자세한 의미는 각묵스님 옮김, 《디가 니까야》 제1권, pp.246~262; 《청정도론》 제2권, 제12장과 제13장 참조.

움, 통찰지,[26] 그리고 네 가지 색계 선정을 말합니다.

이 명행족의 덕목은 불자들에게 다음과 같은 중요한 내용을 시사해 줍니다. 즉 부처님만큼 완벽하게 실천행과 명지를 구족하지는 못하더라도 두 가지 모두를 어느 정도 갖출 필요가 있다는 점입니다. 간략하게 설명하자면 보시와 계, 삼매는 실천행에 해당합니다. 지혜는 명지에 해당합니다. 사람에 비유하자면 실천행은 팔다리와 같고 명지는 눈과 같습니다. 보시나 계, 삼매 등의 실천행을 구족하고도 지혜라는 명지가 없는 이는 팔다리는 갖추었지만 양 눈이 없는 이와 같습니다. 명지는 구족했지만 실천행이 없는 이는 눈은 갖추었지만 팔다리가 없는 이와 같습니다. 명지와 실천행, 두 가지 모두 구족한 이는 팔다리와 눈, 모두를 구족한 이와 같습니다. 지혜와 실천행, 두 가지 모두 없는 이는 팔다리와 양 눈이 모두 없어 '살아 있다'라고도 말할 수 없는 이와 같습니다.

여기서 이번 생에서 깨달음을 얻지 못하더라도 명지와 실천행, 두 가지 모두를 구족한 이라야 다음 생에서, 혹은 다음 부처님의 가르침에서 깨달을 수 있습니다. 만약 어떤 사람이 보시와 계 등의 실천행만 구족하고 지혜를 계발하지 않는다면 다음 부처님과 만난다 하더라도, 그래서 부처님의 가르침을 듣는다 하더라도 쉽게 깨달음을 얻을 수 없습니다. 깨달음을 얻을 수 있는 지혜가 부족하기 때문입니다. 부처님 당시 꼬살라국의 빠세나디 대왕이나 말리까Mallikā 왕비는 부처님께 보시도 많이 베풀고 법문도 자주 들었지만 지혜가 부족했기 때문에 깨달음을 얻을 수 없었습니다. 반대로 명지, 즉 지혜의 측면만 구족하고 보시와 지계 등의 실천행을 갖추지 못했다면 다음 부처님의 가르침과 만날 기회조차 얻지 못합니다. 만약 부처님의 가르침을 만나기만 한다면 명지를 갖추었기 때

26 믿음부터 통찰지까지의 일곱 가지를 '참사람법sapurisa dhammā', 혹은 '정법saddhammā'이라고 한다.

문에 쉽게 깨달음을 얻을 수 있음에도 불구하고 보시와 계 등의 실천행이 부족해 부처님과 만날 수 없는 악처나 부처님이 없는 시기에 태어나서 안타깝게도 깨달음이라는 큰 보배를 놓쳐버립니다.

그렇기 때문에 이번 생에서 깨달음을 얻으면 좋지만 혹시 그렇지 못해 다음 부처님의 가르침을 고대하며 실천하고 있는 수행자라면 보시, 계, 사마타 수행이라는 실천행을 갖추어 다음 부처님의 가르침과 만날 수 있도록 노력해야 합니다. 또한 명지, 즉 지혜의 측면으로 교학을 배우고 법문을 듣고 더 나아가 위빳사나 수행도 하여 다음 부처님의 가르침과 만났을 때 깨달음을 얻을 수 있도록 노력해야 합니다. 이렇게 지혜와 실천, 두 가지 측면 모두를 할 수 있는 만큼 노력해야 합니다.[27]

삼명팔명 명지함께 열다섯의 실천까지
지혜실천 구족하여 명행족인 부처님

## 선서

부처님의 네 번째 덕목은 '선서sugato'입니다. 부처님께서는 훌륭하게su=sobhana 가셨기 때문에gata=gamana 선서sugato이십니다. '훌륭하게 가셨다'라는 말은 전적으로 청정하고 나무랄 바 없는 성스러운 도를 통해 모든 위험이 사라져 안온한 곳인 열반으로 가셨다는 뜻입니다.

또한 부처님께서는 열반이라는 거룩한su=sundara 곳으로 가셨기 때문에도gata 선서이십니다. 물론 제자들도 열반으로 간 것은 마찬가지입니다. 하지만 먼저, 그리고 손수 그 길을 찾아서 가셨다는 점, 그리고 일체

27 *Ledi Sayadaw*, 《*Bodhipakkhiyadīpanī* 깨달음 동반법 해설서》, pp.17~24 참조.

지 등을 갖이 구족한 점은 부처님만의 특징입니다.

그리고 바르게sammā 가셨기 때문에gata 선서sugato이십니다. '바르게 가셨다'라는 말은 '각각의 도를 통해 제거해 버린 번뇌들 쪽으로 다시 돌아오지 않는다. 번뇌들이 다시 생겨나지 않는다'라는 뜻입니다.[28] 혹은 부처님께서는 디빵까라Dipaṅkarā 부처님의 발아래서 수기를 받은 이래로[29] 깨달음의 보배좌bodhimaṇḍā에[30] 이르기까지 30가지 바라밀을[31] 완성하셨고 이러한 거룩하고 훌륭한 바라밀 실천을 통해 모든 세상의 이익과 행복만을 행하시면서, 또한 상견과 단견, 감각욕망의 쾌락과 자기학대라는 극단에 빠지지 않으시면서 바르게 가셨기 때문에 선서이십니다.[32]

마지막으로 부처님께서는 사실이고 이익을 줄 때만 바른 시기에 따라 올바르게su=sammā 말씀하시기 때문에gata=gadati 선서sugato이십니다. 사실도 아니고 이익도 주지 않는 말, 사실이지만 이익을 주지 않는 말인 경우에는 그 말이 상대방의 마음에 들든지 들지 않든지 부처님께서는 말씀하시지 않습니다. 사실이고 이익을 주는 말일 경우에는 그 말이 상대방의 마음에 들거나 들지 않거나[33] 그 말을 해 줄 바른 시기를 알고 말씀하

28 수다원도를 통해 사견과 의심이, 아나함도를 통해 성냄이, 아라한도를 통해 탐욕과 어리석음과 자만과 해태와 들뜸과 도덕적 부끄러움없음과 도덕적 두려움없음이 제거된다. 그 중에서도 악처에 나게 하는 성냄은 수다원도를 통해, 거친 성냄은 사다함도를 통해 제거된다. 또한 아라한도를 통해 제거되는 어리석음 등의 일곱 가지 번뇌도 악처에 나게 하는 것은 수다원도를 통해, 거친 것들은 사다함도를 통해, 감각욕망과 관련된 미세한 것들은 아나함도를 통해 제거된다고 알아야 한다. 마하시 사야도 지음, 비구 일창 담마간다 옮김, 《위빳사나 수행방법론》 제2권, p.414 참조.

29 《부처님을 만나다》, pp.44~47 참조.

30 《부처님을 만나다》, p.186 참조.

31 《부처님을 만나다》, p.77 참조.

32 이 내용을 대상으로 '수기 받은 이래로 훌륭하게su 실천해 오셨기 때문에āgata 선서sugato이시다'라고 설명하기도 한다. 《*Buddhabhāthā leswekyan* 불교 핸드북》 pp.81~83 참조.

33 데와닷따에게 "악처에 떨어질 자āpāyika"라는 등으로 말씀하신 것은 데와닷따나 그 추종자에게는 듣기에 좋지 않은 말이다. 하지만 그 말씀을 듣고 많은 비구가 승단을 분열시키는 불선업을 하지 않도록 하는 등의 이익을 생겨나게 한다. *Mahāsi Sayadaw*, 《*Visuddhimagga Myanmarpyan* 위숫디막가 미얀마어 번역》 제1권, p.107 주2; 무념 · 응진 역, 《법구경 이야기》 제1권, p.296 참조.

십니다. 즉 상대방이 기분 나쁜 말인 경우에도 사실이고 이익을 줄 때는 적당한 시기에 말씀하신다는 뜻입니다. 비유하자면 어린아이의 목에 동전 등이 걸렸을 때 목에 피가 나더라도 손가락으로 끄집어내는 것과 마찬가지입니다(M58/M.ii.57).

열반으로 훌륭하고 바르게 가셨으며
올바르게 설하시는 선서이신 부처님

## 세간해

부처님의 다섯 번째 덕목은 '세간해'입니다. 부처님께서는 중생 세상, 공간 세상, 형성 세상 등 여러 가지 세상loka에 대해서 자세하게 아시는 분이기 때문에vidū 세간해lokavidū이십니다.

부처님께서는 여러 중생의 습성과 잠재성향 등 중생 세상에 대해서도 자세하게 아십니다. 예를 들어 과거 여러 생 동안 금 세공사로 지내온 젊은 비구는 사리뿟따Sāriputta 존자에게서 몸의 서른두 가지 더러움을 관찰하는 수행주제를 받았지만 수행이 진전되지 않았습니다. 부처님께서는 그 성향을 잘 아시고 황금연꽃을 관찰하도록 시키셨고, 그리하여 삼매가 생겨난 그 비구는 부처님의 지도로 깨달음을 얻었습니다(Dhp.285 일화).

부처님께서는 또한 우주의 모습과 구조 등 공간 세상에 대해서도 잘 아십니다. 여러 지옥의 모습, 각각의 우주에 달과 태양, 수미산, 잠부디빠 등의 사대주, 사대왕천 등의 욕계 천상, 범천 세상 등의 세상이 있는 모습과 이 우주가 무너지는 모습 등이 여러 성전에 설해져 있습니다.[34]

34 본서 제7장의 '우주의 모습'을 참조하라.

더욱 중요한 것은 물질과 정신 등 형성 세상의 고유한 특성과 생멸하는 특성에 대해서도 잘 아신다는 점입니다. 다섯 가지 무더기, 열두 가지 감각장소, 열여덟 가지 요소, 네 가지 진리, 열두 가지 연기 등으로 무상하고 괴로움이며 무아인 실재성품들을 부처님께서는 분명하게 아시고 설하셨습니다. 이렇게 여러 세상에 대해서 잘 아는 분이시기 때문에 부처님을 세간해라고 합니다.

중생세상 공간세상 형성세상 모든세상
모든방면 다아시는 세간해인 부처님

## 무상사 조어장부

부처님의 여섯 번째 덕목은 '무상사 조어장부'입니다. 이 덕목은 두 가지로 나누어서 설명하기도 합니다. 즉 계 · 삼매 · 지혜 · 해탈 · 해탈지견 · 설법의 덕목 측면으로 세상에서 부처님보다 더 뛰어난 존재가 없기 때문에anuttaro 부처님은 무상사anuttaro이시고, 또한 길들여야 할damma 사람과 천신 등 여러 존재를purisa 잘 다스리는 분이기 때문에sārathi 조어장부purisadammasārathi이십니다. 이 두 덕목을 합하여 설명하면 부처님께서는 제도해야 할 존재들을 제도하는 데 있어 으뜸이시기 때문에 무상사 조어장부라는 뜻입니다.

부처님께서는 제도할 만한 이들이라면 암밧타Ambaṭṭha(D3)나 소나단다Soṇadaṇḍa(D4) 등의 사람들은 물론이고 매우 잔인한 알라와까Āḷavaka 야차왕 등의(Sn.305~307) 야차들, 아라왈라Aravāḷa 용왕(VinA.i.65) 등의 축생들까지도 먼 길을 마다않고 가셔서 훈계하셨습니다.

그리고 제도하실 때도 때로는 천상의 행복 등을 설하시면서 부드럽게, 때로는 지옥의 고통 등으로 거칠게, 때로는 두 가지 모두를 설하시면서(A4:111) 많은 이를 부처님께서는 제도하셨습니다.

여러덕목 으뜸이자 여러중생 제도하며
훈계으뜸 무상사– 조어장부 부처님

## 천인사

부처님의 일곱 번째 덕목은 '천인사'입니다. 부처님께서는 천신과 인간의devamanussānaṁ 진정한 스승이시기 때문에satthā 천인사satthā devamanussānaṁ라고도 불리십니다.

마치 대상隊商의 무리가 여러 가지 위험이 도사리고 있는 험로를 지나가야 할 때 그 무리의 지도자는 자신을 따르는 여러 동료로 하여금 편안하고 안전하게 목적지까지 도착할 수 있도록 잘 이끌고 나가듯이, 부처님께서는 여러 가지 고통으로 뒤덮여 있는 윤회의 긴 여정을 헤매는 중생들을 현생과 내생의 행복, 거룩한 열반의 행복까지 도달할 수 있도록 잘 이끌어 주십니다.

여기서 천신과 인간은 대표로 언급한 것이고 축생들에게도 부처님은 진정한 스승이라고 할 수 있습니다. 어느 때 부처님께서 각가라Gaggarā 연못 근처에서 짬빠Campā 성 사람들에게 법문을 설하고 계실 때 개구리 한 마리가 법문을 듣고 있었습니다. 그때 한 목동이 무심코 개구리의 머리에 지팡이를 짚고 섰습니다. 개구리는 즉시 죽어 도리천에 개구리천신Maṇḍūkadevaputta이라는 이름의 천신으로 태어났고 자신이 천상에 태어난 연유에 대해 숙고하여 바로 다시 그 법회 장소로 왔습니다. 그리고 부처님과 대화를 나누었고 마지막 부처님의 법문 끝에 개구리천신을 포함한 많은 이가 깨달음을 얻었다고 합니다(Vv.72; Vis.i.202).

현생내생 열반이란 행복의길 가르쳐서
사람천신 높은스승 천인사인 부처님

## 부처님

부처님의 여덟 번째 덕목은 '붓다', 즉 '부처님'으로 가장 일반적으로 사용되는 명칭이기도 합니다. 부처님께서는 네 가지 거룩한 진리인 사성제와 알아야 할 모든 법을 스스로도 깨달으시고bujjhitā, 다른 이들도 깨닫게 해 주시기 때문에bodhetā 붓다buddho, 즉 부처님이라고 합니다.

앞서 정등각자 덕목에 대한 설명에서도 부처님께서 네 가지 진리와 모든 법을 깨달으신 것을 설명했습니다. 정등각자라는 덕목은 네 가지 진리를 깨달으신 것이 주된 대상이고, 붓다라는 덕목은 네 가지 진리를 제외한, 알아야 할 모든 법까지도 깨달으신 것을 말합니다. 또는 정등각자의 덕목은 부처님 스스로의 통찰 지혜paṭivedha ñāṇa 능력을 드러내고 붓다의 덕목은 설법 지혜desanā ñāṇa 능력을 드러냅니다.

사성제와 알아야할 모든법을 깨닫고서
다른이들 깨닫게해 붓다이신 부처님

## 세존

부처님의 마지막 아홉 번째 덕목은 '세존'입니다. 부처님께서는 무한한 선업, 무한한 지혜, 무한한 위력, 특히 여섯 가지 복덕bhaga을 구족한

vā 분이기 때문에 세존bhagavā이십니다.

여섯 가지 복덕이란 권위, 법, 명성, 영광, 소원, 매진을 말합니다. 이 중 권위는 몸과 마음을 마음대로 하실 수 있는 것을 말합니다. 혐오스러운 것에 대해 혐오스럽지 않다는 인식으로 지낼 수 있는 것 등이 마음을 마음대로 지배할 수 있는 권위이고, 몸을 매우 작게 만들거나 매우 가볍게 만들 수 있는 것 등이 몸을 마음대로 지배할 수 있는 권위입니다. 법이란 네 가지 도, 네 가지 과, 열반이라는 출세간법 아홉 가지를 말합니다. 또한 부처님께서는 범천 세상까지 널리 퍼진 명성을 갖추고 계십니다. 영광이란 아무리 보아도 만족하지 못할 만큼 장엄한 신체를 구족하신 것을 말합니다. 소원이란 자기의 이익이든 남의 이익이든 원하는 것은 무엇이든 이루시는 것을 말합니다. 매진이란 최상에 도달한 정진을 말합니다. 이러한 여섯 가지 복덕을 구족하셨기 때문에 부처님을 세존이라고 칭송하는 것입니다.

또한 세간의 행복과 출세간의 행복을 생기게 하는 보시와 계 등 정점에 이른 행운bhāgya을 갖추셨기 때문에, 다섯 마라[35] 등 여러 가지 위험을 부수셨기 때문에bhaggavā, 여러 가지 법을 자세하게 분석하셨기 때문에vibhattavā, 세간적인 법과 출세간적인 법들을 많이 수행하셨기 때문에bhattavā, 세 가지 존재에서bhavesu 갈애라는 여행을 버리셨기 때문에vantagamano 세존이라고 불리시기도 합니다.

권위와법 명성영광 소원매진 여섯복덕
모두함께 구족하여 세존이신 부처님

35 마라Māra에는 ① 번뇌kilesa로서의 마라, ② 무더기khandha로서의 마라, ③ 업형성abhisaṅkhāra으로서의 마라, ④ 천신devaputta으로서의 마라, ⑤ 죽음maccu으로서의 마라라는 다섯 가지가 있다. 대림스님 옮김, 《앙굿따라 니까야》 제2권, p.81 주62 참조.

## 부처님과 관련된 여러 가지

지금까지 부처님의 아홉 가지 덕목을 살펴보았습니다. 부처님의 이러한 공덕을 할 수 있는 만큼 바르게 알고 많이 알아, 거듭 새기고 독송하여 크나큰 신심을 내어야 합니다. 특히 앞서 소개한 부처님 덕목의 빠알리어 구절도 여러 번 읽고 독송하여 마음에 새기길 권유합니다. 그 구절대로 아홉 가지 부처님의 덕목을 모두 다 소리내어 크게 독송하거나 마음속으로 외워도 좋고, 마음에 드는 어느 한 가지나 두 가지 등의 덕목만 계속 독송하는 것도 좋습니다.

> 소 바가와 이띠삐 아라항 So bhagavā itipi arahaṁ
> 소 바가와So bhagavā그 거룩하신 세존께서는
> 이띠삐 아라항itipi arahaṁ나쁜 습관과 함께 모든 번뇌로부터 멀리 떠나 사람과 천신, 범천들의 특별한 공양을 받을 만한 아라한이십니다.

이런 식으로 빠알리어와 그 의미 게송을 함께 독송하거나 마음에 새기는 것도 좋습니다. 이렇게 부처님의 덕목을 계속 독송하고 마음에 새기는 수행을 '부처님 거듭새김buddhānussati 佛隨念'이라고 합니다. 이에 대해서는 보호명상을 설명할 때 자세하게 설명하겠습니다.[36]

사실 부처님의 덕목은 헤아리기 힘듭니다. 한 부처님께서 다른 설법은 하지 않고 이전에 출현하신 어떤 한 부처님의 공덕만을 평생 동안 설

36 본서 제8장의 '부처님 거듭새김'을 참조하라.

하신다 해도 다 설하지 못한다고 합니다(DA.i.256).

한때 라자가하Rājagaha에 사는 한 바라문이 부처님의 키를 재기 위해 2미터 정도의 대나무를 가지고 성문 근처에 서 있었습니다. 다른 사람들도 궁금하여 주위로 모여들었습니다. 마침 부처님께서 탁발을 나오셨고, 바라문은 대나무를 부처님 옆에 대어 보았습니다. 대나무는 부처님의 무릎 정도에서 멈추었습니다. 다음날은 대나무 두 개를 묶어 부처님 옆에 대어 보았습니다. 대나무는 부처님의 허리 정도에서 멈추었습니다. 부처님께서는 바라문에게 물었습니다.

"바라문이여, 무엇을 하고 있는가?"

"부처님의 키를 재려 하고 있습니다."

"바라문이여, 설령 그대가 온 우주에 있는 모든 대나무를 다 연결해서 재더라도 나의 크기는 잴 수 없을 것이오. 나처럼 4아승기와 10만 대겁이라는 헤아릴 수 없는 기간에 바라밀을 쌓은 이라야 나의 크기를 잴 수 있을 것이오."

이렇게 말씀하시고 나서 부처님께서는 다음의 게송을 읊으셨습니다(Dhp.196).

> 두려움도 없고 고통도 종식시킨
> 그와 같은 부처님께 헌공하는 이의
> 이러한 공덕은 헤아리기가
> 이 세상 누구도 가능하지 않다네.[37]

37 Te tādise pūjayato, nibbute akutobhaye;
Na sakkā puññaṃ saṅkhātuṃ, imettamapi kenaci.

게송의 끝에 많은 사람이 열반이라는 죽음없음不死의 감로수를 마셨습니다(DA.i.253).

아라한등 아홉공덕 열공덕과 무한공덕
모든덕목 구족하신 현존하신 부처님께
두손모아 합장하고 머리위에 높이올려
지극정성 경의다해 예경합니다

## 가르침의 덕목

지금까지 부처님의 덕목에 대해 살펴보았습니다. 이제 가르침dhamma의 덕목에 대해 알아보도록 하겠습니다. 여기서 가르침, 혹은 법dhamma이란 출세간법 아홉 가지와 교학을 합한 열 가지를 말합니다. 그리고 출세간법 아홉 가지란 네 가지 도와 네 가지 과, 열반을 말합니다. 먼저 가르침의 덕목을 나타내는 구절은 다음과 같습니다.

**스왁카또 바가와따 담모 산딧티꼬 아깔리꼬 에히빳시꼬 오빠네이"꼬 빳짯땅 웨디땁보 윈뉴히**
Svākkhāto bhagavatā dhammo sandiṭṭhiko akāliko ehipassiko opaneyyiko paccattaṁ veditabbo viññūhi.

**바가와따 담모**Bhagavatā dhammo그 부처님께서 설하신 가르침은 ① **스왁카또**svākkhāto잘 설해진 가르침이며, ② **산딧티꼬**sandiṭṭhiko스스로 보아 알 수 있는 가르침이며, ③ **아깔리꼬**

akāliko즉시 결과를 주는 가르침이며, ④ **에히빳시꼬**ehipassiko 와서 보라고 권유할 만한 가르침이며, ⑤ **오빠네이"꼬**opaneyyiko자기 안에 머물도록 인도할 만한 가르침이며, ⑥ **빳짯땅 웨디땁보 윈뉴히**paccattaṁ veditabbo viññūhi현자들이라면 각자 알 수 있는 가르침입니다.

## 잘 설해진 가르침

먼저 이러한 여섯 가지 덕목 중 '잘 설해진 가르침'이라는 덕목은 열 가지 가르침 중에 교학과도 관련되는 덕목이지만, 나머지 다섯 가지 덕목은 출세간법 아홉 가지와만 관련되는 덕목이라는 것을 알아두어야 합니다. 그러면 잘 설해진 가르침의 덕목에 대해 알아보겠습니다.

부처님의 가르침은 잘suṭṭhu 설해졌기 때문에akkhāto '잘 설해진 svākkhāto' 가르침입니다.

그 중 교학의 가르침은 처음과 중간과 끝이 다 좋기 때문에 잘 설해진 가르침입니다. 네 구절로 된 게송으로는 첫째 구절로 처음이 좋고, 둘째와 셋째 구절로 중간이 좋고, 마지막 구절로 끝이 좋습니다. 경을 예로 들자면 서문으로 처음이 좋고, 본문으로 중간이 좋고, 결론으로 끝이 좋습니다. 교법sāsana dhamma 전체[38]로는 계로서 처음이 좋고, 사마타와 위빳사나와 도와 과로서 중간이 좋고, 열반으로서 끝이 좋습니다. 또는 계와 삼매로 처음이 좋고, 위빳사나와 도로 중간이 좋고, 과와 열반으로 끝이 좋습니다. 부처님께서 잘 깨달으셨기 때문에 처음이 좋고, 가르침이 훌륭하고 올바르기 때문에 중간이 좋고, 승가가 잘 실천하기 때문에 끝

38 경장과 율장과 논장이라는 교법 전체를 말한다. 《*Visuddhimagga Myanmarpyan* 위숫디막가 미얀마어 번역》 제1권, p.166 주3 참조.

이 좋습니다.

또한 의미와 표현도 갖추었기 때문에 잘 설해진 가르침입니다. 부처님의 가르침은 설법하시려는 뜻과 의미도 훌륭하고 심오하며, 그것을 나타내는 단어와 문체 등도 훌륭합니다.

그리고 교학의 가르침에 더 첨가해야 할 것이 없기 때문에 더없이 완벽하고, 삭제해야 할 것이 없기 때문에 청정한 가르침입니다. 이렇게 처음과 중간과 끝이 좋고, 의미와 표현을 갖추었고, 더없이 완벽하고 청정한 범행을 드러내기 때문에 교학은 잘 설해진 가르침입니다.

출세간법 아홉 가지를 잘 설하신 모습은 다음과 같습니다. 먼저 성스러운 도 네 가지는 양극단에 치우지지 않기 때문에 중도majjhimāpaṭipadā이고, 그것을 중도라고 잘 설하셨습니다. 과 네 가지는 번뇌를 완전히 가라앉힌 상태이고, 그것을 또한 번뇌를 완전히 가라앉힌 상태라고 잘 설하셨습니다. 열반은 영원함, 죽음없음, 귀의처 등의 성품을 가지고 있는데 그 성품에 따라 영원함, 죽음없음, 귀의처라는 등으로 잘 설하셨습니다. 그래서 출세간법 아홉 가지도 잘 설해진 가르침입니다.

부처님의 교학법은 처음중간 끝이좋고
의미표현 갖추었고 더없이- 완벽하고
청정범행 드러내어 잘설해진 법이라네
네가지도 중도라고 네가지과 번뇌종식
열반법은 죽음없음 귀의처라 바로설해
출세간법 아홉가지 잘설해진 법이라네

## 스스로 보아 알 수 있는 가르침

두 번째로 부처님의 가르침은[39] 스스로sayaṁ 보아 알 수 있기 때문에 daṭṭhabbo '스스로 보아 알 수 있는sandiṭṭhiko' 가르침입니다. 부처님의 가르침은 다른 사람에 대한 맹목적인 믿음을 통해서가 아니라 스스로 실천하거나 반조하여[40] 알 수 있습니다. 물론 방법은 들어야 하지만 실천은 스스로 해야 합니다. 부처님께서도 당신 스스로를 "여래는 단지 안내자일 뿐이다"라고 설하셨습니다(Dhp.276). 그렇게 지도했을 때 일부만 깨닫고 일부는 깨닫지 못합니다. 일부가 깨닫지 못하는 것은 스승의 잘못이 아니라 실천하는 이의 잘못입니다(M107). 부처님의 가르침은 올바르게 실천하고 또한 인연도 구족된다면 스스로 보아 알 수 있는 가르침입니다.

자신직접 스스로가 타인의존 하지않고
바로보아 알수있는 거룩한- 법이라네

## 시간이 걸리지 않는 가르침

세 번째로 부처님의 가르침은 과보를 주는 데에 긴 시간이kāla 걸리지 않기 때문에a '시간이 걸리지 않는akāliko' 가르침입니다. 이것은 특히 '도'의 덕목을 나타냅니다. 도는 즉시 그 뒤에 과의 마음을 두 번, 세 번 생겨나게 결과를 주기 때문에 과보를 주는 데 시간이 오래 걸리지 않습니

39 이후의 다섯 가지 덕목에서의 가르침은 출세간법 아홉 가지를 말한다.
40 출세간법을 증득한 성자는 반조의 지혜로 그 법들을 알 수 있다.

다.[41] 반면 세간적인 유익한 법들은 그 과보를 주는 데 시간이 걸립니다. 그래서 '시간이 걸리는 것kālika'이라고 합니다. 하지만 사마타, 위빳사나 수행의 경우는 도 정도로 즉시는 아니지만 탐욕 등을 부분적으로나 일시적으로 억압해서 잘 제거하는 결과를, 아주 많은 시간이 걸리지 않고 줄 수도 있습니다.

결과과보 주는데에 긴시간이 안걸리고
즉시바로 결과주는 거룩한- 법이라네

## 와서 보라고 권유할 만한 가르침

네 번째로 부처님의 가르침은 '와서ehi 이 가르침을 직접 경험해 보라passa'라고 권유하기에 적당하기 때문에 '와서 보라고 권유할 만한ehipassiko' 가르침입니다.

자기 손에 아무 것도 없으면서 "이리 와서 황금을 보시오"라고 말할 수는 없습니다. 황금이 없기 때문입니다. 부처님의 가르침, 즉 출세간법 아홉 가지는 그렇지 않습니다. 분명하게 존재하기 때문에 자신 있게, 당당하게 초청할 수 있는 가르침입니다. 누구나 와서 실천하면 알 수 있습니다. 또한 소변이나 대변을 두고 '와서 보라'라고 초청할 수는 없습니다. 더럽기 때문입니다. 출세간법 아홉 가지는 그렇지 않습니다. 지극히 청정하고 깨끗하고 거룩합니다. 그래서 와서 보라고 할 수 있습니다.

하지만 그 출세간법들을 그냥 얻을 수는 없습니다. 경전을 읽거나 법문을 들어야 합니다. 그래서 출세간법을 얻는 데 도움이 되는 경

41 대림스님, 각묵스님 공동번역 및 주해, 《아비담마 길라잡이》 제1권, pp.419~423(전정판1쇄) 참조. 이하 《아비담마 길라잡이》는 모두 전정판1쇄의 페이지이다.

전 교학, 그 경전을 수지하고 설하는 승가, 신심을 자아내는 탑, 승가가 머무는 사찰 등도 와서 보라고 할 만한 덕목이 있다고 알아야 합니다.

깟사빠 부처님 당시, 아나함이었던 가띠까라Ghaṭīkāra는 도공으로 신분이 낮았지만 자신보다 신분이 높았던 친구 조띠빨라Jotipāla 바라문의 머리채를 잡아끌면서까지 이 가르침을 권유했습니다(M81).[42]

분명존재 청정한법 와서보라 말하면서
초청권유 적당한- 거룩한- 법이라네

## 인도할 만한 가르침

다섯 번째로 부처님의 가르침 중에 도와 과는 자신의 마음에 생겨나게 하는 것을 통해 인도할 만하기 때문에upanetabbo, 또한 열반은 마음의 대상으로 실현하는 것을 통해 인도할 만하기 때문에 '인도할 만한opaneyyiko' 가르침입니다.

설령 자기의 옷이나 머리가 불타더라도 그보다 더 서둘러 자기 마음에 생겨나게 할 만한 것이 바로 이 가르침입니다. 그것은 무엇 때문이겠습니까? 옷이나 머리가 불타서 화상을 입거나 더욱 심하여 죽음의 고통을 겪는 것은 오직 한 생뿐이지만 출세간법을 얻지 못하면 길고 긴 윤회에서 여러 가지 고통을 오랜 시간 동안 계속해서 겪어야 하기 때문입니다. 그리고 그렇게 긴 고통을 생겨나게 하는 윤회는 바로 존재더미사견sakkāyadiṭṭhi 有身見, 즉 분명하게 존재하는 것은 물질과 정신뿐인데 그것

42 본서 제6장의 '친구의 의무'에서 자세하게 설명했다.

을 '나'라고 생각하는 사견 때문입니다. 그래서 부처님께서는 다른 무엇보다도 그 존재더미사견을 제거하도록 서둘러 새김확립 수행을 실천하라고 강조하셨습니다(S1:21).

가슴속에 박힌창 빨리뽑듯이
머리위에 붙은불 빨리끄듯이
그와같이 유신견 제거하도록
새김확립 서둘러 실천해야해

부처님 당시, 경행 수행을 하던 한 비구는 큰 가시에 찔려 발등까지 그 가시가 뚫고 나왔습니다. 하지만 그는 '이 가시를 먼저 뽑을 것인가? 존재더미사견을 먼저 뽑을 것인가?'라고 숙고했고 '가시에 찔린 것으로는 지옥 등의 위험이 없다. 윤회 내내 박혀 괴로움을 겪게 하는 존재더미사견이라는 가시에만 그러한 위험이 있다'라고 결정하고서 계속 수행했다고 합니다(DA.ii.373).

자기마음 존재상속 생겨나고 실현하게
인도하기 적당한- 거룩한- 법이라네

## 현자들이라면 각자 알 수 있는 가르침

마지막 여섯 번째로 부처님의 가르침은 현자들에 의해서viññūhi 각자paccattaṁ 알 수 있는veditabba 법이기 때문에 '현자들이라면 각자 알 수 있는paccattaṁ veditabbo viññūhi' 가르침입니다.

이것은 먼저 현자들만 출세간법 아홉 가지를 알 수 있다는 뜻입니다.

이번 생에 도와 과를 얻을 수 있을 정도로 바라밀이나 지혜가 충분하지 않은 이들은 알 수 없습니다.

또한 각자가 자신의 존재상속에서만 알 수 있는 것이라는 뜻입니다. 다른 이의 장식을 보는 것처럼 볼 수 있는 것이 아닙니다. 축제를 보고 설명해 주어도 듣는 사람이 똑같이 그것을 느낄 수 없는 것과 마찬가지입니다. 각자가 얻은 출세간의 행복은 그 자신만 누릴 수 있습니다. 스승이 깨달은 법을 단지 같이 지낸다고 하여 제자가 알 수는 없습니다. 낮은 단계의 성자들도 높은 단계의 성자들의 상태를 알지 못합니다. 각자가 자신의 단계에 따라서 자신의 존재상속에서만 알 수 있습니다.

현자들만 각자각자 스스로를 대상으로
알수있고 경험하는 거룩한- 법이라네

## 가르침에 관련된 여러 가지

삼보에 예경하고 공양 올린다고 할 때 덕목을 대상으로 해야 합니다. 부처님과 승가는 형체로 분명하게 보이기 때문에 쉽게 대상으로 떠올릴 수 있지만 가르침은 형체로 분명하지 않기 때문에 어떻게 예경 올려야 하는지, 공양 올려야 하는지 분명하지 않습니다.

부처님 당시에도 이러한 질문을 한 바라문이 있었습니다. 부처님께서는 "법을 많이 배운, 많이 수지한 비구에게 공양 올리시오"라고 대답하셨고, 바라문은 수소문하여 당시 법을 제일 많이 배운, 많이 수지한 법의 창고지기dhammabhaṇḍāgārika 아난다Ānanda 존자에게 공양을 올렸다고 합니다(DA.iii.91).

그래서 삼장에 능통한 스님들에게 공양을 올리는 것을 비롯하여 삼장

자체에 공양을 올리는 것[43], 훌륭한 법이 담긴 책을 보시하는 것 등이 가르침에 예경 올리는 것에 해당됩니다.

부처님께서도 가르침을 중시하셨습니다. 성도하신 지 얼마 되지 않았을 때[44] 부처님께서는 '아무도 존중할 사람이 없고, 의지할 사람이 없이 머문다는 것은 괴로움이다. 나는 누구를 의지하며 머물러야 하는가?'라고 숙고하셨고, 계 · 삼매 · 통찰지 · 해탈 · 해탈지견의 덕목으로 자신보다 더 뛰어난 존재를 찾지 못하시자 '내가 바르게 깨달은 이 법을 존중하고 의지하며 지내리라'라고 결정하셨습니다(S6:2).

또한 당신 혼자뿐만 아니라 제자들도 그렇게 법을 존중하고 의지하도록 "만약 한 비구가 대가사 자락을 붙잡고 나의 발자취를 따라다니더라도 마음이 산란하면 나에게서 먼 것이다. 그것은 법을 보지 못하기 때문이다. 만약 한 비구가 100요자나[45] 정도로 멀리 떨어져 지내더라도 마음이 고요하면 나와 가까운 것이다. 그것은 법을 보기 때문이다. 법을 보는 것이 나를 보는 것이다"라고 가르치셨습니다(It.92; Dhp.381).

마지막으로 부처님께서 완전한 열반에 드시기 전에 "내가 떠난 후에는 내가 그대들에게 가르치고 천명한 법과 율이 그대들의 스승이 될 것이다"라고 유훈을 남기셨습니다(D16/D.ii.126).

이러한 여러 가르침을 통해 부처님조차 의지하고 존중했던 법, 제자들로 하여금 의지하고 존중하게 했던 법, 부처님을 대신해서 스승의 지위를 차지하고 있는 법, 바로 그 법을 출가자든 재가자든 항상 의지하고 존중해야 하겠습니다.

---

43 삼장의 내용이 담긴 경전 등을 불단에 올려놓고 음식, 꽃, 물, 등불 등으로 공양 올리는 것도 해당된다.

44 다섯 번째 일주일을 보내시던 때이다. 《부처님을 만나다》 pp.203~204 참조.

45 1요자나yojana 由旬는 멍에를 멘 소가 쉬지 않고 하루 동안 갈 수 있는 거리로 7마일(11km) 정도이다.

잘설해진 공덕등의 여섯가지 특별공덕
모든덕목 구족한- 부처님의 가르침에
두손모아 합장하고 머리위에 높이올려
지극정성 경의다해 예경합니다

## 승가의 덕목

삼보의 세 번째로 승가 공덕에 대해 살펴보겠습니다. 여기서 승가 saṅgha란 '견해와 계가 같은 이들의 모임'이라는saṃhato, 모인 뜻입니다(MA.i.34; Vis.i.212). 승가에는 비구들의 모임으로서 비구승가, 비구니들의 모임으로서 비구니승가가 있습니다. 또한 엄밀한 의미로는 수다원도와 과, 사다함도와 과, 아나함도와 과, 아라한도와 과라는 네 쌍의 여덟 종류 성자의 모임만을 뜻하고, 일반적으로는 범부들도 포함됩니다.[46] 예를 들어 삼귀의를 할 때의 승가, 승가공덕 거듭새김 수행을 할 때의 승가는 엄밀한 의미로서 여덟 종류 성자의 모임을 대상으로 해야 하고, 승가를 대상으로 보시할 때는 일반적으로 범부들까지 포함해서 공양을 올려도 됩니다.[47] 그러면 먼저 승가의 덕목을 나타내는 구절을

46 성자인 승가를 절대적 승가paramatthasaṅgha라고 하고, 범부 승가를 관습적 승가sammuti-saṅgha라고 한다. 하지만 법을 얻기 위해 열심히 실천하는 비구는 '수다원도'에 해당된다고 〈보시 분석 경〉의 주석에 설명되어 있다. 열심히 실천하는 비구도 이 절대적 승가에 포함될 수 있다. 법을 실천하지 않는 비구는 해당되지 않는다. 그러면 재가자로서 성자들은 승가에 포함되는가? 뒤에 소개할 승가의 여러 덕목을 갖춘 것으로는 동일하지만 '위없는 복밭'이라는 덕목은 정식으로 구족계를 수지한 출가자만 해당된다. 또한 비구계의 경우, 간략하게는 227가지이지만 자세하게는 91,805,036,000개나 되기 때문에 재가자가 수지하는 오계나 팔계와 비교하여 '같다'라고 말할 수 없다. 그래서 재가자들은 승가에 포함되지 않는다. *Ledī Sayadaw*, 《*Sāsanasampattidīpanī* 교법성취 해설서》, pp.403~406 참조. 청신사, 청신녀를 포함하여 비구, 비구니를 '사부대중parisā'이라고 다른 용어로 표현한다.

47 《*Buddhabhāthā leswekyan* 불교 핸드북》 p.214 참조.

소개하겠습니다.

숩빠띠빤노 바가와또 사와까상고 우줍빠띠빤노 바가와또 사와까상고 냐얍빠띠빤노 바가와또 사와까상고 사미찝빠띠빤노 바가와또 사와까상고 야디당 짯따리 뿌리사유가니 앗타뿌리사뿍갈라 에사 바가와또 사와까상고 아후네요 빠후네요 닥키네요 안잘리까라니요 아눗따랑 뿐냑켓땅 로깟사

Suppaṭipanno bhagavato sāvakasaṅgho, ujuppaṭipanno bhagavato sāvakasaṅgho, ñāyappaṭipanno bhagavato sāvakasaṅgho, sāmīcippaṭipanno bhagavato sāvakasaṅgho, yadidaṁ cattāri purisayugāni aṭṭha purisapuggalā esa bhagavato sāvakasaṅgho, āhuneyyo pāhuneyyo dakkhiṇeyyo añjalikaraṇīyo anuttaraṃ puññakkhettaṃ lokassa.

바가와또 사와까상고Bhagavato sāvakasaṅgho부처님의 제자들인 승가는 ① 숩빠띠빤노suppaṭipanno번뇌를 제거하도록 잘 수행하는 승가이며,[48] ② 우줍빠띠빤노ujuppaṭipanno거짓이나 왜곡 없이 바르고 곧게 수행하는 승가이며, ③ 냐얍빠띠빤노ñāyappaṭipanno열반만을 향해 참되게 수행하는 승가이며, ④ 사미찝빠띠빤노sāmīcippaṭipanno 존경받기에 합당하게 수행하는 승가입니다. 야디당 짯따리 뿌리사유가니 앗타뿌리사뿍갈라yadidaṁ cattāri purisayugāni aṭṭha purisapuggalā네 쌍의 여덟 분

48 이하 앞부분의 '바가와또 사와까상고'는 생략했다.

이 계신 **에사 바가와또 사와까상고**esa bhagavato sāvakasaṅgho 그 부처님의 제자들인 승가는 ⑤ **아후네요**"āhuneyyo멀리서 가져온 공양물을 보시받기에 합당한 승가이며,[49] ⑥ **빠후네요**" pāhuneyyo손님들을 위한 공양물을 보시받기에 합당한 승가이며, ⑦ **닥키네요**"dakkhiṇeyyo내생을 위해 베푸는 공양물을 보시받기에 합당한 승가이며, ⑧ **안잘리까라니요**"añjalikaraṇīyo 합장하여 올리는 예경을 받기에 합당한 승가이며, ⑨ **아눗따랑 뿐냑켓땅 로깟사**anuttaraṃ puññakkhettaṃ lokassa세상의 위없는 복밭인 승가입니다.

## 잘 실천하는 승가

첫 번째 승가의 덕목은 '잘 실천하는suppaṭipanno'이라는 덕목입니다. 부처님의 성제자인 네 쌍의 여덟 분인 승가는 탐욕과 성냄과 어리석음 등의 모든 번뇌를 잠재우기 위해 계·삼매·통찰지라는 세 가지 수련三學을 잘su 실천합니다paṭipanno. 여기서 아직 수련 중인 성자들은 잘 실천하고 있는paṭipajjanti 분들이고, 삼학의 수련을 모두 마친 아라한 성자들은 이미 잘 실천한paṭipajjittha 분들입니다.[50]

여기서 "다른 종교나 교리에 입문한 사람들도 각자의 교리에 따라 실천하면 잘 실천하는 이들이라고 말할 수 있지 않은가?"라고 질문할 수 있는데, 그에 대한 대답은 〈아지와까 경〉에서 찾을 수 있습니다. 아지와까

49 빠알리어 원문에는 없지만 '승가이며'라는 후렴구를 붙였다.

50 이하 '참되게 실천하는' 등의 덕목에 대해서도 마찬가지로 적용해야 한다. 《*Sāsanasampattidīpanī* 교법성취 해설서》, p.402 참조.

Ājīvaka 사명외도들의[51] 제자인 한 장자가 "어떤 분들이 잘 실천하는 분들입니까?"라고 아난다 존자에게 질문했습니다. 아난다 존자는 "애착과 성냄과 어리석음의 제거를 위해 실천하는 분들을 잘 실천하는 분들이라고 할 수 있습니까, 없습니까?"라고 반문했고, 장자는 "잘 실천하는 분들이라고 할 수 있습니다"라고 대답했습니다. 이렇게 질문한 본인이 스스로 이해하고 대답하게 제도하여 그 장자는 삼보에 귀의하게 되었다고 합니다(A3:72). 이 예화에서 볼 수 있듯이 아무렇게나 열심히 실천하는 것을 '잘 실천한다'라고 할 수는 없습니다. 옳고 바르게, 즉 애착과 성냄과 어리석음 등의 번뇌를 제거하게 하는 행위를 잘 실천해야 잘 실천한다고 할 수 있으며, 부처님의 성자인 승가는 그러한 의미에서 잘 실천하는 승가입니다.[52]

탐진치의 다함위한 계율삼매 통찰지의
삼학수련 잘실천한 거룩한- 승가라네

## 올곧게 실천하는 승가

두 번째 승가의 덕목은 '올곧게 실천하는ujuppaṭipanno'이라는 덕목입니다. 부처님의 제자인 승가는 몸과 말과 마음으로 거짓이나 왜곡 없이 바르고 곧게uju 실천합니다paṭipanno.

먼저 감각욕망 탐닉에 몰두하는 하나의 극단과 자기학대에 몰두하는 또 하나의 극단을 떠나 중도를 통해 올곧게 실천합니다.

또한 있는 허물을 마치 없는 것처럼 속이는 행위māyā와 없는 공덕을

51 아지와까들은 나체주의자며 막칼리 고살라Makkhali Gosāla의 제자들이었다고 한다. 삿된 생계로 삶을 영위하기 때문에 사명외도邪命外道라고 번역되었다.

52 《*Visuddhimagga Myanmarpyan* 위숫디막가 미얀마어 번역》 제1권, p.186 주1 참조.

마치 있는 것처럼 기만하는 행위sāṭheyya[53]를 떠나 올곧게 실천합니다.

몸과말과 마음으로 거짓이나 왜곡없이
올바르게 실천하는 거룩한- 승가라네

## 참되게 실천하는 승가

세 번째 승가의 덕목은 '참되게 실천하는ñāyappaṭipanno'이라는 덕목입니다. 승가는 알아야 할 참된 법ñāya인 열반만을 위해 목숨까지도 상관하지 않고 참되게 실천합니다paṭipanno.

생명의 위협에도 불구하고 살아 있는 넝쿨을 끊지 않았던 장로들의 일화를 예로 들 수 있습니다. 마하왓따니Mahāvattani 숲에서 도적들이 한 장로를 살아 있는 넝쿨로 묶은 뒤 누워 있게 했습니다. 장로는 누운 채 칠일 동안 위빳사나를 증장시켜 아나함과를 증득한 뒤 입적하여 범천 세상에 태어났습니다. 또한 과거 스리랑카에서도 도둑들이 살아 있는 넝쿨로 또 다른 장로의 몸을 묶어 뉘어놓고 떠난 적이 있었습니다. 그때 마침 산불이 났고 '살아 있는 풀이나 초목을 해치면 안 된다'라는 계목을 지키기 위해 그 스님은 넝쿨을 끊어 내지 않고 누운 채로 위빳사나 관찰을 통해 아라한이 되었고, 동시에 완전한 열반에 들었습니다(Vis.i.34).

알아야할 참된법인 열반만을 위해서만
참되게- 실천하는 거룩한- 승가라네

---

53 자신이 신통을 지닌 아라한인 것처럼 꾸미기 위해, 신도들의 인기척이 들리면 미리 방안에 준비해 둔 항아리 안에 숨었다가 신도들이 방에서 나가 "어디 가셨나?"라고 웅성거릴 때 일부러 방에서 나오는 '항아리 아라한cāṭi arahanta'을 예로 들 수 있다(VbhA.ii.457).

## 합당하게 실천하는 승가

네 번째 승가의 덕목은 '합당하게 실천하는sāmīcippaṭipanno'이라는 덕목입니다. 승가는 다른 이들의 존경을 받기에 합당하게sāmīci 실천합니다paṭipanno. 많은 결과를 주기에 충분한 덕목을 갖추지 못하면 자신에게 보시하거나 존경하는 신자들에게 그들이 바라는 큰 이익을 줄 수 없기 때문에 성자인 승가는 항상 존경을 받기에 적당하게 실천합니다.

이것은 아야밋따Ayyamitta 장로를 예로 들 수 있습니다. 장로는 스리랑카의 '농부의 동굴'이라는 의미의 깟사까 레나Kassaka leṇa라는 곳에서 지내고 있었는데, 근처 마을의 한 청신녀가 장로를 마치 친아들처럼 여기며 시봉하고 있었습니다. 어느 날, 그 청신녀는 자신의 딸에게 스님에게 여러 가지 훌륭한 음식을 대접하라고 당부한 뒤 자신은 쌀 찌꺼기로 대강 먹겠다고 말했습니다. 탁발 나왔다가 우연히 그 말을 듣게 된 장로는 '나에게 이런 탁발 음식을 받을 만한 덕목이 있는가? 아직 탐욕, 성냄, 어리석음이 있는 이는 이런 음식을 수용할 수 없다'라고 숙고하고 처소로 돌아와서 열심히 수행했고, 머지않아 아라한이 되었습니다. 아직 탁발 시간이 남아 장로는 그 집에 다시 탁발을 가서 음식을 받았습니다(DA.ii.3780). 신심으로 올리는 공양을 받기에 합당하게 실천을 한 것입니다.

다른이의 존경공경 받기위해 적당하게
합당하게 실천하는 거룩한- 승가라네

## 공양 받아 마땅한 승가

다섯 번째 승가의 덕목은 '공양 받아 마땅한āhuneyyo'이라는 덕목입니다. 승가는 멀리서ā 가져와서 헌공한 필수품을huna 받기에 적당하기 때문에eyya 공양 받아 마땅합니다.

저 멀리 도리천의 제석천왕까지 마하깟사빠Mahākassapa 존자에게 와서 공양을 올렸습니다. 마하깟사빠 존자는 칠일간의 멸진정에서 출정한 뒤 '차례대로 탁발하리라'라고 생각하며 탁발을 나섰습니다. 그때 제석천왕의 시녀인 천녀들이 마하깟사빠 존자에게 천녀의 모습 그대로 가서 공양을 올리려 세 번이나 간청했지만 존자는 거절했습니다. 그 사실을 알게 된 제석천왕은 부인인 수자따 왕비와 함께 늙은 노부부로 변신하고서 라자가하 근처에 베 짜는 마을의 한 집에서 베를 짜는 척 했습니다. 매우 가난한 노부부라 생각한 존자는 그 집 앞에 섰고, 제석천왕은 천상의 음식을 공양 올렸습니다(Dhp.56 일화).

멀리에서 가져와서 지계자에 헌공하는
공양받아 마땅한- 거룩한- 승가라네

## 선사 받아 마땅한 승가

여섯 번째 승가의 덕목은 '선사 받아 마땅한pāhuneyyo' 덕목입니다. 승가는 손님들을 위해 준비한 음식이나 공양물인 선물pāhuna을 받기에 적당합니다eyya.

손님에는 보통의 손님과 특별한 손님이 있습니다. 세간에서의 친구나 친척은 보통의 손님입니다. 많기도 많고, 만나기도 어렵지 않고, 또한 베풀었을 때 과보도 크지 않기 때문입니다. 반면 부처님이나 승가는 특별한 손님입니다. 많지도 않고, 만나기도 어렵고, 또한 베풀었을 때 과보도 매우 크기 때문입니다.

더욱이 개인에게 한 보시보다 승가에 한 보시가 더욱 공덕이 크기 때문에 "승가와 같은 손님은 없다"라고도 《위숫디막가》에 설명되어 있습니다(Vis.i.213).

친애하는 친척친구 손님에게 주는선물
선사받아 마땅한- 거룩한- 승가라네

## 보시 받아 마땅한 승가

일곱 번째 승가의 덕목은 '보시 받아 마땅한dakkhiṇeyyo'이라는 덕목입니다. '지금 베푸는 선업 공덕으로 다음 여러 생에 좋은 과보가 있을 것이다'라고 믿으면서 베푸는 거룩한 보시dakkhiṇa를 받기에 적당하다eyya는 뜻입니다. '승가에 베풀면 현생에 다시 승가가 자신을 잘 보살펴 주고 여러 가지 세속적으로 좋은 일이 생길 것이다'라고 생각하면서 베푸는 저열한 보시가 아니라 '승가에 베풀면 아라한이 되기 전, 태어나는 여러 생에서 여러 가지 선업의 좋은 바탕, 윤회의 지참금이 될 것이다'라고 생각하면서 자신을 위해 베푸는 거룩한 보시, 또한 '승가에 보시한 뒤 그 공덕몫을 회향한다면 그 회향을 기뻐하는 많은 이들에게 이익이 있을 것이다'라고 생각하면서 친척이나 남을 위해 베푸는 거룩한 보시dakkhiṇā를 받기에 승가는 적당합니다.

다음생에 과보있다 믿으면서 베푸는것
보시받아 마땅한- 거룩한- 승가라네

## 합장 받아 마땅한 승가

여덟 번째 승가의 덕목은 '합장 받아 마땅한añjalikaraṇīyo'이라는 덕목입니다. 부처님의 제자인 거룩한 승가는 계 · 삼매 · 통찰지라는 세 가지 수련三學을 모두 갖추었기 때문에 재가자들이 두 손을 모아 머리 위에 높이 올려 합장하는 예경을añjali 하기에 적당합니다karaṇīyo.

재가자들이 승가를 보고서 아무런 이유 없이 합장을 하여 예경을 올리는 것이 아닙니다. 선업을 행하고 그 선업의 결과를 원해서 그렇게 하는 것입니다. 그러한 합장 예경은 삼학의 실천 덕목을 갖춘 대상만 받기에 적당하며, 승가는 그러한 덕목을 갖추었다는 뜻입니다.

현존하는 승가뿐만 아닙니다. 승가의 존자들이 두른 가사조차 합장 예경을 받기에 적당합니다. 왜냐하면 승가의 존자들은 바로 그 가사를 두르고 수행하고 노력하여 모든 번뇌를 다하기 때문입니다(ApA.i.331). 그리고 더 나아가 승가가 사용한 필수품도 예경을 받기에 적당합니다(VinA.ii.67).

한편 승가의 측면에서는 스스로 합장을 받을 만한 덕목을 갖추도록 노력해야 합니다. 부처님께서는 "예리한 창으로 가슴을 찔리는 것이, 덕목을 갖추지 못한 채 신심 있는 신자의 합장 공경을 받는 것보다 차라리 낫다"라고 설하셨습니다(A7:68).

두손모아 머리위에 높이올려 예경하는
합장받아 마땅한- 거룩한- 승가라네

## 세상의 위없는 복밭인 승가

아홉 번째 승가의 덕목은 '세상의 위없는 복밭anuttaraṃ puññakkhettaṃ lokassa'이라는 덕목입니다. 밭에 씨앗을 심으면 나중에 열매를 얻듯이 승가라는 복밭puññakkhettaṃ에 보시 등의 선업을 행하면 많은 이익을 얻을 수 있기 때문에 승가는 세상의lokassa 위없는anuttaraṃ 복밭입니다.

마하깟사빠 존자에게 튀밥 정도만을 보시한 뒤 천 명의 천녀를 거느리고 황금궁전에서 지내게 된 라자Lāja 천녀의 일화를 예로 들 수 있습니다. 부처님 당시, 마하깟사빠 존자가 멸진정에서 나온 뒤 탁발할 곳을 살펴보았을 때 한 가난한 여인이 지혜의 눈에 들어왔습니다. 존자는 그 여인이 쌀을 볶고 있는 곳으로 갔습니다. 존자를 보고서 온 몸에 희열이 넘친 그녀는 마하깟사빠 존자에게 자신이 볶고 있던 쌀을 부어 드리면서 '존자께서 얻으신 법을 저도 얻기를'이라고 기원했습니다. 그리고는 뱀에 물려 죽었고, 그 즉시 도리천에 태어나 매우 큰 천궁과 화려한 천상의 옷, 천 명의 시녀에게 둘러싸여 천상의 영화를 누렸다고 합니다. 특히 그 황금궁전의 현관에는 황금쌀알로 가득 찬 발우가 걸려 있었다고 합니다(Dhp.118 일화). 이렇듯 아주 작은 보시이지만 매우 큰 결과를 주게 하기 때문에 승가는 '세상의 위없는 복밭'이라고 할 수 있습니다.

세상중생 선업복덕 심어증장 밭과같은
위가없는 복밭인- 거룩한- 승가라네

## 승가와 관련된 여러 가지

부처님께서 마련해 주신 교법sāsanā, 즉 가르침에는 교학pariyatti의 가르침, 실천paṭipatti의 가르침, 통찰paṭivedha의 가르침이라는 세 가지가 있습니다. 승가는 바로 그러한 세 가지 교법, 가르침을 스스로도 노력하는 것, 남에게도 가르치고 전수하는 것을 통해 교법이 사라지지 않도록 보호하면서 짊어져야 하는 의무를 지니고 있습니다. 그러한 이유로 승가는 부처님께서 현존하실 때부터 지금까지 불교 교법이 무너지지 않도록 계속해서 그 의무를 다하고 있는 것입니다. 만약 승가가 자신의 이익만을 생각해서 수행만 하고 해탈의 행복만 즐기면서 제자들에게 교학이나 수행을 가르치지 않았다면, 혹은 재가자들에게 법문을 하는 것 정도로만 지냈다면 부처님께서 완전한 열반에 드신 뒤 머지않아 부처님의 교법은 사라졌을 것입니다.

교학에 능통한 존자들이 외우고 독송하고 가르치는 등으로 보호했기 때문에, 수행에 능통한 존자들이 거듭 수행하고 지도하고 가르치는 등으로 보호했기 때문에 지금까지 많은 출가자와 재가자들이 부처님의 가르침을 접할 수 있는 것입니다. 예를 들면 스리랑카에 큰 기근이 들어 모두가 이웃 나라인 인도로 건너갈 때에도 그곳에 남아 신도들이 가끔 보시하는 풀뿌리 등으로 연명하며 자신들이 외운 삼장이 없어지지 않도록 매일 독송하며 지냈던 육십 명의 비구 스님의 은혜를 떠올릴 수 있습니다(AA.i.71).

부처님은 보름달과 같습니다. 가르침은 그 보름달에서 나오는 밝은 빛과 같습니다. 승가는 그 옆에 빛나는 별들과 같습니다. 보름달이 저물었을 때는 별들의 빛을 의지해야 하는 것처럼, 부처님께서 완전한 열반에 드신 이후에는 승가가 부처님을 대신하여 부처님의 거룩한 가르침을 온 세상에 비추고 있는 것입니다. 이러한 점들을 생각하면 부처님 당시의 마하깟사빠 존자부터 시작하여 지금까지 교법의 빛을 이어 주고 있는 승가의 은혜는 매우 크다 할 수 있습니다.

양모인 고따미Gotamī가 부처님께 가사를 보시하고자 할 때, 부처님께서는 "고따미여, 승가에 보시하라. 승가에 보시하면 나에게 공양하는 것도 해당되느니라"라고 설하셨습니다. 이것도 고따미를 비롯하여 후대 여러 불자가 승가를 공경해야 한다는 뜻으로 말씀하신 것입니다. '나는 오래 머물지 못한다. 나의 가르침도 승가만이 오랫동안 유지시켜 줄 것이다. 이 승가도 잘 실천하는, 공경 받기에 적당한 등의 덕목을 갖춘 승가이다. 이러한 것을 잘 알아서 후대의 불자들이 승가를 공경하여 교법이 오랫동안 유지될 것이다'라는 의미입니다.

부처님께서 직접 설하신 이러한 의미를 잘 새겨서 오랫동안 교법이 유지되고 발전하기 위해 승가는 잘 실천하는 등의 여러 덕목을 갖추도록 노력해야 합니다. 그리고 불자들은 이러한 덕목을 갖춘 승가에 공경하고 귀의하고 가까이 다가가야 하겠습니다.

잘실천한 덕목등의 아홉가지 특별공덕
모든덕목 구족한 - 사쌍팔배 성자승가
성자계보 포함되는 관습승가 제자들께
두손모아 합장하고 머리위에 높이올려
지극정성 경의다해 예경합니다

# 제4장

# 보시

지금까지 부처님의 가르침에서 기본이자 바탕이 되는 내용들인 불자의 일과, 귀의와 귀의의 대상인 삼보의 덕목 등을 살펴보았습니다. 이제 부처님의 가르침에 대해 본격적으로 알아보겠습니다.

우선 가르침의 개요와 관련하여 '차제설법'에 대해 설명하겠습니다. 부처님께서는 단계적으로, 차례대로 법문을 설하셨습니다. 이것을 차제설법anupubbikathā이라고 합니다. 즉 보시에 관한 설법dānakathā, 계에 관한 설법sīlakathā, 천상에 관한 설법saggakathā, 감각욕망의 허물kāmānaṁ ādīnavakathā과 감각욕망으로부터 벗어남의 이익nekkhamme ānisaṁsakathā이라는 도에 관한 설법maggakathā 순으로 부처님께서는 차례차례 중생들에게 가르침을 펼치셨습니다.[54]

그리고 불자라면 해야 할 여러 공덕행도 제시하셨습니다. 이것을 '열 가지 공덕행토대puññakiriyavatthu'라고 합니다. 중생들을 오염시키는 여러 가지 번뇌라는 때로부터 깨끗하게 한다punāti, visodheti고 해서 공덕 혹은 복덕puñña이라고 합니다. 해야 할 것을kattabbaṁ 성취시키는 것이 행위kiriyaṁ이고, 각각의 이익이 머무는 곳이 토대vatthu입니다. 여기에는 보시, 계, 수행, 공경, 소임, 회향, 회향기뻐함, 청법, 설법, 바른 견해라는 열 가지가 있습니다.

---

54 부처님의 법문을 제일 먼저 들은 오비구처럼 처음부터 도에 관한 설법만으로 깨달을 수 있는 이들에게는 〈초전법륜경〉 등의 가르침에서와 같이 차제설법을 하지 않으셨다. 야사Yasa 존자처럼 차례대로 근기를 향상시킨 뒤에 깨달을 수 있는 이들에게 차제설법을 설하셨다. 밍군 사야도 저, 최봉수 역주, 《대불전경》 제5권, pp.81~82; 《부처님을 만나다》, pp.227~228 참조.

그리고 일반적으로 보시, 계, 수행이라는 세 가지 선업으로 설명하기도 하는데, 이 경우 회향과 회향기뻐함은 보시에 포함되고 공경과 소임은 계에 포함되고 청법과 설법과 바른 견해는 수행에 포함됩니다.[55]

보시지계 수행과 공경과소임
회향회향 기뻐함 청법과설법
바른견해 열가지 공덕행토대

이 책에서는 차제설법에 따라 보시 · 계 · 수행의 차례로, 또한 공덕행토대의 포함관계에 따라 회향과 회향기뻐함을 보시에 포함시켜서, 공경과 소임은 계에 포함시켜서, 청법과 설법과 정견은 수행에 포함시켜서 되도록 부처님 가르침의 기본적인 내용 중에 빠진 것이 없도록 구성해 놓았습니다.

## 보시

차제설법의 처음, 공덕행토대의 처음, 세 가지 선업 중에서도 처음인 보시는 다른 선업들보다 실천하기 쉽습니다. 계는 몸과 말을 단속해야 하고 수행은 마음을 단속해야 하지만 보시는 수혜자와 물건, 보시하려는 의도만 있으면 실천할 수 있기 때문입니다. 바나나 하나, 꽃 한 송이만으로도 보시할 수 있습니다. 또한 '베푸는 행위'를 뜻하는 보시는 주로 불교

55 본서의 p.12에 수록된 '가르침을 배우다 구성표'를 참조하라.

에서 쓰는 용어지만, '기부'라든지 '기증' 등의 용어로 표현되는 것처럼 불자뿐만 아니라 종교나 나라, 지역에 관계없이 많은 이가 실천하고 있습니다. 하지만 올바르게, 더욱 이익이 많게 보시를 하기 위해 그 의미와 실천방법에 대해 자세하게 알아야 합니다.

## 보시의 의미

보시dāna라는 단어는 어떠한 것을 베풀려는 의도를 뜻하기도 하고 베풀어지는 물건을 뜻하기도 합니다(AAṬ.ii.58).[56] '베풀려는 의도'로서의 보시를 '의도 보시cetanā dāna', 베풀어지는 물건으로서의 보시는 '물건 보시vatthu dāna'라고 합니다.

이 중에서도 의도 보시가 더욱 중요합니다. 일부 사람들은 보시물의 가치가 작거나 양이 적어 베풀려는 의도까지 줄어드는 경우가 있습니다. 머뭇거리며 베풉니다. 하지만 의도가 깨끗하고 강하면 그만큼 더욱 많은 이익을 가져다줍니다. '물건에 애착하는 탐욕과 주길 꺼리는 인색이라는 불선법들을 물리치고 보시하려는 의도를 내는 것이 중요하다'라고 생각하고 과감하게, 더욱 강한 의도를 내어 보시해야 합니다. 가난한 정원사의 딸이었던 말리까는 보리빵 세 개를 부처님께 보시한 뒤 빠세나디 왕의 왕비가 되었습니다. 과거 생에 가난한 집안에 태어나 다른 집에서 일을 하며 살아가던 보살도 자신이 먹으려던 보리빵 네 개를 벽지불들에게 보시한 뒤 왕으로 태어났습니다(J415).

물건 보시, 즉 보시물도 물론 중요합니다. 보시물이 있어야 보시를 할

---

56 'Dīyati anenāti dānaṁ 이것에 의해 주어진다. 그래서 보시이다'라고 단어분석을 하면 '주는 행위를 생겨나게 하는 의도를 보시라고 한다'라는 의미이고, 'Dīyatīti dānaṁ 주어진다. 그래서 보시이다'라고 단어분석을 하면 '주어지는 물건을 보시라고 한다'라는 의미이다.

수 있기 때문입니다. 뒤에서도 언급하겠지만 보시물에 따라 과보도 차이가 납니다. 부처님 당시 한 여인이 마하깟사빠 존자에게 볶은 쌀을 보시하여 천상에 태어났을 때, 천궁의 성문에 황금쌀알이 가득 찬 발우가 걸려있었다는 일화를 앞에서 소개했습니다. 또한 갈증으로 고통스러워하던 비구 스님들에게 정성스럽게 물을 보시한 여인은 여의수로 장식된 큰 천궁에 태어났는데, 특히 그 주위로 깨끗한 강물이 감싸 흘렀고, 대문 앞에는 천상의 여러 연꽃으로 꾸며진 황금배가 생겨났다고 합니다(VvA.35).

'보시하려는 마음이 중요하지'라고 생각하고 보시물을 직접 베풀지 않고 보시하려는 마음만 내는 것은 보시 선업에 해당하지 않고, 보시라는 선업 궤도에 오르지 못하기 때문에 선처에 태어나는 등의 결과를 주지 못합니다. 이렇게 의도로서의 보시와 물건으로서의 보시, 둘 다 보시에 있어 중요합니다.

보시의 특질은 다음과 같습니다. 보시는 베풂이라는 특징을 가집니다. 베풀 만한 물건에 애착하고 원하는 탐욕을 부수고 무너뜨리는 역할을 합니다. 베풀 만한 물건에 애착하지 않는 것으로, 혹은 여러 영화를 갖추게 하는 것으로 수행자의 지혜에 나타납니다. 베풀 만한 물건이 가까운 원인입니다(CpA.273).

보시란법 베풂특징 애착탐욕 부숨역할
무착영화 나타남과 보시물이 근인이네

## 보시의 구성요소

보시에는 세 가지 구성요소가 있습니다(UdA.180).

① 보시 받는 이가 있을 것khetasampatti
② 보시하는 물건이 있을 것deyyadhammasampatti
③ 보시자가 보시하려는 마음, 의도가 있을 것cittasampatti

혹은 세 번째 구성요소를 보시자와 의도로 나누어dāyakasampatti, cittasampatti 네 가지 구성요소로 설명하기도 합니다.[57]

보시자와 받는이 의도와물건
네가지가 있어야 보시라고해

《빼따왓투 Petavatthu 餓鬼事》에서는 보시의 구성요소를 밭과 관련하여 비유하셨습니다. 마치 농부가 밭에 씨앗을 뿌리듯 보시하는 이가 보시 받는 이에게 보시할 만한 물건을 베푸는 것이 보시입니다. 그래서 보시 받는 이는 밭과 같고, 보시할 만한 물건은 씨앗과 같고, 보시자나 보시자의 마음 · 의도는 농부와 같습니다(Pe.127). 그러면 각각의 구성요소에 대해 살펴보겠습니다.

### 보시 받는 이

먼저 보시를 받는 이와 관련하여 '버림cāga'에 대해 설명하겠습니다.

57 *Mingun Sayadaw*, 《*Mahābuddhawin* 부처님의 위대한 전기》 제1-1권, p.ဆူ(이 책의 부록은 미얀마 자모순으로 페이지가 표시되어 있다); 《대불전경》 제2권, p.212 참조.

《자따까》에는(J.ii.97) 왕의 의무 열 가지로 보시와 버림이라는 두 가지 모두가 각각 언급되어 있습니다.[58] 이 내용에 대해 여러 주석서에서 보시와 버림의 차이를 다양하게 설명합니다. 그 중 대표적인 것이 바로 "보시를 받는 수혜자가 분명하게 있어 그 수혜자에게 주는 것을 보시, 수혜자가 없이 그냥 소유권을 포기하는 것을 버림, 혹은 포기cāga라고 한다"는 설명입니다. 예를 들어 바라밀을 행하던 보살이 아낏띠Akitti 바라문이었을 때, 부모가 남긴 많은 유산을 칠일 동안 여러 사람에게 나누어 준 뒤 그럼에도 재산이 남자 '누구든 와서 가져가기를'이라는 의미로 창고를 열어놓고 출가했습니다(J480). 여기서 처음 칠일 동안은 받는 이들이 분명히 있었기 때문에 그 행위는 보시에 해당하고, 그 뒤에 보시 받는 이가 구체적으로 없이 '누구든지 와서 가져가기를'이라고 자신의 재산을 포기하는 것은 버림에 해당합니다. 하지만 법의 성품으로는 다르지 않습니다. 베풀려는 자신의 물건에 대한 애착이 없어야 다른 이에게 줄 수 있습니다. 따라서 보시에는 언제나 버림도 같이 동반된다고 알아야 합니다. 그래서 열 가지 바라밀에도 버림이 따로 언급되지 않았습니다. 다만 보살들이 행하는 특별한 보시를 '위대한 버림mahāpariccāga'[59]이라는 용어로 표현하거나, 보시에 대해 거듭 새기는 수행주제를 '버림 거듭새김cāgānussati'[60]이라고 '버림'이라는 용어를 써서 따로 표현하기도 합니다.

58 왕의 의무 열 가지는 보시dāna, 계sīla, 버림pariccāga, 정직ajjava, 온화함maddava, 포살준수tapa, 화내지 않음akkodha, 해치지 않음avihimsa, 인욕khanti, 국민들에 반대하지 않음avirodhana이다.

59 위대한 버림은 다섯 가지 특별한 것을 버리는, 보시하는 것을 말한다. 다섯 가지에 대해서는 주석서들마다 설명이 다르다. 《대불전경》 제2권, pp.214~216 참조.

60 보시를 행한 뒤 '나는 인색의 때에 물들지 않고 보시하는 것을 좋아한다. 이것은 참으로 나에게 이득이다'라는 등으로 자신의 보시를 거듭 생각하는 것이다. 《청정도론》 제1권, pp.526~530 참조.

## 보시물

앞서 '물건 보시'를 설명하면서 보시하는 물건의 중요성에 대해 언급했습니다. 사실 보시물에 대해서는 여러 문헌에서 다양한 종류를 나열해 놓았습니다. 율장 가르침에서는 음식, 가사, 정사, 약이라는 네 가지로 설명합니다. 이것을 '네 가지 필수품'이라고 합니다. 아비담마 가르침에서는 형색, 소리, 냄새, 맛, 감촉, 법이라는 여섯 가지로 설명합니다. 경전 가르침에서는 음식, 음료, 의복, 탈것, 화환, 향수, 화장품, 침상, 숙소, 등불이라는 열 가지를 구체적으로 제시합니다.

일부가 "부처님께서는 경전에서 음식과 음료 등의 열 가지만 분명하게 제시하셨다. 따라서 이 열 가지만 베풀어야 진정한 보시라 할 수 있다. 다른 물건을 베푸는 것은 진정한 보시라 할 수 없다"라고 말하는 경우도 있습니다. 그러나 그렇게 생각해서는 안 됩니다. 부처님께서 경전에서 특별히 열 가지를 언급하신 것은 당시 세상 사람들이 주로 보시하는 물건에 따라 설하신 것입니다. 그리고 다른 물건들도 비슷한 용도, 비슷한 성품으로 이 열 가지 안에 포함시킬 수 있기 때문에 여법한 물건이면 어떠한 것이든 보시할 수 있다고 알아야 합니다.

반대로 보시해서는 안 될 것들이 있습니다. 율장에서는 술, 구경거리, 여성, 황소, 음란물이라는 다섯 가지를 여법한 보시물건이 아니라고 설명합니다(Vin.v.230). 《밀린다빤하》에서는 이 다섯 가지에 무기, 독, 수갑이나 족쇄, 도축을 위한 닭이나 돼지 등의 가축, 속이기 위해 조작한 저울이라는 다섯 가지를 포함해서 열 가지로 설명합니다(Mil.268). 이러한 것들은 보시를 해도 보시 선업에 해당되지 않습니다. 더 나아가 불선업까지 되어 악처에 태어나게 할 수도 있습니다.

이 중 비구들의 경우, 술은 마시지 않고 바르는 용도로는 사용이 허락되었습니다. 이러한 것을 근거로 술을 마시지 않고 바르는 용도로는 보시할 수 있고, 그러한 보시는 선업을 행하는 것입니다.

연극이나 노래 등의 구경거리는 설령 보시 행사라 하더라도 그것을 보고 탐욕 등의 번뇌를 일으킬 수 있기 때문에 올바른 보시라고 할 수 없습니다. 다만 "자신이 보시할 때 너무 기쁘고 믿음이 넘쳐나서 스스로 춤추면서 삼보에 예경 올리는 것은 선업에 해당한다"라고 결정하기도 합니다.[61]

보시하면 안 될 것들 중에 여성이란 '성매매를 위해 남성에게 여성을 알선하는 것'을 말합니다. 하지만 비구들의 경우, 정사의 보호자 신분으로는 여성을 보시 받을 수 있기 때문에 그러한 목적으로 보시하는 것은 선업이 됩니다. 마찬가지로 '황소'도 암소와의 성행위를 목적으로 한 것이 아니라 침상 대용의 목적으로는 정사에 보시할 수 있습니다. '음란물'이란 감각욕망과 관련된 마음을 생겨나게 하는 그림 등을 말합니다. 하지만 정자나 정사 건물 등에 지옥의 모습, 부처님께서 출가하시는 모습 등 신심이나 경각심을 생겨나게 하는 그림은 벽화로 그리거나 그림으로 걸어 놓을 수 있기 때문에 이러한 그림은 보시할 수 있습니다. 밍군 삼장법사 사야도는 "깨끗한 믿음으로 보시하지 않고 애착해서, 화나서, 두려워서, 어리석어서 보시하는 것은 모두 진정한 보시와는 관련되지 않는다"라고 결정했습니다. 여법한 보시물을 잘 살펴서 보시해야 합니다.

### 보시하려는 의도

보시의 의도에 대해서도 앞에서 '의도로서의 보시'라는 내용으로 조금 언급했습니다. 여기서는 보시하기 전에 일으키는 앞부분 의도pubba cetanā, 실제로 베풀 때에 생겨나는 베푸는 의도muñca cetanā, 보시하고 난

61 *Dhammācariya U. Einain*, 《*Buddhavadagounyi* 불교의 덕목》, p.194 참조.

뒤에 생겨나는 뒷부분 의도apara cetanā라는 세 부분으로 나누어 각각에 대해 살펴보겠습니다.

앞부분 의도란 보시물을 베풀기 전에 일어나는 의도입니다. 하지만 보시물이 생기기 전에 막연히 '무엇을 보시해야지'라고 생각할 때 생겨나는 의도는 보시의 앞부분 의도라고 하지 않습니다. 그냥 '선업 의도'라고만 합니다. 구체적인 보시물이 생긴 뒤에 '누구에게 이것을 보시하리라'라고 생각할 때 생겨나는 의도를 앞부분 의도라고 합니다. 보시물을 보시 받는 이에게 줄 때, 주는 순간, 보시하는 순간에 생겨나는 의도를 '베푸는 의도'라고 합니다. 확실하게 과보를 생겨나게 하는 것은 바로 이 베푸는 의도이기 때문에 결정 의도sanniṭṭhāna cetanā라고도 합니다. 보시하고 난 뒤에 보시와 관련하여 생겨나는 의도를 뒷부분 의도라고 합니다. 보시하고 난 뒤 시간이 어느 정도 지난 뒤에, 혹은 가끔씩 보시에 대해 회상하는 것도 뒷부분 의도에 포함됩니다.

세 가지 의도 중에 확실하게 과보를 주는 것은, 즉 새로운 생에 태어나게 하는 것은 방금 언급했듯이 결정 의도라고도 불리는 베푸는 의도입니다.[62] 그래서 베푸는 의도가 다른 두 의도보다 더욱 중요하다고 할 수 있습니다. 하지만 앞부분 의도, 뒷부분 의도가 잘 뒷받침해 주어야 베푸는 의도가 더욱 좋은 과보를 줄 수 있습니다.

이와 관련하여 '세 가지 원인, 수승한 보시'에 대해 알아야 합니다. 여기서 세 가지 원인이란 '탐욕없음alobha, 성냄없음adosa, 어리석음없음amoha'입니다. 선업을 행할 때 기본이자 바탕이 되기 때문에 이 세 가지를 '원인hetu'이라고 합니다.[63]

---

62 다른 의견을 뒤에서 소개했다.

63 불선업의 바탕이 되는 것은 탐욕lobha, 성냄dosa, 어리석음moha이다. 본문의 세 가지와 합쳐서 '여섯 가지 원인'이라고 한다. 《아비담마 길라잡이》 제1권, p.322 참조.

보시라는 선업을 행할 때마다 자신의 재산을 다른 이와 나누려고 하지 않는 인색과 자신의 물건에 대해 애착하고 집착하는 탐욕을 버리게 되고, 그렇게 버릴 때마다 물건에 애착하지 않는 탐욕없음, 중생들의 이익과 행복을 바라는 성냄없음은 저절로 포함됩니다. 어리석음없음이라는 원인은 지혜가 생겨나도록 올바르게 마음 기울이면서 보시해야 포함됩니다. 여기서 지혜란 '중생들에게는 업만이 각자의 진정한 재산이다'라는 등으로 업과 업의 결과에 대해 바르게 알고 확신하는 업 자산 정견 kammassakatā sammādiṭṭhi 業 自産 正見 등을 말합니다.[64]

따라서 보시하고 베풀 때 '지금 내가 행하는 이 보시 선업은 마치 그림자처럼 나를 따라다닐 것이다. 그리고 그 힘이 닿을 때까지 좋은 결과를 확실하게 줄 것이다'라는 등으로 마음 기울이고 숙고하면서 보시하면 지혜라는 어리석음없음까지 포함되기 때문에 세 가지 원인 보시라고 할 수 있습니다.[65] 이때 보시하기 전에는 업과 업의 결과를 믿고 확신한다 하더라도 보시할 때 업 자산 정견과 관련하여 바르게 마음 기울이지 않으면 세 가지 원인 보시가 될 수 없다는 여러 문헌의 설명에 특히 주의해

---

64 어떤 이들은 "보시할 때 위빳사나 지혜를 생겨나게 하면서 보시하면 더욱 좋다. 그래서 보시하는 물건도 물질일 뿐이고, 보시하는 사람도 물질과 정신일 뿐이고, 보시 받는 사람도 물질과 정신일 뿐이고, 이 모두는 무상하고 괴로움이고 무아라고 관찰하면서 보시해야 한다"라고 위빳사나 지혜까지 포함시켜 설명한다. 이것에 대해 마하시 사야도는 《*Bhārasutta Tayato* 짐경에 대한 설법》 pp.74~90에서 "보시는 부처님께서 개념으로 설하신 여덟 가지 중의 하나이다. … 보시할 때는 보시 받는 이의 계 등의 덕목을 생각하며 베풀어야 한다. … 또는 보시물이 보시 받는 이들에게 유용한 모습 등을 숙고해야 한다. 그렇게 해야 보시할 때 희열 등이 생겨나고 보시를 청정하게 할 수 있다. 무상 등으로 숙고하면서, 관찰하면서 보시하는 것은 진정한 위빳사나라고 할 수도 없고, 보시물이나 보시 받는 이 모두를 무상 등으로 숙고하기 때문에 보시자로 하여금 기쁨을 생겨나게 하지도 못한다. 여기에 대해 위빳사나가 더욱 큰 선업이기 때문이라고 반문할 수도 있다. 그렇다면 위빳사나 수행을 올바른 방법대로 하라. 보시를 할 때는 보시 선업에 있어 이익이 크도록 행해야 한다"라는 등으로 설명했다. 다만 보시하기 전이나 보시한 뒤에 숙고하는 것은 가능하다(DAT.iii.205).

65 앞의 주에서 소개한 마하시 사야도의 법문처럼 보시 받는 이의 계, 삼매, 통찰지 등의 덕목을 반조하는 것도 포함된다. 또한 테라와다 불교의 전통처럼 보시하면서 '이러한 보시 공덕이 열반의 바탕이 되기를'이라고 서원하는 것도 지혜와 함께하는 보시에 해당한다.

야 합니다.[66]

세 가지 원인 선업이 되도록 보시해야 하는 데는 이유가 있습니다. 세 가지 원인 보시를 해야 다음 생에 태어날 때 세 가지 원인으로 태어날 수 있고, 세 가지 원인을 가지고 태어나야 수행을 했을 때 선정이나 도와 과, 열반을 얻을 수 있기 때문입니다. 하지만 베푸는 순간에 지혜를 갖추어 세 가지 원인 보시를 하는 것만으로는 충분하지 않습니다. 베풀기 전 앞부분에도 'pubbeva dānā sumano 보시하기 전에도 마음이 기뻐야 한다'라는 가르침처럼 선한 마음들, 깨끗한 마음들이 생겨나야 합니다. 또한 베풀고 난 뒷부분에도 'datvā attamano hoti 보시하고 나서 마음이 흡족해야 한다'라는 가르침처럼(A6:37) 기뻐하는 마음, 흡족해 하는 마음들이 생겨나야 합니다. 이렇게 앞부분에도 깨끗한 마음, 뒷부분에도 깨끗한 마음이 뒷받침해 주는 보시는 매우 힘이 강합니다. 더 좋은 결과를 줄 수 있습니다. 그래서 이러한 보시를 '수승한 보시'라고 합니다. 보시할 때 지혜를 갖추고 앞부분과 뒷부분에도 깨끗하고 선한 마음들이 뒷받침해 주는 보시를 '세 가지 원인, 수승한 보시'라고 하고, 바로 이러한 보시야말로 다음 생에 세 가지 원인의 재생연결을 확실하게 생겨나게 합니다.

만약 보시할 때 지혜는 갖추었지만 보시하기 전 앞부분에 베풀기 싫어하고 인색하고 위축된 마음을 일으키거나, 보시하고 난 뒤에 '괜히 보시했다. 재산만 줄어들었다'라는 등으로 좋지 않은 마음을 일으킨다면 그러한 보시는 '세 가지 원인, 저열한 보시'라고 합니다. 또한 보시할 때 지혜는 갖추지 못했지만 보시하기 전과 보시하고 난 뒤에 기뻐하고 깨끗한 마음을 일으켰다면 그러한 보시는 '두 가지 원인, 수승한 보시'라고 합니다. 이러한 보시들은 선처에 재생연결은 주지만 세 가지 원인으로는 주

66 《*Buddhavadagounyi* 불교의 덕목》, p.105.

지 못합니다. 두 가지 원인으로만 결과를 줍니다. 사람의 생이나 천신의 생에서도 중간 정도의 재산과 영화만 누릴 수 있습니다. 수행을 해도 그 생에서는 선정이나 도와 과 등을 얻지 못합니다. 바라밀 선업만 쌓을 뿐입니다.

보시할 때 지혜도 갖추지 못하고 보시하기 전과 보시하고 난 뒤에 기뻐하고 깨끗한 마음도 일으키지 않았다면 그러한 보시는 '두 가지 원인, 저열한 보시'라고 합니다. 이러한 보시는 선처에 재생연결은 주지만 원인 없는 재생연결의 결과를 줍니다. '탐욕없음, 성냄없음, 어리석음없음'이라는 원인이 전혀 없이 태어나기 때문에 선업의 힘이 약합니다. 그래서 사람으로 태어날 때도 선천적인 귀머거리나 장님 등으로 태어나고 천신으로 태어나더라도 위력이 약한 지신이나 타락한 아수라천신 등으로 태어납니다.[67] 따라서 보시할 때 이러한 의미를 잘 살펴서 부처님의 가르침에 일치하도록, 더욱 큰 결과를 얻을 수 있도록 보시해야 합니다.

앞에서 보시의 세 가지 의도 중에 베푸는 의도만 재생연결의 과보를 주고, 나머지 두 의도는 태어난 생에서 뒷받침해 주는 과보 정도만 줄 수 있다고 설명했습니다. 이것은 〈업 분석 짧은 경〉의 주석에 나오는 "베푸는 의도의 힘 때문에 천상에 태어나고 앞부분 의도와 뒷부분 의도 때문에 수명이 길다"라는(M135/MA.iv.179) 설명을 근거로 합니다. 하지만 레디 사야도는 "세 가지 중의 어떠한 의도든 힘이 강한 조건을 얻는다면 재생연결의 과보를 줄 수 있다"라고 설명합니다.[68] 어떠한 경우든 과보를 주는 모습은 세 가지 의도에 따라 차이가 납니다. 각각의 의도를 갖추고

67 《아비담마 길라잡이》 제1권, pp.482~483; pp.518~519 참조.

68 *Ledi Sayadaw*, 《Paramatthadīpanī 빠라맛타 해설서》, p.233.

갖추지 못한 것에 따라 좋고 나쁜 다양한 결과가 생겨납니다. 특히 앞부분 의도는 다음 생의 초년에, 베푸는 의도는 중년에, 뒷부분 의도는 말년에 그 결과를 누리는 것과 관련됩니다. 즉 어떤 한 가지 의도를 갖추지 못하면 초년이나 중년, 말년에 가난해진다거나 용모가 추해지는 등의 나쁜 과보를 받습니다.

세 가지 의도를 모두 다 갖춘 예로는 꽃장수 수마나Sumana의 보시를 들 수 있습니다. 빔비사라 왕에게 매일 여덟 묶음의 꽃을 바치던 수마나는 어느 날 거리에서 부처님을 친견하고서 존경하는 마음, 무엇이라도 보시하려는 마음이 생겨났습니다. 하지만 보시할 물건이 마땅히 없자 '내가 가진 것은 왕에게 바칠 꽃묶음밖에 없다. 만약 내가 이것을 보시하면 왕이 나를 감옥에 가두거나 죽일 수도 있다. 하지만 이 보시는 셀 수 없는 생生 동안 나에게 좋은 결과를 가져다 줄 것이다. 이 꽃묶음을 부처님께 바치리라'라고 결심했습니다. 앞부분 의도가 갖추어진 것입니다. 그렇게 결심한 대로 왕에게 바칠 꽃묶음을 부처님께 보시했습니다. 베푸는 의도도 매우 강하게 갖추어졌습니다. 수마나가 올린 꽃묶음은 부처님의 좌우, 윗부분, 뒷부분을 둘러싸면서 계속 부처님을 따라 갔습니다. 부처님의 몸에서는 광채가 끊임없이 뿜어져 나왔습니다. 그 모습을 본 수마나는 온몸에 다섯 가지 희열[69]이 차오르는 것을 느꼈습니다. 뒷부분 의도도 매우 강하게 생겨난 것입니다. 이 과보로 꽃장수 수마나는 그 생에서 팔종포상을[70] 받았습니다. 부처님께서는 그에게 "십만 겁 동안 악처에 태어나지 않고 천상의 영화를 즐기다가 수마나라는 이름의 벽지불이 될 것

69 작은 희열, 찰나 희열, 반복 희열, 용약 희열, 충만 희열이라는 다섯 가지이다. 《청정도론》 제1권, pp.375~377 참조.

70 코끼리, 말, 돈, 시녀, 하인, 마을 등의 포상을 각각 여덟 마리, 팔천 냥, 여덟 명, 여덟 개씩 받는 포상을 말한다. 십육종포상과 사종포상은 열여섯씩, 넷씩 받는 포상이다.

이다"라고 수기를 하셨습니다(Dhp.68 일화).

앞부분 의도만 강하게 갖추었어도 좋은 결과를 받은 예가 있습니다. 부처님께서 입적하시고 난 뒤 아자따삿뚜Ajātasattu 왕이 라자가하에 부처님의 사리탑을 건립했습니다. 어느 날, 한 여인이 수세미오이꽃을 보시하려고 사리탑에 다가갔습니다. 사실 수세미오이꽃은 사람들이 그리 좋아하지 않는 노란색의 평범한 꽃이었습니다. 하지만 보시하려는 마음, 의도는 매우 강했습니다. 그때 한 암소가 그 여인을 들이받아서 여인은 보시를 하지 못한 채 그 자리에서 죽었습니다. 하지만 보시하기 전에 생겨난 강력한 앞부분 보시 의도의 힘으로 바로 도리천에 제석천왕의 천녀로 태어났습니다. 이 천녀는 다른 천녀들과 달리 매우 특별했습니다. 온몸은 황금색으로 찬란하게 빛났고, 황금으로 장식된 옷을 걸쳤고, 여러 가지 황금색 장신구로 치장되었고, 궁전, 침상, 천상의 마차, 모두가 황금색 광채를 뿜어냈습니다. 제석천왕이 그 연유에 대해 물어보자 천녀는 자신이 행한 선업을 설명하면서 "보시하기 전의 과보도 이 정도의 결과를 주는데, 만약 보시를 했다면 얼마나 더 큰 결과를 주겠습니까?"라고 대답했다고 합니다(VvA.183).

앞부분 의도를 갖추지 못해 나쁜 결과를 받은 예도 있습니다. 과거 언젠가 한 가난한 여인이 진흙을 개어 벽에 바르고 있었습니다. 그때 벽지불 한 분이 동굴 벽에 바르기 위해 진흙을 구하러 발우를 들고 여인 근처로 다가갔습니다. 여인은 '이 스님은 진흙까지 구걸하는가?'라고 성내는 마음으로 흘겨보았습니다. 벽지불은 조용히 계속 서 있었습니다. 그 모습을 보자 여인에게 벽지불을 존경하는 마음이 생겨났습니다. 그래서 깨끗한 마음으로 진흙을 발우에 담아드렸습니다. 진흙을 보시할 때 생겨난 베푸는 의도의 과보로 이 여인은 피부가 매우 부드러운 여인으로 태어났습니다. 하지만 진흙을 보시하기 전에 성내는 마음을 일으켰기 때문에 앞부분 의도가 무너져 손, 발, 입, 눈, 코라는 다섯 감관이 흉측했습니다. 그래서 빤짜빠삐Pañcapāpī, 다섯 부분이pañca 좋지 않은pāpī 여인이라고 불렸다고 합니다(J536/JA.v.475).

보통 사람들뿐만 아니라 보살도 이러한 과보를 받은 적이 있습니다. 어느 생에 보살은 바라나시Bārāṇasī 근처 한 마을에 형 부부와 함께 살고 있었습니다. 어느 날, 보살이 숲에 간 사이 형수가 빵을 만들어 보살의 몫을 남겨두었습니다. 마침 벽지불이 그곳에 왔고, 형수는 '다시 만들어 주면 될 것이다'라고 생각하고서 보살의 몫을 벽지불에게 보시했습니다. 바로 그때 보살이 숲에서 돌아왔습니다. 형수는 기쁜 마음으로 당시 상황을 설명했습니다. 보살은 "형수님 몫을 주지 왜 내 몫을 주었습니까?"라고 화를 내면서 벽지불의 발우에서 빵을 꺼냈습니다. 그 모습을 본 형수는 부엌에서 버터를 가지고 와서 벽지불의 발우에 가득 담아 보시했습니다. 발우에서는 희유한 광채가 뿜어져 나왔습니다. 형수는 '이 공덕으로 태어나는 생마다 저의 몸에서 광채가 나기를 기원합니다. 또한 이 저열한 자와는 절대로 함께 하지 않기를 기원합니다'라고 서원했습니다. 그러자 보살에게도 보시하려는 마음이 생겨나서 자신이 꺼냈던 빵을 다시 벽지불의 발우에 담아드리면서 '이 공덕으로 형수가 아주 멀리 떨어져 지내더라도 저의 발아래서 시중드는 사람이 되기를 기원합니다'라고 서원했습니다. 보살은 다음 생에 빵을 보시한 베푸는 의도의 과보로 꾸사Kusa 왕이 되었지만 보시하기 전에 화를 내어 앞부분 의도가 무너졌기 때문에 용모가 매우 추했습니다. 보살의 형수는 빵과 버터를 보시한 과보로 온몸에서 광채가 나는 빠바와띠Pabhāvatī 공주로 태어났습니다(J531).

특히 보시를 하기 전과 보시를 하는 동안에는 온 의도를 다해 정성껏 보시했지만 나중에 '우리 가족을 위해 썼으면 좋았을 것을'이라는 등으로 뒷부분 의도가 무너진다면 그 보시의 결과로 다음 생에 사람으로 태어났을 때 재산은 많지만 거친 음식을 먹고 좋지 않은 옷을 입는 등 가진 재산을 누리지 못하는 과보를 받습니다. 과거 따가라시키Tagarasikhī 벽지불에게 탁발 음식을 공양 올린 한 장자가 그렇게 베풀고 나서는 '이 음식을 일꾼들에게 먹였으면 좋았을 것을'이라고 미련을 가졌습니다. 보시의 뒷부분 의도가 무너진 것입니다. 장자는 벽지불에게 공양을 올린 과보로 일곱 번이나 천상에 태어났고 다시 일곱 번을 인간세상에서 부유한 금융업자로 살았습니다. 하지만 공양을 베푼 뒤 미련을 가져서 뒷부분 의도가 무너졌기 때문에 부처님 당시 부유한 금융업자이었음에도 불구하고 맛있는 음식, 훌륭한 옷, 좋은 마차 등 다섯 가지 감각욕망을 누리는 데 마음을 기울이지 못했습니다(S3:20).

사실 보시하려는 마음을 내는 것 자체도 매우 어려운 일입니다. 하지만 그보다 주겠다고 말하는 것이 더 어렵고 실제로 직접 주는 것은 더 어렵습니다. 제일 어려운 것은 베푼 뒤에 아까워하지 않는 것이라고 합니다. 보시의 마음이 한 번 생겨나면 바로 그 뒤에 인색의 마음이 천 번 생겨난다고 합니다(Dhp.116 일화). 그 인색을 보시하려는 의도가 이겨내야 베풀 수 있는 것입니다.

〈다산나까Dasaṇṇaka 자따까〉에서는 한 대신의 아들이 왕비를 사모하여 상사병이 난 일화를 소개하고 있습니다. 왕이 그 사실을 알고 왕비를 일주일간 그 대신의 아들에게 주었습니다. 그런데 왕비와 대신의 아들이 도망치고 말았습니다. 왕은 피를 토하며 중병을 앓았습니다. 당시 왕을 모시던 보살은 그 연유를 알고 매우 긴 칼을 삼키는 묘기를 왕 앞에서 시현한 뒤 "왕이시여, 보시한 뒤에 후회하지 않는 것은 칼을 삼키는 이 묘기보다 더 어렵습니다"라고 말했고 왕은 그 의미를 잘 이해하여 병이 나았다고 합니다(J401).

## 보시의 이익

### 보시의 다섯 가지 이익

보시를 하면 다음과 같은 이익을 누릴 수 있습니다. 첫 번째로 보시를 많이 하는 이들을 사람들이 좋아합니다. 싫어하지 않습니다. 두 번째로 참사람들도 보시를 잘하는 관대한 이들을 더 가까이합니다. 그래서 그렇게 찾아주는 참사람들로부터 훌륭한 법문도 들을 수 있습니다. 세 번째로 '보시를 잘하는 훌륭한 사람이다'라는 등의 명성이 자자합니다. 네 번째로는 어떠한 모임에 들어갈 때도 당당하게 들어갑니다. 마지막으로 죽은 뒤에 천상에 태어납니다. 앞의 네 가지는 현생에 얻을 수 있는 이익이고 마지막 다섯 번째는 내생에 얻을 수 있는 이익입니다. 이러한 다섯 가지 이익을 보시를 하면 얻을 수 있습니다(A5:34).

좋아하고 가까이해 명성얻고 대중당당
죽은뒤에 천상가는 다섯가지 보시이익

### 보시물에 따른 보시의 이익

이러한 보시의 이익은 보시물에 따라서 다르게 나타납니다(S1:42). 음식을 먹으면 힘이 생깁니다. 그래서 음식을 베푸는 것은 힘을 베푸는 것이고, 힘을 베풀어 주기 때문에 음식을 베푸는 이도 강한 힘을 결과로 얻게 됩니다. 마찬가지로 옷을 입으면 용모가 더욱 단정하고 훌륭하게 되기 때문에 옷을 보시하는 것은 용모를 보시하는 것이고, 그래서 옷을 보시한 사람은 훌륭한 용모를 결과로 얻게 됩니다. 긴 여행을 갈 때 탈것을 타고 간다면 편안하게 갈 수 있습니다. 따라서 탈것을 보시하는 것은 몸과 마음의 행복을 가져다주는 것이고, 그래서 탈것을 베푼 사람은 더욱 큰 행복을 얻게 됩니다. 직접 태워주는 것은 물론이고 차표를 미리 끊어 주는 것도 해당됩니다. 행각을 다니면서 굶주리고 지저분하고 몸과 마음이 지친 출가자들이 정사에 들어와 머물면서 공양도 하고 세수나 목욕도 하고 편안하게 쉰다면 힘과 용모와 행복을 모두 얻게 됩니다. 따라서 정사를 보시하는 것은 이 모든 것을 보시하는 것이고, 그래서 정사를 보시하는 사람은 이 모든 것을 얻게 됩니다. 마지막으로 윤회로부터의 해탈로 이끄는 올바른 법문을 보시한다면, 그 법문을 들은 사람은 그대로 실천하여 죽음없음不死이라는 열반을 증득하게 됩니다. 따라서 법 보시는 죽음없음을 보시하는 것이고, 그래서 법 보시를 한 사람도 열반을 증득하는 큰 바탕을 얻게 됩니다.[71]

음식은힘 옷은용모 탈것보시 행복주고
정사보시 일체보시 법보시는 不死주네

혹은 각각의 구체적인 보시물에 대한 결과도 여러 성전에 소개되어 있습니다. 몇 가지를 설명하자면, 음식을 보시하면 장수 · 용모 · 행복 · 힘 · 지혜를 누립니다. 가사나 의복을 보시하면 황금 같은 용모, 때가 없고 광채가 나고 부드럽고 매끄러운 몸, 원하는 만큼 많은 의복을 얻는 등의 결과를 누립니다. 등불을 보시하면 거룩한 가문에 태어나고 여러 가지 거룩한 특징을 구족하고 지혜가 커지는 등 여러 결과를 누립니다. 향을 보시하면 몸에 좋은 향기가 퍼지고, 대중이 많고, 매우 빠르고 예리하고 광대하고 분명하고 심오한 지혜를 가지고, 명성이 자자하고 열반의 행복을 얻는 등의 여러 결과를 누립니다.

71 법 보시에 대해서는 뒷부분에 따로 자세하게 설명했다.

## 서원과 보시의 이익

보시의 이익과 관련하여 특별히 주의해야 할 점 하나가 서원patthanā 입니다. 보시를 할 때마다, 선업을 할 때마다 서원을 해야 한다고 여러 경들을 통해 부처님께서 설하셨습니다(M120; M41; A8:35). 〈도닦음 경〉의 주석에는 서원하는 모습, 서원하는 방법까지 제시되어 있습니다(SA. ii.17). 사실 서원을 따로 하지 않아도 보시 선업은 성취됩니다. 하지만 서원을 통해 자신이 바라는 이익, 기원하는 이익을 확실히 얻을 수 있습니다.

이렇게 보시를 행하면서 서원을 할 때 더욱 큰 이익을 얻을 수 있도록 올바르게 서원을 해야 합니다. 그것은 바로 '**이당 메 다̄낭 아̄사왁카야̄와항 호뚜, 이당 메 다̄낭 닙바̄낫사 빳짜요 호뚜** Idaṁ me dānaṁ āsavakkhayāvahaṁ hotu, idaṁ me dānaṁ nibbānassa paccayo hotu'라고 빠알리어로 하거나 '이러한 저의 보시로 모든 번뇌 사라지기를, 이러한 저의 보시로 열반을 증득하기를'이라고 한국어로 서원하는 것입니다. 이러한 서원을 '탈윤전기반vivaṭṭanissita 서원', 줄여서 탈윤전 서원이라고 합니다. 윤회윤전의 괴로움을 의지하고 않고, 윤회윤전에서vaṭṭa 벗어난vi 열반을 의지하는nissita 서원이라는 뜻입니다. 이렇게 탈윤전 서원을 해야 자신이 행한 보시 선업이 사람의 생과 사람의 영화, 천상의 생과 천상의 영화를 줄 뿐만 아니라 도와 과, 열반의 행복이라는 출세간의 이익까지 줄 수 있습니다.

반대로 서원을 잘못하면 보시를 아무리 많이, 아무리 좋은 것을 하더라도 "거목처럼 보시해서 씨앗만큼 얻는다"라는 말처럼 세간의 이익 정도만으로 끝날 수 있습니다. '윤회에서 벗어나 열반을 얻기를'이라고 탈윤전 서원을 하지 않고 '이 보시 선업으로 사람이나 천신으로 태어나 사람의 영화, 천신의 영화를 태어나는 생마다 누리기를'이라는 등으로 서원하는 것을 '윤전기반vaṭṭanissita 서원', 줄여서 윤전 서원이라고 합니다. 윤전을

vaṭṭa 확산시키는 갈애를taṇhā 의지한nissita 서원이라는 뜻입니다. 윤전 서원은 자신이 서원한 사람의 생과 영화, 천신의 생과 영화 정도의 결과만 줄 수 있습니다. 도와 과, 열반이라는 출세간의 행복은 줄 수 없습니다.

비유하자면 부산에서 출발하는 서울행 기차를 타고 간다면 중간에 대구도 저절로 들르게 되는 것처럼, 열반을 서원하면서 보시를 행한다면 중간에 사람의 행복, 천상의 행복은 저절로 얻게 됩니다. 그러나 부산에서 출발하는 대구행 기차를 타고 간다면 서울에는 가지 못하는 것처럼, 사람의 행복과 천상의 행복 정도만 서원하면서 보시를 행한다면 사람과 천상의 행복 정도만 얻지 열반에 이르는 바탕은 되지 못합니다. 혹은 '이 공덕으로 열반을 증득하기를'이라고 탈윤전 서원을 한 뒤 이어서 '열반에 도달하기 전에 태어나는 여러 생에서 사람이나 천신으로 태어나 사람의 행복과 영화, 천신의 행복과 영화를 태어나는 생마다 누리기를'이라고 윤전 서원을 하기도 합니다. 이러한 서원도 태어나는 생의 성취bhavasampatti, 영화의 성취bhogasampatti를 원하는 갈애가 포함되어 있기 때문에 열반에 도달하는 것을 지연시킨다는 점도 특별히 주의해야 합니다.[72]

## 특별한 보시들

어떠한 보시들은 일반적인 이익들 외에 특별한 이익을 줍니다. 즉 다음 생에 확실하게 선처에 태어나게 하거나, 특별히 수명을 길게 하거나,

72 《*Buddhavadagounyi* 불교의 덕목》, p.130. 하지만 사람마다 서원이 다르다는 점도 간과해서는 안 된다. 수다원 중에 일부는 윤회윤전을 바라고 즐기는 성향이 있어 욕계 천상세계, 색계 천상세계에 차례대로 태어나 천상의 영화를 누리면서 사다함, 아나함이 된 뒤 마지막에 색구경천에서 아라한이 되어 완전한 열반에 든다. 이러한 수다원을 '윤전성향vaṭṭajjhāsaya 수다원'이라고 한다 (ItA.47; SA.iii.271).

지혜를 크게 하거나, 열반의 바탕이 되기도 합니다. 이러한 보시들에 대해 살펴보겠습니다.

### 확정 보시

다음 생에 확실하게 선처에 태어나게 하는 보시를 확정 보시nibaddha-dāna라고 합니다. 여기서 '확정nibaddha'이라는 단어는 '다음 생에 선처에 태어날 것이 확정된 것, 결정된 것'이라는 의미를 뜻합니다. 〈취착남음경〉의 주석에(A9:12; AA.iii.264) ① 삼귀의 수지, ② 오계 수지, ③ 추첨식 공양 보시, ④ 보름 공양 보시, ⑤ 결제가사 보시, ⑥ 우물 보시, ⑦ 정사 보시라는 일곱 가지[73] 확정 공덕nibaddha puññāni이 소개되어 있습니다.[74]

삼귀의와 오계와 추첨식공양
보름공양 결가사 물위한보시
정사보시 언제나 공덕짓는이
예류처럼 생확정 악처에안나

삼귀의에 대해서는 앞에서 설명했고, 오계에 대한 자세한 내용은 제5장에서 자세하게 설명할 것입니다. 추첨식 공양은 승가 중에 공양 받을 몇 명의 비구를 추첨을 통해 선택하여 올리는 공양입니다. 보름 공양은 보름마다 올리는 공양 보시입니다. 꼭 보름이 아니더라도 한 달에 한 번 식으로 정기적으로 공양을 올리는 것도 해당됩니다. 게송에서 '결가사'

73 삼귀의와 오계 수지를 하나로 묶어 여섯 가지로 헤아리기도 한다.

74 취착이 남은 채 임종하는 모든 이들은 사악처에서 벗어나지 못한다는 외도 유행승들의 주장에 대해 부처님께서는 다섯 종류의 아나함, 사다함, 세 종류의 수다원은 취착이 남아 있지만 악처에서 벗어났다고 설하신다. 주석서에는 이뿐만 아니라 다른 일곱 가지 선업도 확정 공덕, 즉 다음 생에 선처에 태어나는 것이 확실한 공덕이라고 설명한다.

라고 표현한 결제가사 보시는 매년 승가가 결제할 때마다 가사를 올리는 것입니다. 게송에서 '물위한보시'라고 표현한 우물 보시는 말 그대로 우물을 보시하거나 사용할 물을 위해 연못을 보시하는 것을 말합니다. 지금 상황을 고려하면 정수기를 보시하는 것도 여기에 해당됩니다. 정사보시는 정사 전체, 사찰 전체를 보시하는 것도 해당되고 사찰 내에 건물을 보시하는 것, 좌복이나 깔개 같은 필요한 물품을 보시하는 것도 해당됩니다. 처음의 두 가지는 계와 관련된 선업이고 나머지 다섯 가지는 보시와 관련된 선업입니다.

이러한 선업들은 게송에서 '언제나 공덕짓는이'라고 표현한 것처럼 정기적으로 계속해서 실천하기 때문에, 혹은 보시와 관련된 선업의 경우, 수혜자들이 오랫동안 혜택을 누리기 때문에, 더 나아가 그렇게 오랫동안 혜택을 누리는 모습을 보고 보시자들이 거듭 기쁨을 일으키기 때문에 다른 선업보다 힘이 큽니다. 큰 결과를 줍니다. 다음 생에 사람의 생이나 천상의 생에 태어나는 것이 확실합니다. 적어도 다음 생에는 사악처에 태어나지 않습니다. 그래서 '확정 공덕', '확정 보시'라고 합니다. 또한 다음 생 정도지만 사악처에 태어나지 않는 것은 수다원과 같기 때문에 '수다원과 같은 선업'이라고 합니다. 그래서 게송에서는 '예류처럼 생확정 악처에안나'라고 표현했습니다. 이렇게 적어도 다음 생에는 악처에 태어나게 하지 않는, 정기적으로 하는 보시, 오랫동안 수혜자들에게 혜택을 주는 보시도 잘 알고 실천해야 합니다.

### 장수 보시

수명을 길게 하는 특별한 보시도 있습니다. 과거 스리랑카를 다스리던 와사바Vasabha 왕(AD.67~111)이 당시 현자 한 명을 조용한 곳으로 불러 "내가 얼마나 재위할 것 같소?"라고 물었습니다. 현자는 왕의 수명을 헤아린 뒤 "12년 동안 재위할 것 같습니다"라고 대답했습니다. 왕은 현자에게 천 냥을 주면서 누구에게도 이 사실을 말하지 말라고 당부한 뒤 승가를 초청하여 "존자들이시여, 수명을 길게 하는 특별한 선업들이 있습니까?"라고 물었습니다. 그러자 승가의 존자들은 ① 물거르개수낭 水囊 보시, ② 정사 보시, ③ 환자나 간호하는 이를 위한 옷이나 음식 보시, ④ 낡은 정사를 보수하는 보시, ⑤ 오계 수지, ⑥ 포살 준수라는 여섯 가지 선업을 설했습니다. 와사바 왕은 승가의 가르침대로 이러한 선업들을 실천했고, 현자가 예언한 12년보다 더 오래 44년이나 나라를 다스렸습니다(Mhv.212).

수낭정사 간호와 정사보수와
오계포살 준수해 장수보시들

수명을 길게 하는 여섯 가지 선업 중에 처음 네 가지는 보시와 관련된 것이어서 '장수 보시dīghāyukadāna'라고 합니다. 장수 보시를 잘 실천하면 수명을 짧게 하는 여러 위험이나 장애들이 사라져서 수명이 늘어날 수 있습니다. 이것은 다음 생에 천상에 태어나는 등의 결과가 아닙니다. 바로 현생에 이익을 누릴 수 있는 선업입니다. 《자따까》에서도 근거를 찾을 수 있습니다.

과거 보살은 담마빨라Dhammapāla라는 마을의 촌장 아들이었습니다. 공부할 나이가 되어 딱까실라Takkasila로 가서 한 저명한 스승에게서 학문을 배웠습니다. 그때 스승의 아들이 어린 나이에 죽었습니다. 그 소식을 들은 담마빨라는 "왜 어린 나이에 사람이 죽는가? 사람이라면 모두 수명을 다한 뒤 늙어서 죽는 것 아닌가?"라는 등으로 말했습니다. 스승은 그렇게 말한 연유를 물었고, 이에 담마빨라는 "우리 마을에서는 어릴 때 죽는 사람이 없습니다"라고 대답했습니다. 사실을 확인하고자 스승은 염소 뼈를 가지고 담마빨라 마을로 가서 촌장을 찾아 "그대의 아들이 죽어 뼈를 가지고 왔습니다"라고 말했습니다. 촌장은 웃으며 "그럴 리가 없습니다. 우리 마을에서는 어릴 때 죽는 사람이 없습니다"라고 대답했습니다. 그 연유를 묻자 "선행을 실천하기 때문에, 악행을 행하지 않기 때문에, 어떠한 법문이든 듣고 잘 취사선택하기 때문에, 보시하기 전에나 보시할 때나 보시하고 난 뒤에나 기쁜 마음으로 의도를 다하여 보시하기 때문에, 저열하거나 수승하거나 수혜자를 가리지 않고 보시하기 때문에, 오계를 준수하기 때문에, 지혜가 크기 때문에"라는 등으로 대답했습니다(J447).

따라서 수명을 길게 하는 선업, 특히 보시들이 분명히 있다고 확신하고 이러한 현생의 이익도 직접 얻을 수 있도록 실천해야 합니다.

### 지혜 보시

어떠한 보시들은 태어나는 생마다 특별히 예리하고 큰 지혜를 생겨나게 합니다. 그것을 지혜생성paññāsaṁvattanika 보시, 줄여서 지혜 보시라고 합니다. 지혜 보시에는 발우받침 보시, 바늘 보시, 훈증이나 향기 보시, 삼장을 내용으로 하는 책 보시 등이 있습니다. 또한 삼장과 관련된 내용을 가르치는 것, 배우는 것, 기억하는 것, 외우는 것, 질문하는 것, 토론하는 것 등도 지혜를 생겨나게 하는 선업들입니다. 혹은 일반적인 보시 등의 선업을 할 때 '이러한 공덕이 큰 지혜의 바탕이 되기를'이라고 서원하면서 보시하면 그것도 지혜생성 보시 선업이 되어 다음에 큰 지혜를 생겨나게 합니다.

발우받침 보시와 관련하여 쿳줏따라Khujjuttarā 시녀의 일화를 소개하겠습니다. 과거 바라나시국의 왕궁에서 일하던 한 궁녀는 매일 궁으로 탁발 나오던 여덟 분의 벽지불에게 공양 올리는 일을 하고 있었습니다. 어느 날, 밥이 너무 뜨거워 벽지불들이 발우를 이 손 저 손으로 옮기고 있었습니다. 그 모습을 본 궁녀는 즉시 자신이 차고 있던 상아팔찌를 벽지불들에게 드렸고, 벽지불들은 팔찌를 받쳐 편안하게 발우를 간수할 수 있었습니다. 궁녀는 '저는 팔찌가 필요 없습니다. 존자들에게 보시합니다'라고 깨끗한 마음으로 보시했습니다. 이렇게 팔찌를 발우받침대로 보시한 공덕으로 부처님 당시 쿳줏따라의[75] 생에서 지혜가 매우 뛰어나 삼장을 수지한 이가 되었습니다(DhpA.i.143).

## 참사람의 보시

보시하는 태도 등에 따라서도 특별한 이익을 얻을 수 있습니다. 이와 관련하여 〈참사람 경〉을 통해 참사람의 보시에 대해 설명하겠습니다.

참사람이라면 보시할 때 업과 업의 결과에 대해 확신을 가지고 보시합니다. 그리고 내버리듯이 하지 않고 아주 공손하게 보시합니다. 보시 받을 사람이 필요한 바로 그때 필요한 물건을 보시합니다. '내 몫을 조금 남겨두어야 하지 않는가?'라는 등으로 아끼지 않고 할 수 있는 만큼 넉넉하게 보시합니다. 보시를 하면서 '나는 보시하는 사람이다. 그대는 나의 보시를 받는 사람이다'라는 등으로 자신을 높이고 남을 경멸하거나 자기의 보시와 남의 보시를 비교하는 등으로 해치면서 보시하지 않습니다.

이렇게 보시하면 다음 어느 생이든 그 결과를 받을 때 큰 재산을 가진 부자로 태어나는 것은 동일합니다. 그 중에서도 특히 믿으면서 보시하면 용모가 훌륭합니다. 공손하게 보시하면 권위가 높습니다. 적시에 보시하

75 쿳줏따라는 사마와띠Sāmāvatī 왕비의 시녀였다. 과거에 곱추였던 벽지불의 흉내를 낸 과보로 곱추로 태어났으며, 비구니 스님에게 심부름을 시킨 과보로 많은 생에 하녀로 태어났다. 하지만 벽지불들에게 발우받침을 보시한 과보로 지혜가 예리했다.

면 자신이 필요할 때 적시에 과보를 얻습니다. 아끼지 않고 보시하면 자신이 가진 재산을 마음껏 누립니다. 반대로 아끼면서 보시하면 자신의 재산을 누리기에 적당한 만큼 누리지 못합니다. 마지막으로 해치지 않고 보시하면 자신의 재산을 무너뜨리는 물, 불 등의 위험에서 벗어나는 이익을 누릴 수 있습니다(A5:148).

믿으면서 공손하게 적당한때 아끼잖고
해치잖고 보시하는 참사람의 다섯보시
보시하면 태어날때 재산많아 동일하고
믿음용모 공손권위 적시보시 적시과보
아끼잖고 맘껏즐겨 해치잖고 적이없어

### 법 보시

특별한 보시들 중에서도 단연 으뜸인 보시는 법 보시입니다. 죽음없음, 열반이라는 거룩한 출세간법을 증득하게 하기 때문입니다. 교학을 다른 이에게 설하는 것, 가르치는 것, 배우는 것 등이 법 보시에 해당합니다. 〈무엇을 베풂 경〉의 주석에는 "주석서를 설하는 것, 성전을 가르치는 것, 질문에 대답해 주는 것, 수행방법을 설하는 것 등은 다른 보시보다 더 수승한 법 보시이다"라고 설명되어 있습니다(S1:42; SA.i.78). 또한 〈관대함 경〉의 주석에는 "어떤 이가 죽음없음이라는 열반에 도달하게 하는 실천을 설하고 가르치고 저술한다면, 그것은 법 보시 선업에 해당된다"라고 설명되어 있습니다(A2:13:3; AA.ii.60). 따라서 열반에 도달하게 하는 가르침을 설하는 것, 옮겨 적는 것, 삼장을 사경하는 것, 출판하는 것, 배포하는 것, 보시하는 것 등도 모두 법 보시에 해당합니다.

모든 보시 중에 으뜸인 보시는 법 보시입니다. 법 보시는 모든 보시를 능가합니다(Dhp.354). 부처님이나 벽지불, 아라한들에게 수많은 음식물, 가사, 정사 등을 오랜 세월 동안 보시하는 것보다 최소한 네 구절로 된 게송 하나라 하더라도 법 보시를 하는 것이 더욱 공덕이 큽니다. 왜냐하면 그러한 보시라는 선업도 법을 들어야 할 수 있기 때문입니다. 만약 법문을 듣지 못한다면 보시조차 행하기 힘듭니다. 더 나아가 도와 과, 열반을 증득하여 윤회에서 벗어나기 위해서는 부처님과 벽지불을 제외하고 어느 누구라도 법문을 들어야만 합니다. 그렇게 윤회에서 벗어나게 하는 법을 보시하는 것이기 때문에 다른 보시보다 법 보시의 공덕이 더욱 큽니다. 비록 완벽한 깨달음에 이르지 못했다 하더라도 적당한 기회이고 자신의 말을 받아들일 준비가 된 사람이 있다면 각자 자신의 단계에까지 할 수 있는 만큼 올바른 법을 설하여 많은 이익이 생기도록 노력해야 합니다. 특히 출가자라면 자신이 얻은 정도만큼이라도 적당한 경우에 자신과 같은 위치에 도달하도록 지도하고 격려하고 설하면서 지내는 것이 '바르게 지내는 것'이고, 그렇게 출가자가 바르게 지내면 이 세상에 아라한이 텅 비는 일이 없을 것이라고 부처님께서 〈대반열반경〉에서 설하셨습니다(D16/D.ii.125/DA.ii.181).

## 보시분석 경

보시를 받는 대상에 따라서도 보시의 이익은 차이가 납니다. 〈궁술경〉에서 빠세나디 대왕이 부처님께 "누구에게 보시를 해야 합니까? 누구에게 보시하면 더 큰 결과가 있습니까?"라고 질문했을 때 부처님께서는 그 두 질문은 다른 질문이며, 우선 보시를 하고 싶은 대상에게 보시하는 것은 자유이지만, 그 대상에 따라 차이가 난다는 사실을 설명하셨습니다(S3:24). 이에 대해 〈보시분석 경〉을 통해서 자세히 살펴보겠습니다.

### 대상에 따른 과보의 차이

먼저 보시 받는 대상에 따라 개인 보시 열네 종류, 승가 보시 일곱 종류로 나누어집니다. 개인 보시는 정등각자, 벽지불, 아라한과, 아라한과를 얻으려 수행하고 있는 아라한도, 아나함과와 도, 사다함과와 도, 수다원과와 도, 교단 밖의 이교도 중에 업을 설하고 도덕적 행위를 설하면서 선정과 신통을 증득한 이, 삼귀의나 오계를 수지하지 않았더라도 천성으로 행실이 바른 범부 재가자, 행실이 나쁜 범부 재가자, 축생 등 열네 종류입니다.

승가 보시는 부처님을 포함한 비구 · 비구니 승단 모두, 부처님을 포함하지 않는 비구 · 비구니 승단 모두, 비구 승단 전체, 비구니 승단 전체, 양 승단의 일부, 비구 승단의 일부, 비구니 승단의 일부 등 일곱 종류입니다.

그 중 축생에게만 보시해도 수명, 용모, 행복, 힘, 지혜라는 다섯 가지 이익을 백 배, 즉 백 생 동안 누립니다. 행실이 나쁜 범부에 대한 보시는 천 배, 천성으로 행실이 바른 범부에 대한 보시는 십만 배, 교단 밖에서 선정과 신통을 증득한 이들에 대한 보시는 1조 배, 수다원도 그 이상은 아승기로 헤아릴 수 없고, 뒤로 갈수록 더 이익이 큽니다. 하지만 그러한 개인 보시의 이익보다도 승가에 대한 보시가 더욱 이익이 크다고 설하셨습니다(M142). 〈웰라마 경〉에서는 수다원, 사다함, 아나함, 아라한, 벽지불, 정등각자에게 공양을 올리는 것이 차례대로 이익이 크다고 설하신 뒤 부처님을 상수로 하는 비구 승가에 공양을 올리는 것이 그보다 더 이익이 크고 사방승가를 대상으로 승원을 보시하는 것이 더욱 이익이 크다고 설하셨습니다(A9:20).[76]

76 승원을 짓는 것보다 삼귀의를 수지하는 것이, 그보다 오계를 수지하는 것이, 그보다 자애를 닦는 것이, 그보다 무상 인식을 닦는 것이 더 이익이 크다고 이어서 설하셨다.

위에서 언급한 개인 열네 종류 중에 삼귀의를 수지하고 오계 등을 잘 지키는 범부 재가자나, 비구계를 잘 준수하며 사문의 도를 잘 실천하는 범부 출가자는 언급되지 않았습니다. 주석서에서는 이러한 이들이 모두 넓은 의미로 수다원도의 위치에 있는 개인에 포함된다고 설명하고 있습니다(M142/MA.iv.224). '부처님의 가르침에 출가하여 계를 잘 지키지 않는 비구'에 대해서는 주석서에서도 따로 언급되지 않았습니다. 그래서 일부는 "개인 보시의 대상 열네 종류 중에 파계 비구는 포함되지 않기 때문에 그들에게 보시해서는 안 된다"라고 말하기도 합니다. 그러나 그렇게 말해서는 안 됩니다. 출가한 뒤 계를 범한 비구라도 처음 출가할 때 삼보에 이미 귀의한 이들입니다. 삼보에 귀의한 것만으로도 수다원과를 실현하고자 노력하는 이, 즉 수다원도의 위치에 있는 개인에 포함된다고 알아야 합니다. 또한 부처님 가르침을 따르지 않는 파계자들에게조차 보시하면 이익을 많이 얻을 수 있다고 했기 때문에 부처님의 가르침을 따르는 파계자들에게 보시하면 더 많은 이익을 얻을 수 있을 것입니다. 또한 《밀린다빤하》에도 파계 재가자보다 파계 비구가 부처님을 존경하고 가르침을 존경하고 승가를 존경하는 등의 덕목에서 뛰어나다는 내용이 나옵니다(Mil.249). 이렇게 파계 비구라 하더라도 파계 재가자보다는 뛰어나다는 사실, 수다원도 개인에 포함시킬 수 있다는 사실 등을 고려하여 "파계 비구에게 보시하는 것은 이익이 없다"라고 해서는 안 됩니다. 뒤에서 설명할 '보시의 청정' 가르침에 따라 보시자가 계를 잘 준수하면 수혜자의 계가 청정하지 않더라도 그 보시는 보시자에 의해 청정한 보시가 되어 많은 결과를 줍니다. 혹은 파계 비구라는 개인을 대상으로 하지 않고 승가를 대상으로 하면 그 보시는 승가 보시가 되어 더 큰 결과를 줍니다.

### 승가 보시

승가 보시와 관련하여 몇 가지 보충설명을 하자면, 먼저 부처님께서 완전한 열반에 드신 뒤라 할지라도 비구 승가나 비구니 승가가 분명히 현존한다면 부처님의 사리를 안치한 탑이나 불상 앞에서 승단을 초청하여 "부처님을 위시하여 승가에 보시합니다"라고 보시하면 부처님을 포함한 승가 보시에 해당합니다.

혹은 승가 보시를 할 때 청하는 사찰이나 정사의 모든 스님을 초청하지 않고 일부만 초청한 뒤 승가를 대상으로 보시해도 됩니다. 즉 보시자가 '승가에 보시하리라'라고 보시물을 준비한 뒤 사찰이나 정사로 가서 "스님, 저는 승가 보시를 하고자 원합니다. 승가를 대표해서 몇 분, 혹은 한 분을 지정해 주십시오"라고 청하면 됩니다. 그러면 승가에서는 공양청 소임자가 적당한 차례에 따라 몇 명이나 한 명을 지정합니다. 이때 사미가 지정될 때도 있고 법랍이 많은 장로가 지정될 때도 있습니다. 만약 사미가 지정되어 자신의 집에 왔을 때 '나이 어린 사미에게 공양 올리다니'라고 언짢아하거나 장로 스님이 왔을 때 '장로 스님에게 공양 올리다니'라고 개인에 대한 집착으로 기뻐할 수 있습니다. 이러한 보시는 개인을 대상으로 보시하는 것일 뿐이기 때문에 승가 보시에 해당하지 않는다고 합니다. 사미든지 신참 비구든지 장로 스님이든지, 혹은 계를 잘 지키는 비구든지 파계 비구든지, 지혜가 높은 비구든지 낮은 비구든지 승가가 지정한 비구에 대해 개인을 대상으로 하지 않고 승가를 대상으로 '승가에 보시합니다'라고 마음 기울이며 정성스럽게 보시하면 승가 보시에 해당합니다. '계를 잘 지키지 않는 스님에게 보시한다'라고 생각하면 승가 보시가 되지 않는 것처럼 '아라한 스님에게 보시한다'라고 개인을 염두에 두고 보시해도 승가 보시에 해당하지 않는다는 점을 주의해야 합니다.

### 예화

보시 받는 개인에 따라, 혹은 부처님의 가르침이 있는 시기와 없는 시기에 따라 과보가 달라지는 모습은 인다까Indaka와 앙꾸라Aṅkura 천신의 예화를 통해 알 수 있습니다. 부처님께서 도리천에서 아비담마를 설하실 때 인다까와 앙꾸라라는 천신이 먼저 와서 부처님 곁에 앉았습니다. 그 뒤 다른 위력이 큰 천신들이 오자 앙꾸라 천신은 저 멀리 12요자나 밖까지 물러나야 했지만 인다까 천신은 그대로 앉아 있을 수 있었습니다. 부처님께서는 가치 있는 보시를 알게 하려고 그 이유를 각각 물으셨습니다. 앙꾸라 천신은 과거 생에서 일만 년 동안 많은 음식을 보시했지만 보시 받는 사람들이 모두 공양을 받을 만한 덕목을 갖추지 못한 사람이었기 때문이라고 대답했고, 인다까 천신은 과거 생에 아라한인 아누룻다 존자에게 한 국자 정도의 음식을 보시한 것뿐이었다고 대답했습니다. 이에 부처님께서는 "잘 가려서 행한 보시를 여래들은 칭송한다"라는 등의 게송을 설하셨습니다(DhpA.ii.143).

> 가려서 보시를 베풀어야 한다네.
> 그러한 보시는 과보가 매우 크네.
>
> 가려서 하는 보시 선서께서 칭송하니
> 이러한 생명세상 공양을 받을 만한
>
> 그에게 베푼 보시 과보가 매우 크네.
> 기름진 논과 밭에 뿌린 씨앗처럼.

개인 보시와 승가 보시의 차이를 보여 주는 일화도 있습니다. 부처님 당시 밧다Bhaddā와 수밧다Subhaddā라는 자매가 있었습니다. 언니인 밧다는 이전부터 스님들께 공양을 잘 올리고 있었지만 동생인 수밧다는 언니의 권유로 늦게 보시를 행했습니다. 하지만 레와따Revata 존자의 가르침에 따라 승단을 대상으로 계속 보시했습니다. 자매가 죽은 뒤 밧다는 도리천, 수밧다는 그보다 더 높은 천상인 화락천에 태어났습니다. 동생이 자신보다 더 높은 천상에 태어나 더 큰 영화를 누리는 것을 알게 된 밧다 천신은 '이제부터 나도 승가에 보시하리라'라고 다짐했다고 합니다(VvA.135).

## 보시의 청정

〈보시분석 경〉의 뒷부분에서는 보시의 이익이 크고 적은 것과 관련하여 '보시의 청정'에 대해서 설명하고 있습니다. 보시의 청정에는 네 가지가 있습니다. ① 보시자는 청정하지만 보시 받는 자가 청정하지 못한 보시, ② 보시 받는 자는 청정하지만 보시자가 청정하지 못한 보시, ③ 둘 모두 청정하지 못한 보시, ④ 둘 모두 청정한 보시입니다.

이 중 첫 번째로 보시자는 계를 잘 지키지만 보시 받는 자가 계를 지키지 않으면 보시자에 의해 그 보시는 청정해집니다. 즉 보시자가 많은 과보를 얻을 수 있습니다. 비유하자면 비록 황무지 땅에 농사를 짓더라도 능숙한 농부가 돌멩이를 걷어내고 적절한 때에 밭을 갈고 씨앗을 심고 밤낮으로 보호하며 열심히 노력한다면 다른 비옥한 땅에서 얻는 수확보다 더 많은 수확을 얻을 수 있는 것과 마찬가지입니다.

두 번째로 보시 받는 자는 계가 청정하지만 보시하는 자가 계를 지키지 않으면 보시 받는 자에 의해 그 보시는 청정해져서 보시자가 많은 과보를 얻을 수 있습니다.

둘 모두 청정하지 못하면 어느 쪽에 의해서도 청정해지지 않아 많은 과보를 얻을 수 없습니다.

보시자와 수혜자 둘 모두가 청정한 경우, 거기에 업과 업의 결과에 대한 확신을 가지고 여법하게 얻은 물건을 깨끗한 마음으로 보시자가 보시한다면 그러한 과보는 더욱 큰 과보를 가져다줍니다. '깨끗한 마음으로'란 '어떠한 대가를 기대하지 않으며, 혹은 보시하기 전과 보시하는 동안과 보시한 뒤에 기뻐하는 마음으로'라는 뜻입니다. 더 나아가 아라한이 아라한에게 업과 업의 결과에 대한 확신을 가지고 여법하게 얻은 물건을 깨끗한 마음으로 보시한다면, 그러한 보시야말로 세속적인 보시 가운데 으뜸이라고 부처님께서 설하셨습니다. 왜냐하면 그러한 보시는 다음 생에 어떠한 재생연결도 가져오지 않기 때문입니다.

지계자가 지계자에 여법하게 얻은물건
전중후에 기뻐하며 업과업보 확신갖고
보시하면 그보시는 양쪽청정 풍성과보
그보다도 아라한이 아라한에 여법물건
확신갖고 기뻐보시 물질보시 으뜸이네

## 보시의 장애 극복

지금까지 일반적인 보시의 이익, 보시물과 보시 받는 대상에 따른 보시의 이익 등을 살펴보았습니다. 하지만 이렇게 많은 이익이 있다 하더라도 보시하는 것을 가로막는 장애로 인하여 보시하기가 쉽지 않은 경우가 많습니다. 정등각자가 되기 위해 바라밀을, 특히 중요한 보시 바라밀을 닦는 보살들에게도 이러한 장애들이 생겨납니다. 보시를 가로막는 것에는 ① 익숙하지 않음, ② 보시물의 조악함, ③ 보시물의 훌륭함, ④ 줄어듦의 걱정 등이 있습니다. 보살들은 이러한 장애들에 대해 올바르게 숙고하고 반조하여 잘 극복했습니다. 보살들의 숙고를 잘 본받아 이러한 장애들을 극복하고서 보시 선업을 잘 실천해야 합니다.

먼저 보시물도 있고 보시 받을 사람이 있는데도 보시하는 데 익숙하지 않아 머뭇거릴 때는 '내가 지금 머뭇거리고 보시에 익숙하지 않은 것은 과거에 보시하는 것을 자주 하지 않아서일 것이다. 다음에는 이렇게 되지 않도록 지금부터라도 기뻐하며 아낌없이 베풀리라'라고 숙고하면서 극복해야 합니다.

두 번째로 보시물이 볼품없어 보시하기를 꺼릴 때는 '과거에 보시에 힘쓰지 않아 지금은 보시물이 볼품없지만 아무리 보잘 것 없는 것이라도 지금 베풀면 다음에는 더 훌륭한 보시물을 베풀 수 있을 것이다'라고 숙고하면서 극복해야 합니다.

반대로 보시물이 너무 좋고 훌륭하여 아끼는 마음이 생겨나 베푸는 것을 꺼릴 때 보살이라면 '선남자여, 그대는 가장 으뜸인 정등각을 성취하기로 서원하지 않았는가? 가장 거룩한 것을 성취하려면 거룩한 것들을 베푸는 것이 마땅하다'라는 등으로 숙고하고서 극복했다고 합니다. 일반 수행자들이라면 '내가 지금 보시하는 것은 물론 세간적인 재산 등의 행복을 위한 것이기도 하지만 궁극적으로는 출세간의 열반의 조건이 되기를 서원하면서 행하는 것이다. 죽음에서 벗어난, 가장 거룩한 법인 열반을 얻기 위해서라면 지금 이러한 좋은 물건을 보시하는 것은 전혀 아깝지 않다. 십 원을 베풀고 천만 금을 얻는다면 어찌 베풀지 않을 것인가'라는 등으로 숙고하면 될 것입니다.

마지막으로 보시를 하여 재산이 줄어드는 것을 걱정하기 때문에 베푸는 것을 주저할 때는 '재산이라는 것은 언젠가는 사라지기 마련이다. 죽을 때 가져갈 수도 없다. 하지만 이것을 보시하여 얻는 선업이라는 재산은 사라지지 않는다. 죽어서까지 나를 따라온다. 열반에 이르기까지 큰 도움이 되어준다'라는 등으로 숙고하면서 극복해야 합니다.

이렇게 보시는 전쟁하는 것과 같습니다(S1:33). 자신이 가진 것을 베풀기에 적당한 이에게 나누길 꺼리는 인색과, 자신이 가진 물건에 대해 애착하는 탐욕이라는 적에게 이겨야만 보시를 할 수 있기 때문입니다. 보시하려는 마음, 믿는 마음이 한 번 일어나면 그 뒤에 바로 나누길 싫어하는 인색한 마음이 천 번 생겨납니다. 그 인색을 이겨내고 보시의 마음, 믿는 마음이 한 번 일어나면 다시 인색한 마음이 천 번 일어나서 가로막습니다. 그렇게 생겨나는 인색한 마음을 이겨내야만 보시를 할 수 있습니다. 부처님 당시에 겉옷이 한 벌뿐인 한 바라문이 중간중간 생겨나는 인색한 마음을 물리치고 부처님께 겉옷을 보시한 뒤 "나는 이겼다"라고 세 번 외쳤다고 합니다(Dhp.116 일화).

## 보시의 당위성

일부 어떤 이들은 "〈초전법륜경〉 등에서 사성제, 팔정도, 계정혜만 설명되어 있지 보시는 설명되어 있지 않다. 보시는 윤회를 길게 하는 것일 뿐이다. 보시는 필요 없다"라고 말하기도 합니다. 물론 보시만으로 열반을 증득하여 윤회에서 벗어나는 것은 아닙니다. 하지만 윤회의 거센 강물을 건너가는 수행을 하기 위해서는 보시라는 바탕이 필요합니다. 마치 긴 여정을 가는 데에 많은 노잣돈이 필요하듯이 윤회에서 벗어나려는 긴 여정에는 보시라는 충분한 노잣돈이 필요합니다. 이러한 충분한 노잣돈인 보시는 다른 선업, 특히 수행의 선업을 닦는 데 많은 도움을 줍니다. 부처님께서도 "만약 여래만큼 중생들이 보시의 이익에 대해서 안다면 보시를 하지 않고서 자신만 누리지도 않을 것이며 마음이 인색의 때로 뒤덮이지 않을 것이다"라고 설하셨습니다(It.26).

여래만큼 중생들이 보시나눔 이익알면
보시않고 안먹으며 인색때로 안덮이리

또한 〈수마나 경〉에서는 동등한 믿음, 계행, 통찰지를 가졌다 하더라도 보시를 많이 한 이와 그렇지 않은 이에게는 분명히 차이점, 다른 점이 있다고 설하셨습니다. 즉 믿음과 계행, 통찰지를 갖추었기 때문에 둘 모두 인간세상이나 천상세상이라는 선처에 태어나는 것은 동일하지만 인간세상이나 천상세상에서 누리는 수명, 용모, 행복, 명성, 권위는 달라서 많이 베푼 이가 베풀지 않은 이보다 수명 등의 다섯 가지 면에서 뛰어납니다. 더 나아가 출가했을 때도 많이 베푼 이는 공양을 받아서 가사나 음식 등의 필수품을 수용하고, 도반들이 몸으로 호의적으로 대하고, 말로도 호의적으로 대하고, 마음으로도 호의적으로 대하고, 호의를 가지고 선물도 하는 등 다섯 가지 측면에서 베풀지 않은 이를 능가합니다.

허공 세계를 유유히 흘러가는
때가 묻지 않은 밝은 달이
세상에서 모든 별 무리를
비춰주는 광명으로 능가하듯이

그와 마찬가지 계를 구족한
믿음을 갖춘 참사람들은
세상에서 모든 인색한 이들을
보시하는 베풂으로 능가한다네.

화환 같은 번갯불과 몇 백 구름 봉우리들,
천둥치며 세차게 쏟아지는 폭우가
높은 구릉이나 낮은 저지대나
대지를 흠뻑 적셔주듯이

마찬가지 수다원도, 봄見을 구족한
스스로 바르게 깨달은 분 제자들은
수명에 있어서, 명성에 있어서
용모에 있어서, 행복에 있어서[77]

현자로서 이와 같은 다섯 가지 점에서
인색한 자를 능가하나니
실로 재산이 보내준[78] 천상에서
죽은 뒤 내생에도 마음껏 즐긴다네(A5:31).

마지막으로 부처님의 보시 설법dāna kathā을 소개하면서 보시에 관한 내용을 갈무리하겠습니다.

보시라는 선행은 현생과 내생, 열반이라는 행복의 근원이다. 사람의 번영, 천신의 번영 등 모든 번영의 뿌리이다. 사용했을 때 행복을 제공하는 모든 재산의 바탕이다. 현생과 내생의 불행에 빠진 이들의 보호처, 피난처, 의지처, 피안이다. 현생

77 경의 내용으로는 '권위'도 포함되어야 한다.
78 보시한 재산 때문에 천상에 태어난 것을 말한다.

에서나 내생에서나 보시와 같은 보호처, 피난처, 의지처, 피안은 없다.

맞다.

보시는 진정한 의지처이기 때문에 보배로 장식된 사자좌와 같고, 튼튼한 기반이기 때문에 대지와 같고, 꼭 붙잡을 대상이기 때문에 장님이 잡는 줄과 같다.

괴로움으로부터 건네주기 때문에 배와 같고, 위험으로부터 구해주기 때문에 전장의 용사와 같고, 두려움으로부터 보호해주기 때문에 튼튼하게 지어진 도성과 같다.

질투와 인색 등의 더러움에 물들지 않기 때문에 진흙에 물들지 않는 연꽃과 같고, 질투와 인색 등의 쓰레기를 불태우기 때문에 불과 같고, 불선법이란 적들이 근접하지 못하기 때문에 독사와 같고, 놀라게 하지 못하기 때문에[79] 사자왕과 같고, 힘이 매우 세기 때문에 코끼리와 같고, 현생과 내생의 행복을 가져다주는 매우 큰 길상이라 참사람들이 생각하기 때문에 흰 황소와 같고, 불운[80]에서 벗어나 안전한 대지에 도달하게 하기 때문에 천마와 같다.

실로 보시는 세간의 측면으로는 전륜성왕의 영화, 제석천왕의 영화 등을 주고, 출세간의 측면으로는 제자의 깨달음, 벽지불의 깨달음, 정등각자의 깨달음의 바탕이 된다(DA.ii.63).

79 어떠한 적도 보시자를 현생에서나 내생에서 놀라게 하지 못한다.

80 악처에 태어나는 것, 용모가 좋지 않은 것, 시기가 좋지 않은 것, 노력을 하지 않는 것 등이다. 본서 제7장의 '업과 업보의 법칙'에서는 '불성취vipatti'로 번역했다.

## 회향과 회향기뻐함

### 회향

보시와 관련하여 알아야 할 덕목으로 회향과 회향기뻐함이 있습니다. 회향은 공덕행토대 여섯 번째에, 회향기뻐함은 일곱 번째에 해당합니다.

회향pattidāna이란 선업을 행한 뒤 그 공덕몫patti을 다른 이에게 나누어 주는 것dāna입니다. 여러 주석서들에는 보시 선업의 공덕몫을 나누어 주는 것으로 설명하지만 〈합송경〉의 복주서에는 계 등 다른 선업의 공덕몫을 나누어 주는 것도 포함하여 설명했습니다(DAṬ.iii.206). 따라서 보시나 계, 수행이라는 선업을 행한 뒤에는 부모님을 비롯한 여러 존재에게 회향해야 합니다.

> 지금 행한 저의 선업 공덕을(독송 공덕을; 보시와 계와 수행 공덕을) 부모님과 스승님, 친척, 친구, 도반들에게 회향합니다.
> 또한 저를 보호하는 천신들, 집을(정사를, 선원을) 보호하는 천신들, 지역을 보호하는 천신들, 도시를 보호하는 천신들, 주위를 둘러싼 여러 산들의 산신, 지신, 목신, 약초신, 풀초신과 강과 바다를 보호하는 천신들에게 회향합니다.
> 또한 모든 나라의 왕들, 염라대왕들, 비 천왕들, 구름 천왕들, 바람 천왕들, 다따랏타 · 위룰하카 · 위루빡카 · 꾸웨라라는 사대천왕들과 그 권속들인 간답바, 꿈반다, 용, 금시조, 야차 천신들과 제석천왕들과 대범천을 비롯한 31천의 눈에 보이거

나 보이지 않는 모든 존재에게 회향합니다.[81]
이 모든 존재가 기뻐하며 '사두'를 불러 여러 위험 사라지고, 몸과 마음 건강하고 행복하게 세간과 출세간의 모든 행복을 누리길 기원합니다.
고르게, 고르게, 고르게 나누어 가지십시오. 사두, 사두, 사두. 고르게, 고르게, 고르게 나누어 가지십시오. 사두, 사두, 사두. 고르게, 고르게, 고르게 나누어 가지십시오. 사두, 사두, 사두.

깟사빠 부처님 당시 수다원이었던 한 거사와 범부였던 이발사가 배를 타고 항해하다 풍랑을 만나 외딴섬에 남겨졌습니다. 이발사는 새를 죽여서 살아갔고 수다원 거사에게도 새를 죽여 먹도록 권했습니다. 하지만 거사는 그렇게 하지 않고 의지할 것은 삼보뿐이라고 믿고 삼보의 공덕만 거듭 새기면서 살아갔습니다. 그러자 용왕이 자신의 몸을 배처럼 만들고 해신이 뱃사공으로 변신하여 배에 칠보를 가득 채우고 "남섬부주로 갈 사람은 오시오"라고 알렸습니다. 먼저 수다원 거사가 도착하여 배에 탔습니다. 다음에 이발사도 와서 배에 타려 했습니다. 그러자 뱃사공은 "그대에게는 계의 공덕이 없어서 안 됩니다"라고 했습니다. 이를 본 수다원 거사가 "나의 보시 공덕, 지계 공덕, 수행 공덕을 회향합니다. 사두를 외치시오"라고 이발사에게 회향했고, 이발사가 "사두"라고 외치자 배에 탈 수 있었다고 합니다(J190).

이러한 일화를 통해서 계 등의 다른 선업 공덕들도 회향하는 것이 가능하며, 실제로 실천할 수도 있을 것입니다.

81 여러 천신에 대해서는 본서 제7장의 '탄생지'에 대한 설명을 참조하라. 특히 염라대왕을 포함해서 회향해야 한다는 것은 본서 제7장의 '욕계 선처 탄생지'에 대한 설명을 참조하라.

"이렇게 회향을 하면 자신의 공덕이 줄어드는 것은 아닌가?"라고 질문할 수 있습니다. 줄어들지 않습니다. 일화를 하나 소개하겠습니다. 아누룻다Anuruddha 존자의 전생이었던 안나바라Annabhāra는 재정관 수마나Sumana의 집에서 일을 하던 사람이었습니다. 어느 날, 우빠릿타Upariṭṭha라는 벽지불이 멸진정에서 출정한 뒤 안나바라를 섭수하기 위해 그 앞에 나타났습니다. 안나바라는 자신의 식사를 보시했습니다. 그러자 재정관의 집에서 천신이 박수를 치면서 찬탄했습니다. 재정관이 그 이유를 알고는 안나바라로부터 그 공덕을 사려고 했습니다. 안나바라는 공덕을 나누어 주면 자신의 공덕몫이 줄어들지 않는지 벽지불에게 가서 물었고 벽지불은 "등불은 아무리 나누어 주어도 원래 빛이 줄어들지 않는다. 오히려 많은 등불로 인해 더 밝아진다"라는 비유와 함께 회향을 해도 원래 공덕몫은 줄어들지 않는다고 대답했습니다. 그리하여 안나바라는 자신의 공덕몫을 재정관에게 대가를 받지 않고 회향했고 그 과보로 재정관과 같은 위치에 올랐습니다(Dhp.382 일화).

## 회향기뻐함

회향기뻐함pattānumodana이란 회향해 준 공덕몫에 대해pattiyā→patta "사두"라고 외치며 기뻐하는 것anumodana입니다.[82]

일반적으로 공덕몫에는 회향 받을 대상을 구체적으로 지정하여 회향한 공덕몫인 '지정 공덕몫uddissika patti'과 구체적으로 지정하지 않은 '비

82 《담마상가니 주석서》에서는 자신을 지정하여 회향하지 않았어도 다른 이의 공덕행토대, 예를 들어 타인이 계를 잘 지키는 것에 대해 "사두"를 외치며 크게 기뻐하는 것abbhanumodana도 회향기뻐함에 해당된다고 설명한다(DhsA.203). 정리하자면 자신을 지정하여 회향한 공덕몫에 대해 기뻐하면 '회향기뻐함pattānumodana', 회향하지 않은 공덕에 대해 기뻐하면 '따라기뻐함anumodana', 다른 이의 번영과 부귀나 승진 등에 대해 기뻐하면 '같이기뻐함muditā'이다.

지정 공덕몫anuddissika patti'이 있습니다. 이 중 현생에 과보를 직접 주는 것은 지정 공덕몫에 대해 사두를 외치며 기뻐하는 '지정 회향기뻐함'입니다. 여기에도 여러 가지 조건이 있습니다.

지계자에 보시한뒤 시아귀로 태어난이
지정하여 회향하여 그가알고 사두하면
보시한것 따라서만 현생과보 누린다네

먼저 '지계자에 보시한뒤'라는 표현은 계를 잘 지키는 이에게 보시한 뒤 그 공덕몫을 회향해야 한다는 뜻입니다. 계를 지키지 않는 이들에게 보시한 뒤 그 공덕몫을 회향한 경우는 현생과보를 생겨나게 하지 못합니다. 이와 관련하여 아자따삿뚜 왕의 일화가 소개되어 있습니다. 아자따삿뚜 왕은 부왕을 시해한 뒤 왕위에 올랐기 때문에 그 과보로 밤에 잠을 잘 이룰 수 없었다고 합니다. 어느 날 밤, 여느 때와 마찬가지로 잠에 들지 못해 왕궁의 꼭대기에서 서성이고 있을 때 머리를 삭발하고 옷도 전혀 걸치지 않은 한 존재가 하늘을 날아가는 것을 보았습니다. 스님으로 생각한 왕은 "스님, 어디로 가십니까?"라고 외쳤습니다. 그 존재는 자신은 스님이 아니라 시아귀이며, 딸이 자신을 대상으로 다음날 회향한다는 사실을 알고 그곳으로 가는 중이라고 대답했습니다. 왕은 회향을 받았는지 받지 못했는지 그 사실을 꼭 다시 전해달라고 부탁했습니다. 다음날 한밤중, 그 시아귀는 이전 날과 똑같은 모습으로 나타났습니다. 그 이유를 왕이 묻자 "바라문들이 다 먹어 치워버렸습니다"라고 말하면서 딸이 계를 잘 지키지 않는 바라문들에게 보시한 뒤 회향을 했기 때문에 회향을 받지 못하여 이렇게 똑같은 모습으로 왔다고 대답했습니다. 그래서 다음날 아자따삿뚜 왕은 부처님을 위시한 승가에 보시한 뒤 그 시아귀를 대상으로 회향했고, 그 시아귀는 천상의 음식과 의복 등을 얻었다고 합니다(Pe.152; PeA.99).

이렇게 계를 지키는 이에게 보시한 뒤 그 보시의 공덕몫을 회향해야 하는데, 그때 그 대상이 회향을 받아야 먹을 것 등을 얻을 수 있는 시아귀라야만 현생의 과보를 즉시 받을 수 있습니다. 이것을 '시아귀로 태어난이'라고 표현했습니다. 죽은 이가 다음 생에 천신이나 인간, 축생, 지옥 중생, 혹은 아귀 중에서도 매우 목마르고 배고파하는 기갈 아귀, 불에 타면서 괴로움을 받는 소갈 아귀, 찌꺼기나 오물 등을 먹고 사는 구토물 아귀, 몸집은 크나 입이 작아 매우 고통 받는 깔라깐지까 아수라 아귀로 태어났다면 아무리 그 죽은 이를 대상으로 해도 과보를 받을 수 없습니다.[83]

그렇다면 "죽은 사람이 시아귀로 태어나지 않았다면 그 사람을 대상으로 한 회향은 무의미한 것이 아닌가?"라고 질문할 수 있습니다. 그렇지 않습니다. 회향을 할 때는 보통 이전에 친척이었던 시아귀들에게도 회향하기 때문에 그들이 사두를 외치면 회향의 이익을 누릴 수 있습니다. 그렇다면 "과거에 친척이었던 시아귀들이 한 명도 존재하지 않는다면 어떻게 되는가?"라고 다시 질문할 수 있습니다. 윤회는 시작을 알 수 없을 정도로 매우 길기 때문에 그 긴 윤회에서 친척이었던 시아귀가 한 명도 없을 수 없습니다. 설령 그러한 친척들이 없다 하더라도 보시자가 보시한 공덕, 회향한 선업은 보시한 이에게 설령 코끼리나 말 등 축생으로 태어났을 때라도 수명, 용모, 행복, 힘, 지혜라는 여러 가지 측면으로 큰 결과를 주기 때문에 무의미하지 않다고 부처님께서 〈자눗소니 바라문경〉에서 설하셨습니다(A10:177).

83 본서 제7장의 '아귀'에 대한 설명을 참조하라.

'지정하여 회향하여'란, 구체적으로 공덕몫을 회향할 대상을 지정하고서 회향해야 현생의 과보를 받을 수 있다는 뜻입니다. 이러한 일화는 매우 많습니다. 반대로 대상을 구체적으로 지정하지 않고 회향한 것에 대해 기뻐한 경우, 현생의 과보를 받은 일화가 여러 문헌에 나오지 않습니다.

'그가알고 사두하면'이란, 이렇게 지정하여 회향했을 때 그 시아귀도 회향하는 곳에 와서 그 사실을 알고 사두를 외치며 기뻐해야 이익을 얻는다는 뜻입니다. 일반적으로 시아귀들은 항상 회향 받기를 기대하고 있기 때문에 모르는 경우가 적지만 간혹 모르는 경우는 이익을 얻을 수 없습니다. 미얀마 사가인에 아마라뿌라 마하간다용이라는 큰 강원이 있습니다. 어느 날 그 강원의 창건주 여신도가 임종했고, 여법한 절차에 따라 회향식까지 마쳤습니다. 그날 밤, 한 스님이 강원 근처 다리를 지나다가 "스님, 스님"하고 부르는 소리를 들었습니다. 분명히 창건주 여신도의 목소리였습니다. 고개를 돌리자 이전의 모습 그대로 창건주 여신도가 서 있었습니다. "그대는 임종하지 않았습니까? 정사를 비롯하여 많은 것을 보시한 과보로 천상에 태어나지 않았습니까? 설령 그렇지 않다 하더라도 회향도 했는데 회향을 받지 못했습니까?"라고 스님이 물었습니다. 창건주 여신도는 자신이 임종에 즈음해서 정사를 보시한 선업 등을 잘 생각하며 마음을 다스리고 있는데 갑자기 손녀가 손을 잡으며 "할머니, 저희를 두고 가시면 어떡해요?"라고 울먹이는 말을 들었고, 그 말을 들었을 때 손녀와 가족에 대한 애착이 생겨나 시아귀로 태어났다는 사실, 그리고 다른 시아귀 동료들이 불러 위쪽 지방에 폭포가 있는 곳으로 잠시 다녀온 사이 회향을 하여 회향식에 참석하지 못했다는 사실, 그래서 다음날 자신을 대상으로 다시 회향을 해 달라는 부탁을 하러 온 것이라는 사실 등을 스님께 말했습니다. 그 부탁대로 다음날 다시 회향을 했고, 그날 밤 천상의 의복 등을 갖추고서 스님께 인사를 드리고 돌아갔다고 합니다.

'보시한것 따라서만'이란, 회향에 대해 기뻐할 때 보시한 것에 따라서만 시아귀가 이익을 누릴 수 있다는 뜻입니다. 음식을 보시한 뒤 회향하면 천상의 음식 등 먹을 것이 시아귀에게 생겨납니다. 옷이나 가사를 보시한 뒤 회향하면 입을 것이, 정사나 깔개 등을 보시한 뒤 회향하면 천궁 등 지낼 곳이, 물을 보시한 뒤 회향하면 천상의 연못 등이 생겨납니다.

풋사Phussa 부처님 당시, 부처님을 위시한 승가에 공양을 올릴 때 그 일을 관장하던 집사의 친척들 중에 일부가 승가에 올리는 공양을 자신들이 먼저 먹거나 자신들의 자식들에게 먹인 과보로 다음 생에 시아귀로 태어났습니다. 그 이후로 위빳시Vipassī 부처님 등 여섯 부처님이 출현하는 동안에 회향을 받지 못하다가 고따마 부처님 때에 과거 집사였던 빔비사라 왕이 먼저 음식과 물을 회향해 주어서 먹을 것과 마실 것을 갖추었습니다. 하지만 다음날 벌거벗은 모습으로 나타났고, 그 연유를 부처님께 여쭙자 부처님께서는 "그대가 가사를 보시하지 않았기 때문입니다"라고 대답하셨습니다. 다음 날 부처님을 위시한 승가에 가사를 보시한 뒤 회향을 했고, 사두를 외치며 기뻐한 시아귀들은 천상의 의복을 구족했다고 합니다(DhpA.i.66). 부처님께서는 보시와 보시의 이익, 회향에 대해 〈담장 밖 경〉을 설하셨습니다(Khp.7~8).

> 죽은 이들은 자기 집에 와서
> 담장의 밖에 서서 머문다네.
> 혹은 여러 갈래 갈라진 틈이나
> 혹은 문기둥에 의지해 서 있다네.

하지만 많은 먹을 것과 마실 것,
씹을 것과 삼킬 것, 친지들에게 있어도
그들의 불선업, 바로 그것 때문에
아무도 죽은 이를 기억하지 못한다네.

죽어 버린 이들을 연민하는 이라면
친척에게 이와 같이 보시한다네.
적당한 시간에 깨끗하고 훌륭하고
올리기에 적당한 마실 것과 먹을 것을.

'이 공덕이 친척에게 도달하기를
죽은 친척들이 행복하기를'
그러면 죽은 친척이었던 아귀들,
그들도 또한 그 자리에 모여들어
먹을 것과 마실 것, 많은 보시 대해서
공손하게 사두를 외치면서 기뻐한다네.

"그들 때문에 이러한 것 얻었다.
살아 있는 친척들이 오래오래 살기를
우리에게 공양도 또한 올렸다.
보시한 이들도 큰 결실을 얻었다."

죽은 이들 사는 곳엔 농사도 없다네.
소 키우는 목축업도 찾아볼 수 없다네.
장사를 하는 상업도 없으며

돈으로 사고파는 그런 일도 없다네.
목숨을 마친 그곳의 죽은 이들
오직 이곳의 보시로만 살아가네.

높은 곳에서 흘러내린 빗물이
아래로 아래로 계속 흘러가듯
이곳에서 보시한 그것이
죽은 이들에게 이익을 가져다주네.

흘러 내려오는 냇물로 넘치는
강물이 바다를 가득 채우듯이
이곳에서 보시한 그것이
죽은 이들에게 이익을 가져다주네.

"나에게 이러한 것 주었고 해주었다.
나의 친척이고 친구이자 동료였다."
망자들이 해주었던 일들을 회상하며
죽은 이들 위해서 공양을 올려야 하네.

우는 것도 슬퍼하는 것도
땅을 치며 통곡하는 것도
죽은 이들 위해서는 아무 이익 없는데도
남은 친척들은 그렇게만 지낸다네.

훌륭하게 실천하며 잘 머무는 승가에
올릴 만한 공양을 잘 올린다면
오랫동안 자신에게 복덕이 생겨나고
즉시 이익을 가져다준다네.

보시한 이 친지 의무 다한 것이고
망자 위해 뛰어난 공양 행한 것이고
비구들에게 힘도 선사한 것이어서
보시한 이 큰 공덕 실천한 것이라네.[84]

회향은 자식의 의무 중에도 포함되어 있습니다.[85] 주석서에서는 돌아가신 지 사흘째부터 회향을 하라고 되어있지만 보통 미얀마 등 테라와다 불교권에서는 돌아가신 날, 그리고 일주일 뒤, 그 뒤로는 일 년에 한 번이든 혹은 기억날 때마다 스님들을 초청하거나 정사로 가서 여법하게 공양을 올린 뒤 돌아가신 분, 그리고 과거 생에 친척이었던 분들을 비롯하여 여러 천신에게 회향하는 전통이 있습니다. 물론 돌아가시기 전에 자식으로서의 의무를 다하는 것도 중요하지만, 돌아가신 뒤에도 부처님의 올바른 가르침에 따라 여법한 방법으로 회향의 의무를 다해야 할 것입니다.

---

84 《부처님을 만나다》, pp.245~246 참조. 게송임을 감안하여 번역을 조금 교정했다.
85 본서 제6장의 '부모와 자식의 의무'를 참조하라.

# 제5장
# 계

부처님의 차제설법 차례에 따라 제4장에서 보시에 대해 살펴보았고, 제5장과 제6장에서는 계에 대해서 알아보겠습니다. 계는 공덕행토대로도 두 번째입니다.

부처님께서 보시를 설하신 뒤에 계를 설하신 데는 이유가 있습니다. 다른 이에게 물건을 베푸는 보시는 여러 중생의 이익과 행복을 가져다주는 실천입니다. 이렇게 보시를 행하는 이는 다른 여러 중생의 이익과 행복을 진실로 원하기 때문에 다른 이의 목숨을 빼앗거나 다른 이의 재산을 훔치거나 하지 못합니다. 그래서 보시에 이어 계를 설하셨습니다. 혹은 보시는 특별히 몸과 말을 단속하지 않고도 베풀려는 의도만 있으면 자신이 가지고 있는 물건을 수혜자에게 단지 건네는 것만으로 실천할 수 있기 때문에, 몸과 말로 악행을 범하지 않도록 특별히 신경 써서 단속해야 하는 계보다 더욱 실천하기 쉽습니다. 이러한 이유 때문에도 보시를 먼저 설하시고 난 뒤에 계를 설하셨습니다. "보시를 행하는 이라야 계를 지킬 수 있기 때문에 보시 다음에 계를 설하셨다"라고 주석서에서 설명했습니다(DA.ii.62).

그렇다고 '보시를 행하기 전에 계를 수지해서는 안 된다'라고 이해해서는 안 됩니다. 계를 수지한 뒤에 보시를 하면 더욱 보시가 청정하여 더 많은 이익을 가져다줍니다.[86]

86 본서 제4장의 '보시의 청정'을 참조하라.

## 계의 의미

### 계의 의미

'계sīla'란 몸과 말로 악행을 범하지 않는 것입니다.[87] 이 계라는 단어는 계행sīlana에서 유래한 것으로, 계행이란 몸과 말을 바르게 간수하고 바르게 두는 것samādhāna, 또한 다른 선법들을 지탱하는 것upadhāraṇa입니다. 몸과 말을 바르게 두는 것이란 몸과 말의 행위가 거칠지 않도록, 불선업이 생겨나지 않도록 몸과 말을 잘 단속하는 것을 말합니다. 다른 선법들을 지탱하는 것이란 다른 선법들의 바탕이라는 뜻입니다. "웃띠야Uttiya여, 그렇다면 그대는 선법들의 처음, 바로 그것을 청정하게 하라. 선법들의 처음이란 무엇인가? 매우 청정한 계와 올바른 견해이다"라는 (S47:16/S.iii.143) 부처님의 말씀과 같이 계는 모든 선법의 처음입니다. 어떠한 선법이라도 계 없이는 생겨날 수 없습니다. 계를 지키는 이들에게만 선법들이 단계단계 생겨나고 늘어날 수 있습니다. 최소한 보시조차 계를 수지한 뒤에 베풀어야 더욱 과보가 큽니다. 그래서 '지탱한다'라는 말은 단계단계 향상되는 데 바탕이 된다는 뜻입니다.

몸과말을 바르게 두는것계행
여러선법 지탱해 바탕인계행

87 살생 등을 절제할 때나 소임을 충실하게 실천할 때 생겨나는 의도, 또는 살생 등을 절제할 때 생겨나는 절제 마음부수, 또는 계목 단속 등의 단속, 마지막으로 몸과 입으로 악행을 범하지 않는 것을 말한다. 자세한 설명은《청정도론》제1권, pp.132~133 참조.

## 계의 특질

계의 특질은 다음과 같습니다. 계는 계행, 즉 몸과 말을 바르게 두는 것과 선법들을 지탱하는 것이라는 특징을 가집니다. 그리고 파계, 즉 나쁜 계행을 털어버리는 역할, 파계로 인한 비난과 허물을 없애주는 역할을 합니다. 몸과 말이 깨끗하고 청정한 것으로 수행자의 지혜에 나타납니다. 악행을 부끄러워하는 것hīri 참 慙과 두려워하는 것ottappa 괴 愧이 계를 생겨나게 하는 가까운 원인입니다.

계라는법 계행특징 파계허물 없게역할
깨끗함의 나타남과 참괴두법 근인이네

## 계의 종류

계는 계행이라는 특징으로는 한 가지이지만 근신계vārittasīla 謹愼戒와 실천계carittasīla 實踐戒라는 두 종류로 나눌 수 있습니다. "이러한 행위를 하지 마라"라고 부처님께서 금하신 것을 하지 않는 것이 근신계입니다. 출가자라면 바라이 죄 등의 계목을[88] 범하지 않는 것, 재가자라면 오계 등에 포함된 악행을 범하지 않는 것입니다.

"이러한 행위를 실천해야 한다"라고 부처님께서 제정하신 것을 행하는 것이 실천계입니다. 출가자라면 은사스님에 대한 의무, 탑에 대한 의무 등을 다하는 것이고 재가자라면 〈교계 싱갈라 경〉에 나오는 자식의

88 비구의 일곱 종류 범계 무더기는 '계의 오염' 주석에서 자세하게 설명했다.

의무 등 재가자의 여러 의무,[89] 〈길상경〉에 나오는 공경 등의 여러 덕목(Sn.318), 〈천민경〉(Sn.297)과 〈파멸경〉(Sn.295)에 나오는 여러 덕목을 행하는 것, 여덟 가지 구성요소를 갖춘 포살계를 준수하는 것 등입니다.[90] 계를 더욱 청정하게 하기 위해서는 근신계를 지켜야 할 뿐만 아니라 실천계까지 완벽하게 갖추어야 합니다.

또는 수행과 관련하여 계목단속 계, 감각기능단속 계, 생계청정 계, 필수품 관련 계라는 네 종류로 나눌 수도 있습니다. 비구라면 비구계, 재가자라면 오계 등을 잘 지키는 것이 계목단속 계입니다. 눈이나 귀 등으로 형색이나 소리 등을 보거나 듣거나 할 때 탐욕 등의 번뇌가 들어오지 않도록 감관을 잘 단속하는 것이 감각기능단속 계입니다. 비구라면 탁발 등의 여법한 방법으로, 재가자라면 바른 생계로 필수품을 구하는 것이 생계청정 계입니다. 필수품을 받거나 사용할 때 그 목적 등을 숙고하면서 수용하는 것이 필수품 관련 계입니다.

출가자라면 비구계를, 재가자라면 오계 등을 잘 지켜 계목단속 계와 생계청정 계를 청정히 하고서 필수품을 잘 반조하면서 사용하고 감관을 잘 단속하는 것으로, 더 나아가 어떠한 수행주제를 선택해 실천하는 것으로 완벽한 계청정을 성취할 수 있습니다.

그렇다면 계를 얼마나 오랫동안 지키고 나서 수행을 해야 할까요? 출가자의 경우, 비구계나 비구니계를 범하면 '명령어김 장애'[91]가 생겨납니다. 그리고 생계청정 계와 관련된 항목들도 계목에 포함되어 있습니다. 따라서 앞에서도 언급했듯이 출가자라면 계목단속 계와 생계청정 계,

89 본서 제6장의 '재가자의 율'에서 자세하게 설명했다.

90 포살계가 실천계인 이유는 본서 제5장의 '포살의 의의'를 참조하라.

91 명령어김 장애ānāvītikkamantarāya란 출가자가 일곱 가지 범계 중 어느 하나를 범하는 것을 말한다. 이것은 천상의 장애와 도의 장애, 둘 다에 해당된다. 《위빳사나 수행방법론》 제1권, p.105 참조.

이 두 가지 계가 청정한 때를 시작으로 수행을 실천하면 됩니다. 그렇게 수행하면 그 수행하는 마음에 나머지 감각기능단속 계, 필수품 관련 계도 포함되어 네 가지 계가 모두 청정할 것입니다. 재가자라면 아버지를 죽이는 것 등의 무거운 죄가 아니라면 오계를 어기는 것으로는 도와 과를 얻지 못하도록 가로막는 장애법이 생겨나지 않습니다. 따라서 계가 무너졌더라도 다시 계를 수지하고 바로 수행을 실천해 나가면 됩니다. 혹은 재가자의 경우는 수행하는 것만으로도 계가 청정해진다고 할 수 있습니다.[92]

## 계의 이익

계를 지키면 다음과 같은 여러 가지 이익을 얻을 수 있습니다. 계를 잘 구족하면 재산이 늘어납니다. '계를 잘 지키는 사람이다'라는 등으로 좋은 명성이 널리 퍼집니다. 어떠한 모임에 가더라도 당당합니다. 임종할 때 헤매지 않고 깨끗한 마음으로 임종합니다. 죽은 뒤에는 천상에 태어납니다(D16/D.ii.73).

재산늘고 명성얻고 대중당당 임종불매
죽은뒤에 천상가는 다섯가지 지계이익

과거 108대겁 전 아노마닷시Anomadassī 부처님 당시, 한 가난한 사람은 눈먼 부모를 모셔야 했기 때문에 출가를 하지 못하고 부처님의 상수제자인 니사바Nisabha 존자로부터 오계를 수지하고서 10만 년 동안 잘 지

92 자세한 내용은《위빳사나 수행방법론》제1권, PP.137~144 참조.

켰습니다. 그 과보로 제석천왕으로 30번, 전륜성왕으로 75번 태어났고, 보통의 왕으로 태어난 적은 헤아릴 수 없을 정도였습니다. 그러다가 고따마 부처님 당시에는 거부장자의 아들로 태어나 다섯 살에 아라한이 되었다고 합니다(Ap.i.76).

또한 부처님 당시, 세따비야Setabyā 성에 살던 찻따Chatta라는 젊은이는 길을 가던 도중에 부처님과 만나 부처님에게서 삼귀의와 오계를 수지했습니다. 그 뒤 계속 길을 가다가 산에서 도적을 만나 목숨을 잃고 말았습니다. 하지만 찻따 젊은이는 잠시나마 삼귀의와 오계를 수지한 공덕으로 도리천에 큰 궁전을 가진 천신으로 태어났습니다(Vv.79). 이처럼 짧은 순간이라도 삼귀의와 오계를 수지하면 큰 이익이 있습니다.

또한 수행과 관련해서 다음과 같은 이유로도 계는 매우 중요합니다. 평소 계를 잘 수지한 이는 후회가 없습니다. 또한 자신의 청정한 계를 반조했을 때 큰 기쁨과 희열이 생겨납니다. 그 희열을 바탕으로 마음이 편안해집니다. 그러한 편안함, 경안을 바탕으로 마음에 행복이 생겨납니다. 마음이 행복하면 쉽게 삼매에 듭니다. 삼매에 든 마음에 법들이 있는 그대로 여실하게 나타납니다. 여실지견을 바탕으로 열반을 증득합니다(A10:1).

계라는 물지계수 持戒水로만 중생의 때를 씻어낼 수 있습니다. 계라는 약으로만 중생들의 열병을 잠재울 수 있습니다. 계라는 향기만 바람을 거슬러 사방으로 퍼집니다. 계는 천상으로 올라가는 사다리, 열반이라는 도시로 들어가는 대문입니다. 계라는 장식이야말로 어떠한 장식보다 빛납니다. 악행으로 인한 두려움 등을 떨쳐내 명성 등의 이익을 줍니다.

지계수만 중생때 씻어낼수 있다네
지계약만 열병을 잠재울수 있다네

지계향만 사방에 퍼질수가 있다네
천상향한 사다리 열반도시 문이네
지계장엄 수행자 누구보다 빛나네
두려움을 떨치고 명성등을 준다네

## 오계

### 오계의 의미와 수지

앞서 계에는 근신계와 실천계라는 두 종류가 있고, 그 중 근신계에는 오계 등이 있다고 설명했습니다. 이제 오계에 대해 살펴보겠습니다. 오계는 마치 사람들이 항상 입는 바지처럼 교법이 있을 때나 없을 때나 지켜야 하는 것이기 때문에 항상계niccasīla, 즉 항상 지켜야 하는 계라고 합니다. 또한 평생 오염되지 않고 뚫어지지 않도록 참사람들이 중시하는 실천이기 때문에 중요계garudhammasīla, 즉 중요한 법이자 실천인 계라고 합니다. 성자들이 좋아하고 칭송하는 것이기 때문에 성자애호계ariyakantasīla라고 합니다. 재가자들이라면 모두 지켜야 하는 것이기 때문에 재가계gahaṭṭhasīla라고 합니다.

먼저 대표적으로 오계를 수지하는 빠알리와 그 의미는 다음과 같습니다.

1. 빠나띠빠따 웨라마니 식카빠당 사마디야미
Pāṇātipātā veramaṇī sikkhāpadaṁ samādiyāmi.
살생행위 삼가는 계목수지 합니다.

2. 아딘나다나 웨라마니 식카빠당 사마디야미

Adinnādānā veramaṇī sikkhāpadaṁ samādiyāmi.

도둑행위 삼가는 계목수지 합니다.

3. 까메수 밋차짜라 웨라마니 식카빠당 사마디야미

Kāmesu micchācārā veramaṇī sikkhāpadaṁsamādiyāmi.

삿된음행 삼가는 계목수지 합니다.

4. 무사와다 웨라마니 식카빠당 사마디야미

Musāvādā veramaṇī sikkhāpadaṁ samādiyāmi.

거짓말을 삼가는 계목수지 합니다.

5. 수라메라야맛자빠마닷타나 웨라마니 식카빠당 사마디야미

Surāmerayamajjapamādaṭṭhānā veramaṇī sikkhāpadaṁ samādiyāmi.

음주약물 삼가는 계목수지 합니다.

'계목수지 합니다'라는 표현에서 먼저 계목에 대한 정확한 빠알리어 표현은 '수련항목sikkhāpada'입니다. 선업수련sikkhā + 머무는 곳pada = 선업수련과 선업 실천행들이 머무는 곳, 바탕이 되는 곳을 수련항목sikkhāpada이라고 합니다. 수련항목 하나를 잘 지키면 여러 가지 선법이 늘어나기 때문에 많은 선업수련과 선업 실천행의 바탕이 되는 곳, 기초가 되는 토대 실천을 수련항목이라고 합니다.

이어서 '수지한다'라는 것은 '수련항목이 완전하도록 잘 지키리라'라고 마음 기울이는 것, 결의하는 것을 말합니다. 이때 스님이나 다른 이에게 가지 않고 혼자서 소리 내어 "빠나띠빠따 웨라마니 식카빠당 사마디야미"라고 빠알리어로 독송하거나, "살생행위 삼가는 계목수지 합니다"라고 우리말로 독송하여 수지할 수 있습니다. 배가 난파되어 바다에 표류

하던 자나까Janaka 왕자가 칠 일 내내 스스로 포살계를 수지한 사실을 예로 들 수 있습니다(J539).

하지만 더욱 굳건하게 하기 위해 불상이나 탑, 승가 등 존경할 만한 대상 앞에서 말로 소리 내어 수지하는 것이 더욱 좋습니다. 왜냐하면 그렇게 수지한 계를 더욱 소중하게 생각하기 때문입니다. 덕목을 갖춘 재가자에게서 계를 수지해도 됩니다. 난파된 배 안에서 수다원 장자에게서 당시 같이 탔던 많은 사람이 계를 수지한 모습에서 알 수 있습니다(S1:31).

특히 승가의 면전에서 수지할 때는 "아항 반떼 띠사라네나사하 빤짜실랑 담망 야짜미 … Ahaṁ bhante tisaraṇenasaha pañcasīlaṁ dhammaṁ yācāmi … 스님이시여, 저는 삼귀의와 함께 오계라는 법을 청합니다 … "라는 등으로 삼귀의와 오계를 먼저 청한 뒤에 "나모 땃사 바가와또 아라하또 삼마삼붓닷사 아라한이시며 정등각자이신 그 거룩하신 세존께 예경 올립니다"라고 세 번 예경을 올립니다. 그 뒤에 앞에서 언급했던 대로 "붓당 사라낭 갓차미 … 부처님께 귀의합니다"라는 등으로 삼귀의를 하고서 "빠나띠빠따 웨라마니 식카빠당 사마디야미 살생행위 삼가는 계목수지 합니다"라고 오계를 수지합니다.[93]

이러한 절차에 대한 구체적인 언급은 삼장과 주석서 어디에도 없습니다. 교학에 밝으신 과거 큰스님들께서 선법이 많이 늘어나도록, 예법도 여법하도록 마련한 절차입니다.[94]

또한 수지할 때는 위에서 제시한 것과 같이 다섯 가지 항목을 각각 수지할 수 있고, 한번에 수지할 수도 있습니다. 각각 수지할 때도 다음과

---

93 승가의 앞에서 수지하는 모습은 한국마하시선원, 《법회의식집》, pp.19~25를 참조.

94 《*Buddhavadagounyi* 불교의 덕목》, p.233.

같이 여러 가지 표현을 사용할 수 있습니다.

빠나̣띠빠땅 빠리왓제미 Pāṇātipātaṁ parivajjemi. 살생을 삼가겠습니다.

빠나̣띠빠땅 나 까로미 Pāṇātipātaṁ na karomi. 살생을 하지 않겠습니다.

빠나̣띠빠따 웨라마니̣ 식카빠당 사마디야미 Pāṇātipātā veramaṇī sikkhāpadaṁ samādiyāmi. 살생을 삼가는 수련항목을 수지합니다.

이렇게 독송할 때 발음이 조금 틀려도 그 의미를 바르게 알고서 수지한다면 재가자의 경우는 오계를 수지한 것에 해당됩니다. 입으로 독송하면서 수지할 수 없는 이에게 손으로 표현하여 수지하게 한 경우도 마찬가지입니다. 물론 앞서 언급했듯이 빠알리어를 독송할 수 없으면 자국어로 수지할 수도 있습니다.

한번에 수지하는 모습은 다음과 같습니다.

빤짜식카빠다니 사마디야미 다섯 수련항목을 수지합니다.

빤짜실랑 사마디야미 오계를 수지합니다.

혹은 삼귀의와 오계를 함께 한번에 다음과 같이 수지하기도 합니다.

아항 반떼 상사라 왓̣따̣둑카또 모짜낫타야 닙바낫사 삿치까라낫̣타야 짜 띠사라네̣나 사하 빤짜실랑 사마디야미

Ahaṁ bhante saṁsāra vaṭṭadukkhato mocanatthāya nibbānassa sacchikaraṇatthāya ca tisaraṇena saha pañcasīlaṁ samādiyāmi.

존자들이시여, 저는 윤전의 괴로움에서 벗어나 열반을 실현하기 위해서 삼귀의와 함께 오계를 수지합니다.

만약 한번에 수지했다면, 다섯 가지 항목 중에 하나만 무너져도 나머지 항목들이 모두 무너집니다. 하지만 다른 항목들과 관련되어서 업 궤도에는 도달하지 않습니다. 범한 계목과 관련된 불선업만 업 궤도에[95] 도달합니다. 즉 '오계를 수지합니다'라고 한번에 수지한 뒤 살생을 했다면 오계는 전체가 다 무너지지만, 살생업만 업 궤도에 오릅니다. 다시 말해서 그 살생업으로 인해 악처에 태어날 가능성을 갖게 되지, 다른 도둑질 등은 업 궤도에 도달하지 않습니다.

각각 나누어 수지한 뒤 하나의 항목을 범했다면, 무너진 그 항목과 관련된 계만 다시 수지하면 됩니다. 나머지 계는 그대로 청정합니다.

"나는 원래 악행을 하지 않는 사람이다. '살생행위 삼가는 계행수지 합니다'라는 등으로 따로 계를 수지할 필요가 있는가?"라고 질문할 수도 있습니다. 계를 따로 수지하지 않고 악행을 삼가는 것을 '소의 계', 즉 소가 지키는 계라고 합니다. 이것은 견고하지 않습니다. 악행을 범할 상황이 되면 쉽게 어길 수 있습니다. 그래서 삼귀의와 함께 특별히 계를 수지하는 것이 좋습니다.

이것과 관련해서 세 가지 절제인 당면절제sampattavirati, 수지절제samādanavirati, 근절절제samucchedavirati를 알아야 합니다(D5/DA.i.272).

당면절제란 계를 따로 수지하지 않고서 계를 범할 상황에 당면했을 때 자신의 혈통 등을 생각해서 범하지 않는 것입니다. 이전에 특별히 계를

---

95 업 궤도에 대해서는 다음 페이지에서 자세하게 설명했다.

수지하지 않은 채 어머니를 위한 약을 구하기 위해 토끼를 잡아 죽이려고 하다가 '살아 있는 생명을 위해 살아 있는 생명을 죽이는 것은 옳지 않다'라고 생각하고는 토끼를 죽이지 않았던 스리랑카의 작가나Jaggana 청신사의 경우가 여기에 해당됩니다.

수지절제란 먼저 계를 수지한 뒤에 그 수지한 계를 기억하여 악행을 삼가는 것입니다. 이전에 계를 수지하고서 숲에 들어갔다가 뱀에 몸이 감겼을 때 자신이 가지고 있던 칼을 꺼내어 죽이려고 하다가 '계를 수지한 내가 어찌 살생을 할 것인가?'라고 생각하고는 뱀을 죽이지 않았던 한 청신사의 경우가 여기에 해당합니다.

근절절제란 성스러운 도가 생겨날 때 악행을 범하려는 의도까지 완전히 뿌리째 끊어지는 것을 말합니다. 그래서 수다원 이상의 성자들은 사악처에 떨어지게 하는 악행을 절대로 행하지 않습니다.

## 살생

오계 중에 첫 번째 항목은 살생입니다. 살생pāṇātipāta이란 생명을pāṇassa 빠르게 떨어지게 하는 것atipaito, 즉 죽게 하는 것입니다.

살생과 관련하여 다음의 다섯 가지 구성요건이 충족되면 계가 무너질 뿐만 아니라 업 궤도kammapatha까지 올라 악처에 태어나는 나쁜 과보를 줄 수 있습니다. 살생 등의 악업을 행할 때, 혹은 보시 등의 선업을 행할 때 각각 몇 가지 구성요건이 충족되지 않으면 다음 생에 악처나 선처에 태어나게 하는 과보까지는 주지 못합니다. 수명이 짧거나 재산이 많은 등의 과보만 줄 수 있습니다. 이러한 업은 단지 '업'인 상태일 뿐입니다. 구성요건이 충족되면 그 업은 악업을 행한 이에게는 악처에 태어나는 과보를, 선업을 행한 이에게는 선처에 태어나는 과보를 줄 수 있습니다. 이렇게 악업과 선업의 구성요건을 갖추어 다음 생에 악처와 선처에 태어나게 할 수 있을 정도로 무르익은 업을 '업 궤도kammapatha'라고 합니다. 다음 여러 항목의 설명에도 동일하게 적용됩니다.[96]

이제 살생의 구성요건을 살펴보겠습니다.

다른생명 인식하고 살생의도 행위해서
실제죽음 살생업의 다섯가지 구성요소

먼저 생명체를 해쳐야 살생에 해당됩니다. 소, 말 등의 큰 짐승들부터 모기, 개미 등의 작은 벌레까지 다 포함됩니다. 이때 태생 중생인 경우[97] 모태에 갓 생겨난 직후부터[98] 생명체입니다. 따라서 태아를 일부러 죽이거나 죽이게 하면, 즉 스스로 낙태가 되도록 하거나 낙태가 되도록 시키는 것도[99] 이 구성요소에 해당됩니다. 생명이 아닌 것을 해치는 것은 악처의 과보를 주지 않습니다. 특히 식물은 윤회하는 중생에 포함되지 않아서 풀을 꺾는 것은 살생에 해당되지 않습니다. 하지만 생명체가 머물 수도 있고 다른 이의 비난을 받을 수도 있기 때문에 함부로 초목을 해치지 않도록 주의해야 합니다. 비구의 경우 초목을 해치는 행위는 범계까지 해당됩니다. 또한 '다른 생명체'라고 명시했기 때문에 자신을 스스

96 '업kamma의 길patha'이라는 뜻이다. '업도', 혹은 '업의 길'이라고도 번역하나 한번 그 길에 오르면 벗어나지 못한다는 의미를 살려 '업 궤도軌道'라고 번역했다. 《위빳사나 수행방법론》 제2권, pp.427~428 참조.

97 중생들은 태어나는 형태에 따라 태생, 난생, 습생, 화생이라는 네 가지 형태가 있다. 《아비담마 길라잡이》 제2권, p.85 참조.

98 양털 한 오라기에 묻은 한 방울의 버터만큼의 크기라고 한다. 《청정도론》 제3권, p.100; S10:1; 각묵스님 옮김, 《상윳따 니까야》 제1권, p.663 참조.

99 낙태수술을 하는 의사도 살생업에 해당된다. 뒤에 행위에 대한 설명을 참조하라.

로 죽이는 자살은 이 살생업에는 해당되지 않는다고 《사랏타디빠니 복주서》나 《빠라맛타디빠니》 등의 여러 문헌에서 밝히고 있습니다.[100] 하지만 자살의 이유나 그때의 마음상태가 중요합니다. 과거에 사냥을 일삼은 오백 명의 사람이 죽어서 지옥에 태어났다가, 부처님 당시에 다시 사람으로 태어나 출가했습니다. 하지만 살생업의 힘이 남아 자살이나 타살로 죽게 될 것이 확실했습니다. '업의 과보는 누구도 가로막을 수 없다'라는 말처럼 누구도 그 죽음 자체를 가로막을 수는 없었습니다.[101] 그들 가운데는 일부는 범부, 일부는 수다원, 일부는 사다함, 일부는 아나함, 일부는 아라한이었습니다. 아라한들은 죽은 뒤에 완전한 열반에 들어 다시 태어남이 없을 것이고, 아나함이나 사다함이나 수다원은 다음 생에 선처에 태어날 것이 확실하지만 범부들의 경우는 태어날 곳이 확실하지 않았습니다. 자살이든 타살이든 그때 성냄 등의 나쁜 마음을 가진다면 지옥 등의 악처에 태어날 가능성도 있었습니다. 부처님께서는 그 사실을 아시고 그들에게 몸의 더러움asubha에 대해 명상하도록 지도하셨고, 범부 비구들은 더러움 인식에 마음을 잘 기울여 비록 자살을 하거나 살해를 당했지만 죽은 뒤에 선처에 태어났다고 합니다(S54:9/SA.iii.298).[102] 혹은 선정에서 계속 후퇴해서 자결을 선택하여 칼로 목을 그었고, 그때 생겨난 고통스러운 느낌을 관찰하여 임종과 동시에 아라한이 된 고디까Godhika 장로의 일화(S4:23), 병으로 인한 고통 끝에 자결을 선택하여 마찬가지로 아라한이 된 왁깔리Vakkali 존자(S22:87)나 찬나Channa 존자의 일화도 (S35:87) 참고할 만합니다.

---

100 하지만 비구의 경우 자살은 악작죄dukkaṭa에 해당된다.

101 업에 의해 피할 수 없는 자살만 있는 것은 아니며, 또 피할 수 있는 자살과 그렇지 않은 자살을 구분하는 것도 쉽지 않다.

102 그들은 자살하거나 서로 죽이거나 다른 이에게 죽여 달라고 부탁했다. 하지만 성자들은 남을 죽이지도 않았고, 시키지도 않았고, 죽이는 것에 동의하지도 않았다고 한다.

두 번째로 생명이라고 분명히 인식하고 해쳐야 살생에 해당됩니다. 생명체라는 인식이 없이 해치는 것은 살생에 해당되지 않습니다. 예를 들어 뱀을 막대기인줄 알고 밟아 죽인 경우 살생에 해당되지 않습니다. 하지만 그러한 경우가 생겨나지 않도록 주의해야 합니다.

세 번째로 죽이려는 분명한 의도를 가지고 해쳐야 살생에 해당됩니다. 죽이려는 의도가 없이 해치는 것은 살생에 해당되지 않습니다. 예를 들어 길을 걷다가 개미가 발에 밟혀 죽은 경우도 살생에 해당되지 않습니다. 그러나 되도록 그러한 경우가 생겨나지 않도록 주의해야 합니다. 대표적인 예가 짝쿠빨라Cakkhupāla 장로의 일화입니다. 용맹정진으로 두 눈이 머는 것과 동시에 아라한이 된 짝쿠빨라 장로는 새벽이면 항상 경행을 하곤 했습니다. 어느 날 장로는 여느 때처럼 경행을 하는데 마침 그날은 초경에 비가 내린 뒤여서 많은 벌레들이 젖은 땅에서 기어 나왔다가 장로의 발에 밟혀 죽고 말았습니다. 장로의 처소를 찾아온 비구들이 그 사실을 부처님께 아뢰자 "벌레를 보지 못했고, 죽이려는 의도가 없었다"라고 결정해 주셨습니다(Dhp.1 일화).

또한 자신이 죽이려고 한 이를 죽였을 때만 살생업에 해당됩니다.[103] 물소 위에 앉아 있는 참새를 죽이려고 쏜 총알에 물소가 맞아 죽은 경우, 짐승을 죽이려고 놓은 덫에 사람이 걸려 죽은 경우는 살생업에 해당되지 않습니다. 이 경우에도 대상을 구체적으로 정하지 않고 '누구든 어떤 짐승이든 걸려서 죽기를'이라고 생각하고 덫을 설치한 경우는 사람이 걸려 죽든 짐승이 걸려 죽든 살생업의 구성요소를 갖춘 것입니다.

---

103 어머니를 죽이는 것, 아버지를 죽이는 것, 아라한을 죽이는 것, 부처님 몸에 피가 고이도록 하는 것, 승단을 분열시키는 것, 이러한 다섯 가지는 죽은 후 바로 다음에 무간Avīci 無間 지옥에 태어나게 하기 때문에 오무간업이라고 한다. 오무간업 중에 모친 살해업, 부친 살해업의 경우는 그 대상이 모친이 아니라 다른 사람, 짐승이라고 생각하고 죽였어도 모친이 맞다면 모친 살해업에 해당된다.

네 번째로 죽게 하는 어떠한 행위가 포함돼야 합니다. 이 행위에는 자기 손으로 직접 죽이는 것, 말이나 글 등의 암시로 다른 이를 시켜서 죽이는 것, 창을 던지거나 화살을 쏘는 등으로 죽이는 것, 함정이나 덫 등을 설치해 죽이는 것, 주술로 죽이는 것, 업 때문에 생겨난 신통으로 죽이는 것 등이 있습니다. 또한 모든 악행에 공통으로 적용되는 행위유형이 있는데, 직접 행하기sāhatthika, 시키기āṇāttika, 칭송하기vaṇṇabhāsana, 동의하기samanuññā라는 네 가지입니다.

살생과 관련하여 네 가지 행위에 대해 자세하게 살펴보겠습니다.

① 스스로 다른 생명을 죽이는 행위는 분명합니다.

② 다른 사람을 시켜 죽이게 하는 것도 만약 시기, 장소, 방법, 자세, 살해자와 피해자가 일치한다면 시킨 사람도 살생을 행한 것이 됩니다.[104] 예를 들어 미얀마에 있는 '닭카레밥'이라는 음식은 살아있는 닭을 죽여서 만든다고 합니다. 이러한 사실을 분명히 아는 사람이 식당에서 닭카레밥을 주문했다면, 그래서 살아 있는 닭을 죽여 요리하게 했다면 이것은 분명히 시키는 행위에 해당하므로 주문한 사람도 살생을 범한 것입니다. 하지만 시장에서 이미 요리되어 있는 닭카레밥을 보고 구입했다면 이는 살생에 해당되지 않습니다.

③ "도살업을 해서 누가 부자가 되었다"라는 등으로 살생 행위를 칭송하는 것도 살생에 해당됩니다. 하지만 '내가 살생에 대해 칭송하는 소리를 듣고 누군가 그 행위를 할 것이다'라는 분명한 목적을 가지고 칭송했을 때, 그리고 그 소리를 듣고 실제로 누군가 살생을 했을 때만 살생에 해당됩니다. 그렇지 않을 때는 단지 계만 더럽혀질 뿐입니다.

104 '오후 두 시에 죽여라'라고 시간을 분명히 지정해서 시켰는데 오후 여섯 시에 죽였다면, 시킨 사람은 살생업에 해당되지 않고 실제로 죽인 사람만 살생업에 해당된다. 만약 시킨 대로 오후 두 시에 죽였다면 시킨 사람과 실제로 죽인 사람 모두 살생업에 해당된다. 장소 등에 대해서도 마찬가지이다.

④ 누군가 와서 "내가 어느 생명을 죽였다"라는 말을 듣고 "잘 했다"라는 등으로 동의하는 것, 혹은 "내가 어느 생명을 죽이겠다"라는 말을 듣고 "그렇게 하라"라는 등으로 동의했고 그가 실제로 죽인 경우도 살생에 해당됩니다. 검사가 사형을 구형했을 때 판사가 그것에 동의하여 사형을 언도하는 것도 엄밀히 말하면 이 경우에 해당됩니다. 하지만 자신을 괴롭히던 모기 등이 자연적으로 죽은 것을 보고 좋아하는 것 정도는 살생에 해당되지 않습니다. 계목이 무너지는 것도 아닙니다. 하지만 계는 더럽혀집니다. 즉 여기서 '동의'란 직접 자신에게 말을 했을 때 그것에 대해 동의하는 것을 말합니다. 단지 보고 듣는 것으로는 살생업 궤도까지 도달하지 않습니다. 하지만 나쁜 결과를 줄 수 있습니다. 부처님께서 과거 어느 생에 어부 마을에 태어나셨을 때, 직접 물고기를 잡아서 죽이지는 않았지만 가족이나 친척들이 물고기를 잡아 머리를 내리 쳐서 죽이는 것을 보고 미소 지으며 좋아했던 과보로 금생에 가끔씩 두통을 겪으셨다고 합니다.

다섯 번째, 실제로 그 생명체가 죽었을 때만 살생에 해당됩니다. 죽지 않았다면 살생에는 해당되지 않습니다. 하지만 죽이려는 마음에 포함된 의도는 다음에 태어난 생에서 살아갈 때 나쁜 결과를 줄 것입니다.[105] 특히 데와닷따Devadatta가 부처님을 살해하려고 커다란 돌을 굴렸을 때 부처님의 목숨은 어떠한 것에 의해서도 무너지지 않고, 부처님의 피부는 어떠한 것에 의해서도 벗겨지지 않기 때문에 부처님의 발에 피멍만 들었습니다(Dhp.17 일화). 이렇게 부처님께서 돌아가시지 않았어도 부처님의 몸에 피멍을 들게 하는 것 자체가 오무간업에 해당될 정도로 매우 큰 불선업에 해당됩니다.

105 뒤에서 살펴볼 분노 업 궤도에 이를 수도 있다.

이러한 살생업의 허물도 그 대상이 무엇인가에 따라서 차이가 납니다. 예를 들어 큰 덕목을 갖춘 대상을 죽이는 것이 작은 덕목을 갖춘 대상을 죽이는 것보다 더 허물이 큽니다. 만약 아버지나 어머니, 아라한을 죽였다면 오무간업에 해당되어 즉시 무간 지옥에 태어나는 제일 나쁜 과보를 받습니다. 또한 몸집이 큰 대상을 죽이는 것이 몸집이 작은 대상을 죽이는 것보다 더 허물이 큽니다. 예를 들어 모기를 죽이는 것보다 개를 죽이는 것이, 개를 죽이는 것보다 코끼리를 죽이는 것이 나중에 과보를 받을 때 더 큰 고통을 받게 합니다. 코끼리를 죽이는 것보다 계를 안 지키는 일반 사람을 죽이는 것이, 그보다 소의 행위 등을 실천하는 이를 죽이는 것이, 그보다 삼귀의를 수지한 이를 죽이는 것이, 그보다 사미를 죽이는 것이, 그보다 범부 비구를 죽이는 것이, 그보다 수다원을 죽이는 것이, 그보다 사다함을 죽이는 것이, 그보다 아나함을 죽이는 것이, 그보다 아라한을 죽이는 것이 더욱 허물이 큽니다.

살생의 나쁜 과보는 다음과 같습니다. 살생을 하면 그 과보로 지옥 등의 사악처에 태어나고 가장 경미하다 하더라도 수명이 매우 짧은 과보를 겪습니다(A8:40). 그 외에도 신체적인 여러 장애를 가지게 되고 용모가 추하며 몸에 힘이 없습니다. 또한 행동이 민첩하지 않고 사소한 것에도 잘 놀랍니다. 다른 이에 의해 죽임을 당하기도 하고 병도 많으며 주위에 따르는 대중도 적습니다. 살생을 삼간다면 그와 반대의 결과를 누릴 수 있습니다.

살생하면 신체장애 용모불손 힘이없고
민첩않고 잘놀라고 죽음당해 병이많고
대중없어 단명하는 허물많아 삼감반대

살생의 대표적인 일화를 소개해 보겠습니다. 과거에 한 여인이 남편과 함께 살고 있었습니다. 어느 날 남편의 친구가 찾아와서 그 여인은 부인된 도리로 남편의 손님에게 식사를 잘 대접하기 위해 하녀에게 고기를 사 오도록 시켰습니다. 마침 그날은 포살날이어서 시장에는 미리 정육된 고기가 다 팔렸고 새로 정육된 고기도 없었습니다. 하녀가 돌아와서 "시장에 고기가 없습니다"라고 말하자 그 여인은 집 뒤에서 기르던 암양의 머리를 잘라 죽여 요리를 해서 손님에게 대접했습니다. 물론 남편 체면을 생각해서 고기 있는 식사를 대접하느라 양을 죽인 것이지만 분명히 살생업에 해당됩니다. 그렇기 때문에 그 여인은 죽어서 바로 지옥에 태어나 오랜 세월 고통을 겪었고, 지옥에서 벗어나 축생이나 사람의 생으로 태어났을 때에도 그 양의 털 숫자만큼 머리가 잘려 죽었다고 합니다. 양의 털이 얼마나 많은가는 헤아리기 어렵습니다. 그 정도로 많은 생을 자신이 행한 행위와 비슷하게 머리가 잘려 죽었다는 뜻입니다 (Dhp.60 일화).

또한 한 농부가 쟁기질을 하다가 쟁기를 끌던 소가 말을 잘 듣지 않자 화가 나서 소의 목을 짚으로 둘러싸서 불태워 죽였고, 농부는 그 과보로 오랜 세월 동안 지옥에서 불타는 고통을 겪었습니다. 그런 후에도 과보가 다하지 않아 일곱 생 동안 계속해서 까마귀로 태어나 하늘을 날아가다 불이 난 짚더미에 목이 휩싸여 죽었다고 합니다. 그리고 한 여인은 자신이 기르던 개가 자꾸 쫓아와 성가시게 한다는 이유로 모래가 가득한 항아리를 밧줄로 개목에 묶어 연못에 빠뜨려 죽였고, 그 과보로 역시 지옥에서 오랜 세월 동안 괴로움을 겪은 뒤 백 생 동안 비슷하게 모래가 가득한 항아리로 엮인 밧줄에 목매달려 물속에 빠져 죽었다고 합니다 (Dhp.127 일화).

이 살생행위는 다른 악행들보다 중생들에게 빈번하게 일어납니다. 물론 인간세상만 살펴보면 의외일 수 있지만 축생의 삶을 잘 살펴보면 그 사실을 잘 이해할 수 있을 것입니다. 또한 살생행위는 다른 행위들보다 거칠고 잔인합니다. 이러한 이유로 부처님께서 오계 중에서도 살생에 대해 제일 먼저 언급하셨습니다.

## 도둑질

오계 중에 두 번째 항목은 도둑질입니다. 도둑질adinnādāna이란 주인이 주지 않은 재산을adinna 취하는 것ādāna, 즉 훔치는 것을 말합니다. 도둑질의 구성요소도 살생과 마찬가지로 다섯 가지입니다.

타인소유 인식하고 훔칠의도 행위해서
실제가져 도둑업의 다섯가지 구성요소

먼저 다른 이의 소유여야 합니다. 여기서 '다른 이'에는 사람뿐만 아니라 천신, 심지어 축생도 해당됩니다.[106] 또한 실제로는 자신의 소유인데 그것을 모르고 다른 이의 것이라 생각하고 가진 경우는 도둑질에 해당되지 않습니다.

두 번째로 다른 이가 소유한 것이라고 인식하고 훔쳐야 도둑질이 됩니다. 자기의 것이라고 생각하거나 버려진 것이라고 생각하고 가진 것은 해당되지 않습니다. 하지만 나중에 다른 이의 것이라고 알았을 때는 돌려주어야 합니다. 만약 돌려주지 않으면 이 요소가 충족됩니다.

106 까마귀가 물어 온 음식을 취하는 것도 도둑질에 해당된다. 사당에서 천신에 대한 헌공물을 취하는 것은 그 사당을 관리하는 이가 있는 경우는 도둑질에 해당된다. 비구의 경우, 축생의 물건을 가져도 된다고 부처님께서 허락하셨다. 하지만 그렇다고 재가자도 그대로 허물이 없다고 해서는 안 된다.

세 번째로 훔치려는 의도를 가지고 훔쳐야 도둑질이 됩니다. 다른 이가 소유한 물건이라고 알았더라도 훔치려는 의도 없이 소유주와 친해서 소유주가 이해할 것이라고 확신하고 주인 모르게 가지거나vissāsaggāha 잠시 빌리려는 것으로 가지면tāvakālika 이 요소가 충족되지 않습니다. 하지만 소유주가 마음이 변해 다시 달라고 요구하면 돌려주어야 합니다. 만약 돌려주지 않으면 이 요소가 충족됩니다.

네 번째로 훔치는 행위에는 앞에서 언급한 직접 훔치는 것, 시키는 것, 칭송하는 것, 동의하는 것 외에도 매우 다양합니다. 몇 가지만 예를 들자면 서류를 조작해 가지는 것, 세금을 고의로 납부하지 않는 것, 저작권을 무시하고 불법복제 하는 것 등도 포함됩니다.

다섯 번째로 실제로 자기 소유로 취해야 도둑질이 성립됩니다. 이렇게 다섯 가지 구성요소가 구족되었다면 도둑질이 성립되어 악처에 태어나게 하는 등의 나쁜 결과를 줄 수 있게 됩니다.

이 도둑질 불선업은 매우 섬세해서 쉽게 저지르는 경우가 많아 특히 주의할 필요가 있습니다. 스스로 이 도둑질을 했는지조차 가끔씩은 모를 정도로 쉽게 일어납니다. 예를 들어 정해진 요금을 내릴 때 지불해야 하는 버스에 탄 뒤 요금을 지불하지 않고 정직하지 않은 마음으로 그냥 내리는 경우, 혹은 다른 이에게 잠시 빌린 물건을 정직하지 않은 마음으로 이리저리 둘러대며 주지 않는 경우도 다 도둑질에 해당됩니다. 잠시 다른 이에게서 물건을 빌린 경우, 주인이 그 물건을 돌려달라고 했을 때 '내가 언제 그것을 빌렸습니까?'라고 하면서 정직하지 않은 마음, 즉 그것을 그대로 훔쳐 가지려는 마음으로 주지 않았다면, 주인이 '내 물건을 더 이상 돌려받을 수 없다'라고 결정하는 순간 돌려주지 않은 이에게 도둑질 불선업이 생겨납니다.

살생과 마찬가지로 도둑질의 허물도 훔친 재산의 가치, 소유주의 덕목에 따라서 차이가 납니다. 즉 비싼 물건을 훔칠수록, 많이 훔칠수록, 소유주가 지계나 삼매 등의 덕목을 많이 갖출수록 허물이 더욱 큽니다.

도둑질을 하면 그 과보로 지옥 등의 사악처에 태어나고 가장 경미하다 하더라도 재산이 매우 적은 과보를 겪습니다(A8:40). 그 외에도 굶주림과 배고픔의 고통, 원하는 것을 얻지 못하는 고통, 물이나 불 등 다섯 원수에 의해 재산이 손실되는 고통 등 여러 가지 과보를 겪습니다.

도둑과보 재산적어 고통기갈 구부득과
재산손실 물불도적 나쁜상속 나쁜왕의
다섯원수 재산파괴 허물많아 삼감반대

《자따까》에는 이전 생에 도둑질한 과보로 삿띠수다나Sattisūdana라는 지옥에 태어난 이들이 불길이 활활 타오르는 창으로 양쪽 겨드랑이를 찔리면서 고통을 당하는 모습을 묘사하고 있습니다(J541).

또한 과거 바라나시국의 한 여인은 축제 때 잇꽃kusumbha으로 물들인 옷을 입고 싶어서 남편에게 왕실 소유의 잇꽃정원에 가서 잇꽃을 훔치도록 시켰습니다. 훔치는 것의 허물을 알지 못하고 숙고하지 못했던 남편은 왕실 정원에 들어가 잇꽃을 훔치다가 정원지기에게 붙잡혀 창에 찔리는 형벌을 받다가 죽었습니다. 죽은 뒤에도 도둑질의 과보로 지옥에 태어났습니다(J527).

## 삿된 음행

오계 중에 세 번째 항목은 삿된 음행입니다. 삿된 음행kāmesumicchācāra이란 음행에 있어kāmesu 잘못 행하는 것입니다micchācāra. 이것은 남성과 여성에 차이가 있습니다.

남성의 경우, 삿된 음행의 구성요소는 네 가지입니다.

가면안될 여인함께 음행의도 행위해서
행위즐겨 사음업의 네가지의 구성요소

여기서 '가면 안 될 여인agamanīyavatthu'이란 음행을 하면 안 될 스무 종류의 여인을 말합니다(PsA.i.220).

① 모친 보호여인māturakkhitā: 아버지가 죽었거나, 혹은 떨어져 살아서 어머니로부터만 보호를 받는 여인
② 부친 보호여인piturakkhitā: 아버지로부터만 보호받는 여인
③ 양친 보호여인mātāpiturakkhitā: 부모 모두로부터 보호받는 여인
④ 남매 보호여인bhāturakkhitā: 남동생이나 오빠로부터 보호받는 여인
⑤ 자매 보호여인bhaginirakkhitā: 언니나 여동생으로부터 보호받는 여인
⑥ 친척 보호여인ñātirakkhitā: 친척으로부터 보호받는 여인
⑦ 가문 보호여인gottarakkhitā: 같은 가문 사람들로부터 보호받는 여인
⑧ 법 보호여인dhammarakkhitā: 같이 법을 실천하는 이들로부터 보호받는 여인[107]

107 부모나 가족과 떨어져 법을 실천하며 사는 여인들을 말한다. 유행녀나 미얀마의 띨라신 등이 포함된다.

이상 여덟 여인은 자신의 감각욕망을 차지한 다른 남성이 없는 여인들입니다.

⑨ 약혼 여인sārakkhā: 공식적으로 결혼하기 전에 약혼을 한 여인

⑩ 벌금 여인saparidaṇḍā: 왕 등이 "자신이 직접 취할 것이니 그 여인과 음행을 하는 이는 벌금을 내야한다"라고 명령한 여인

⑪ 재산 여인dhanakkītā: 돈에 팔려간 여인. 빚을 갚지 못해 대신 팔려간 여인도 여기에 포함됩니다.

⑫ 자원自願 여인chandavāsinī: 스스로 원해 자신이 사랑하는 남자의 집에서 사는 여인

⑬ 물건 여인bhogavāsinī: 너무 가난해서 디딜방아 등의 생필품들을 주는 남성에게 부인으로 받아들여진 여인

⑭ 장식 여인paṭavāsinī: 옷 등의 장식품을 주는 남성에게 부인으로 받아들여진 여인

⑮ 결혼 여인odapattabhinī: 결혼식을 한 여인[108]

⑯ 똬리 여인obhatacumbatā: 똬리를 내려놓은 여인[109]

⑰ 하녀 여인dāsībhariyā: 하녀였다가 부인으로 취해진 여인

⑱ 직원 여인kammakārī: 직원이었다가 부인으로 취해진 여인

⑲ 포로 여인dhajāhaṭā: 전쟁에서 전리품으로 취해진 여인

⑳ 일시一時 여인muhuttikā: 다른 이가 돈을 주어 일시적으로muhutta 그의 여인이 되어 있는 기생 등의 여인

108 물oda>uda>udaka그릇patta<pattaka에 두 사람 모두의 손을 넣은 뒤 "이 물그릇의 물이 서로 떨어지지 않고 하나로 이어진 것과 마찬가지로 그대들 부부도 헤어지지 않고 지내기를"이라고 다른 사람들로부터 축원을 들으며 결혼식을 한 여인.

109 머리위에 똬리를 올려놓고 땔감 등을 팔아서 생계를 유지하다가 일부 남성들이 "이제 더 이상 땔감 등을 지고 팔지 않아도 된다"라고 하면서 부인으로 취해 자신의 머리 위의 똬리를cumbata 내려놓은obhata 여인.

나머지 열두 여인은 자신의 감각욕망을 차지한 다른 남성이 있는 여인들입니다.

어떤 남성이 이러한 스무 종류에 해당하는 한 여인과 음행을 하려는 의도로 음행을 해서 즐기면 삿된 음행에 해당됩니다.

여기서 주의할 점은 삿된 음행에는 '오가면 안 될 여인이라고 알 것'이라는 요소가 없다는 사실입니다. 따라서 상대방 여인이 이렇게 오가지 말아야 할 여인이라고 알았든지 몰랐든지, 그 여인과 음행을 하여 다른 구성요건이 갖추어졌다면 삿된 음행에 해당됩니다. 또한 그 여인의 동의 여부도 구성요건이 아닙니다. 즉 여인이 동의했다 하더라도 보호자나 배우자의 동의가 없다면 여전히 삿된 음행에 해당됩니다.[110]

여성의 경우는 자신의 감각욕망을 누가 차지하고 있는가에 따라 다릅니다. 스무 종류의 여인들 중 처음 여덟 여인의 경우, 비록 보호는 받고 있는 상태라 하더라도 감각욕망에 관해서는 스스로 주인이기 때문에 다른 남성과 음행을 해도 삿된 음행에 해당되지 않는다고 《위빠띠노다니띠까 Vipatinodanīṭīkā》 등에서 언급하고 있습니다.[111] 그러한 여인들과 음행을 한 남성만 삿된 음행에 해당됩니다.

나머지 열두 여인의 경우, 즉 약혼자나 배우자, 소유자가 있는 여인이라면 자신의 약혼자, 배우자, 소유자 외에 다른 남성과 음행을 하면 삿된 음행에 해당됩니다. 여기서도 '남편이 아니라고 알 것'이라는 인식이 구

110 일시 여인의 경우, 돈을 받고 다른 남성의 차지가 되어 있는 상태의 성매매 여인과 음행을 하면 삿된 음행에 해당된다. 아직 어느 누구도 차지하지 않은 상태의 성매매 여인에게 자신이 돈을 주고 즐기는 것은 삿된 음행에 해당되지 않는다고 미얀마의 과거 여러 큰스님이 결정했다고 한다. 《*Buddhavadagounyi* 불교의 덕목》, p.269. 하지만 각자가 속한 국가나 문화의 결정도 무시하면 안 된다. 자연법적으로 허물이 없더라도 국가가 제정한 법을 어겨서 처벌을 받지 않도록, 문화에 거슬러 비방을 받지 않도록 주의해야 한다.

111 《*Buddhavadagounyi* 불교의 덕목》, p.270.

성요건이 아니라는 사실에 주의해야 합니다. 예를 들어, 방이 매우 어두운 상태에서 남편이 아닌 남성이 자신에게 다가왔는데 그를 남편이라 생각하고 음행을 했어도 그 여인은 삿된 음행에 해당됩니다.[112]

또한 여기서 남성이나 여성이라고 할 때는 축생 수컷이나 암컷도 포함된다고 《빠라맛타상케익띠까 *Paramatthasaṁkheikṭīkā*》에서 언급했습니다.[113] 이 사실은 부처님 당시 말리까 왕비를 예로 들 수 있습니다. 어느 날 왕비가 목욕하던 중에 무릎을 씻기 위해 몸을 앞으로 구부렸을 때 궁에서 기르던 애완견이 법답지 않은 행위를 했습니다.[114] 왕비도 그것을 즐기며 내버려두었습니다. 그것을 빠세나디 대왕이 우연히 목격했고, 그것에 대해 왕비를 추궁했습니다. 말리까 왕비는 거짓말로 잘못을 모면했지만 임종의 순간에 다른 많은 선행이 있었음에도 불구하고 부정한 행위와 거짓말에 대한 죄책감으로 칠일간 무간 지옥에 태어났다고 합니다(Dhp.151 일화).

아버지가 딸을 범하는 행위의 경우, 아버지 스스로가 딸의 보호자이기 때문에 엄밀하게는 '삿된 음행'에 해당되지 않습니다. 하지만 축생들이나 행하는 매우 저열한 행위이기 때문에 '비법adhamma'이라고 특별히 언급되어 있습니다. 동성 간의 음행도 삿된 음행에는 해당되지 않습니다. 하지만 '삿된 법micchā dhamma'이라고 경전에 언급되어 있습니다.[115]

112 오무간업의 경우도 인식이 구성요건이 아니라는 사실을 앞서 '살생'에 대한 주석에서 언급했다.

113 《*Buddhavadagounyi* 불교의 덕목》, p.270.

114 법구경 주석서의 원문에는 "asaddhammasanthavam kātuṁ ārabhi 바른 법이 아닌 교제를 하려고 노력했다"라고 표현되었다.

115 삿된 음행에 해당되는 비정상적 탐욕visama lobha과 함께 비법 애착adhamma rāga, 삿된 법 micchā dhamma 때문에 사람들이 아버지나 어머니 등을 공경하지 않게 되고, 그래서 사람들의 수명이 250에서 100세로 줄어든다고 한다. 본서 제7장의 '수명이 줄어드는 모습'과 《디가 니까야》 제3권, p.138 참조. 마찬가지로 각자가 속한 국가나 문화의 결정도 무시하면 안 된다. 자연법적으로 허물이 없더라도 국가가 제정한 법이나 문화의 결정을 어기지 않도록 주의해야 한다.

살생 등과 마찬가지로 삿된 음행의 허물도 그 대상에 따라 차이가 납니다. 매우 아름다워 웁빨라완나Uppalavaṇṇā라고 불렸던 아라한 장로니 스님을 범한 난다Nanda 젊은이는 즉시 무간 지옥에 떨어졌습니다(Dhp.69 일화). 아라한이 아니더라도 일반 비구니 스님을 범하면 업 장애가 되어 도의 장애뿐만 아니라 천상의 장애도 생겨납니다. 즉 다음 생에 천상에조차 태어나지 못합니다.[116]

삿된 음행을 하면 그 과보로 지옥 등의 사악처에 태어나고 가장 경미하다 하더라도 자기를 싫어하는 원수가 매우 많은 과보를 겪습니다(A8:40). 그 외에도 재산과 행복이 적고 성이상자 등으로 태어나거나 저열한 가문에 태어납니다. 용모가 불순하고 신체에 결함이 있고 걱정이 많고 사랑하는 이와 헤어지는 고통을 많이 겪습니다.

사음하면 싫어하고 원수많고 재산적고
행복적고 성이상자 저열가문 용모불순
신체결여 걱정많고 애별리고 삼감반대

다문제일이었던 아난다 존자조차 과거 어느 생에 나쁜 친구 때문에 간통을 범해[117] 규환Roruva 지옥에서 오랫동안 고통을 받다가 벗어났을 때도 염소, 원숭이, 소로 태어나 그때마다 거세를 당했다고 합니다. 그 뒤에도 왓지Vajjī국에서 성이상자로 한 번, 도리천 제석천왕의 왕비로 네 번, 자와나Javana 천신의 왕비로 한 번 태어난 뒤에 밋틸라Mitthīlā국 앙가

116 《위빳사나 수행방법론》 제1권, p.103 참조.

117 일부 문헌들에 '간통paradāra', 즉 다른 이의para 부인을dāra을 범하는 행위라고 표현되었다. 삿된 음행과 동일하다.

띠Aṅgati 왕의 루짜Rucā[118] 공주로 태어났습니다. 루짜 공주였을 때 과거의 여러 생을 기억하고는 "남성들이라면 삿된 음행을 특별히 삼가야 합니다"라는 등으로 말했다고 합니다(J544).[119]

또한 깟사빠 부처님 당시 네 명의 부호들이 평생 삿된 음행을 일삼다가 죽어서 무간 지옥에 떨어져 고통을 받았고, 그곳에서 겨우 벗어났을 때도 화탕 지옥에서 오랫동안 괴로움을 겪은 일화도 있습니다(Dhp.60 일화).

## 거짓말

오계 중에 네 번째 항목은 거짓말입니다. 사실이 아닌 말을musā 말하는 것vāda이 거짓말musāvāda입니다. 거짓말이 성립되는 요소는 네 가지입니다.

거짓내용 속일마음 행위해서 알고믿어
망어업의 네요소뿐 해치려해 업궤도돼

'거짓 내용'이란 본 것을 보지 않았다고, 들은 것을 듣지 않았다는 등으로, 혹은 보지 않은 것을 보았다고, 듣지 않은 것을 들었다는 등으로 사실과 다른 내용을 뜻합니다.

'속일 마음'이라는 표현은 속이려는 분명한 의도를 가지고 말을 해야 거짓말이 된다는 뜻입니다. 속이려는 의도가 없었는데 상대방이 오해해서 잘못 이해한 경우는 거짓말에 해당되지 않습니다.

118 Rujā(PTS).

119 비슷한 예로 이시다시Isidāsī 장로니의 일화를 들 수 있다. 백도수 역주, 《위대한 비구니》 pp.417~431 참조.

'행위해서'라는 요소에서 거짓말의 행위에는 단지 말로 속이는 것 외에도 몸으로 속이거나 몸과 관련된 물건으로 속이는 것도 해당됩니다. 예를 들어 망치를 빌리러 온 사람이 "망치 있습니까?"라고 물었을 때 집에 망치가 있음에도 불구하고 빌려주기 싫어 손을 저었다면 이것은 몸으로 속이는 행위에 해당되고 이 경우에도 거짓말에 해당됩니다. 혹은 사실이 아닌 내용을 '다른 사람들이 이 내용대로 알기를'이라는 의도로 종이에 써서 외부에 게시하는 행위와 같이 몸과 관련된 물건으로 속이는 행위도 이 요소에 해당됩니다.

'알고믿어'라는 표현은 이렇게 속였을 때 상대방이 그대로 알고 믿으면 거짓말 불선업에 해당된다는 뜻입니다.

마지막으로 '망어업의 네요소뿐 해치려해 업궤도돼'라는 표현은 상대방을 해치려는 의도가 없었다면 단지 거짓말을 삼가는 계목만 무너지지 업 궤도에는 도달하지 않는다는 뜻입니다.

이와 관련하여 거짓말에 해당되는지 안 되는지 혼동되는 세 가지 경우를 살펴보겠습니다. 첫 번째 경우로 다른 이의 이익과 번영을 생겨나게 하기 위해 일부러 사실이 아닌 말을 할 때가 가끔 있습니다. 예를 들어 숲에 놀러가려는 아들에게 어머니가 "숲에 가면 호랑이가 물어간다"라고 말하는 경우, 실제로 호랑이가 없지만 아들의 안전을 위해서 거짓으로 말하는 것이기 때문에 단지 계목만 무너질 뿐 사악처에 태어나게 하는 과보는 없습니다. 더 나아가서 연민의 말이기 때문에 계목 자체도 무너지지 않는다고 결정하기도 합니다.[120]

두 번째 경우로[121] 목숨이 위험에 닥쳤을 때, 죽음으로부터 벗어나기

---

120 모웅유웨이제따완 사야도*Moungyuweijetavan Sayadaw*의 결정이다. 《*Buddhavadagounyi* 불교의 덕목》, p.293.

121 참고로 한 《*Buddhavadagounyi* 불교의 덕목》에서는 이 내용을 첫 번째로 소개했으나 글의 흐름

위해 방편으로 거짓말을 하는 경우가 있습니다. 예를 들어 여러 《자따까》에 보살도 자신의 목숨을 보호하기 위해 방편으로 거짓말을 한 내용이 설명되어 있습니다.[122] 하지만 이러한 보살의 거짓말은 다른 이의 이익을 해치려는 것이 아니었기 때문에 보통의 거짓말일 뿐입니다. 업 궤도에 이르지는 않습니다. 또 다른 《자따까》에서는 "보살들에게 가끔 살생, 도둑질, 삿된 음행, 음주라는 업 궤도에 도달하는 업들이 생겨나더라도 다른 이의 이익을 해치려는 거짓말만은 생겨나지 않는다"라고 설명하고 있습니다(J431).

세 번째 경우로 '개인, 중생, 여자, 남자, 사람, 천신, 범천' 등으로 말하고 표현할 때 '개인, 중생' 등은 빠라맛타 실재성품으로 분명하게 존재하지 않습니다. 그처럼 실재성품으로 분명하게 존재하지 않으면서 "개인이 있다, 중생이 있다, 남자가 있다, 여자가 있다"라는 등으로 말하는 것도 거짓말에 해당되는지 질문할 수 있습니다. 세상 사람들이 표현하고 말하는 개인, 중생, 남자, 여자, 사람, 천신, 범천 등의 명칭 개념[123]들이 실재성품으로 분명하게 존재하지 않는 것은 사실이지만, 세상 사람들이 "이렇게 표현하자"라고 동의하면서 명칭을 정해 놓았습니다. 그리고 그 명칭들은 관습적 진리samutisacca의 입장에서는 사실입니다. 누구도 속이는 것이 아닙니다. 그래서 세상에서 일반적으로 쓰는 '개인, 중생, 남자,

---

을 고려하여 순서를 바꾸었다.

122 〈빤짜우다Pañcāvudha 자따까〉에서 보살은 자신을 잡아먹으려는 실레살로마Silesaloma 야차에게 "나의 배 안에는 금강저가 있다. 나를 함부로 먹으면 그대의 창자, 간, 심장이 갈기갈기 찢어져 그대도 죽을 것이다"라는 등으로 속여 위험에서 벗어났다(J55). 〈와나린다Vānarinda 자따까〉에서 원숭이 왕이었던 보살은 자신을 잡아먹으려는 악어에게 "나는 보시를 하고 싶다. 그러니 그대가 입을 열면 내가 그대의 입안으로 뛰어들겠다"라고 속여 위험에서 벗어났다(J57). 〈숭수마라Suṁsumāra 자따까〉에서 원숭이 왕이었던 보살은 자신의 심장을 원하는 악어에게 "나의 심장은 저기 강 근처 나무에 매달려 있다"라고 속여 위험에서 벗어났다(J208).

123 실존하지 않지만 의사소통을 위해 '만들어 놓은paññāpeti 것'을 개념paññatti이라고 한다. 여기에는 명칭 자체인 명칭 개념과 명칭이 뜻하는 의미인 뜻 개념이 있다. 《아비담마 길라잡이》 제2권, pp.256~261 참조.

여자, 사람, 천신, 범천' 등의 명칭 개념을 사용하고 말하는 것은 거짓말에 해당되지 않습니다.

거짓말을 하는 사람이 하지 못할 악행이란 없다고 합니다(Dhp.176). 또한 거짓말도 도둑질처럼 쉽게 범할 수 있기 때문에 매우 주의해야 합니다. 개를 일부러 위협하는 경우도 거짓말에 해당됩니다. 빌려 주기 싫어서 자신이 가지고 있는 물건을 '없다'라고 말하는 것도 거짓말입니다. 이러한 거짓말은 재가자들이 자주 하기 때문에 상용 거짓말valañjanaka musāvāda, 재가자의 거짓말이라고 합니다. 출가자의 경우는 상대방을 해치려는 목적이 아니더라도, 예를 들어 도반들을 즐겁게 하기 위한 목적으로 거짓말을 하더라도 범계에 해당되어 명령어김 장애가 생겨납니다. 따라서 출가자라면 장난으로라도 거짓말을 하지 않도록, 또한 도움을 주기 위한 목적이더라도 방편을 잘 사용하여 거짓말을 하지 않도록 주의해야 합니다.

거짓말의 허물도 상대방이 갖춘 덕목에 따라, 또는 상대방이 거짓말로 인해 입은 피해의 정도에 따라 차이가 납니다. 상대방이 덕목을 더 많이 갖출수록, 상대방이 거짓말로 인해 피해를 더 많이 입을수록 거짓말의 허물도 더욱 큽니다.

거짓말을 하면 그 과보로 지옥 등의 사악처에 태어나고 가장 경미한 과보라 하더라도 비방을 많이 받습니다(A8:40). 그 외에도 말을 더듬고 치아가 고르지 못하고 입병이 많이 생깁니다. 피부가 건조하고 거칠고 감각기관이 맑지 않고 용모가 불순합니다. 자신의 말에 권위가 없어 사람들이 잘 따르지 않습니다. 말이 거칠고 경박합니다. 마음에 들뜸이 많습니다.

거짓말해 말더듬어 치아불균 입안에병
피부건조 감관탁해 용모불순 권위없어
입이걸어 경박하여 마음들떠 삼감반대

깟사빠 부처님 당시에 끼밀라Kimila라는 나라에 한 수다원 거사가 다른 500명의 거사와 함께 선업을 행하고 있었습니다. 그 부인들도 가끔씩 정사로 가서 같이 선업을 쌓았습니다. 어느 날, 부인들이 정사로 가는 도중에 한 곳에서 쉬고 있을 때 근처에 있던 술꾼들이 수다원 거사의 부인과 관계를 가질 수 있는지 없는지를 두고 내기를 했습니다. 한 술꾼이 그 내기에 이기게 되자 내기에 진 다른 술꾼들이 그 사실을 거사에게 알렸습니다. 아내가 돌아왔을 때 거사가 그 사실에 대해서 물었습니다. 그녀는 "관계를 가지지 않았습니다. 만약 이 말이 거짓말이라면 평생 개에 물릴 것입니다"라고 공언했습니다. 거사는 다른 부인들에게도 물었고 그녀들도 "우리들은 모릅니다. 만약 이 말이 거짓말이라면 평생 당신 부인의 하녀가 될 것입니다"라고 공언했습니다. 수다원 거사의 아내는 죽어 천궁 아수라로[124] 태어나 낮에는 천상의 영화를 누리다가 밤에는 코끼리만한 개에게 물어뜯기는 고통을 받으며 살게 되었습니다. 동료 여인들도 그 여인의 시중을 드는 하녀인 천궁 아수라로 태어났다고 합니다.

마지막으로 거짓말의 기원을 소개하겠습니다. 인류 최초의 왕인 마하삼마따Mahāsammata 왕으로부터 열두 번째인 쩨띠야Cetiya 왕은 솟티야Sotthiya 성에서 쩨띠야국을 다스리고 있었습니다. 왕은 왕으로서의 네 가지 위력을 갖추어서 용모가 훌륭했고, 수명이 길었고, 바라문들이 좋아했고, 장자들이 좋아했습니다. 그 외에도 하늘을 날 수 있었고, 네 명의

124 천궁 아수라에 대해서는 본서 제7장의 '사대왕천' 탄생지에 대한 설명을 참조하라.

천신이 사방에서 칼을 들고 항상 보호해 주었고, 몸에서 전단향이 퍼져 나왔고, 입에서는 연꽃향이 났다고 합니다.

당시 쩨띠야국에는 까삘라Kapila라는 제사장이 있었습니다. 까삘라 바라문의 동생은 꼬라깔람바Korakalamba라는 바라문이었는데, 쩨띠야 왕과 함께 같은 스승에게서 학문을 배운 친구사이였습니다. 쩨띠야 왕이 아직 왕자였을 때, 꼬라깔람바에게 "내가 왕이 되면 그대를 제사장에 앉혀 주겠소"라고 약속했습니다.

하지만 쩨띠야 왕은 왕위에 오른 후 부왕의 제사장이었던 까삘라 바라문을 바로 해임시킬 수 없었습니다. 사실 까삘라 바라문은 왕보다 나이가 많아 왕에게 시중을 들러 오면 쩨띠야 왕 자신이 오히려 예경을 해야 했기 때문에 탐탁지 않게 여겼습니다. 까삘라 바라문도 그 사실을 알고 '왕에게는 비슷한 동년배가 적당하리라. 나는 늙었다. 출가하리라'라고 생각하고서 "왕이시여, 저는 나이가 많이 들었습니다. 저에게 젊은 아들이 있습니다. 그 아들을 제사장으로 삼아 주십시오. 저는 출가하겠습니다"라고 왕에게 알리고 아들을 제사장에 앉혔습니다. 그런 후 자신은 왕실 공원으로 가서 수행자가 되어 선정을 닦고 신통이 생겨나게 하여 아들을 의지하며 지냈습니다.

한편, 꼬라깔람바는 '형이 출가하면서 제사장의 지위를 나에게 주지 않다니'라고 형에게 원한을 품고 있었습니다. 어느 날, 쩨띠야 왕이 물었습니다.

"꼬라깔람바여, 그대는 왜 제사장을 하지 않는가?"

"형 때문입니다."

"그대의 형은 출가하지 않았는가?"

"출가는 했지만, 자리는 자신의 아들에게 맡겼습니다."

"그러면 그대가 제사장을 하시게."

"왕이시여, 대대로 내려온 지위를 형을 제치고 제가 차지할 수는 없습니다."

"그러면 그대를 형으로, 그대의 형을 동생으로 만들겠소."

"어떠한 방법으로 그렇게 하려고 하십니까?"

"거짓말을 해서 만들겠소."

"왕이시여, 잘 생각하십시오. 저의 형은 여러 가지 많은 희유한 능력을 갖추고 있습니다. 마술사처럼 제 형은 한 번도 본 적이 없는 것으로 왕을 속일 것입니다. 네 명의 천신이 없어진 것처럼, 입에서 썩은 냄새가 나는 것처럼, 하늘에서 땅으로 떨어지는 것처럼, 땅에 빠져 들어가는 것처럼 왕에게 행할 것입니다. 그때에는 왕께서 지금 하신 말씀을 지키실 수 없을 것입니다."

"그대는 나를 그렇게 생각하지 마시오. 나는 할 수 있소."

"언제 말하려고 하십니까?"

"오늘부터 칠 일째 되는 날 말할 것이오."

이 말이 온 나라에 퍼져 "왕이 거짓말을 해서 형이 동생으로, 동생이 형으로 되게 만들어 제사장의 지위를 동생에게 주려 한다고 한다. 거짓말musāvāda이라고 하는 것은 어떤 성품이 있는 것인가? 검은 것인가, 흰 것인가?"라는 등으로 사람들이 궁금해 했다고 합니다. 사실 당시는 모두가 사실만을 말하는 때라서 거짓말이라고 하는 것이 어떤 성품인지조차 모르는 시대였습니다.

제사장의 아들이 그 말을 듣고 부친에게 가서 알렸습니다.

"아버지, 왕이 거짓말을 하여 형이 동생으로, 동생이 형으로 되게 만들어 저의 제사장의 지위를 작은 아버지에게 주려 한다고 합니다."

"아들아, 왕이 거짓말을 하더라도 우리들의 지위를 없앨 수 없다. 언제 거짓말을 한다고 하느냐?"

"오늘부터 칠 일 후에 한다고 합니다."

"그때가 되면 나에게 알려라."

칠 일째 되는 날, 사람들은 왕이 거짓말 하는 것을 보려고 궁전 뜰에 모여들었습니다. 바라문의 아들도 그 사실을 아버지에게 전했습니다. 왕도 치장을 하고 나와서 사람들의 한가운데, 궁전 뜰 위의 하늘에 서 있었습니다. 수행자가 된 까삘라도 하늘로 날아 와서 왕 앞에 깔개를 깔고 공중에서 결가부좌하고 왕에게 물었습니다.

"왕이시여, 그대가 거짓말을 하여 제사장의 지위를 나의 동생에게 주려한다는 것이 사실입니까?"

"사실입니다."

"왕이시여, 거짓말은 매우 나쁜 것입니다. 여러 덕목을 무너뜨립니다. 사악처에 태어나게 합니다. 왕임에도 불구하고 거짓말을 하는 것은 법을 죽이는 것과 같습니다. 법을 죽이는 것은 자신을 죽이는 것입니다."

이렇게 말한 뒤 이어서 다음과 같이 훈계했습니다.

"왕이시여, 만약 거짓말을 한다면 왕의 위력 네 가지[125]가 사라질 것입니다. 천신 네 명이 사라지고, 입에서 썩은 냄새가 나고, 하늘에서 떨어지고, 땅속으로 꺼져 들어갈 것입니다."

그 말을 듣고 왕도 두려워 꼬라깔람바를 보았고, 꼬라깔람바는 왕을 다음과 같이 안심시켰습니다.

"처음부터 제가 왕에게 그 말을 하지 않았습니까?"

왕은 까삘라 바라문의 말을 듣지 않고 자신이 하고자 하는 말을 앞세워 첫 번째로 거짓말을 했습니다.

"수행자여, 그대가 동생이고, 꼬라깔람바가 형이오."

125 앞에서 언급한 용모가 훌륭한 것, 수명이 긴 것, 바라문들이 좋아하는 것, 장자들이 좋아하는 것이다.

그러자 첫 번째 거짓말로 왕의 위력 네 가지가 사라졌습니다. 네 명의 천신들도 "거짓말을 하는 이를 보호해서 무슨 이익이 있겠는가?"라고 하면서 무기를 땅에 내던지고 사라져버렸습니다. 입에서도 항문 냄새, 썩은 계란 냄새 등의 나쁜 악취가 났습니다. 하늘에서도 떨어져 땅에 서게 되었습니다.

그때 까삘라 바라문이 왕에게 훈계했습니다.

"왕이시여, 단 한마디 거짓말의 위력을 보십시오. 이 정도로 왕의 위력이 사라져 버리지 않았습니까? 이전처럼 되고 싶으면 사실만 말하십시오."

왕은 그러나 훈계를 듣지 않고 두 번째로 거짓말을 했습니다.

"수행자여, 그대가 동생이고, 꼬라깔람바가 형이오."

이번에는 왕의 복숭아뼈까지 땅에 잠겼습니다.

"왕이시여, 거짓말을 하는 왕이 다스리는 나라는 때 아닌 때에 비가 내리고, 비가 내릴 때에 비가 내리지 않습니다. 그러니 이전처럼 되고 싶으면 사실만 말하십시오."

왕은 여전히 훈계를 듣지 않고 세 번째로 거짓말을 했습니다.

그러자 왕의 무릎까지 땅에 잠겼습니다.

"왕이시여, 제발 아십시오. 거짓말을 하는 이의 혀는 뱀의 혀처럼 두 갈래로 갈라지게 됩니다. 그러니 이전처럼 되고 싶으면 사실만 말하십시오."

왕은 여전히 훈계를 듣지 않고 네 번째로 거짓말을 했습니다.

그러자 왕의 허리까지 땅에 잠겼습니다.

"왕이시여, 제발 아십시오. 거짓말을 하는 이의 말은 마치 혀가 없는 물고기처럼 완전하지 않게 됩니다. 그러니 이전처럼 되고 싶으면 사실만 말하십시오."

왕은 그래도 훈계를 듣지 않고 다섯 번째로 거짓말을 했습니다.

그러자 왕의 배꼽까지 땅에 잠겼습니다.

"왕이시여, 제발 아십시오. 거짓말을 하는 이는 아들을 얻지 못하고 딸만 낳게 됩니다. 그러니 이전처럼 되고 싶으면 사실만 말하십시오."

왕은 그래도 훈계를 듣지 않고 여섯 번째로 거짓말을 했습니다.

그러자 왕의 가슴까지 땅에 잠겼습니다.

"왕이시여, 제발 아십시오. 거짓말을 하는 이는 아들을 설령 얻는다 하더라도 부모를 잘 봉양하지 않습니다. 그러니 이전처럼 되고 싶으면 사실만 말하십시오."

왕은 그래도 훈계를 듣지 않고 일곱 번째로 "수행자여, 그대가 동생이고, 꼬라깔람바가 형이오"라고 거짓말을 했고, 그때 대지가 갈라지며 무간 지옥에서 불길이 솟아나와 왕을 잡아 갔습니다. 그 후 사람들에게는 거짓말에 대한 경각심이 생겨났습니다(J422).

## 음주

오계 중에 다섯 번째 항목은 음주입니다. 곡식으로 만든 술surā, 곡주이나 꽃과 과일 등으로 만든 술meraya, 화과주, 그리고 취하게 하고 방일하게 하는 것의 원인이 되는 것들majjappamādaṭṭhāna을 마시는 것이 음주입니다. 이 음주 악행의 구성요소에는 네 가지가 있습니다.

취기종류 마실의도 행위해서 들어가면
음주업의 네요소뿐 악업전은 업궤도돼

먼저 '취기종류'란 곡주나 화과주[126], 또는 취하게 하는 마약 등이 포함됩니다.

'마실의도'라는 표현은 마시려는 의도가 있을 때만 악행이 성립한다는 뜻입니다. 그냥 입을 벌리고 있는데 다른 이가 술을 부은 경우는 음주에 해당되지 않습니다. 여기서 중요한 점은 '인식'이라는 구성요소가 없다는 것입니다. 즉 포도주를 포도주스라 인식하고 마신 경우도 음주에 해당됩니다.

'행위'에는 마시는 것도 포함되고 마약의 경우 주사를 놓는 행위도 해당됩니다. 즉 이런 행위를 통해 체내로 들어가면 음주가 성립됩니다. 하지만 요리할 때 냄새를 없애기 위해 넣은 경우는 요리 도중에 취하게 하는 성분이 증발되기 때문에 그 음식을 먹는다 하더라도 음주에 해당되지 않습니다.

'악업전은 업궤도돼'라는 표현은 다음을 뜻합니다. 즉, 이러한 네 가지 구성요소를 다 갖추면 거짓말과 마찬가지로 단지 계만 무너질 뿐이고 업궤도에는 해당되지 않아 사악처까지 태어나게 하지는 않습니다. 하지만 다른 악행의 직접적인 원인이 된 음주는 사악처까지 태어나게 한다는 의미입니다. 그렇지만 음주는 잠, 음행과 함께 만족하지 못하는 세 가지 중의 하나에 해당되기 때문에(A3:104), 계가 무너질 수 있기 때문에, 또한 이어서 설명할 여러 가지 나쁜 결과를 가져오기 때문에 할 수 있는 만큼 삼가야 합니다.

음주의 허물은 마신 술의 양에 따라 차이가 납니다. 많이 마실수록 허

126 곡주surā에는 ① 소맥주piṭṭhasurā 小麥酒, ② 병주pūvasurā 餠酒, ③ 미주odanasurā 米酒, ④ 효모주kiṇṇasurā 酵母酒, ⑤ 합성주sambhārasurā 合成酒가 있고 화과주meraya에는 ① 화주pupphāsava 花酒, ② 과실주phalāsava 果酒, ③ 밀주madhvāsava 密酒, ④ 당주guḷāsava 糖酒, ⑤ 합성주sambhārāsava 合成酒가 있다. 전재성 역주, 《디가 니까야》, p.1317 참조.

물이 큽니다. 자신을 제어하지 못할 정도로 마시고서 마을이나 도시, 나라를 무너뜨리는 경우가 제일 허물이 크다고 《위방가 주석서》에서 언급하고 있습니다.

음주를 하면 그 과보로 지옥 등의 사악처에 태어나고 가장 경미한 과보라 하더라도 온전한 정신을 갖추지 못합니다(A8:40). 또한 적당한 기회를 알지 못하고 게으르고 방일하고 도덕적으로 부끄러워함이나 두려워함이 없게 되고 은혜를 모르고 다른 모든 악행을 쉽게 범하게 됩니다.

음주하면 적당기회 알지못해 게으르고
방일해져 부끄러움 두려움이 없게되고
은혜몰라 모든악행 쉽게행해 삼감반대

하지만 경전에 설해진 열 가지 악행에 음주가 직접적으로 포함되지 않았기 때문에[127] 허물이 없다고 말하기도 합니다. 그러나 전혀 그렇지 않습니다. 오히려 제일 허물이 크다고까지 할 수 있습니다. 그 이유는 다음과 같습니다. 다른 악행들, 예를 들어 살생의 제일 경미한 과보는 수명이 짧은 것입니다. 도둑질의 제일 경미한 과보는 재산이 적은 것입니다. 하지만 그렇게 사람으로 태어나서 수명이 짧거나 재산이 적더라도 정신은 온

127 열 가지 악행이란 살생과 도둑질과 삿된 음행이 몸의 악행 세 가지, 거짓말과 다음에 설명할 이간하는 말, 거친 말, 쓸데없는 말이 말의 악행 네 가지, 탐애와 분노와 사견이 마음의 악행 세 가지, 이러한 열 가지를 말한다. 이러한 악행은 다음 생에 악처의 과보를 주기 때문에 불선업 궤도 akusala kammapatha라고도 한다. 음주와 불선업 궤도에 관련해서 《빠띠삼비다막가 주석서》에서는 "음주는 악처의 과보를 주는 것이 확실하지 않기 때문에 불선업 궤도에 포함되지 않았다"라고 설명했고 《위방가 근본복주서》에서는 "음주는 감각욕망을 즐긴다는 의미로 삿된 음행과 같기 때문에 삿된 음행에 포함된다. 혹은 열 가지 불선업 궤도 모두에 도움을 주기 때문에 불선업 궤도에 포함된다"라고 설명했다. 《*Buddhavadagounyi* 불교의 덕목》, p.308.

전하기 때문에 법문을 듣고 수행을 실천하여 세간의 이익, 출세간의 이익을 누릴 수는 있습니다. 하지만 사람으로 태어났을 때 지나친 음주의 과보로 온전한 정신을 갖추지 못한다면 비록 보시 등의 선법을 통해 천상에는 태어날 수 있어도 출세간법들을 증득하지 못합니다. 그렇기 때문에 제일 허물이 크다고《쿳다까빠타 주석서》등에서 설명하고 있습니다.[128]

이와 관련된 일화를 하나 소개하겠습니다. 과거 바라나시국의 한 왕은 고기 없이는 음식을 먹지 않았다고 합니다. 어느 포살날, 전날 미리 준비해 둔 고기를 왕실에서 키우던 개가 물고 가버려 요리사는 연회를 즐기던 왕의 주안상을 고기 없이 올렸습니다. 이미 술이 거나하게 취한 왕은 그 사실을 알게 되자 자신의 무릎에 앉혀놓았던 어린 왕자를 요리사에게 던지며 이것으로 요리를 해 오도록 시켰습니다. 왕의 명령으로 어쩔 수 없이 요리사는 왕자를 죽여 고기 안주를 올렸습니다. 다음날 술이 깬 왕은 왕자를 찾았고, 왕비로부터 어제의 일을 알게 되자 크게 뉘우치며 흙을 집어 얼굴에 부비면서 '윤회에서 벗어날 때까지 절대로 술을 마시지 않겠다'라고 결의했습니다. 그리고 그 결의대로 마지막 생에 아라한이 되어 반열반에 들 때까지 단 한 방울의 술도 마시지 않았다고 합니다. 그 왕은 바로 사리뿟따 존자의 과거 생이었다고 합니다(J220).

그러면 이렇게 큰 과보를 겪게 하는 술은 언제 처음 이 세상에 알려졌을까요?《자따까》일화를 통해 알 수 있습니다.

옛날 바라나시국을 브라흐마닷따 왕이 통치하고 있을 때였습니다. 히말라야 숲속에 줄기가 세 갈래로 갈라진 나무가 있었습니다. 나무의 갈라진 부분에 큰 항아리만한 공간이 생겼고, 비가 오면 빗물이 항상 그 공간에 고였습니다. 그리고 주위의 포도넝쿨 등에서 잎이나 열매 등이 그

---

128《*Buddhavadagounyi* 불교의 덕목》, p.305.

공간으로 떨어졌습니다. 또한 앵무새들이 야생 벼를 물고와 나무에 앉아 쉬며 쪼아 먹다가 벗겨진 쌀들도 그 공간으로 떨어졌습니다. 물은 따뜻한 햇볕을 받아 발효되었고 붉은 색을 띠며 술이 되었습니다. 여름이라 목마른 앵무새 등이 발효된 술을 먹고 취해 땅에 떨어졌다가 한참 후에 깨어나 재잘거리며 날아갔습니다. 원숭이, 다람쥐들도 마시고 취해 쓰러졌다가 일어나 되돌아갔습니다. 어느 날, 까시Kāsi국에 수라Sūra라는 사냥꾼이 사슴이나 물고기를 잡으러 히말라야 산으로 들어갔다가 그 모습을 보았습니다. 사냥꾼 수라는 '독이라면 죽었을 텐데 이 짐승들은 잠깐 잠을 자다가 깨어난다. 이건 독이 아니다'라고 생각하고는 자신도 마셔 보았습니다. 술에 취한 수라는 고기가 먹고 싶어졌고, 불을 피워 나무 주위에 자신처럼 술에 취해 쓰러져 있는 메추리와 산닭들을 잡아다 구워 먹었습니다. 수라는 한 손으로는 춤을 추고, 한 손으로는 고기를 먹으며 그렇게 이삼일을 그 나무 아래에서 보냈습니다.

거기서 멀지 않은 곳에 사냥꾼의 친구인 와루나Varuṇa라는 선인이 살고 있었습니다. 사냥꾼 수라는 선인과 술을 마시리라 생각하고는 대나무 통 하나를 술로 채워 익힌 고기와 함께 가져가서 같이 먹었습니다.

이 음료는 수라라는 사냥꾼, 와루나라는 선인이 발견했다고 해서 '수라Sūrā', 혹은 '와루나Varuṇa'라고 불렸습니다. 그들은 다시 대나무 통을 술로 채워 어깨에 짊어지고 변방에 가서 "주스를 잘 만드는 사람이 왔소"라고 왕에게 알리고 왕으로 하여금 마시게 했습니다. 두세 번 마시고 취한 왕이 거듭 술을 가져오라고 하자, 도시 내에 주조장을 만들어 술을 공급했습니다. 결국 도시 사람들도 술을 마시고 방일하게 되어 온 도시 전체가 황폐해졌습니다. 그들은 여기서 그치지 않고 주위 여러 나라를 같은 방식으로 황폐하게 만든 뒤 사왓티Sāvatthi국으로 갔습니다.

사왓티의 삽바밋따Sabbamitta 왕도 그 두 사람을 후원하며 술을 제조하게 만들었습니다. 두 사람은 오백 개의 항아리에 술을 넣고 모든 항아리 옆에 고양이를 한 마리씩 묶어 두었습니다. 그런데 술이 발효되어 부풀어 오르면서 항아리 밖으로 흘러넘쳤고, 고양이들이 그 술을 마시고 취해 쓰러졌습니다. 그러자 쥐들이 와서 고양이의 귀와 코와 꼬리를 뜯어 먹었습니다. 고양이의 모습을 보고 왕의 부하는 고양이가 술을 마시고 죽었다고 생각하여 그들이 독약을 제조하고 있다고 왕에게 보고했습니다. 왕은 그 보고를 받자마자 그들을 참수해버렸습니다.

왕은 두 사람을 죽인 뒤 항아리를 부수도록 시켰습니다. 하지만 다음 날, 고양이가 취기가 풀려 다시 살아나 돌아다녔고, 부하들은 그것을 왕에게 보고했습니다. 왕도 '만약 독이라면 이 고양이들이 죽었을 텐데 사실은 취하게만 하는 것이구나. 마셔보리라'라고 생각하고는 성 한가운데 잘 장식된 자리를 마련하게 하고서 많은 대신을 거느리고 술을 마시려 했습니다.

그때 제석천왕이 '누가 부모를 공양하는 등에 방일하지 않는가? 선행을 실천하는가?'라고 세상을 살피다가 술을 마시려는 왕을 보고 '만약 이 왕이 마시면 모든 남섬부주가 파멸되리라. 어떤 방편을 행해서 술을 마시지 못하게 하리라'라고 생각하고는 술 항아리 하나를 손바닥에 올려놓고 바라문으로 변신해 왕 앞으로 가서 "이 항아리를 사시오"라고 말했습니다.

왕은 그 바라문을 보고 말했습니다.

"바라문이여, 그대는 어디에서 왔소? 그것은 어떤 항아리요?"

"이 항아리의 허물을 들어보십시오. 왕이시여, 이 항아리는 버터, 기름, 꿀, 당밀 항아리가 아닙니다. 이것은 술 항아리인데, 이 술을 마시면 절벽에서 거꾸로 떨어집니다. 마시면 안 될 독도 마십니다. 이 술을 마시면 옷 하나 걸치지 않고 이리저리 다닙니다. 재산을 다 잃어버립니다. 부끄러움이나 두려움이 없게 됩니다. 몸과 말과 마음으로 악행을 행합니다."

이러한 등으로 여러 허물을 말했습니다. 왕은 바라문의 말을 듣고 술의 허물을 알고 그 말을 좋아하여 바라문을 칭송했습니다.

"그대는 나의 부모, 친척, 친구, 지인이 아닌데도 연민심으로 나에게 많은 이익이 생기길 바라는 것 같소. 그대의 말을 따라 그대를 스승으로 모시겠소. 일 년에 십만 냥의 마을도 하사하겠소. 노비도 각각 백 명씩, 소 일곱 마리, 준마가 모는 마차 열 대도 하사하겠소. 나의 스승이 되어 주시오."

제석천왕은 자신의 모습으로 다시 변신하고는 "그 모든 것을 내가 그대에게 주겠소. 나는 제석천왕이오. 여러 가지 맛있는 음식만 드시오. 술은 마시지 마시오. 술을 삼가서 악행을 제거하고 선행을 즐기며 천상에 오시오"라고 훈계한 뒤 도리천으로 돌아갔습니다. 왕은 훈계대로 술 항아리를 모두 부수고 계를 지키고 보시를 했고, 죽어서 천상에 태어났습니다. 하지만 남섬부주 전역에 술은 이미 널리 퍼지기 시작했습니다(J512).

이상으로 오계에 대한 설명을 마칩니다. 오계는 마치 사람들이 늘 입는 바지처럼 교법이 있을 때나 없을 때나 항상 지켜야 하는 것이어서 항상계niccasīla, 즉 항상 지켜야 하는 계라고, 또한 평생 오염되지 않고 뚫어지지 않도록 참사람들이 중시하는 실천이어서 중요계garudhammasīla, 즉 중요한 법이자 실천인 계라고 앞에서 설명했습니다. 불자로서 오계를 잘 지켜야 지계자sīlavanta가 됩니다. 오계를 지키지 않으면 파계자dussīla가 됩니다. 또한 오계를 범하면 악처에 떨어질 수 있기 때문에 오계를 범하지 않도록 항상 주의해야 합니다. 또한 오계를 더욱 잘 수지할 수 있도록 각각의 구성요소와 허물 등도 이 책에서 설명한 대로 잘 익혀두어야 합니다.

## 청정범행 오계

결혼을 하지 않은 미혼 남성, 미혼 여성이 음행 자체를 삼가는 오계를 '미혼자 청정범행계', 즉 미혼 남성 청정범행계komāra brahmacariyasīla, 미혼 여성 청정범행계komārī brahmacariyasīla라고 합니다.

이 미혼자 청정범행계를 수지하는 방법은 앞서 오계의 '까메수 밋차 짜라 웨라마니 식카빠당 사마디야미 Kāmesu micchācārā veramaṇī sikkhāpadaṁ samādiyāmi 삿된음행 삼가는 계목수지 합니다'라는 계목을 '아브라흐마짜리야 웨라마니 식카빠당 사마디야미 Abrahmacariyā veramaṇī sikkhāpadaṁ samādiyāmi 일체음행 삼가는 계목수지 합니다'라고 바꾸어 수지하면 됩니다.

승가 앞에서 청할 때도 "아항 반떼 띠사라네나사하 빤짜실랑 담망 야짜미 … 스님이시여, 저는 삼귀의와 함께 오계라는 법을 청합니다 … "라는 부분을 미혼 남성이면 "아항 반떼 띠사라네나사하 꼬마라브라흐마짜리야실랑 담망 야짜미 … 스님이시여, 저는 삼귀의와 함께 미혼 남성 청정범행계라는 법을 청합니다 … "라고, 미혼 여성이면 "아항 반떼 띠사라네나사하 꼬마리브라흐마짜리야실랑 담망 야짜미 … 스님이시여, 저는 삼귀의와 함께 미혼 여성 청정범행계라는 법을 청합니다 … "라고 바꾸어 독송하면 됩니다.

오계에서 삿된 음행의 경우, 남성이라면 결혼을 했든지 하지 않았든지 앞서 설명한 '가면 안 될 스무 여인'과 음행을 하면 계가 무너집니다. 이때 미혼 남성의 경우, 상대방 여인의 감각욕망을 보호하거나 소유하고 있는 이로부터 확실한 동의를 받거나 자신이 소유한 경우라면 그러한 여인과 음행을 하는 것은 삿된 음행에 해당하지 않습니다.[129] 그러나 미혼자 청정범행계에서는 그러한 음행조차 하지 않는 것을 말합니다.

이 미혼자 청정범행계는 미혼 여성에게 특히 이익이 많습니다. 가면 안 될 여인 중 처음 여덟 경우처럼 구체적인 배우자 등이 없는 미혼 여성의 경우, 비록 아버지 등으로부터 보호를 받고 있지만 감각욕망은 자신이 가지고 있기 때문에 어떠한 남성과 음행을 하더라도 삿된 음행에 해당하지 않습니다. 그래서 미혼 여성이 보통의 오계를 수지하는 것은 삿된 음행과 관련하여 특별히 수지할 것이 없기 때문에 그러한 음행 모두를 삼가 계가 더욱 청정하도록 미혼자 청정범행계를 수지하는 것입니다.

예를 들어 깟사빠Kassapa 부처님 당시 끼끼Kikī 왕의 일곱 공주는 결혼을 하지 않은 여인들에게 삿된 음행을 삼가는 계목이 특별한 점이 없다는 것을 알고 어릴 때부터 결혼을 하지 않고 2만 년 내내 일체 음행을 삼가는 미혼자 청정계를 수지했다고 합니다(J547/JA.vii.243).

'축생들조차 하는 음행을 나는 하지 않으리라'라고 숙고하고서[130] 음행 자체를 삼간다면 더욱 청정한 계를 지킬 수 있을 것입니다.

기혼자들이 자신의 배우자와조차 음행을 하지 않고서 지키는 오계를 청정범행 제5계brahmacariyapañcamasīla라고 합니다. '청정범행을 다섯 번째로 하는 계'라는 뜻입니다. 수지하는 방법은 미혼자 청정범행계와 같고

---

129 아버지의 보호를 받는 여인인 경우 여성의 아버지로부터 결혼 전에 음행에 관한 허락을 받은 경우, 성매매 여성의 경우는 돈으로 자신이 소유한 경우 등이다. 하지만 앞에서도 언급했듯이 각자가 속한 국가나 문화의 결정도 무시하면 안 된다. 자연법적으로 허물이 없더라도 국가가 제정한 법을 어겨서 처벌을 받지 않도록, 문화에 거슬러 비방을 받지 않도록 주의해야 한다.

130 '음행은 축생들조차 하는 행위이다. 사람인 내가 어찌 축생처럼 음행을 할 것인가'라고 숙고하는 것을 말한다.

청할 때는 **"아항 반떼 삐사라네나사하 브라흐마짜리야빤짜마실랑 담망 야짜미** … 스님이시여, 저는 삼귀의와 함께 청정범행 제5계라는 법을 청합니다 … "라고 독송하면 됩니다.

부처님 당시, 웨살리Vesālī의 욱가Ugga 장자나 왓지Vajjī국의 욱가 장자는 이 청정범행 제5계를 부처님 앞에서 수지하고서 자신의 아내들에게 친정으로 돌아가거나 다른 남자와 결혼해도 된다고 말했습니다(A8:21; A8:22). 사실 이들은 감각욕망을 모두 제거한 아나함이었기 때문에 평생이 청정범행 제5계를 실천할 수 있었습니다. 하지만 《쿳다까빠타 주석서》 등에서 청정범행 항목은 항상 지켜야 하는 항목이 아닌 비결정aniyama 계목이라고 설명했기 때문에 범부들도 음행을 삼갈 수 있는 기간이라면 특별히 청정범행 제5계를 수지하여 지킬 수 있습니다.

앞의 청정범행 제5계brahmacariyapañcamasīla에 오전에만 음식을 먹는 일식ekabhattika 一食 계목을 여섯 번째로 더하여 지키는 계가 청정범행 제5일식계brahmacariyapañcamaekabhattikasīla입니다. 그래서 일식 육개조 계ekabhattikachakkasīla, 일식계ekabhattikasīla라고도 합니다. 여기서 일식이란 때 아닌 때에 먹지 않는vikālabhojana 계목과 동일합니다.[131]

수지하는 방법은 청정범행 제5계의 마지막에 **"위깔라보자나 웨라마니 식카빠당 사마디야미 Vikālabhojanā veramaṇī sikkhāpadaṁ samādiyāmi** 비시非時음식 삼가는 계행수지 합니다"라고 첨가하여 독송하면 되고, 청할 때는 **"아항 반떼 삐사라네나사하 브라흐마짜리야빤짜마에까밧띠까실랑 담망 야짜미** … 스님이시여, 저는 삼귀의와 함께 청정범행 제5일식계라는 법을 청합니다 … "라고 독송하면 됩니다.

131 뒷부분의 '포살에 대한 설명'을 참조하라.

이 계는 깟사빠 부처님 당시, 가웨시Gavesī 청신사와 제자 500명이 수지했고(A5:180), 고따마 부처님 당시에는 담미까Dhammika 청신사, 난다마따Nandamātā 청신녀 등이 수지했다고 합니다(SnA.ii.101).

지금까지 설명한 대로 청정범행까지 포함하는 오계를 실천한다면 여러 위험이 없고, 보는 이마다 좋아하고, 많은 재산을 얻고, 편안하게 잠들고, 편안하게 잠에서 깨고, 걱정이 없고, 젊음을 유지하고, 성이상자로 태어나지 않고, 악처에 태어나지 않는 등 여러 이익을 얻을 수 있다고 《쿳다까빠타 주석서》 등에서 설명하고 있습니다. 또한 수지하지 않고 실천하는 것보다 수지하고 실천하면 수지의 공덕까지 포함해서 이익이 더욱 클 것입니다.

## 생계 제8계

### 생계 제8계의 의미와 수지

지금까지 오계에 대해 살펴보았습니다. 오계와 더불어 재가자들이 지켜야 하는 계로 제시되는 것에 생계 제8계ājīvaṭṭhamakasīla가 있습니다. 오계는 여러 경전에서 부처님께서 직접 설하셨지만 이 생계 제8계에 대해서는 이 계에 포함된 항목들만 열 가지 악행 등을 통해서 소개되어 있습니다. 여러 주석서에는 생계 제8계라는 이름으로 분명하게 설명되어 있습니다(DA.ii.325).

생계 제8계란 생계ājīva가 여덟 번째aṭṭhamaka인 계sīla라는 뜻입니다. 열 가지 악행 중에 몸의 악행 세 가지, 말의 악행 네 가지를 삼가는 것이라는 일곱 가지 다음에 여덟 번째로 삿된 생계를 삼가는 것을 제시한 계입니다.

생계 제8계를 수지하는 방법은 오계와 비슷합니다.

1. 빠나띠빠따 웨라마니 식카빠당 사마디야미
   Pāṇātipātā veramaṇī sikkhāpadaṁ samādiyāmi.
   살생행위 삼가는 계목수지 합니다.
2. 아딘나다나 웨라마니 식카빠당 사마디야미
   Adinnādānā veramaṇī sikkhāpadaṁ samādiyāmi.
   도둑행위 삼가는 계목수지 합니다.
3. 까메수 밋차짜라 웨라마니 식카빠당 사마디야미
   Kāmesu micchācārā veramaṇī sikkhāpadaṁ samādiyāmi.
   삿된음행 삼가는 계목수지 합니다.
4. 무사와다 웨라마니 식카빠당 사마디야미
   Musāvādā veramaṇī sikkhāpadaṁ samādiyāmi.
   거짓말을 삼가는 계목수지 합니다.
5. 삐수나와짜야 웨라마니 식카빠당 사마디야미
   Pisuṇāvācāya veramaṇī sikkhāpadaṁ samādiyāmi.
   이간말을 삼가는 계목수지 합니다.
6. 파루사와짜야 웨라마니 식카빠당 사마디야미
   Pharusavācāya veramaṇī sikkhāpadaṁ samādiyāmi.
   거친말을 삼가는 계목수지 합니다.
7. 삼팝빨라빠 웨라마니 식카빠당 사마디야미
   Samphappalāpā veramaṇī sikkhāpadaṁ samādiyāmi.

잡담을 삼가는 계목수지 합니다.

8. 밋차지와 웨라마니 식카빠당 사마디야미

Micchājīvā veramaṇī sikkhāpadaṁ samādiyāmi.

삿된생계 삼가는 계목수지 합니다.

혹은 간단하게 다음과 같이 수지할 수도 있습니다.

1. 빠나띠빠따 웨라마미

Pāṇātipātā veramami.

살생을 삼갑니다.

2. 아딘나다나 웨라마미

Adinnādānā veramami.

도둑행위 삼갑니다.

3. 까메수 밋차짜라 웨라마미

Kāmesu micchācārā veramami.

삿된음행 삼갑니다.

4. 무사와다 웨라마미

Musāvādā veramami.

거짓말을 삼갑니다.

5. 삐수나와짜야 웨라마미

Pisuṇāvācāya veramami.

이간말을 삼갑니다.

6. 파루사와짜야 웨라마미

Pharusavācāya veramami.

거친말을 삼갑니다.

7. **삼팝빨라빠 웨라마미**

Samphappalāpā veramami.

잡담을 삼갑니다.

8. **밋차지와 웨라마미**

Micchājīvā veramami.

삿된생계 삼갑니다.

승가 앞에서 청할 때는 "**아항 반떼 띠사라네나사하 아지왓타마까실랑 담망 야짜미** … 스님이시여, 저는 삼귀의와 함께 생계 제8계라는 법을 청합니다 … "라고 하면 됩니다.

## 이간하는 말

생계 제8계의 네 번째 항목까지는 오계와 동일합니다. 생계 제8계의 다섯 번째 항목이자 말의 악행 네 가지의 두 번째 항목인 이간하는 말을 먼저 설명하겠습니다.

이간하는 말pisuṇa을 말하는 것vācā이 이간하는 말pisuṇavācā입니다. 여기에는 네 가지 구성요소가 있습니다.

두사람을 이간하려 행위해서 의미알아
중상모략 해당되는 네가지의 구성요소

먼저 대상이 되는 두 사람이 구체적으로 있어야 합니다. 그리고 그 두 사람의 사이가 서로 멀어지길 바라는 의도를 가지고, 멀어지게 하는 어떠한 몸의 행위나 말의 행위를 했을 때 그 두 사람이 그것을 이해하면 이간질의 악행이 성립됩니다. 하지만 실제로 두 사람의 사이가 갈라지지 않았다면 업 궤도까지는 이르지 않습니다. 두 사람의 사이가 실제로 갈라져야 업 궤도까지 이르러서 사악처에 태어나게 하는 과보를 줄 수 있습니다. 그래서 일부 문헌에서는 '실제로 사이가 갈라짐'이라는 것을 하나의 요소로 설명하기도 합니다.

지계 등의 덕목이 높은 이들을 이간하는 말이 덕목이 낮은 이들을 이간하는 말보다 더 허물이 큽니다. 이간하는 말을 하면 그 과보로 지옥 등의 사악처에 태어나고 가장 경미한 과보라 하더라도 다른 사람으로부터 오해를 많이 받습니다(A8:40). 친구와 사이가 끊어지고 살해를 당하기도 하며 주위에 사람이 없습니다. 선법에 믿음이 적고 좋은 사람들과 사귀는 시간이 짧습니다. 미움을 많이 받으며 항상 마음이 피곤하고 치아가 성글게 됩니다.

깟사빠 부처님 당시, 한 정사에서 두 비구가 화합하며 지내고 있었습니다. 매우 욕심이 많은 어떤 비구가 그 정사를 탐하여 두 비구가 서로 오해하도록 이간질을 했고, 결국 두 스님이 절을 떠나자 그곳을 차지했습니다. 하지만 이간질을 하여 절을 빼앗은 그 비구는 죽은 뒤 무간 지옥에 태어나 큰 고통을 겪었고, 고따마 부처님 당시에는 아귀로 태어났습니다. 과거 깟사빠 부처님 때 몸의 행위는 잘 단속했기 때문에 몸은 황금색으로 빛났지만 두 스님을 이간시킨 과보로 입이 썩어 벌레들이 득실거리며 고통을 받았다고 합니다(Dhp.281 일화).

이간말해 오해절교 살해당해 대중없어
믿음적어 교제짧아 미움당해 마음피곤
성근치아 삼간다면 반대결과 갖게되네

## 거친 말

거친 말을pharusa 말하는 것vācā이 거친 말pharusavācā입니다. 여기에는 세 가지 구성요소가 있습니다.

욕하고픈 사람향해 성을내는 마음으로
욕을하면 욕설업의 세가지의 구성요소

구체적인 어떤 사람을 대상으로 하는 것이 하나의 요소입니다. 예를 들어 혼자 화가 나서 구체적인 대상을 향하지 않고 거친 말을 하는 경우는 여기에 해당되지 않습니다. 하지만 마음에 강한 성냄이라는 불선법이 생겨나는 것은 확실하기 때문에 나쁜 결과를 가져올 수 있습니다.

두 번째 요소인 '성을 내는 마음으로'와 관련해서 ① 말은 거칠지만 의도는 거칠지 않은 경우 ② 의도는 거칠지만 말은 거칠지 않은 경우 ③ 의도도 거칠고 말도 거친 경우 ④ 둘 다 거칠지 않은 경우라는 네 가지 경우가 있습니다. 그 중 말은 거칠지만 의도는 거칠지 않은 경우에 대해 설명해 보겠습니다. 예를 들어 위험한 숲에 가지 말라고 아무리 타일러도 말을 듣지 않는 자식에게 "가서 호랑이에게 물려 죽어라"라고 저주하듯이 거친 말을 해도 실제로는 자식이 위험할까 염려하는 마음으로 하는 말이기 때문에 의도는 거칠지 않습니다. 이렇게 상대방의 이익을 위해서 거칠게 말하는 경우는 거친 말에 해당되지 않습니다. 이 경우와 관련된 일화를 하나 소개해 보겠습니다. 한 아이가 어머니의 말을 듣지 않고 자꾸 숲에 들어가려고 했습니다. 자신의 말을 듣지 않자 그 어머니는 "숲에 들어가다 멧돼지에게 받혀 죽어라"라고 거칠게 말을 했습니다. 그 말에 상관하지 않고 아이는 숲에 들어갔고, 어머니의 말대로 진짜 멧돼지가 쫓아왔습니다. 아이는 달아나면서 '나의 어머니가 말한 대로 되지 말고 어머니가 마음속으로 생각한 대로 되기를'이라고 서원을 세웠습니다. 그러자 멧돼지가 그대로 멈추었다고 합니다. 부처님께서도 사실이고 이익이 있을 때는 상대방이 마음에 들어 하지 않는 말이라도 시기를 잘 살펴서 말씀하십니다.[132]

하지만 마음으로 진짜 화를 냈다면 '성을 내는 마음으로'라는 요소가 구족되기 때문에 허물이 크지는 않더라고 업 궤도에 이를 수 있다고도 설명합니다.[133]

다음으로 의도는 거칠지만 말은 거칠지 않은 경우입니다. 예를 들어 왕이 판결을 내릴 때 미소를 지으며 "편하게 잠재우시오"라고 부드럽게 명령하는 말의 경우, 그 명령에는 죽이게 하는 거친 의도가 포함되어 있어서 부드러운 말이라도 거친 말에 해당됩니다. 의도와 말이 둘 다 거친 경우와 둘 다 거칠지 않은 경우는 분명합니다.

세 번째 요소인 '욕'에는 태생, 이름, 가문, 행위, 기술, 병, 신체부분, 번뇌, 범계, 비방과 관련한 욕설 열 가지,[134] 혹은 도둑, 바보, 멍청이, 낙타, 황소, 얼간이, 지옥에 떨어질 놈, 짐승 같은 놈, 선처에 태어나지 못할 놈, 악처에 태어날 놈이라는 표현 열 가지가 여러 문헌에 소개되어 있습니다(Dhp.21~23 일화).

이간하는 말과 마찬가지로 지계 등의 덕목이 높은 이들에게 하는 거친

132 본서 제3장의 '선서' 덕목을 참조하라. 부처님께서 수낙캇따Sunakkhatta에게 "쓸모없는 자mo-ghapurisa"라고 하신 것(D24), 뽓틸라Poṭṭhila 장로에게 "머리가 텅 빈tuccha"이라고 하신 것(Dhp.282 일화), 데와닷따에게 "지옥에 떨어질 것이다"라고 말씀하신 것(Dhp.17 일화)도 해당된다.

133 마하간다용 사야도*Mahāgandhāyoung Sayadaw*의 견해이다. 《*Buddhavadagounyi* 불교의 덕목》, p.335.

134 열 가지 비방의 토대akkosavatthu라고 한다(DAṬ.i.226).

말이 덕목이 낮은 이들에게 하는 거친 말보다 더 허물이 큽니다.

욕설을 하면 그 과보로 지옥 등의 사악처에 태어나고 가장 경미한 과보라 하더라도 사람들에게 듣기 싫은 소리를 많이 듣습니다(A8:40). 또한 미움과 비난을 받고 음성이 나쁩니다. 항상 몸과 마음이 피곤하게 지내야 합니다. 벙어리로 태어나는 과보도 받게 됩니다.

거친말해 미움당해 비난받고 음성나빠
듣기싫은 소리듣고 피곤하게 지내야해
벙어리돼 삼간다면 반대결과 갖게되네

바라나시국의 난디야Nandiya 장자가 죽은 뒤 부인인 레와띠Revatī는 장자가 지속적으로 행하던 보시의 관행을 끊어버리고 보시 받으러 온 이들에게 마치 톱날과도 같이 매우 거친 말로 비방한 과보로 두 야차가 와서 백 길이나 되는 분뇨 지옥에 던져버렸다고 합니다(VvA.206).

또한 깟사빠 부처님 당시, 한 스님이 몸의 행위만 잘 단속하고 말의 행위는 잘 단속하지 않고서 함께 지내는 비구들에게 거친 말로 자주 비난했습니다. 그 비구는 죽은 뒤 지옥에 태어나 고통을 받다가 고따마 부처님 당시에는 아귀로 태어났습니다. 그 아귀는 이전 비구였을 때 몸의 행위를 잘 단속했기 때문에 몸은 황금처럼 번쩍거리며 보기에 좋았지만 거친 말의 과보가 아직 남아 얼굴이 돼지 모양으로 매우 추했으며 배고픔과 목마름에 고통을 받으며 지냈다고 합니다(PeA.9).

특히 《상윳따 니까야》에서 설하신 부처님의 가르침처럼 다른 이에게 거친 말을 하는 것은 혀라는 도끼로 남을 찍는 것은 물론이고 자신을 찍는 것과도 마찬가지여서(S6:9) 여러 가지 나쁜 결과를 가져오기 때문에 특히 삼가야 합니다.

한사람이 태어날때 입에도끼 함께나니
바보들은 나쁜말로 자기자신 찍는다네

## 쓸데없는 말

쓸모없는 말을sampha 잡담하는 것palāpa이 쓸데없는 말, 잡담samphappalāpa입니다. 여기에는 이익 없는 말일 것, 그 말을 할 것이라는 두 가지 구성요소가 있습니다.[135] 하지만 그 말을 듣는 이가 믿어야 업 궤도에 오릅니다. 듣는 이가 그 말을 믿지 않으면 쓸데없는 말이라는 악행만 범하는 것이어서 그 계목만 무너지지 업 궤도에는 오르지 않습니다. 그래서 구성요소를 세 가지로 말하기도 합니다.[136]

이익없는 말하는것 잡담업의 두요소네
듣는이가 믿는다면 업궤도에 오른다네

여기서 이익이 없는 말을 '가로지르는 말tiracchānakathā'이라고도 표현합니다. 쓸데없는 말을 하는 것은 천상으로 가는 길, 그리고 해탈로 이끄는 길을 옆으로 가로막는 것과 같기 때문입니다.[137] 여기에는 왕, 도둑, 대신, 군대, 공포, 전쟁, 음식, 음료, 옷, 침대, 화환, 향, 친척, 수레, 마을, 성읍, 도시, 지방, 여자, 영웅, 거리, 우물, 죽은 자에 관련된 이야기, 하

135 《*Buddhavadagounyi* 불교의 덕목》, p.342.

136 《*Buddhabhāthā leswekyan* 불교 핸드북》 p.492 참조.

137 《*Buddhavadagounyi* 불교의 덕목》, p.344. 혹은 천상이나 해탈과 나란하여, 평행하여 천상과 해탈과는 절대로 만나지 못하기 때문에 '나란한tiracchāna 말'이라고 표현한다고도 설명한다. 대림스님 옮김, 《맛지마 니까야》 제3권, p.138 주70 참조.

찮은 이야기[138], 그리고 세상, 바다에 관련된 이야기, 이렇다거나 이렇지 않다는 이야기를[139] 합하여 27가지를 언급하고 있습니다(M76). 혹은 이렇다거나 이렇지 않다는 이야기를 두 가지로 헤아린 뒤 숲, 산, 강, 섬에 관련된 이야기 네 가지를 합하여 32가지로 말하기도 합니다(Pm.i.148).[140]

혹은 적절하지 않은 시기에 하는 말, 사실이 아닌 말, 법과 율에 일치하지 않는 말, 불필요한 말, 근거가 없는 말, 무절제한 말도 모두 잡담에 해당됩니다(M114).

반대로 부처님께서 권장하신 대화의 주제로는 욕심이 적음, 만족함, 멀리 떠남, 지나치게 교제하지 않음, 정진, 계, 삼매, 지혜, 해탈, 해탈지견이라는 열 가지가 있습니다(M24).

여기서 주의할 점이 있습니다. 마녀의 성에 갇힌 공주를 구출하는 왕자 이야기 등과 같이 사실이 아닌 내용을 이리저리 꾸며서 하는 말만 업 궤도에 오릅니다. 《자따까》의 일화나 세상에서 사실이라고 알려진 내용을 말하는 것은 업 궤도에 오르지 않습니다. 또한 위의 32가지 내용들을 듣는 이들에게 이익이 생겨나길 바라는 의도로 말했다면 쓸데없는 말 자체도 해당하지 않습니다. "다른 이를 훈계할 때 이전에 있었던 일화를 예로 들어 적당하게 원인과 결과를 말하는 것은 참사람들의 성품이다"라고 《빠라맛타디빠니》 등에 언급되어 있습니다.[141]

---

138 앞의 23가지와 뒤의 세 가지를 제외한 사소한 이야깃거리를 말한다.

139 '이렇다bhava'라는 것은 영속sassata, 증장vaḍḍhi, 감각쾌락kāmasukha에 관한 이야기이고, '이렇지 않다abhava'라는 것은 단멸uccheda, 쇠퇴hāni, 자기학대attakilamatha에 관한 이야기이다. 《맛지마 니까야》 제3권, p.138 주71 참조.

140 성전에 나와 있는 대화주제를 28개로 헤아린 뒤 숲, 산, 강, 섬에 관한 주제 네 가지를 합한 32가지 대화주제는 모두 천상과 해탈을 가로막는 것이기 때문에 가로지르는 말이라고 한다는 내용이다. *Mahāsi Sayadaw*, 《*Visuddhimagga Mahāṭikā Nissaya* 위숫디막가 대복주서 대역》, 제1권, p.332; 《*Buddhavadagounyi* 불교의 덕목》, p.344에서는 여자 다음에 남자에 관한 것을 포함하고 증장, 쇠퇴, 감각쾌락, 자기학대를 첨가해서 32가지로 헤아렸다.

141 《*Buddhavadagounyi* 불교의 덕목》, p.354.

일부 사람들은 "꾸며낸 이야기, 소설 등은 사람들이 사실이라고 대부분 믿지 않는다. 따라서 업 궤도에 이르지 않는다"라고 말합니다. 그렇다 해도 쓸데없는 말을 삼가는 계목은 무너진다는 사실을 명심해야 합니다.

마하간다용 사야도는 "사실이 아닌 것을 상대방의 이익이 무너지도록, 그릇되게 기억하도록 말해야 쓸데없는 말에 해당된다. 사실이 아니더라도 이익이 있도록 비유나 예화로써 말했다면 쓸데없는 말에 해당되지 않는다. 이익이 없더라도 사실인 내용을 보통으로 말한 것도 쓸데없는 말에 해당되지 않는다. 하지만 《빠라맛타디빠니》에서는 왕이나 도둑 등에 관한 사실인 내용을 다른 이의 이익을 바라지 않고 그냥 말했다면 업 궤도에는 오르지 않지만 쓸데없는 말에는 해당된다고 말했다"라고 결정했습니다.[142]

쓸데없는 말을 많이, 여러 번 하는 것이 적게 하는 것보다 더 허물이 큽니다.

쓸데없는 말을 하게 되면 그 과보로 지옥 등의 사악처에 태어나고 가장 경미한 과보라 하더라도 다른 이들이 그의 말을 받아들이지 않고 믿지 않고 존중하지 않습니다(A8:40). 미움을 많이 받고 이득과 복덕, 지혜가 적습니다.

잡담하면 믿지않아 미움당해 존중안해
신뢰가게 말못하고 이득적고 복덕적고
지혜적어 삼간다면 반대결과 갖게되네

142 《*Buddhavadagounyi* 불교의 덕목》, p.346.

과거 보살이 바라나시국에서 제자들을 가르치며 지낼 때 그곳에 제시간에 우는 닭 한 마리가 있었습니다. 학인들은 그 닭이 우는 소리에 기상하여 일과를 시작했다고 합니다. 닭이 죽자 묘지에서 그냥 자란 닭 한 마리를 데려다 놓았습니다. 그런데 그 닭은 너무 일찍 울거나 너무 늦게 울어 결국 죽임을 당했다고 합니다(J119). 적합하지 않은 시기에 말하는 잡담은 주변의 많은 이에게 피해를 주고 자신도 나쁜 과보를 겪기 마련입니다. 사실이고 이익이 있을 때라도 적합한 시기에 상황을 잘 살펴 말해야 합니다.

## 삿된 생계

삿되게micchā 생계를 유지하는 것ājīva이 삿된 생계micchājīva입니다. 즉 고기를 잡아 죽이는 살생을 통해서 생계를 유지하거나 도둑질을 행해서, 삿된 음행을 행해서, 거짓말이나 이간하는 말, 거친 말, 쓸데없는 말을 통해서 생계를 유지하거나 술을 마시는 것으로 생계를 유지하는 것을 말합니다.

혹은 이렇게 살생 등의 일곱 가지 악행과 관련된 행위 외에도, 무기매매satthavaṇijjā, 인신매매sattavaṇijjā,[143] 가축매매maṁsavaṇijjā,[144] 술매매majjavaṇijjā, 독매매visavaṇijjā를 하는 것도 삿된 생계에 해당됩니다. 삼보에 귀의한 불자라면 이러한 생계들도 할 수 있는 만큼 삼가고 바른 생계로 생계를 유지해야 합니다.

과거에 시장에서 장사를 하던 네 명의 여인이 저울의 눈금을 속이는 등으로 돈을 벌다가 젊을 때 죽어 아귀로 태어났습니다. 그 여인들은 자

143 사람 등을 다른 이의 노예로 팔거나 성매매 여성으로 길러 파는 것 등이다.

144 소나 돼지 등을 길러 고깃감으로 도살업자에게 파는 것, 혹은 도살된 고기나 생선 등을 파는 것도 포함된다.

신들이 행한 잘못들에 대한 후회뿐만 아니라 남겨진 남편이 다른 여인들을 아내로 맞이하여 자신들이 애써 모은 재산을 누리고 사용하는 것을 참지 못하고 "정직하게든 정직하지 않게든 우리들이 애써 모은 재산을 다른 사람들이 다 사용하며 누리고 우리는 고통만 당하는구나"라고 크게 소리를 지르면서 고통을 하소연했다고 합니다(PeA.260).

바른 생계란 여법하게 얻은dhammiyaladda 필수품으로 살아가는 것입니다. 즉 부모 등으로부터 유산을 받은 것, 가르치거나 저술하여 얻은 것, 손기술로 얻은 것, 농사를 지어 얻은 것, 정직하게 장사하여 얻은 것, 몸으로 일하여 얻은 것 등입니다.

그렇다면 삿된 생계를 통해 얻은 필수품들은 어떻게 해야 할까요? 이것과 관련하여 바른 생계sammāājīva 두 종류를 알아야 합니다. 자신의 학문이나 기술, 농사, 유산 등으로 필수품을 여법하게 구하는 것과 더 나아가 여법하게 사용하는 것까지가 경전 방법에 따른 바른 생계입니다. 단지 여법하게 필수품을 구하는 정도가 아비담마 방법에 따른 바른 생계입니다. 따라서 여법하지 않게 마련한 필수품을 사용하더라도 이후에 다시 삿된 생계로 살아가지 않는 경우, 경전 방법에 따른다면 바른 생계가 무너지지만 아비담마 방법으로는 무너지지 않습니다. 재가자라면 되도록 경전 방법에 따라서까지 계가 청정하도록 바른 방법에 따라 필수품을 구한 뒤 그것을 사용하는 것이 제일 좋고, 만약 그렇지 않더라도 그 필수품을 다 버릴 필요까지는 없습니다. 다시는 그러한 삿된 생계로 살아가지 않겠다고 결의하고 잘 지켜 나가면 천상에 태어나거나 도를 얻는 데 방해가 될 정도의 불선업이 되지 않습니다.[145]

145 레디 사야도의 《*Sīlavinicchayapoundhoukkyan* 계에 대한 판별 합본》을 인용했다. 《*Buddhabhāthā leswekyan* 불교 핸드북》, p.492 참조.

예를 들어 부처님 당시 땀바다티까Tambadāṭhika라는 망나니는 사형수들을 죽이는 삿된 생계로 55년을 살았지만 사리뿟따 존자의 법문을 듣고 높은 단계의 위빳사나 지혜가 생겨나 죽은 뒤 천상에 태어났습니다(Dhp.100 일화).

또한 부처님 당시에 꾹꾸따밋따Kukkuṭamitta라는 사냥꾼은 평생 사냥이라는 삿된 생계로 살아갔습니다. 하지만 수다원이었던 아내의 도움과 부처님의 제도로 아들과 며느리 각각 일곱 명과 함께 수다원이 되었습니다(Dhp.124 일화). 여기서 그들이 이전에 삿된 생계로 구했던 필수품들을 버렸다고 문헌에 나오지 않습니다. 버리지도 않았을 것입니다. 요약하자면 삿된 생계로 생활했더라도 삿된 생계라고 아는 순간부터 그것을 그만두면 생계 제8계가 청정하다고 할 수 있습니다. 삿된 생계로 구한 필수품들을 버릴 필요는 없습니다. 보시해도 됩니다. 물론 여법하게 얻은 필수품을 보시하는 것이 더 큰 이익을 주지만, 그래도 얻을 수 있는 만큼의 좋은 과보는 얻을 수 있습니다.

비구의 경우는 여법하지 않게 얻은 필수품들을 완전히 버려야만 바른 생계가 됩니다. 점치는 것 등 삿된 생계로[146] 얻은 필수품들을 사용하면 사용할 때마다 범계에 해당됩니다. 그것을 다른 비구가 사용한다면 사용하는 비구도 사용할 때마다 범계에 해당됩니다.

여기서 "'살생행위 삼가는 계목수지 합니다'라는 등으로 이미 수지했지 않는가? 이 생계와 관련하여 따로 수지할 필요가 있는가?"라고 질문할 수도 있습니다. 여러 경전과 주석서에 "이전에 몸의 업과 말의 업과 생계가 청정하여"라는 등으로 소개되어 있기 때문에(M149/M.iii.37), 또한 생

146 비구의 삿된 생계에 대한 자세한 설명은 《청정도론》 제1권, pp.159~171 참조.

계와 관련해서도 계를 어기지 않게 하기 위해 불법에 능통한 여러 장로들께서 바른 생계까지 포함해서 생계 제8계를 수지하도록 설하셨습니다.

## 오계와 생계 제8계

그렇다면 "오계와 생계 제8계를 따로 모두 수지해야 하는가?"라고도 질문할 수 있습니다. 우선 오계에서의 음주계는 생계 제8계에 포함되지 않았지만 감각욕망을 즐기는 것으로는 동일하기 때문에 삿된 음행에 포함시킬 수 있습니다. 혹은 음주를 하면 이어서 여러 악행을 할 수 있게 되므로 모든 악행과 관련되었다고 알아야 합니다.[147] 또한 거짓말을 제외하고 이간하는 말 등 말의 악행 세 가지는 오계에 포함되지 않았지만 말로 짓는 악행으로는 동일하기 때문에 오계의 거짓말에 모두 포함되었다고 여러 스승이 언급하고 있습니다. 따라서 이 두 가지 계를 각각 다 수지할 필요는 없습니다. 오계나 생계 제8계 중 하나를 수지하면 다른 것은 저절로 수지한 것이 됩니다.

또한 수지하든지 수지하지 않든지 오계를 범하면 허물이 되는 것처럼 생계 제8계도 수지하든지 수지하지 않든지 그것을 범하면 허물이 됩니다. 오계가 참사람들이 항상 지켜야 하는 항상계niccasīla이듯이 생계 제8계도 항상 지켜야 하는 항상계입니다. 이 생계 제8계를 지키지 않으면 도와 과를 얻을 수 없습니다. 생계 제8계가 완전해야 도와 과를 얻을 수 있습니다. 그래서 생계 제8계를 '최초 청정범행계ādibrahmacariyasīla'라고[148] 합니다.

---

147 앞의 음주에 대한 설명과 주를 참조하라.

148 처음ādi + 청정범행brahmacariya

## 포살계

### 포살의 의미와 수지

포살uposatha이란 팔계를 수지하고 삼보의 공덕을 마음에 새기며 불선업을 제거하고 마음을 청정하게 하면서 수행을 닦는 등 훌륭한 실천을 구족하면서upetā 지내는 것vasatha을 말합니다. '포살을 준수한다'라고 표현하고 포살을 준수하는 날이 포살날입니다.

포살날에는 여덟 가지 구성요소가 있는aṭṭhaṅga 포살계uposathasīla, 줄여서 팔계를 다음과 같이 준수합니다.

1. **빠나̣띠빠따 웨라마니̣ 식카빠당 사마디야미**
   Pāṇātipātā veramaṇī sikkhāpadaṁ samādiyāmi.
   살생행위 삼가는 계목수지 합니다.
2. **아딘나다나 웨라마니̣ 식카빠당 사마디야미**
   Adinnādānā veramaṇī sikkhāpadaṁ samādiyāmi.
   도둑행위 삼가는 계목수지 합니다.
3. **아브라흐마짜리야 웨라마니̣ 식카빠당 사마디야미**
   Abrahmacariyā veramaṇī sikkhāpadaṁ samādiyāmi.
   일체음행 삼가는 계목수지 합니다.
4. **무사와다 웨라마니̣ 식카빠당 사마디야미**
   Musāvādā veramaṇī sikkhāpadaṁ samādiyāmi.
   거짓말을 삼가는 계목수지 합니다.
5. **수라메라야맛자빠마닷̣타̣나 웨라마니̣ 식카빠당 사마디야미**
   Surāmerayamajjapamādaṭṭhānā veramaṇī sikkhāpadaṁ

samādiyāmi.
음주약물 삼가는 계목수지 합니다.
6. 위깔라보자나 웨라마니 식카빠당 사마디야미
Vikālabhojanā veramaṇī sikkhāpadaṁ samādiyāmi.
비시非時음식 삼가는 계목수지 합니다.
7. 낫짜기따와디따위수까닷사나 말라간다윌레빠나다라나-
Naccagītavāditavisukadassana mālāgandhavilepanadhāraṇa-
만다나위부사낫타나 웨라마니 식카빠당 사마디야미
maṇḍanavibhūsanaṭṭhānā veramaṇī sikkhāpadaṁ samādiyāmi.
가무연주 공연관람 꽃향화장 수지장식 삼가는 계목수지 합니다.
8. 웃짜사야나마하사야나 웨라마니 식카빠당 사마디야미
Uccāsayanamahāsayanā veramaṇī sikkhāpadaṁ samādiyāmi.
고광대상 삼가는 계목수지 합니다.

승가 앞에서 청할 때는 "아항 반떼 띠사라네나사하 앗탕가사만나가땅 우뽀사타실랑 담망 야짜미 … 스님이시여, 저는 삼귀의와 함께 여덟 가지 구성요소가 있는 포살계라는 법을 청합니다 … "라고 하면 됩니다.

팔계의 내용에 대해 먼저 설명하겠습니다. 살생, 도둑질, 거짓말, 음주는 오계와 동일합니다. 오계에서는 삿된 음행만 삼가지만 팔계를 준수할 때는 모든 음행을 삼가야 합니다.

여섯 번째 항목에서 '위깔라보자나 Vikālabhojanā'는 비시vikāla 非時에 음식을 먹는 것bhojanā입니다. 부처님 당시에는 그날 동이 틀 때부터 다음날 동 트기 직전까지를 하루로 헤아렸습니다. 그 중 비구나 사미들이 주식이나 부식을 먹을 수 있는 시간은 동이 틀 때부터 정오까지인데, 이 시간을 '적시kāla 適時'라고 하고, 정오부터 다음날 동이 트기 직전까지를 '비시, 때 아닌 때'라고 합니다. 때 아닌 때에는 씹거나 삼켜야 하는 음식은 먹지 않아야 합니다. 건더기가 없는 포도 주스나 망고 주스 등을 마시는 것은 상관없습니다. 엄격하게 포살을 준수하려는 이들을 위해 율장에 나오는 네 가지 음식을 소개하겠습니다.

① 오전음식yāvakālika

동이 트는 시간부터 12시까지만 받고 먹을 수 있는 음식입니다. 여기에는 밥, 빵, 국수, 생선, 고기라는 주식 다섯 종류와 반찬, 과자, 야채, 과일 등의 부식들이 포함됩니다.

② 오후음식yāmakālika

동이 트는 시간부터 다음날 동이 트기 전까지 받고 먹을 수 있는 음식입니다. 포도, 망고, 바나나, 오렌지, 레몬, 파인애플, 사과, 배라는 여덟 종류 과일의 즙, 주스가 대표적입니다. 하지만 옥수수 과즙을 제외한 모든 열매의 과즙,[149] 야채즙을 제외한 모든 잎의 즙, 감초를 제외한 모든 꽃의 즙, 사탕수수 즙도 마실 수 있습니다. 그러나 여기서 주의할 점은 불에 끓인 것은 안 되고, 배가 고프지 않을 때는 마시면 안 됩니다.

③ 칠일음식sattāhakālika

받고 나서 일주일 동안 저장하여 먹을 수 있는 음식으로, 강장제라고도 합니다. 버터, 생버터, 기름, 꿀, 설탕[150]이 대표적이고 포도당, 에너지드링크, 과즙이 포함되지 않은 탄산음료 등도 여기에 포함됩니다.

149 수박 등의 큰 열매의 과즙도 제외된다.

150 설탕은 물에 타서 먹어야 한다.

④ 평생음식yāvajīvakālika

평생 저장하여 먹을 수 있는 음식으로 약에 해당됩니다. 소금, 생강, 비타민, 그리고 일반 의약품이 해당됩니다.

이러한 음식의 종류를 잘 알아서 팔계를 준수하는 날 12시부터 다음날 동이 트기 전까지는 오전음식에 해당되는 음식을 먹지 않고 오후음식 등의 가능한 음식만 먹으면서 지내야 합니다.

일곱 번째 항목에서 **'낫짜기따와디따위수까닷사나 말라간다윌레빠나 다라나만다나위부사낫타나** Naccagītavāditavisukadassana mālāgandhavilepanadhāraṇamaṇḍanavibhūsanaṭṭhānā'란 춤추고nacca 노래하고gīta 연주하고vādita 특이한 것을visuka 관람하고dassana 꽃으로mālā 단장하고dhāraṇa 향으로gandha 치장하고maṇḍana 화장품으로vilepana 장식하는 것입니다vibhūsanaṭṭhānā.[151] 이것을 '가무연주 공연관람 꽃향화장 수지장식'이라고 표현했습니다.

먼저 춤추는 것은 다른 이를 춤추게 하는 것도 포함됩니다. '다른 이'에는 축생도 해당되어서 원숭이 등으로 하여금 묘기를 부리게 하는 것도 포살날에는 금해야 합니다. 노래하는 것에도 다른 이로 하여금 노래를 부르게 하는 것도 포함되며, 휘파람 부는 것도 해당됩니다. 법과 관련된 노래라도 포살날에는 삼가야 합니다. 연주하는 것에도 다른 이를 시키는 것이 포함되며 최소한 냄비를 뒤집어 치는 행위도 하면 안 됩니다. '특이한 것'에는 앞서 언급한 춤추고, 노래하고, 연주하는 것을 포함하여 닭싸움이나 소싸움 등 부처님 가르침과 반대되는 것 모두가 해당됩니다. 자

151 《*Buddhavadagounyi* 불교의 덕목》, p.361 등에서의 해석이다. 《*Buddhabhāthā leswekyan* 불교 핸드북》, pp.460~461 등에서는 꽃으로mālā 단장하는 것dhāraṇa, 향을gandha 지니는 것dhāraṇa, 향과gandha 화장품으로vilepana 치장하는 것maṇḍana, 향과gandha 화장품으로vilepana 장식하는 것vibhūsana 등으로 해석했다.

신이 있는 곳에서 저절로 보이거나, 자신이 간 곳에서 저절로 보이는 것은 상관없지만, 듣거나 보지 않도록 주의해야 합니다.

이어서 '꽃으로 단장하는 것'이란 장미꽃 등으로 머리를 단장하거나 꽃 모양의 장식으로 단장하는 것을 말합니다. '향으로 치장하는 것'이란 향수를 뿌리거나 바르거나 향가루를 발라서 치장하는 것을 말합니다. '화장품으로 장식하는 것'이란 연지를 바르거나 색조화장 등으로 꾸미는 것을 말합니다. 하지만 병이 있다면 그것과 관련된 연고는 바를 수 있습니다. 또한 원칙적으로 지나치게 향이 강한 비누 등도 삼가야 하지만 몸에 냄새가 심할 때는 사용할 수 있습니다. 그 외에도 '장식하는 것'에 금과 은 등의 귀금속을 두르는 것, 화려한 의상을 입는 것, 화려한 신발을 신는 것 등도 포함됩니다. 이렇게 치장하고 장식하는 것은 번뇌가 늘어나는 원인이기 때문에 '장소ṭhāna'라는 단어를 붙였습니다. 포살일에는 팔계를 수지하기 전부터 이러한 장식이나 치장을 하지 않도록 주의해야 합니다.

여덟 번째 항목에서 '**웃짜사야나마하사야나** Uccāsayanamahāsayanā 고광대상'이란 높은uccā 침상āsana이나 큰mahā 침상āsana을 말합니다. 이때 '높다'라는 것은 다리가 1완척과 한 뼘[152]보다 높은 침상을 말하고, '크다'라는 것은 호랑이 가죽을 두르거나 양털을 까는 등으로 화려하게 장식한 침상을 말합니다. 양털로 만든 양탄자, 융단도 여기에 포함됩니다. 따라서 침상이나 의자에 양탄자가 깔렸다면 비구나 포살 준수자들은 눕거나 앉으면 안 됩니다. 바닥에 깔린 경우는 그 위에 눕거나 앉을 수 있습니다.

152 약 70cm 정도이다.

## 포살의 준수 절차

먼저 '내일은 포살을 준수하리라'라고 계획하는 이라면 포살을 준수할 때 여러 가지 세속적인 일을 하면 적합하지 않기 때문에 그 전날 미리 세속적인 일들을 다 해 놓아야 합니다. 예를 들어 보살필 이들이 있다면 다음날 먹을 것 등을 알려주고 미리 준비해 두어야 합니다. 포살날 식구들에게 식사를 준비해 줄 사람이 없으면 식사 준비로 일이 많지 않게 하기 위해 미리 마련해 두어야 합니다.

포살날 아침, 동이 틀 때 몸과 손을 씻어 깨끗하게 하고서 깨끗한 옷을 입습니다. 꽃으로 치장하거나 향수를 바르는 등의 특별한 치장을 하지 않고 조금 일찍 포살계를 수지해야 합니다. 그 후에 보시할 것이 있으면 보시하고 보시할 것이 없으면 자기를 위해서 간소하게 음식을 준비해서 먹습니다. 음식을 먹고 나서 몸과 손이 깨끗하지 않으면 다시 씻은 뒤 혼자면 혼자, 도반이 있으면 도반과 같이 적당한 장소에서 부처님 덕목을 새기면서 하루를 지냅니다. 부처님 덕목 새기는 것을 오래 할 수 없으면 경전이나 법문도 읽고, 법회가 있다면 법회에 참석하여 법문도 듣고, 서로 법담을 해도 됩니다.

혹은 아침을 간소하게 먹은 뒤 자신이 다니던 정사에 가서 다른 도반들과 함께 스님에게서 팔계를 수지한 뒤 정사의 승가에 공양도 올리고, 오후에는 마찬가지로 법문을 듣거나 수행을 하거나 경전을 읽거나 해도 됩니다.

저녁에는 자신의 계를 돌이켜 반조하여 성자나 아라한들과 같은 모습을 새깁니다. 아침에 동이 트면 저절로 팔계 수지한 것이 오계로 바뀌게 됩니다.

시간이 여의치 않으면 오전 정도만 준수해도 됩니다. '나는 오전에만 포살계를 준수하리라'라고 결의한 뒤 팔계를 수지하면 오후가 되면 저절로 오계로 바뀌게 됩니다. 혹은 오후라도 정오를 지나서 식사를 하지 않았다면 그때부터 팔계를 수지해도 됩니다. 부처님 당시, 아나타삔디까 장자의 어떤 하인은 일을 마치고 나서 오후가 되어서야 그날이 포살날인 것을 알았습니다. 하지만 그때부터도 포살을 준수할 수 있다는 사실을 알고는 일한 후의 배고픔을 참으며 포살을 준수하다가 갑자기 죽게 되었습니다. 그러나 그리 길지 않은 시간 정도 포살을 준수한 결과로 다음 생에 목신으로 태어났다고 합니다(Dhp.21~23 일화).

## 포살날의 종류

포살날에는 일반 포살pakati uposatha, 각성 포살paṭijāgara uposatha, 기적 포살pāṭihāriya uposatha이 있습니다.

먼저 상현과 하현의 8일, 그리고 보름날과 그믐날에 준수하는 것이 일반 포살입니다. 혹은 상현과 하현의 8일과 14일, 15일로 말하기도 합니다(A3:36). 주석서에서는 여기에 상현과 하현의 5일을 포함시키기도 합니다(AA.ii.122).

이 중 상현과 하현의 8일에는 사대천왕의 신하들이, 상현과 하현의 14일에는 사대천왕의 아들들이, 15일에는 사대천왕이 직접 내려와서 인간세상에서 많은 사람이 부모와 사문을 공경하는지, 연장자를 공경하는지, 포살을 준수하는지, 공덕을 쌓는지 살피고 간다고 합니다. 그리고 그 결과를 도리천의 수담마 법당에 모인 천신들에게 알립니다.[153] 도리천 천신

153 *Dhammācariya U Einain*의 《*Buddha Abhidhamma Mahānidān* 부처님의 아비담마 기본서》, p.262에는 《디가 니까야》 주석서와 복주서를 근거로 제석천왕이 직접 알린다고 설명되어 있다. 본서 제7장의 '도리천'에 대한 설명을 참조하라.

들은 만약 포살을 준수하고 공덕을 쌓는 사람들이 적으면 '천신들의 무리가 줄어들 것이다'라고 언짢아하고, 포살을 준수하고 공덕을 쌓는 사람들이 많으면 '천신들의 무리가 늘어날 것이다'라고 흡족해 한다고 합니다(A3:36).

각성 포살이란 새김이 커서 선업에 각성이 된 이들이 일반 포살날의 전날과 뒷날에도 준수하는 포살을 말합니다. 상현과 하현의 5일까지 포함시킨다면 일반 포살날이 모두 8일, 상현과 하현의 5일과 8일의 전후 하루씩이 모두 8일, 상현과 하현의 14일 앞의 2일, 상현과 하현의 15일 뒤의 2일,[154] 모두 합하면 20일이 됩니다.

기적 포살이란 얻기 힘든 사람의 생을 얻었을 때 계를 더욱 구족하기 위해 오랜 기간 준수하는 포살을 말합니다. 예를 들어 안거 석 달 내내 포살을 준수하거나 해제 후 한 달이나 보름간 포살을 준수하는 방법도 있고, 음력 유월 초하루부터 음력 시월 그믐까지 다섯 달 동안, 혹은 음력 6월의 한 달과 10월의 한 달과 2월의 한 달로 모두 석 달을 준수하는 방법도 있습니다. 또는 각성 포살처럼 8일 포살날의 앞뒤, 14일의 앞, 15일의 뒤, 그리고 음력 9월 16일부터 그믐까지 15일을 준수하는 포살도 기적 포살이라고 합니다.

## 포살의 종류

〈팔관재계 경〉에서 부처님께서는 세 가지 종류의 포살을 언급하셨습니다.

먼저 목동의 포살gopāla uposatha입니다. 마치 목동들이 저녁때 소들을 주인에게 돌려준 뒤 '오늘은 소들을 이러이러한 곳에서 방목해서 물을 먹

154 14일의 뒤에는 15일이 있기 때문에 앞의 날만, 15일의 앞에는 14일이 있기 때문에 뒤의 날만 헤아렸다.

였고, 내일은 이러이러한 곳에서 방목하여 물을 먹일 것이다'라고 숙고하듯이, 포살을 준수하는 사람이 '오늘 나는 이러이러한 음식을 먹었고, 내일은 이러이러한 음식을 먹을 것이다'라고 숙고하면서 탐욕에 빠진 채 날을 보내는 것을 말합니다. 이러한 포살은 큰 결실이 없습니다.

두 번째로 니간타의 포살nigaṇṭha uposatha입니다. 니간타들은 포살을 준수할 때 옷을 비롯한 여러 가지를 자신의 소유가 아니라고 결의하는데, 포살날이 지나면 다시 자기 것으로 취합니다. 이것은 진실하지 않기 때문에 역시 큰 결실이 없습니다.

세 번째로 성자의 포살ariya uposatha로서 오염된 마음을 바른 방법으로 청정하게 하는 것입니다. 즉 부처님이나 가르침, 승가의 덕목을 거듭 새기는 것, 자신의 무너지지 않은 계를 거듭 새기는 것, 천신이 갖춘 덕목들을 자신도 갖춘 것을 거듭 새기는 것, 그리고 마지막으로 팔계를 준수하는 것입니다. '아라한들은 살아 있는 내내 살생이나 도둑질, 음행, 거짓말, 음주를 하지 않고, 오후불식하며, 춤, 노래, 음악, 연극관람을 하지 않고, 높고 큰 침상을 버리며 지낸다. 나는 오늘 이 밤과 낮 정도라도 그렇게 지내리라'라고 결의하고서 준수하는 포살을 말합니다. 이러한 성자의 포살은 큰 결실이 있습니다. 예를 들어 많은 나라를 지배하며 다스리는 것은 포살 준수 이익의 1/16도 되지 않는다고 합니다. 왜냐하면 포살을 준수하면 다음 생에 사대왕천, 도리천 등의 천상세상에 태어나게 되고 그 천상의 행복은 인간의 행복보다 매우 뛰어나기 때문입니다(A3:70).

## 포살의 의의

이전에 언급한 오계나 생계 제8계는 항상 지켜야 하는 계입니다. 또한 누가 제정해서가 아니라 오계를 범하면 그 자연성품으로 악처에 태어나기 때문에 지켜야 하는 계입니다. 하지만 포살날에 준수하는 팔계는 그렇게 항상 지키는 계가 아니라 앞에서 언급한 것처럼 특별한 날을 지정해서 지키는 계입니다. 또한 팔계를 준수하면 더 큰 이익을 얻을 수 있기 때문에 특별히 지키는 것입니다.[155]

살생, 도둑질, 거짓말 등의 앞부분 다섯 가지는 본래 성품상으로 불선법들이기 때문에 세상 허물lokavajja이라고 합니다. 때 아닌 때에 먹는 것 등의 나머지 세 가지는 본래 성품상으로는 불선법이 아닙니다. 허물이 없습니다. 부처님께서 '하지 말라'라고 설하신 것이기 때문에 제정 허물paṇṇattivajja이라고 합니다. 따라서 앞의 다섯 가지 항목을 범하는 것은 악처에 태어나는 결과까지 줄 수 있습니다. 반면에 뒤의 세 가지 항목을 범하는 것은 악처에 태어나는 결과까지는 주지 못하고 삶의 과정에서 여러 가지 파생 과보를 줄 수 있습니다. 예를 들어 때 아닌 때에 먹는 것을 삼가면 여러 가지 음식을 많이 얻고 먹을 수 있는 이익을 누리고, 팔계를 수지한 뒤 그 계를 어기면 굶주리거나 거친 음식을 먹게 된다고 합니다. 특히 '오후불식' 계목은 저녁에 음식과 관련된 일을 적게 하여 수행시간을 많게 하는 이익, 먹을 것이라는 감각욕망 대상을 줄여주는 이익 등의 여러 이익을 줍니다.

전륜성왕이 되려는 이는 팔계를 지켜야 바퀴보배가 생겨나 전륜성왕이 될 수 있습니다. 또한 팔계까지 준수하면 계가 더욱 청정하기 때문에 윤회하는 내내 사람과 천상의 영화라는 세간적인 이익뿐만 아니라 도와

---

155 이러한 이유 때문에 포살계를 실천계에 포함시킨다. 즉 불자로서 최소한 오계를 수지하면 계를 지키는 청신자가 될 수 있다. 그보다 더 계를 청정하게 하고자 할 때 포살계를 수지한다. 이렇게 포살계는 지키고 싶으면 지켜도 되고, 지키고 싶지 않으면 지키지 않아도 되기 때문에 실천계에 포함된다. 하지만 밍군 삼장법사 사야도는 "'포살계는 실천계이다'라는 것은 포살계의 여덟 항목을 동시에 수지했을 때 적용된다. 각각 수지했다면 살생, 도둑질, 거짓말, 음주를 삼가는 것은 근신계, 나머지 네 항목은 실천계에 해당된다"라고 결정했다. 《*Buddhavadagounyi* 불교의 덕목》, p.226.

과, 열반이라는 출세간의 이익까지 더욱 쉽게 얻을 수 있습니다(A3:37).[156]

하지만 단지 천상을 바라거나 비난이 두려워서 포살을 준수해서는 안 됩니다. 혹은 '자식을 낳기 위해, 결혼하기 위해'라는 등으로 세간적인 목적도 바람직하지 않습니다.

부처님 당시, 위사카 부인과 동료 500명의 여인들이 포살을 준수하러 정사에 갔습니다. 위사카 부인이 그 중에 나이든 여인들에게 포살을 준수하는 이유를 묻자 "천상에 태어나고 싶어서 포살을 준수합니다"라고 대답했습니다. 중년의 여인들은 "남편의 지배로부터 잠시라도 떨어지고 싶어서", 젊은 여인들은 "빨리 임신하고 싶어서", 처녀들은 "결혼하고 싶어서" 포살을 준수한다고 각각 대답했습니다. 위사카 부인이 그 사실을 부처님께 아뢰었고, 부처님께서는 "목동들이 막대기로 소들을 꼴밭으로 이리저리 몰아대듯이, 중생들의 태어남은 늙음으로, 늙음은 병듦으로, 병듦은 죽음으로 몰아가서 마침내 도끼로 자르듯이 생명을 끊어버린다"라고 설하시고는 다음의 게송을 읊으셨습니다(Dhp.135).

마치 목동들이 몰이막대로
소들을 꼴밭으로 몰아대듯이
마찬가지 늙음도 또한 죽음도
생명들의 목숨을 몰아댄다네.

이러한 부처님의 가르침에 따라 더욱 청정한 계행을 바탕으로 열반의 바탕이 되기 위해 포살을 준수해야 합니다.

156 제석천왕이 되는 것의 바탕이 되기도 하지만 부처님께서는 아라한이 되는 것의 바탕이 되는 것이 더욱 중요한 결실이라고 언급하셨다.

# 구계와 십계

## 구계

부처님께서는 여덟 가지 구성요소가 있는 포살계 외에 아홉 가지 구성요소가 있는 포살계도 "비구들이여, 아홉 가지 구성요소를 갖춘 포살을 준수하면 결실이 크고, 이익이 크고, 위력과 덕목의 광명이 크게 빛나고 과보가 널리 퍼진다"라는 등으로 설하셨습니다(A9:18).

아홉 가지 구성요소란, 팔계의 여덟 가지 구성요소에 자애와 관련한 항목 하나를 "Mettāsahagatena cetasā ekaṁ disaṁ pharitvā viharati, tathā dutiyaṁ tathā tatiyaṁ tathā catutthaṁ. Iti uddhamadho tiriyaṁ sabbadhi sabbattatāya sabbāvantaṁ lokaṁ mettāsahagatena cetasā vipulena mahaggatena appamāṇena averena abyāpajjena pharitvā viharati 자애와 함께한 마음으로 한 방향으로 펼치며[157] 지낸다. 그처럼 두 번째 방향을, 그처럼 세 번째 방향을, 그처럼 네 번째 방향을, 이와 같이 위, 아래, 주위, 모든 방향의 모두를 자신처럼 여기면서 모두를 포함하는 세상을[158] 자애와 함께하는 풍만하고, 광대하고, 무량하고, 원한 없고, 분노 없는 마음으로 펼치며 지낸다"라는 경전 구절에 따라 첨가한 것입니다.

이 계를 승가 앞에서 청할 때는 "**아항 반°떼 띠사라네ᇰ나사하 나왕가사만나̄가땅 우뽀사타실̄랑 담°망 야̄짜̄미** … 스님이시여, 저는 삼귀의와 함께 아홉 가지 구성요소가 있는 포살계라는 법을 청합니다 … "라고 하면 됩

157 그 방향에 있는 중생 무리에 대해 펼치는 것이다.

158 중생들을 말한다.

니다.

수지할 때는 팔계 다음에 아홉 번째로 **"멧따사하가떼나 쩨따사 삽바빠나부떼수 파리뜨와 위하라낭 사마디야미** Mettāsahagatena cetasā sabbapāṇabhūtesu pharitvā viharaṇaṁ samādiyāmi 자애담긴 마음으로 모든생명 존재대해 펼치면서 지내는것 수지합니다"라고 독송하면 됩니다.[159] 또 다른 방식으로는 **"야타발랑 멧따사하가떼나 쩨따사 삽바완땅 로깡 파리뜨와 위하라미** Yathābalaṁ mettāsahagatena cetasā sabbāvantaṁ lokaṁ pharitvā viharāmi 자애담긴 마음으로 힘닿는껏 모든생명 세상대해 펼치면서 지내겠습니다"라고 독송합니다.[160]

아홉 번째 항목을 수지하는 방법이 두 종류로 나뉘는 것은 구계에 포함된 자애에 대한 해석의 차이 때문입니다. 첫 번째 방법은 부처님께서 경전에 분명하게 '아홉 가지 구성요소를 갖춘 포살'이라고 설하셨기 때문에 마지막 자애도 하나의 계목으로 간주하여 수지하는 것입니다. 두 번째 방법은 자애는 수지해야 하는 계가 아니라 닦아야 하는 수행이기 때문에 '수지한다'라는 표현보다는 경전에 나와 있는 대로 '지내겠습니다'라고 표현하고, 또한 계처럼 항상 지키지는 못하기 때문에 '힘닿는 껏', 즉 할 수 있는 만큼 자애를 닦으면서 지낸다고 결의하는 것입니다.

부처님께서 이렇게 자애를 첨가하여 설하신 것은 당시 포살을 준수하는 대중들의 성향을 고려했기 때문이라고 주석서에서는 설명합니다(AA.iii.266). 또한 자애를 닦으면 편안하게 잠들고, 편안하게 잠에서 깨는 등의 여러 가지 이익을 얻을 수 있습니다. 따라서 어떠한 방법으로 수지하

159 '자애와 함께한Mettāsahagatena 마음으로cetasā 모든 생명과 존재에 대해sabbapāṇabhūtesu 펼치면서pharitvā 지내는 것을viharaṇaṁ 수지합니다samādiyāmi'라는 뜻이다. 《*Mahāsi Yogīveoyeosin* 마하시 수행자 독송집》, p.15; 한국마하시선원, 《법회의식집》, pp.266~267 참조.

160 '힘이 닿는 정도로Yathābalaṁ 자애와 함께한mettāsahagatena 마음으로cetasā 모두를 포함하는sabbāvantaṁ 중생이라는 세상에 대해lokaṁ 펼치면서pharitvā 지내겠습니다viharāmi'라는 뜻이다.

든지 간에 팔계를 수지하면서 자애를 닦으면 부처님께서 설하신 구계를 잘 수지하는 것이고, 많은 이익을 누릴 것입니다.

## 십계

십계는 사미에게는 항상 수지해야 하는 계이기 때문에 '항상계niccasīla'입니다. 하지만 재가자가 포살날이나 다른 날, 혹은 한 달 등의 기간을 정해 놓고 수지할 수 있는 계이기 때문에 재가자에게는 '한정계niyamasīla'입니다.

재가자의 경우, 승가 앞에서 십계를 청할 때는 "**아항 반떼 띠사라네나사하 다사가핫타실랑 담망 야짜미** … 스님이시여, 저는 삼귀의와 함께 재가자의 십계라는 법을 청합니다 … "라고 하면 됩니다.

수지할 때는 먼저 팔계의 일곱 번째 항목을 두 부분으로 다음과 같이 나누어 수지합니다.

7. 낫짜기따와디따위수까닷사나 웨라마니 식카빠당 사마디야미
   Naccagītavāditavisukadassana veramaṇī sikkhāpadaṁ samādiyāmi.
   가무연주 공연관람 삼가는 계목수지 합니다.
8. 말라간다윌레빠나다라나만다나위부사낫타나
   Mālāgandhavilepanadhāraṇamaṇḍanavibhūsanaṭṭhānā
   웨라마니 식카빠당 사마디야미
   veramaṇī sikkhāpadaṁ samādiyāmi.
   꽃향화장 수지장식 삼가는 계목수지 합니다.

그리고 팔계의 여덟 번째인 높고 화려한 침상을 삼가는 항목을 아홉 번째로 수지한 뒤 마지막 열 번째로 금전에 관련한 계목을 다음과 같이 수지합니다.

10. 자~따루~빠라자따빠띡.가하나. 웨라마니~. 식카~빠당 사마~디야~미
Jātarūparajatapaṭiggahaṇā veramaṇī sikkhāpadaṁ samādiyāmi.
금은금전 받는행위 삼가는 계목수지 합니다.

팔계에서는 춤추고 노래하는 등의 구절과 꽃으로 단장하는 등의 구절을 모아서 하나의 계목으로 설했고, 십계에서는 분리하여 두 계목으로 설한 것에 관해서는 여러 가지 설명이 있습니다.

《빠라맛타사루빠 아누완나나 짠 *Paramatthasarūpa Anuvaṇṇanā Kyan*》이라는 문헌에서는 "팔계에서 묶어서 설한 것은 춤추고 노래하는 것 등과 꽃으로 단장하는 것 등이 감각욕망을 즐기는 것으로 동일하기 때문이다. 십계에서 분리하여 설한 것은 춤추고 노래하는 것 등은 몸과 말의 행위, 즉 몸의 문과 말의 문에서 생겨나는 행위이고 스스로 행해도 범계이고 남을 시켜도 범계이지만, 꽃으로 단장하는 것 등은 몸의 행위 즉 몸의 문에서만 생겨나는 행위이고 스스로 행하는 것과만 관계되는 범계이기 때문이다"라고 설명했습니다.[161]

《야따나고운이 *Ratanagounyi*》라는 문헌에서는 "춤추고 노래하고 연주하고 관람하는 것은 서로 비슷하다. 그래서 하나의 항목으로 묶을 수 있다. 꽃으로 단장하는 것 등도 마찬가지다. 하지만 춤추는 것 등과 꽃으로 단장하는 것 등은 서로 비슷하지 않다. 다르다. 그래서 십계에서 두

161 《*Buddhavadagounyi* 불교의 덕목》, p.379.

가지로 나눈 것이다. 사실은 이렇게 두 가지로 따로 수지해야 하지만 과거로부터 내려온 전통에 따라 포살계는 여덟 가지 항목이기 때문에 두 가지를 묶어서 수지하는 것이다"라고 설명했습니다.[162]

로웅도 사야도Loungdaw Sayadaw는 "세속인들에게는 애착이 근본원인이기 때문에 애착과 관련된 불선 의도 하나만을 대상으로 해서 두 계목을 하나로 묶었고, 십계에서는 즐기려는 불선 의도와 꾸미려는 불선 의도를 대상으로 해서 두 가지로 나눈 것이다"라고 설명했습니다.[163]

마지막 열 번째 항목에서 '금jātarūpa'이란 금괴나 금전, 금으로 만든 장식들도 포함됩니다. '은rajata'이란 은괴나 은전, 은으로 만든 장식, 더 나아가 여러 나라에서 사용하는 동전, 화폐들도 포함됩니다. '받는 것paṭiggahaṇā'에는 손이나 부채 등으로 직접 받는 것uggaha, 자신을 위해 다른 이로 하여금 받도록 시키는 것uggaharaṇa, 근처에 두게 한 뒤 동의하는 것upanikkhittasādiyana, "이 돈으로 무엇을 사라, 어디에 넣어라"라는 등으로 지시하는 것dubbicāraṇa, 다른 이의 돈을 만지는 것āmasana 등이 포함됩니다.

그래서 십계를 수지하려는 재가자라면 십계를 수지하기 전에 자신이 소유한 금, 은 등을 믿을 만한 누군가에게 맡겨야 합니다. 그리고 십계를 수지한 뒤에는 금, 은 등을 받는 등 위에서 언급한 어떠한 행위도 하면 안 됩니다.

재가자가 십계를 수지해도 되는지에 관해 "가사색으로 물들인 옷을 입고 항상 지킬 수 있어야 수지할 수 있다", 혹은 "자신이 소유한 재산을

162 《*Buddhavadagounyi* 불교의 덕목》, p.379.
163 《*Buddhavadagounyi* 불교의 덕목》, p.380.

가띠까라 도공처럼 집착을 끊고 완전히 버려야만 수지할 수 있다"라고 설명하기도 합니다. 하지만 일반적으로는 앞에서 언급한 대로 "재가자들이 자신의 모든 재산을 버리지 못한다 하더라도 믿을 만한 누구에게 맡긴 뒤 일정 기간 십계를 수지할 수 있다"라고 결정합니다.[164]

왜냐하면 《위숫디막가》에서 "재가계gahaṭṭhasīla란 재가자들이 항상 수지해야 하는 오계, 할 수 있다면 십계와 포살팔계이다"라고 분명하게 설명해 놓았기 때문입니다(Vis.i.15). 또한 풋사Phussa 부처님 당시 부처님의 동생이었던 삼형제는 자신들의 재산을 재정관에게 모두 맡긴 뒤 천 명의 부하와 함께 물들인 가사를 걸치고 십계를 수지하고서 삼 개월 동안 부처님 곁에 머물면서 지냈다고 합니다(DhpA.i.65).[165]

십계는 재가자들에게 항상 지켜야 하는 항상계가 아니라 할 수 있을 때 가끔씩 기간을 정해서 지키는 한정계niyamasīla라는 사실을 《이띠웃따까 주석서 Itivutaka Aṭṭhakathā》에서 '항상계인 오계, 포살계인 팔계, 한정계인 십계'라고 세 가지로 나누어 설명했습니다.

이와 관련하여 〈재가자에 대한 예배 경〉에서 '계를 갖추고 sīlavanto'라는 구절을(S11:18) 주석서에서는 "'계를 갖추고'란 '청신사라는 신분에 기반을 두고 오계도, 십계도 구족하고'라는 뜻이다"라고 설명했고(SA.i.322), 다시 복주서에서 "'오계나 십계를 구족하고'란 '항상계로 오계를, 한정계로 십계를 구족하고'라는 뜻이다"라고, 그리고 "'~도'라는 단어를 통해 더 나아가 며칠이라도 포살계로 팔계도 구족한다는 사실을 보였다"라고 설명하고 있습니다(SAṬ.i.340).

---

164 《*Buddhavadagounyi* 불교의 덕목》, p.384.

165 《법구경 이야기》 제1권, p.239에는 '사미십계를 받고'라고 되어 있지만 원문에는 'dasa sīlāni gahetvā'라고만 되어 있고 미얀마 여러 문헌에서는 이것을 재가자가 수지하는 십계로 설명한다.

따라서 재가자도 십계를 가능한 경우에 앞에서 설명한 대로 수지할 수 있다고 기억해야 합니다.

## 일계도 있는가

재가자가 수지해야 할 계로 오계부터 팔계, 십계까지 설명했습니다. 그렇다면 "일계, 즉 한 가지 계도 있는가?"라고 질문할 수 있습니다. 부처님께서 설하신 성전에는 '일계, 이계, 삼계, 사계' 등이 없지만 "하나를 지킬 수 있으면 하나의 계목을, 두 개를 지킬 수 있으면 두 개의 계목을 수지할 수 있다"라는 사실을 여러 주석서에서 밝히고 있습니다. 이것에 대해 보충해서 설명하겠습니다.

《위방가 주석서》에서 "재가자들의 경우, 계를 각각 수지했다면 그렇게 수지한 뒤 범한 계목만 무너진다. 나머지 계목들은 무너지지 않는다. 왜냐하면 재가자들은 계가 항상하지 않기 때문이다. 즉 항상 지킬 수 있어야 지키는 계가 재가자들에게는 없기 때문이다. 지킬 수 있는 계목들만 지킨다"라고 설명했습니다. 이 의미는 다음과 같습니다. 사미의 경우는 십계를 항상 지켜야 합니다. 그 중 하나가 무너지면 열 가지 모두가 같이 무너집니다. 하지만 재가자는 다릅니다. "계를 지켜야 사람이다. 계를 지키지 않으면 사람이 아니다"라고 항상 지켜야 할 계가 없습니다. 이러한 뜻입니다.[166]

이 주석서의 설명에 따라 재가자에 대해서 "재가자라면 십계는 놔두고 오계를 최대한 지켜야 한다. 다섯 가지 모두를 지키지 못하고 하나나 두 가지만 지킨다면 그것은 다섯 가지 모두가 갖추어지지 못하는 것이기

166 《*Buddhavadagounyi* 불교의 덕목》, p.387.

때문에 그렇게 지켜서는 안 된다. 그렇게 하나나 두 가지만 지키면 선업이 생겨나지 않는다. 계가 생겨나지 않는다"라고 말해서는 안 됩니다. 오계를 다 지키지 못한다 하더라도 할 수 있는 만큼 지키면 선업이 생겨난다고, 진짜 계가 생겨난다고 기억해야 합니다.[167]

이와 관련하여 《빠띠삼비다막가》에 나오는 한정 청정계pariyantapārisuddhisīla에 대해서(Ps.41) 주석서에서는 계목 한정sikkhāpadapariyanta과 시기 한정kālapariyanta으로 나누어 자세하게 설명해 놓았습니다. 내용을 요약하면 다음과 같습니다.

먼저 '계목 한정'이란 청신사나 청신녀 등의 재가자라면 원하는 것, 혹은 이전에 수지하던 대로 한 가지 계목이나, 두 가지 계목이나, 세 가지 계목이나, 네 가지 계목이나, 다섯 가지 계목이나, 여덟 가지 계목이나, 열 가지 계목을 수지하고, 사미나 사미니, 식차마나니들은 열 가지 계목을 수지하여 실천하는 것이라고 설명했습니다(PsA.i.187).

이 설명에 따라 앞에서 설명한 것과 마찬가지로 "불교에서 일계, 이계, 삼계, 사계라는 것은 없다. 오계부터 분명하게 성전에 나온다. 하지만 오계 모두를 지킬 수 있어야 오계를 지키는 것은 아니다. 하나든, 둘이든, 셋이든, 넷이든, 지킬 수 있는 만큼 지켜도 된다"라고 밍군 삼장법사 사야도는 결정했습니다. 따라서 부처님의 가르침에서 일계라는 것은 없지만 하나만 가능해서 지키고자 한다면 지켜도 좋습니다. 선업도 생겨납니다. 계도 생겨납니다.

두 번째로 '시기 한정'이란 청신사나 청신녀 등의 재가자가 보시를 할 때 그 보시를 하는 동안만 한정해서 계를 수지하는 것, 정사에 갈 때 정사에 있는 동안만 계를 수지하는 것, 하루나 이틀 등으로 날짜를 정해서

167 그렇다고 계목을 어겼을 때 나쁜 과보를 받지 않는다는 말은 아니다.

그 기간만 계를 수지하는 것이라고 설명했습니다(PsA.i.187).

이 설명에 따라 하루 종일이 아니더라도 스님들을 집으로 초청해서 보시를 하는 동안이든, 정사를 방문하여 정사에 있는 동안이든, 더 나아가 오후 정도만 한정해서든 계를 수지하여 지킬 수 있습니다. 그래서 포살날, 오후불식이 힘든 이들의 경우는 '오전만 포살팔계를 준수하리라'라고 기간을 한정해서 수지해도 됩니다. 이 경우, 12시가 되면 저절로 재가자의 오계를 수지한 것으로 돌아갑니다. "계라는 거룩한 실천을 하루 종일 실천해야 선업이 생겨나지 한시적으로 수지하면 선업이 생겨나지 않는다"라고 말해서는 안 됩니다. 실천할 수 있는 만큼의 기간을 한정해서 실천하더라도 선업이 생겨납니다. 계도 생겨납니다.

관련된 일화를 하나 소개하겠습니다. 부처님 당시, 라자가하에 밤낮으로 짐승들을 죽여 살아가는 사냥꾼과 삼보에 귀의한 그의 친구가 있었습니다. 살생을 하지 말라고 아무리 친구가 말려도 사냥꾼은 계속해서 사냥을 했습니다. 그래서 "하루 종일 계를 지킬 수 없다면 밤 동안이라도 살생을 하지 않는 계를 지켜보라"고 권유했습니다. 사냥꾼은 그 말에 동의하고 낮에는 계를 지키지 못하고 밤에만 계를 지켰고, 죽은 뒤에 천궁 아수라로 태어나 낮에는 고통을 겪었지만 밤에는 천상의 영화를 누렸다고 합니다(Pe.176; PeA.188).

또한 오후 정도만 포살계를 준수하여 목신으로 태어난 일화도 앞서 설명했습니다.

정리하자면 재가자의 경우, 오계 등을 다 수지하지 못하더라도 할 수 있는 만큼의 계목을 수지하여 지킬 수도 있고, 항상 수지하지 못하더라도 할 수 있는 만큼의 기간을 한정하여 지킬 수도 있습니다.

## 선행십계

중생들로 하여금 불선업을 짓게 하는, 중생들을 오염시키는 것에는 세 종류가 있습니다. 바로 갈애, 사견, 악행입니다. 그 중 악행이라는 때를 씻어내어 깨끗하게 하는 선행 열 가지의 실천도 계라고 할 수 있다고 부처님께서 설하셨습니다(D2; S42:8). 또한 선행과 악행에 대해서 여러 성전을 통해 설하셨습니다.

하지만 선행십계를 수지하고 실천하는 것에 대해 아는 이들이 적습니다. 사실은 업 자산 정견kammassakatā sammādiṭṭhi을 받아들이는 불자라면 열 가지 악행을 삼가고 열 가지 선행을 닦는 것은 기본입니다. 이제 지금까지 살펴 본 오계, 팔계, 구계, 십계에 이어서 '선행십계'에 대해서 알아보겠습니다.

### 선행십계의 의미와 수지

살생투도 사음이 몸악행의셋
양설악구 망기어 말악행의넷
탐애분노 사견이 맘악행의셋
십악행이 열가지 불선업궤도
십악행을 삼가면 열가지선행
십선행이 열가지 선업의궤도

먼저 악행ducarita이란 나쁜 행위라는 뜻입니다. 여기에는 살생과 도둑질偸盜과 삿된 음행邪淫이라는 몸으로 행하는 나쁜 행위가 세 가지, 거짓말妄語과 이간하는 말兩舌과 거친 말惡口과 쓸데없는 말綺語이라는 말로 행하는 나쁜 행위가 네 가지[168], 탐애와 분노와 사견이라는 마음으로 행하는 나쁜 행위가 세 가지로 모두 열 가지가 있습니다.

이 열 가지 악행은 그것을 범했을 때 각각에 해당하는 구성요건이 갖추어졌다면 악처 중 어느 한 곳에 재생연결의 과보를 확실하게 줄 수 있기 때문에 불선업 궤도akusalakammapatha라고도 합니다. 즉, 악처에 도달하는 데 확실한 궤도patha이자 원인인 불선업akusalakamma이라는 뜻입니다.

열 가지 악행을 삼가면 열 가지 선행이 됩니다. 선행sucarita이란 좋은 행위라는 뜻입니다. 이 선행도 악행과 마찬가지로 몸의 선행이 세 가지, 말의 선행이 네 가지, 마음의 선행이 세 가지입니다. 열 가지 선행은 그것을 실천했을 때 선처 중 어느 한 곳에 재생연결의 과보를 확실하게 줄 수 있기 때문에 선업 궤도kusalakammapatha라고도 합니다. 즉, 선처에 도달하는 데 확실한 궤도patha이자 원인인 선업kusalakamma이라는 뜻입니다.

선행십계를 승가 앞에서 청할 때는 "아항 반떼 띠사라네나사하 다상가사만나가땅 수짜리따실랑 담망 야짜미 … Ahaṁ bhante tisaraṇenasaha dasaṅgasamannagataṁ sucaritasīlaṁ dhammaṁ yācāmi … 스님이시여, 저는 삼귀의와 함께 열 가지 구성요소가 있는 선행계라는 법을 청합니다 … "라는 등으로 하면 됩니다.

수지할 때는 살생과 도둑질과 삿된 음행과 거짓말은 오계와 마찬가지로, 이간하는 말과 거친 말과 쓸데없는 말은 생계 제8계와 마찬가지로 수지하면 됩니다. 나머지 세 항목은 《쿳다까빠타》 성전의 방법에 따라 다음과 같이 수지합니다.

168 글자수를 맞추기 위해 게송에서는 망어를 세 번째로 옮겨 기어와 함께 '망기어'라고 표현했다.

8. 아빗자 웨라마니 식카빠당 사마디야미

Abhijjhā veramaṇī sikkhāpadaṁ samādiyāmi.

탐애욕심 삼가는 계목수지 합니다.

9. 뱌빠다 웨라마니 식카빠당 사마디야미

Byāpādā veramaṇī sikkhāpadaṁ samādiyāmi.

분노성냄 삼가는 계목수지 합니다.

10. 밋차딧티야 웨라마니 식카빠당 사마디야미

Micchādiṭṭhiyā veramaṇī sikkhāpadaṁ samādiyāmi.

삿된견해 삼가는 계목수지 합니다.

혹은 《디가 니까야》, 《상윳따 니까야》 등의 성전에 따라(D2; S42:8) 다음과 같이 수지할 수도 있습니다.[169]

8. 아빗장 빠하야 위가따빗제나 쩨따사 위하라미

Abhijjhaṁ pahāya vigatābhijjhena cetasā viharāmi.

탐애버려 탐애떠난 마음으로 지내겠습니다.

9. 뱌빠당 빠하야 위가따뱌빠데나 쩨따사 위하라미

Byāpādaṁ pahāya vigatabyāpādena cetasā viharāmi.

분노버려 분노떠난 마음으로 지내겠습니다.

10. 밋차딧팅 빠하야 위가따밋차딧티께나 쩨따사 위하라미

Micchādiṭṭhiṁ pahāya vigatamicchādiṭṭhikena cetasā viharāmi.

사견버려 사견떠난 마음으로 지내겠습니다.

---

169 이 방법은 《위숫디막가》에서 '마음부수가 계이다'라는 것의 예문으로 제시되었다. 《청정도론》 제1권, p.132 참조.

선행십계와 관련하여 살생과 도둑질과 삿된 음행과 거짓말은 오계에서, 이간하는 말과 거친 말과 쓸데없는 말은 생계 제8계에서 이미 설명했습니다. 이제 악행 열 가지 중 마음으로 짓는 악행에 대해 설명하겠습니다.

## 탐애

다른 이의 재산이나 물건을 탐욕의 마음으로 향하여abhimukhaṁ 골똘히 생각한다jhāyati라고 해서 탐애abhijjhā라고 합니다. 궁수가 화살통의 화살을 가지더라도 쏜 뒤에 집착하지 않는 것과 같이 단지 원하기만 하는 것은 원함chanda이라고 합니다. 또한 단순히 어떠한 물건이나 사람에 대해 집착하면서 바라는 것 정도는 탐욕lobha이라고 합니다. 이러한 원함이나 탐욕은 사악처에까지 직접 태어나게 하지는 않습니다. 탐애는 원함이나 탐욕보다 심하게 바라고, 원하고, 집착하는 성품입니다. 즉, 남의 재산을 어떠한 방법으로든 가지려고 하는 것입니다. 탐애의 구성 요소는 다음의 두 가지입니다.

남의것을 가지려해 탐애업의 두요소네

남의 것이고, 어떠한 방법으로든 그것을 가지려고 하는 것이라는 두 가지 구성요소가 갖추어지면 단지 마음으로 짓는 악행이지만 사악처에까지 태어나게 하는 과보를 줍니다.

즉 다른 이의 물건이나 재산을 보고 단지 좋아하는 마음, 바라는 마음 정도만으로는 탐애 업 궤도에 오르지 않습니다. 그러한 탐욕은 사악처까지 태어나게 하지 않습니다. '어떠한 방법을 써서라도 내 것이 되도록 해야겠다'라고까지 생각하면 탐애 업 궤도에 오르게 되어 악처의 과보를 줄 수 있습니다.

'남의것을'이라는 표현은 심하게 원하는 대상이 남의 것이어야 한다는 뜻입니다. 주인이 없는 물건을 주인이 있다고 생각하고 그것을 자기 것으로 가지려고 했다면 '남의 것'이라는 구성요소에 해당하지 않기 때문에 업 궤도까지는 오르지 않습니다.

'가지려해'라는 두 번째 구성요소는 자기 것으로 만들려고 하는 것을 말합니다. 상대방의 것이라고 인식하고서 그것을 '빌려 사용하면 좋겠다'라거나 '사서 가지면 좋겠다'라고 생각하는 것은 해당하지 않습니다. 업 궤도에 오르지 않습니다.

탐애의 허물은 욕심내는 물건의 가치가 클수록, 소유주의 덕목이 클수록 커집니다. 또한 다른 이의 물건을 욕심 내는 탐애 번뇌가 심할수록 허물도 커집니다.

탐애의 허물과 관련해서 앞에서 간략하게 소개한 일화를 자세하게 살펴보겠습니다.[170] 부처님 당시 한 거부장자가 있었습니다. 그는 부호임에도 불구하고 거친 음식만 먹고 거친 옷만 입었습니다. 그리고 죽고 나서는 자식이 없어 그가 가진 전 재산은 왕실소유가 되었습니다. 그 이유는 다음과 같습니다. 과거 생에 그 부호는 집을 나서다 탁발을 나온 따가라시키Tagarasikhī라는 벽지불과 만나게 되었습니다. 벽지불께서 아직 음식을 받지 못한 사실을 알고는 집에 연락하여 공양을 올리도록 시켰습니다. 부인은 훌륭한 음식을 정성껏 올렸습니다. 집으로 돌아오던 부호는 음식을 받고 길을 나선 벽지불과 도중에 마주치게 되었고, 벽지불이 훌륭한 음식을 많이 받은 것을 확인하고는 "오, 이 음식을 하인들이나 일꾼들에게 먹였으면 일을 그만큼 더 할 텐데"라고 불평했습니다. 또한 동생

170 본서 제4장의 '보시하려는 의도'를 참조하라.

이 가진 재산에 대한 욕심, 즉 탐애 때문에 동생의 외아들을 죽여 그 재산을 가로챘습니다. 그 부호는 죽고 나서 벽지불에게 공양을 올리게 한 공덕으로 천상에 일곱 번, 인간세상에 부호로 일곱 번 태어났습니다. 하지만 공양을 올린 뒤 불평했기 때문에 보시의 뒷부분 의도가 훼손되어 많은 재산을 누리지는 못했습니다. 또한 조카를 죽인 과보로 오랜 세월 동안 지옥에서 고통을 받았고, 인간으로 태어난 일곱 생마다 자식이 없었습니다. 그리고 인간으로 태어났을 때 새로운 공덕도 쌓지 않았기 때문에 대규환 지옥에서 고통을 당하고 있다고 합니다. 이에 부처님께서는 게송을 읊으셨습니다(S3:20). 의미를 간략하게 표현하면 다음과 같습니다.

재산친척 못가져가 이모든것 버리고가
신구의업 그림자만 자신의것 가지고가
유익함이 미래자신 모든존재 공덕기반

재산은 다음 생에 못 가져갑니다. 친척은 다음 생에 자신을 따라가지 않습니다. 이 모든 재산, 가족, 친지는 죽을 때 버리고 가야 합니다. 오직 몸과 말과 마음으로 행한 업만이 마치 그림자가 항상 따라다니듯 진정한 자신의 재산입니다. 업만 가지고 갑니다. 따라서 선, 공덕, 유익함을 행해야 합니다. 무엇 때문입니까? 유익함이야말로 미래의 자신이기 때문입니다. 모든 존재에게는 공덕만이 저 세상에서의 기반입니다.

## 분노

마음의 악행 두 번째는 분노입니다. 이익과 행복을 파괴하기 때문에 byāpajjati 분노byāpāda라고 합니다. 이 분노도 화를 내는 성품으로는 보통의 성냄dosa과 같습니다. 하지만 단순히 화가 난 것, 화를 내는 것 정도인 성냄은 사악처에까지 태어나게 하지는 않습니다. 이 분노는 그것보다 더 심한 성냄을 말합니다. 다른 중생을 죽이거나 파멸시키려고까지 하는 것입니다. 분노의 구성요소는 다음의 두 가지입니다.

다른중생 파멸생각 분노업의 두요소네

다른 중생을 죽이거나 파멸시키려고 생각하는 것이라는 두 가지 구성요소가 갖추어지면 단지 마음으로 짓는 악행이지만 사악처에까지 태어나게 하는 과보를 줍니다.

'다른 중생'이라는 구성요소는 죽이거나 파멸시키려고 하는 대상이 자신을 제외한 다른 중생이어야 한다는 말입니다. 그래서 어떠한 이유로 '자살하면 좋겠다'라고 생각하는 것은 이 구성요소에 해당되지 않기 때문에 사악처의 과보까지는 주지 않습니다.[171] '파멸생각'이라는 구성요소는 어떤 사람이나 생명체에 대해서 죽이거나 파멸시키려는 정도까지 생각해야 분노에 해당한다는 뜻입니다. 단지 화를 내는 것 정도는 업 궤도에 도달하지 않습니다.

분노의 허물은 죽이거나 파멸시키려고 하는 상대방의 덕목이 클수록, 여러 번 생각할수록 큽니다.

부처님 당시, 자신이 머물던 큰 나무를 자르려던 비구에게 목신이 자신의 아이를 보이며 간청했습니다. 그런데도 비구는 나무를 내리쳤고 아이목신은 팔이 잘렸습니다. 그러자 목신에게 비구를 죽이려는 분노가 치솟았습니다. 하지만 잘 참고서 부처님에게 가서 사정을 말씀드렸

171 자살과 관련하여 앞의 살생에 대한 설명을 참조하라.

습니다. 부처님께서는 '훌륭하다sādhu'라고 칭찬하시면서 게송으로 법문을 해 주셨고 그 게송의 끝에 목신은 수다원이 되었습니다. 또한 부처님께서 지내시는 응향각 근처의 나무에 새로 처소도 얻었습니다. 만약 수다원이 되지 못했다면 분노의 과보로 사악처에 태어날 수도 있었을 것입니다. 하지만 분노를 잘 가라앉혔기 때문에 부처님으로부터 칭찬도 받았고, 수다원도 되었고, 부처님 근처에 지낼 곳도 얻었습니다. 또한 천신들의 인사도 받았고, 법문도 매일 들을 수 있었으며, 위력이 큰 천신이 와도 자리를 비키지 않아도 되었습니다. 분노의 허물, 또한 분노를 참는 것의 이익을 알고 보아 마음으로도 악행을 하지 않도록 노력해야 합니다 (Dhp.222 일화).

## 사견

마음으로 행하는 악행의 세 번째는 사견입니다. 그릇되게micchā 본다고 해서passati 사견micchādiṭṭhi이라고 합니다. 그릇된 견해를 가지는 것을 말합니다. 사견의 구성요소는 다음의 두 가지입니다.

삿된대상 옳다취해 사견업의 두요소네

삿된, 즉 틀린 대상에 대해 그것을 옳다고 취하면 이 사견업이 성립됩니다. 〈범망경〉에는 62가지 사견을 자세하게 설명하고 있습니다(D1). 여기서는 대표적인 사견 세 가지에 대해 설명하겠습니다.

첫 번째는 존재더미사견sakkāyadiṭṭhi 有身見입니다. 이것에 대해서는 가르침의 덕목을 설명할 때 잠시 설명한 적이 있습니다. 실제로 분명하게 존재하는santo 것은 물질과 정신이라는 무더기kāyo일 뿐인데, 그것에 대해 '나'라거나 '개인' 등으로 잘못 생각하는 사견diṭṭhi을 말합니다. 즉 물질을 '자아'라거나, 자아가 물질을 가졌다거나, 물질 안에 자아가 있다거나, 자아 안에 물질이 있다는 등으로 생각하는 것입니다. 느낌 등의 다른 정신 무더기에 대해서도 마찬가지입니다.[172] 존재더미사견을 가진 모두가 그 생에서 죽어 사악처에 결정적으로 태어나는 것은 아닙니다. 또한 존재더미사견이 있다고 해서 천상에 태어나지 못하거나 깨달음 등의 출세간법을 얻지 못하는 것도 아닙니다. 하지만 이 존재더미사견이 있는 한 중생들은 언제든 악행을 범할 수 있고 그로 인해 사악처에서 벗어나지 못합니다. 존재더미사견을 제거하지 못하는 한 "지옥으로의 문이 언제나 열려 있다"라고 말할 수 있습니다. 위빳사나 수행을 실천하여 수다원도의 지혜로 존재더미사견을 모두 제거해야만 사악처의 문을 완전히 닫을 수 있습니다. 그래서 부처님께서는 마치 가슴에 박힌 창을 서둘러 뽑듯이, 머리위에 붙은 불을 빨리 끄듯이 존재더미사견을 제거하도록 수행을, 특히 위빳사나 수행을 서둘러 실천하라고 법문하셨습니다(S1:21). 앞서 제3장의 '인도할 만한 가르침'을 설명할 때 언급한 게송을 다시 소개하겠습니다.

가슴속에 박힌창 빨리뽑듯이
머리위에 붙은불 빨리끄듯이
그와같이 유신견 제거하도록
새김확립 서둘러 실천해야해

172 다섯 무더기 각각에 대해 네 가지씩의 사견이 있기 때문에 스무 가지가 된다. *Mahāsi Sayadaw*, 《*Takkathou Vipassanā* 대학 위빳사나》, p.16; M44; 《맛지마 니까야》 제2권, pp.318~319 참조.

두 번째로는 극단사견antaggāhikā micchādiṭṭhi입니다. "세상은 영원하다, 세상은 영원하지 않다", "영혼과 신체는 같다, 영혼과 신체는 다르다"라는 등으로 극단적인 견해를 가지는 것을 말합니다. 보통의 상견과 단견이 여기에 해당됩니다. 이러한 극단사견은 도의 장애만 됩니다. 천상의 장애는 되지 않습니다.

세 번째는 결정사견niyatamicchādiṭṭhi입니다. 이 견해를 가진 이들은 죽은 뒤 무간 지옥에 태어나는 것이 결정적이기 때문에niyata 결정사견이라고 합니다. 여기에는 허무견, 무작용견, 무인견으로 세 가지가 있습니다.

먼저 허무견natthikadiṭṭhi은 결과를 거부하는 사견입니다. 즉 보시나 헌공을 해도 좋은 과보가 없고 살생을 해도 나쁜 과보가 없다고 주장하는 것입니다. 하지만 결과를 거부하면 원인도 거부하는 것에 포함됩니다. 대표적인 것이 '열 가지 토대 사견dasavatthukāmicchādiṭṭhi'으로 "보시도 없고, 헌공도 없고, 선물도 없고, 선행과 악행의 결실과 과보도 없고, 이 세상도 없고, 저 세상도 없고, 어머니도 없고, 아버지도 없고, 화생하는 중생도 없고,[173] 이 세상과 저 세상을 스스로 최상의 지혜로 알고 실현하여 선언하는 사문과 바라문들도 없다"라고 주장하는 것입니다(M117).

무작용견akriyadiṭṭhi은 원인을 거부하는 사견입니다. 즉 선업을 해도 선업을 한 것이 아니고 불선업을 저질러도 불선업을 한 것이 아니라고

173 '보시가 없다'라는 말은 '보시의 좋은 과보가 없다'는 뜻이다. 나머지도 동일하게 알면 된다. 헌공이란 크게 베푸는 보시를 말한다. 선물이란 작게 베푸는 보시를 말한다. '선행과 악행의 결실과 과보도 없다'라는 구절은 '선행의 좋은 결실과 악행의 나쁜 과보가 없다'라고 이해해야 한다. '이 세상'이란 현생, 혹은 인간 탄생지, 혹은 이 우주를 말하며 '저 세상'이란 내생, 혹은 인간세상을 제외한 다른 천상이나 지옥 등의 탄생지, 혹은 이 우주를 제외한 다른 우주를 말한다. '어머니가 없다'란 어머니를 잘 봉양해도 좋은 과보가 없다는 뜻이다. 지옥이나 천상에서는 정신과 신체를 처음부터 완전하게 구족한 채 태어나기 때문에 그들을 '화생 중생'이라고 한다. 상대가 되는 '열 가지 토대 정견'은 본서 제8장의 '정견'을 참조하라.

주장하는 것입니다. 하지만 원인을 거부하면 결과도 거부하는 것에 포함됩니다.

무인견aheukadiṭṭhi은 원인과 결과를 모두 거부하는 것입니다. 선업 자체도 없고 그것의 좋은 과보도 없고, 불선업 자체도 없고 그것의 나쁜 과보도 없다고 주장하는 것입니다.

위에서도 언급했지만 다른 일반적인 사견들과 달리 이렇게 인과를 부정하는 결정사견은 죽은 뒤 바로 다음 생에 무간 지옥에 태어나게 합니다. 더 나아가 무간 지옥에 태어나게 하는 다른 업보다 더욱 그 과보가 큽니다. 예를 들어 어머니를 죽이거나 아버지를 죽이거나 아라한을 죽이거나 부처님 몸에 피가 뭉치게 하면 죽은 뒤 무간 지옥에 태어나지만, 우주가 무너지기 전에 그 업이 다하면 다시 다른 곳에 태어날 수 있습니다. 승단을 분열시킨 경우에는 죽은 뒤 무간 지옥에 태어나는 것은 동일하지만 우주가 무너져야 그곳에서 벗어날 수 있습니다. 그러나 이 결정사견을 가져서 무간 지옥에 태어나면 우주가 무너지더라도 무너지지 않는 다른 우주의 무간 지옥에 태어나든지 허공에서 그 업이 다할 때까지 고통을 당해야 합니다.

## 열 가지 악행

지금까지 오계와 생계 제8계 등을 설명하면서 몸의 악행, 말의 악행, 마음의 악행을 설명했습니다. 몸의 악행에는 살생, 도둑질, 삿된 음행으로 세 가지, 말의 악행으로는 거짓말, 이간하는 말, 거친 말, 쓸데없는 말로 네 가지, 마음의 악행으로는 탐애, 분노, 사견으로 세 가지, 모두 합하면 열 가지가 됩니다.

또한 각각의 악행을 직접 행하는 것은 물론이고, 시키는 것, 칭송하는 것, 동의하는 것도 악행에 해당되기 때문에 모두 사십 가지로도 헤아릴 수 있습니다.

살생투도 사음이 몸악행의셋
양설악구 망기어 말악행의넷
탐애분노 사견이 맘악행의셋

직접시켜 칭송동의 십악업에 사십악행

## 계의 오염과 정화

지금까지 계의 의미와 이익, 그리고 오계와 팔계 등 여러 가지 계의 종류에 대해 살펴보았습니다. 이제 삼갈 것은 삼가고 정화시키는 것들은 실천하여 더욱 청정한 계를 구족하도록 계의 오염과 정화에 대해 알아보겠습니다.

### 계의 오염

계의 오염sīlasaṁkilesa이란 계가 오염된 상태를 말합니다. 자신이 수지하고 지키던 계의 한 항목이나 여러 항목을 범하여 계가 무너진 상태입니다. 이렇게 계가 무너진, 계가 오염된 상태에는 네 가지가 있습니다.

재가자가 수지하는 오계나 팔계 등 출가자가 수지하는 비구계 등 중에서[174] 처음이나 끝의 항목이 무너졌다면 마치 가장자리가 끊어져 훼손

174 비구의 경우는 일곱 종류의 범계 무더기가 있고, '이들 각각의 범계 무더기 중에서'라는 의미다. ① 바라이죄pārājika 波羅夷罪: 이 죄를 범하면 승단에서 축출된다. ② 승잔죄saṅghādisesa 僧殘罪: 이

된 옷처럼 "계가 훼손되었다"라고 말합니다. 중간의 한 항목이 무너졌다면 마치 중간에 구멍이 난 옷처럼 "계가 뚫렸다"라고 말합니다. 차례대로 두 가지나 세 가지 항목이 무너졌다면 마치 몸의 한 부분이 검은 색 등으로 물든 소처럼 "계가 물들었다"라고 말합니다. 중간중간에 여러 항목이 무너졌다면 마치 여러 가지 색깔로 얼룩진 소처럼 "계가 얼룩졌다"라고 말합니다.

이렇게 계가 훼손되거나 뚫리는 등으로 오염되는 것은 이득과 명성 등 때문이거나 일곱 가지 부수음행 때문입니다. '부수음행'이란 실제로 음행을 범하지는 않더라도 음행과 관련된 저열한 행위를 말합니다. 즉 청정범행[175]을 한다고 주장하고 또 실제로 음행을 하지 않더라도 이성으로 하여금 ① 만지고 주무르게 하는 것, ② 이성과 함께 웃고 놀고 잡담하는 것, ③ 눈을 응시하는 것, ④ 말하는 소리 등을 몰래 듣는 것, ⑤ 이전에 함께 놀던 것을 회상하는 것, ⑥ 감각욕망을 즐기는 장자나 장자의 아들을 부러운 마음으로 보는 것, ⑦ 천신을 기원하며 청정범행을 행하는 것입니다(A7:47; Vis.i.48).

## 계의 정화

계의 정화sīlavodāna란 계가 훼손되지 않고 뚫리지 않고 물들지 않고

---

죄를 범하면 그 죄를 숨긴 날 수 만큼 별주의 처벌을 받은 후, 6일 동안 마나타를 또 받고, 마지막으로 20명의 승가 앞에서 원상회복의 절차를 거쳐 멸죄된다. ③ 조죄thullaccaya 粗罪: 이 죄를 범하면 분명한 실토에 의해 죄를 명백히 드러내어, 그 죄목에 해당되는 처벌방법에 의해 멸죄된다. 바라이죄와 승잔죄에서 파생된 죄이다. ④ 단타죄pācittiya 單墮罪: 참회하는 것으로 멸죄된다. ⑤ 회과죄pāṭidesanīya 悔過罪: 회과하는 것으로 멸죄된다. ⑥ 악설죄dubbhāsita 惡說罪: 모욕하려는 의도 없이 종족 등에 대해 농담했을 때 적용되는 범계다. ⑦ 악작죄dukkaṭa 惡作罪: 75가지 수련항목sekkhiya이나 율장 대품, 소품 등의 항목을 범한 경우의 죄다. 《청정도론》 제1권, p.159 참조.

175 여기서 청정범행brahmacariya이란 음행을 하지 않는 것을 말한다.

얼룩지지 않은 상태를 말합니다. 즉 계목을 하나도 범하지 않은 것, 범했더라도 멸죄가 가능하다면 참회 등으로 멸죄하는 것, 일곱 가지 부수음행과 관련되지 않은 것, 더 나아가 화 · 원한 · 망은 · 건방 · 질투 · 인색 · 속임 · 허풍 · 거만 · 뽐냄 · 자만 · 오만 · 교만 · 방일[176] 등의 저열한 법들을 생겨나게 하지 않는 것, 소욕 · 지족 · 소거 · 한거 · 파쇄 · 정진 · 부양하기 쉬움[177] 등의 덕목들을 생겨나게 하는 것입니다.

이렇게 깨끗한 계는 갈애라는 주인의 노예 상태에서 해방시켜 줍니다. 깨끗한 계를 현자들이 칭송합니다. 사견이나 갈애로 집착하지 않습니다. 깨끗한 계는 근접삼매나 몰입삼매 등의 삼매를 생겨나게 합니다.

계의 정화는 계를 어기는 것의 허물을 보는 것과 계를 지키는 것의 이익을 보는 것에 의해 성취됩니다. 먼저 파계의 허물에 대해 설명하겠습니다.

재산잃고 명성잃고 대중위축 매한임종
죽은뒤에 지옥가는 다섯가지 파계허물

계를 어기면 재산을 잃습니다. 명성도 잃습니다. 여러 대중 앞에서 떳떳하지 못하고 위축됩니다. 두려워하면서, 헤매면서 임종을 맞이합니다. 죽은 뒤에는 지옥 등의 악처에 태어납니다(D16/D.ii.149).

176 건방이란 자기보다 나이나 덕목이 높은 이와 견주어 자신을 같은 위치에 두는 것이다. 속임이란 자신에게 존재하는 허물을 감추면서 속이는 것이다. 허풍이란 자신에게 존재하지 않는 훌륭한 덕목을 있는 것처럼 꾸미는 것이다. 다른 법들의 의미에 대해서는 《위빳사나 수행방법론》 제2권, pp.432~433을 참조하라.

177 소거sallekha 消去란 번뇌를 지워 없애는 것이다. 한거paviveka 閑居는 한적한 곳에 사는 것, 파쇄apacaya 破碎란 번뇌를 쌓지 않고 깨뜨려 흩뜨리는 것이다. 《청정도론》 제1권, p.219 참조.

혹은 계를 어긴 이들은 천신과 사람들이 불쾌하게 생각합니다. 동료 수행자들이 훈계를 하지 않습니다. 계를 어긴 것에 대한 비난 때문에 괴로워합니다. 계를 갖춘 이들에 대한 칭송 때문에 불편해합니다. 마치 거친 옷처럼 덕목의 형색, 몸의 형색이 추합니다. 또한 계를 어기는 자신을 따라 행하는 이들을 오랫동안 악처로 이끌기 때문에 고통도 많이 겪습니다. 보시자에게 많은 결과도 주지 못합니다. 여러 해 동안 쌓인 오물 구덩이처럼 정화하기 매우 어렵습니다. 화장용 땔감처럼 양쪽에서 제외됩니다.[178] 소 무리를 뒤따르는 당나귀처럼 비구의 지위를 주장하지만 비구가 될 수 없습니다. 원수가 많은 사람처럼 항상 놀랍니다. 죽은 시체처럼 함께 살기에 적당하지 않습니다. 화장터의 불처럼[179] 동료들의 존경을 받기에 적당하지 않습니다. 앞을 보지 못하는 장님처럼 도와 과 등의 특별한 법들을 증득할 수 없습니다. 천민의 아들에게 왕위에 대한 기대가 전혀 없듯이 정법[180]에 대한 기대가 전혀 없습니다. 행복하다 생각하더라도 괴로울 뿐입니다.[181]

그리고 계를 지키는 것의 이익을 보는 것에 의해서도 계의 정화는 성취됩니다.

---

178 불에 탄 뒤의 화장용 땔감은 양쪽은 불에 그슬리고 중간은 오물로 뒤범벅된 상태이기 때문에 멍에 등으로 도시에서도 사용하지 못하고 농막의 침상 등으로 숲에서도 사용하지 못한다. 마찬가지로 계를 지키지 않는 출가자는 도시에서도 제외되고 숲에서도 제외된다.

179 화장터의 불은 불을 섬기는 바라문들이 소중하게 여기지 않는다.

180 사마타와 위빳사나 실천이라는 실천정법paṭipattisaddhamma과 도와 과와 열반이라는 통찰정법 paṭivedhasaddhamma을 말한다.

181 《청정도론》 제1권, pp.208~209 참조. 중간에 포함된 출가자와 관련된 내용들은 소개했고, 뒷부분의 〈불무더기 비유경〉의 내용은 생략했다.

계가 훌륭하고 더러움 없는 비구,
그가 발우나 가사를 수지하는 것은
실로 존경을 자아내게 하나니
그의 출가는 많은 결과 가져온다.

계가 청정한 비구의 마음엔
자책 등의 위험이 들어올 수 없나니
마치 해의 광명 속으로
어둠의 무리가 들어올 수 없듯이.

계의 성취 통하여 청정한 비구는
난행이란 숲에서 아름답게 빛난다.
광명의 성취 통하여 깨끗한 달이
허공의 하늘에서 아름답게 빛나듯이.

계를 갖춘 비구의 몸에서 나오는
향기조차 천신들에게 기쁨을 주나니
계의 향기가 기쁨을 주는 것에
무슨 다른 말 필요하겠는가.[182]

182 이 게송은 〈사라방가Sarabhaṅga 자따까〉에 나온다. 보살인 사라방가 선인을 위시한 많은 선인에게 제석천왕이 와서 가까이 다가갈 때 선인들 쪽에서 바람이 불어오는 방향에 서 있었기 때문에 선인들의 몸에서 나는 나쁜 냄새를 맡지 않도록 다른 곳으로 옮기라고 한 제자가 말했다. 그러자 제석천왕이 "오랫동안 선인으로 지내온, 그래서 계를 갖춘 선인들의 몸에서 나는 향기가 저에게 오도록 해 주십시오. 그 향기를 저는 매우 향기로운 꽃향기처럼 원합니다. 계를 갖춘 이의 몸에서 나는 향기를 천신들은 혐오스러운 것이라 생각하지 않습니다"라고 말했다.

계의 향기는 향기라는 모든 것의
훌륭함을 완전히 능가하나니
계의 향기는 걸림이 없이
모든 방향으로 퍼져 나간다네.

계를 갖춘 비구에게 행한 선행은
아무리 적더라도 많은 결과 가져오네.
그러므로 계를 갖춘 비구야말로
공양과 공경의 그릇이 된다네.

계를 갖춘 비구를 괴롭히지 못하나니
현생에 생겨나는 누출이란 위험들이
계를 갖춘 비구는 끊어 버리나니
내생에 생겨날 괴로움의 뿌리를.

인간세상에서 어떠한 성취든
천상세상에서 어떠한 구족이든
계를 구족한 비구에게 있어
원한다면 얻기에 어려운 것 아니라네.[183]

열반의 경지, 바로 그것은
한계 없이 지극히 적정하나니
계를 구족한 비구의 마음은

---

183 《디가 니까야》에는 "Ijjhatāvuso, sīlavato cetopaṇidhi visuddhattā 도반이여, 계를 갖춘 이는 마음의 소원을 성취하나니 청정하기 때문입니다"라는 구절이 있다(D33/D.iii.214).

바로 그 열반으로만 달려간다네.

이처럼 모든 성취들의 뿌리인
계에 대해 여러 가지 모습으로
갖가지 이익[184]을 지혜로운 이들은
마음속에 분명히 드러내야 하리라.[185]

184 세간과 출세간의 이익들을 말한다.

185 여기에서 "vibhāvaye 분명하게 드러내야 한다"라는 구절은 '다른 이에게 보여주기 위한 것이 아니다. 자신의 마음에, 지혜에 분명하게 드러나도록 해야 한다. 분명하게 드러나도록 마음 기울이고 숙고해야 한다'라는 의미이다.

제6장

# 재가자의 율

## 배경과 전체 게송

앞서 부처님의 가르침에서 계는 삼가야 하는 것과 행해야 하는 것으로 두 가지 종류가 있다고 설명했습니다. 그 중 지금까지는 삼가야 하는 측면을 주로 설명했습니다. 하지만 계를 완벽하게 구족하려면 행해야 하는 계가 무엇인지 잘 알아 그것까지 갖추어야 합니다. 이것에 대해서 부처님께서는 〈교계싱갈라 경〉에서 자세하게 설해 주셨습니다(D31).

먼저 배경을 조금 설명하자면, 부처님 당시 4억 냥의 재산을 가진 부호가 있었습니다. 그 부호와 아내는 모두 수다원이었습니다. 하지만 아들은 삼보에 믿음이 없었습니다. 부모가 아무리 훈계해도 부처님이나 스님에게 절을 하면 무릎이 아프고 옷이 더럽혀진다는 핑계, 부처님이나 스님들과 가까워지면 보시해야 하고 그러면 재산이 줄어든다는 핑계 등으로 삼보에 귀의하지 않았습니다. 결국 '다른 말은 몰라도 유언은 받아들인다'라고 생각하여 부모는 아들에게 "여섯 방향에 예경하라"라고 유언을 남겼습니다. 그 의미에 대해 아들이 부처님께 묻게 될 것이고 그러면 부처님께서 아들을 제도할 것이라고 알았기 때문이었습니다. 그리고 부호가 예상한 대로 부처님께서 그 아들을 훈계하면서 설하신 내용이 바로 재가자가 행해야 할 율, 즉 '재가자의 율gihivinaya'입니다. 행해야 할 계 중에 여기에 포함되지 않는 것이라고는 없습니다.

먼저 전체를 요약한 게송을 소개합니다.

네번뇌업 제거하고 네동기로 악업안해
재산손실 여섯문을 의지하지 않으면서
나쁜친구 멀리하고 좋은친구 의지하라
이와같이 열네가지 사악함을 없애고서
동서남북 상하모두 여섯방향 돌보면서
두세상의 정복위해 실천하는 재가자는
이세상과 저세상의 둘모두를 얻게되니
몸무너져 죽은뒤에 선처천상 태어나네

## 열네 가지 사악함을 없애라

### 네번뇌업 제거하고

처음에 제시된 '네번뇌업 제거하고'란 중생들을 오염시키고 번민하게 하는 네 가지 업을 제거하라는 뜻입니다.

살생업과 도둑질과 삿된음행 거짓말의
번민하게 괴롭히는 네가지업 제거하라

네 가지란 살생과 도둑질, 삿된 음행, 거짓말을 하는 것입니다. 이 네 가지에 의해 중생들은 오염되고, 여러 가지 나쁜 과보를 받아 번민하게 됩니다. 그래서 '번뇌업'이라고 합니다. 이것에 대해서는 앞에서 이미 자세하게 설명했습니다.

## 네동기로 악업안해

다음으로 '네동기로 악업안해'란 네 가지 잘못따름agati에 따라 악업을 하지 말라는 뜻입니다.

좋아함에 잘못따라 성을냄에 잘못따라
어리석음 잘못따라 두려움에 잘못따라
이와같은 네동기로 나쁜행위 하지마라

첫 번째, 자기가 좋아한다고 잘못 따라가는 것, 즉 잘못 행하는 것입니다. 예를 들어 판사가 판결을 내릴 때 자신이 좋아하는 사람이라고 그 사람의 편을 들며 잘못된 판결을 하는 것입니다. 또는 무엇을 나누어줄 때도 자신이 좋아하는 사람이라고 다른 사람들보다 더 많이 나누어 주는 것도 좋아함에 따라 잘못 행하는 것입니다. 나머지에 대해서도 같은 방법으로 알면 됩니다.

두 번째는 자신이 싫어하는 사람이라고, 좋아하지 않는 사람이라고 잘못된 결정을 하는 것입니다. 세 번째는 사실 여부에 대해 잘 알지 못해서 잘못 결정하는 것입니다. 네 번째는 후환이 두려워서 사실과 다르게 결정하고 행동하는 것입니다.

이 덕목은 특히 통치자나 한 단체를 이끄는 지도자들이 유념해야 할 사항입니다. 판결을 내릴 때, 재산 등을 분배할 때, 상벌을 줄 때 등에 주의해야 합니다.

부처님께서는 잘못따름에 따라 행동하면 이지러지는 달처럼 명성을 잃는다고 설하셨습니다. 과거 생에 부패한 판사가 뇌물을 받고 사실과 반대로 판결한 과보로 부처님 당시에 항아리만한 고환을 가진 아귀로 태어난 일화가 있습니다. 고환이 매우 커서 어깨에 걸치고 다녀야 했고 그것을 독수리나 매가 뜯어먹어 매우 심한 고통을 당했다고 합니다(S19:10).

또한 깟사빠 부처님께서 갓 열반하셨을 무렵, 부처님의 법과 율에 대해 해박한 두 장로는 자신들을 잘 시봉했다는 이유로 여법하지 않게 행동하는 비구의 편을 들어 주었습니다. 그 장로들은 지계나 많이 배움 등 자신들의 다른 덕목으로 더 높은 천상에 태어날 수 있었지만 그 잘못따름에 대한 후회 때문에 고따마 부처님 당시에 사대왕천의 야차천신으로만 태어났다고 합니다(SnA.i.193).

## 재산손실 여섯문을 의지하지 않으면서

재가자의 율 전체 게송에서 '재산손실 여섯문을 의지하지 않으면서'라는 내용을 통해 부처님께서는 재산을 관리하는 방법을 설하셨습니다. 부처님께서 본래 바라시는 바는 중생들이 열반을 증득하여 윤회의 고통에서 벗어나는 것입니다. 하지만 보시에 관한 설법, 계에 관한 설법, 천상에 관한 설법, 감각욕망의 허물과 벗어남의 이익이라는 도의 설법 등 차제설법에서도 알 수 있듯이 그것은 바로 성취되지 않습니다. 보시와 지계 등의 바탕이 필요합니다. 또한 재가자의 경우 재산적인 측면으로 안정되지 않으면 쉽게 선업을 실천하지 못할 수도 있습니다. 그래서 부처님께서는 재가자의 재산관리까지 대연민심으로 설해 주셨습니다. 재산손실의 원인 여섯 가지는 게송으로 다음과 같이 정리할 수 있습니다.

방일원인 술먹는것 때아닌때 배회하고
구경거리 보러다녀 방일원인 노름하며

나쁜친구 사귀면서 게으름에 빠지는것
재산손실 여섯문을 의지하지 말아야해

재산손실의 첫 번째 문은 술을 마시는 것입니다. 앞서 오계에 대한 설명을 통해 음주의 나쁜 과보는 어느 정도 언급했습니다. 이 재가자의 율에서 부처님께서는 다음과 같이 여섯 가지로 허물을 설해 주셨습니다. 즉, 방일하게 하는 원인인 술을 마시면 재산을 잃습니다. 싸움을 많이 합니다. 여러 가지 병이 생깁니다. "주정뱅이다"라는 등으로 악명이 퍼집니다. 부끄러움을 없게 하여 음부까지 노출하기도 합니다. 지혜를 약하게 합니다. 부처님 당시 큰 신통을 가졌던 사가따Sāgata 장로가 신도들이 보시한 술을 마시고 지혜가 약해진 것은 물론이고 부처님 쪽으로 다리를 뻗을 정도로 제정신을 가누지 못했습니다.[186]

또한 아나타삔디까 장자의 조카는 자신의 부모가 죽어 남긴 4억 냥의 유산을 술로 모두 탕진하고 나서 삼촌인 아나타삔디까 장자에게 도움을 청했습니다. 장자는 술을 마시지 않도록 훈계한 뒤 천 냥을 주었습니다. 하지만 조카는 이 돈마저 술로 탕진하고 다시 삼촌을 찾아갔습니다. 장자는 조카에게 두 번째는 500냥을, 세 번째 왔을 때는 하의 두 벌만 주었습니다. 그것도 술로 바꾸어 먹은 조카가 네 번째 왔을 때는 목덜미를 잡고 내쫓았습니다.[187] 조카는 이리저리 방랑하다가 결국 죽게 되었습니다.

이 사실을 부처님께 아뢰자, 부처님께서는 "그는 여의항아리를 주어도 술로 만족하게 할 수 없었다"라고 하시면서 과거 생의 일화를 들려주셨습니다. 과거 어느 때, 대부호인 장자가 죽어서 도리천의 제석천왕으

186 도의 지혜를 약화시킬 수는 없다. 왜냐하면 취기 있는 것이 도를 증득한 이의 내부로 들어갈 수 없기 때문이다(DA.iii.127).

187 주기에 적당하지 않은 이에게 주지 않는 것은 인색이 아니다.

로 태어났습니다. 부호인 아버지가 죽자 아들은 남은 재산을 술로 모두 탕진해 버렸습니다. 그 사실을 안 이전 생의 아버지인 제석천왕이 아들에게 내려가 항아리 하나를 주면서 "이 항아리는 원하는 것은 모두 가져다주는 여의항아리니 잘 간수하라"라고 당부했습니다. 하지만 아들은 그것으로 계속 술을 사서 마셨습니다. 그러다 어느 날, 너무 취해 장난으로 그 항아리를 위로 던지고 받기를 계속하다 깨뜨려 버렸습니다. 그리고는 동냥을 하면서 방랑하다가 결국 죽었다고 합니다(J291).

재산손실의 두 번째 문은 때가 아닌 때 배회하는 것입니다. 이것에도 여섯 가지 허물이 있습니다. 먼저 스스로를 지키지 못합니다. 한밤중에 거리나 숲을 배회하면 돌부리에 걸려 넘어지거나 가시에 찔리고 뱀을 만날 수도 있고 도둑들이 그를 포박하고 살해할 수도 있습니다. 또한 가족을 지키지도 못합니다. 특히 가장이 없는 집에 도둑 등이 침입하여 가족을 해칠 수도 있습니다. 재산을 지키지도 못합니다. 자신이 행하지 않았음에도 불구하고 남의 범행에 대해 의심 받을 수도 있습니다. 더 나아가 밤에 자주 다니기 때문에 "이 사람은 도둑이다"라는 등으로 좋지 않은 소문이 늘어납니다. 그래서 때 아닌 때 배회하는 이는 여러 가지 많은 고통을 앞에 두고 가는 사람이라 할 수 있습니다.

재산손실의 세 번째 문은 구경거리를 보러 다니는 것입니다. 경전에서는 춤 공연, 노래 공연, 연주 공연, 구연 공연, 동라 공연, 큰북 공연의 여섯 가지를 언급하고 있습니다. 이렇게 춤이나 노래, 연주 등의 구경거리를 보기 위해 먼저 그 준비를 가기 전에 끝내야 하고, 공연이 멀리 떨어진 곳에서 벌어진다면 먼 거리도 가야합니다. 가서는 긴 시간 동안 즐기느라 그때 해야 할 중요한 일을 하지 못하는 경우도 생깁니다. 그로 인해 수입이 줄어드는 재산의 피해를 봅니다. 혹은 자주 구경거리를 보러 다니며 집을 비우면 도둑을 맞아 재산을 잃어버릴 수도 있습니다.

재산손실의 네 번째 문은 도박입니다. 도박에 대해서도 여섯 가지 허물을 설하셨습니다. 이기더라도 상대편으로부터 원한을 사고, 졌을 때는 스스로 한탄합니다. 현재 재산이 줄어듭니다. 도박하는 사람의 말은 사람들이 잘 신뢰하지 않습니다. 친구들이 경멸합니다. 결혼 상대자로 대부분 원하지 않습니다.

재산손실의 다섯 번째 문은 나쁜 친구와 사귀는 것입니다. 도박을 일삼는 노름꾼, 여자나 음식을 지나치게 밝히는 도락가, 술을 지나치게 마시는 술꾼, 가짜를 진짜라고 속이는 사기꾼, 면전에서 속이는 협잡꾼, 난동을 부리는 싸움꾼 등을 부처님께서 나쁜 친구로 예를 드셨습니다. 이러한 이들과 가까이하면 재산이 무너지는 것은 물론이고 다른 많은 나쁜 결과를 초래합니다. 오두막에 불이 번져서 대저택까지 태우듯이 모든 두려움, 위험, 재앙은[188] 모두 나쁜 친구 때문이라고 설하시기도 했습니다(A3:7). 여기에 대해서는 부처님께서 재산손실의 여섯 문에 이어 특별히 자세하게 설명하셨습니다.

재산손실의 마지막 여섯 번째 문은 게으름에 빠지는 것입니다. 게으른 이들은 너무 춥다고 해야 할 일을 하지 않거나 너무 덥다고 핑계대면서 일을 하지 않기도 합니다. 마찬가지로 너무 이르거나 늦었다고 할 일

188 '두려움bhaya'이란 예를 들어 '도둑이 온다'라는 소리에 생겨나는 두려움과 같은 마음의 두려움을 말한다. '위험upaddavā'이란 예를 들어 도둑이 온다고 하여 숲으로 도망치면서 가시에 찔리는 등의 여러 위험, 그러한 위험을 겪을 때 마음이 요동치는 것이다. '재앙upasaggā'이란 예를 들어 도둑에게 재산을 다 약탈당하여 이리저리 부여잡고 슬퍼하는 것이다.

을 미루기도 합니다. 또한 배가 고프면 '너무 배가 고파 힘이 없으니 나중에 하리라'고 일을 미루거나 배가 부르면 '너무 배가 부르니 조금 배가 꺼지면 하리라'고 일을 미룹니다. 이렇게 일을 미루거나 하지 않으면 일이 줄어들거나 없어지고 그러면 재산이 무너집니다.[189]

## 나쁜친구 멀리하고 좋은친구 의지하라

재가자의 율에서 재산손실 여섯 문 다음에 부처님께서 설하신 내용은 '나쁜친구 멀리하고 좋은친구 의지하라'라는 내용입니다. 먼저 나쁜 친구에 대해 살펴보겠습니다. 앞서 재산손실 여섯 문에도 포함되어 언급했듯이 모든 두려움, 위험, 재앙은 모두 나쁜 친구 때문에 생겨납니다. 어떠한 이들이 나쁜 친구, 동료인지 잘 알고서 부처님의 가르침에 따라 멀리해야 할 것입니다.

가지기만 가져가고 말만으로 끝나버려
듣기좋은 말만하고 나쁜것에 동료되는
진짜아닌 가짜친구 네종류를 알아야해

첫 번째 나쁜 친구는 가지기만 가져가는 친구입니다. 베푸는 일은 전혀 없이 친구로부터 받기만 하고 가져가기만 하는 이를 말합니다. 혹은 적게 주고 많이 원하는 동료, 또는 진정한 우애로 어떤 일을 해 주는 것이 아니라 그 일을 하지 않으면 자신에게 좋지 않은 일이 생길까 두려워서 친구의 일을 해 주는 이, 자신의 이익만을 위해 교제하는 이, 이러한

189 이하 주석서의 내용은 전재성 역주, 《디가 니까야》를 참조했다.

이들이 여기에 해당됩니다.

두 번째는 말만으로 끝나버리는 친구입니다. "수확이 많아 어제 왔으면 쌀이나 보리 등을 많이 줄 수도 있었을 텐데, 오늘은 다 없어졌다"라고 주려는 마음이 없으면서 과거의 일로 환대하거나 "올해 수확이 많으면 그대에게도 주겠다"라고 하면서 미래의 일로 환대하고서는 주지 않는 친구, 정작 옷은 주지도 않으면서 "이 옷은 그대에게 잘 어울리는데"라고 무의미한 말로 호의를 얻으려는 동료, 차를 빌리러 온 친구에게 고장이 나지도 않았으면서 "차가 고장이 났다"라는 등으로 현재 당면한 친구의 곤란한 사정을 외면하는 이를 말합니다.

세 번째는 듣기에 좋은 말만 하는 친구입니다. 술을 마시러 가자는 등의 나쁜 행위에는 동의하고 보시를 같이 하자는 등의 좋은 행위에는 동의하지 않는 친구입니다. 또한 앞에서는 칭찬하지만 뒤에서는 험담하는 친구도 여기에 포함됩니다.

네 번째는 나쁜 것에 동료가 되는 친구입니다. 이것은 자신의 재산을 파멸시키는 술과 도박, 혹은 때 아닌 때 배회하거나 구경거리를 보러 다니는 등의 행위에 동료가 되는 친구를 말합니다.

이러한 성품을 가진 이들을 나쁜 친구라고 알고 멀리해야 하고, 또한 스스로도 이러한 나쁜 친구가 되지 않도록 노력해야 합니다. 다음으로 좋은 친구에 대해 살펴보겠습니다.

도움주고 한결같고 유익한것 조언해줘
연민하는 마음좋은 진짜친구 알아야해

첫 번째 좋은 친구는 도움을 주는 친구입니다. 혹시 친구가 술을 마셔 취했을 때는 옆에서 보살펴 주는 친구, 또 그렇게 취한 친구의 집을 보호하면서 재산까지 지켜주는 친구, 두려워하는 친구의 곁에서 의지처가 되어주는 친구, 부탁을 하면 두 배로 베푸는 친구를 말합니다.

두 번째는 한결같은 친구입니다. 여기에는 자신의 비밀을 털어놓을 수 있는 친구, 그리고 친구의 비밀을 지켜주는 친구, 자신이 불행에 처했을 때도 떠나지 않는 친구, 심지어 친구를 위해서는 목숨까지도 희생하는 친구를 말합니다.

세 번째는 유익한 것을 조언하는 친구입니다. 열 가지 악행 등을 행하지 말라고 막아주는 친구, 열 가지 선행 등을 같이 하자고 권선하는 친구, 이전에 들어 본 적이 없는 수승한 가르침을 듣고 배우도록 알려주는 친구, 천상에 태어나게 하는 법을[190] 가르쳐 주는 친구를 말합니다.

네 번째는 연민하는 친구입니다. 친구의 불행에 기뻐하지 않고 연민하고, 친구의 번영에 같이 기뻐해 주는 친구, 친구를 비난하는 자에게 그렇지 않다고 대변하며 막아주고, 친구를 칭찬하는 이에게 같이 두둔하며 칭송하는 친구를 말합니다.

이러한 좋은 친구를 잘 알고 마치 어머니가 자식을 소중히 여기듯 그들과 사귀고 함께한다면 불꽃이 빛나듯이 이 세상에서 빛나며, 개미집과 꿀이 늘어나듯이 재산이 늘어난다고 부처님께서 설하셨습니다.

## 재가자의 재산관리와 행복

앞에서 재가자가 자신이 모은 재산을 어떻게 사용해야 하는가에 대해 설명했습니다. 이와 관련하여 잠시 재가자와 재산, 그리고 재가자의 행복과 관련한 내용을 정리하여 소개하고자 합니다.

---

190 진실한 말을 하는 것, 화를 내지 않는 것, 적은 양이라도 보시하는 것, 이 세 가지를 실천하여 천상에 태어난다(Dhp.22). 뒤에 설명할 사문의 의무에도 포함된다.

먼저 재산은 어떻게 구해야 하는지에 대해 살펴보겠습니다. 이것에 대해서는 바른 생계를 통해 앞에서 언급했습니다. 즉 원칙적으로 오계를 어기지 않는 여법한 방법으로 재산을 구해야 합니다. 살생이나 도둑질, 삿된 음행, 거짓말, 음주라는 여법하지 않은 방법으로 구해서는 안 됩니다. 또한 무기 거래, 가축이나 사람 등 중생 거래, 고기를 목적으로 가축을 길러 도살하는 직업, 술이나 독을 거래하는 것도 재가자가 삼가야 할 장사입니다(A5:177). 이러한 여법하지 않은 방법에서 벗어나 자신이 익힌 기술이나 학문, 농사 등으로 재산을 구해야 합니다.

두 번째로 구한 재산은 어떻게 사용해야 하는지에 대해 설명하겠습니다.

얻은재산 사등분해 한부분은 생계유지
두부분은 사업사용 나머지는 저축해야
자신주변 행복하게 다섯원수 보호하고
다섯가지 헌공하고 수행자에 보시해야

지금 설명하고 있는 〈교계 싱갈라 경〉의 게송에서는 재산을 사등분하여 한 부분은 생활을 유지하는 데 사용하고 두 부분, 즉 절반은 다시 재산을 구하는 데, 사업을 하는 데 사용하고 나머지 한 부분은 재난에 대처하기 위해 저축을 해야 한다고 설하셨습니다. 〈합리적인 행위 경〉에서는 다음과 같이 네 부분으로 사용하라고 설하셨습니다. 첫 번째는 자신과 부모, 아내, 자식, 친구, 친척 등 자신과 자신의 주변 사람들을 행복하게 하고 만족하게 하는 데 사용해야 합니다. 두 번째는 불, 물, 도적, 왕, 나쁜 상속자라는 여러 재난으로부터 자신과 주변을 보호하는 데 사용해야 합니다. 세 번째는 친지에게 하는 헌공, 손님에게 하는 헌공, 조상들에 대한 헌공, 왕에게 하는 헌공,[191] 천신에게 하는 헌공[192]이라는 다섯 가지 헌공을 해야 합니다. 마지막으로 네 번째는 사문 · 바라문들에게 정성껏 보시를 해야 합니다(A4:61).

세 번째로 재산을 손실하게 하는 법들도 부처님께서 설하셨습니다. 먼저 이 〈교계 싱갈라 경〉에서는 술 먹는 것, 때 아닌 때 배회하는 것, 구경거리를 보러 다니는 것, 방일하게 하는 노름을 하는 것, 나쁜 친구와 사귀는 것, 게으름에 빠지는 것이라는 여섯 가지를 언급했습니다. 또한 〈디가자누 경〉에서는 여자에 빠지는 것, 술에 빠지는 것, 노름에 빠지는 것, 나쁜 친구를 사귀는 것을 설하셨습니다(A8:54).

네 번째로 재가자에게 있어 행복이란 무엇인지 알아보겠습니다.

소유향유 무채무책 재가행복 네가지중
앞의셋은 무책행복 십육분일 못미치네

우선 재가자가 재산을 소유하는 것도 하나의 행복입니다. 재가자의 경우, 모든 감각욕망을 완전히 버려야 한다고 부처님께서 말씀하지 않으셨습니다. '소유하는 행복'이라고 분명히 경전에서 언급하셨습니다. 여법한 방법으로 열심히 노력하여 얻은 재산을 소유하는 것으로 행복과 기쁨을 얻는다고 설하셨습니다. 하지만 여법하지 않은 방법으로 재산을 구한다든지 지나치게 재산에 욕심을 내는 것은 삼가야 할 것입니다. 또한 집중수행을 하는 수행자라면 잠시 재산과 관련된 활동은 멈추고 수행에만

191 현대적인 의미로는 세금에 해당된다.

192 윤회로부터 벗어나게 하는 귀의의 대상으로 헌공하는 것이 아니라 내려오는 전통에 따라서 '천신에게 자애를 보내는' 의미로의 헌공을 말한다.

전념하는 것이 좋습니다.[193]

재가자의 행복 두 번째는 그렇게 얻은 재산을 누리는 행복입니다. 이 역시 재가자의 경우, 모든 감각욕망을 누려서는 안 된다고 설하지 않으셨습니다. 여법하게 얻은 재산을 누리고 공덕을 짓는 것도 재가자의 행복 중 하나입니다. 하지만 앞서 재산을 어떻게 사용해야 하는가에 대한 가르침에 따라 일부분을 선행을 행하는 데 사용해야 합니다. 또한 뒤에 설명할 재가자에게 금생의 행복을 가져다주는 네 번째 요소인 균형을 갖추도록, 즉 수입보다 지출이 지나치지 않도록 적당하게 누려야 할 것입니다.

재가자의 행복 세 번째는 빚이 없는무채 無債 행복입니다. 빚이 있으면 항상 빚을 갚아야 한다는 생각에, 혹은 잦은 빚 독촉에 행복할 수 없습니다.

재가자의 행복 네 번째는 비난받지 않는무책 無責 행복입니다. 몸과 말과 마음으로 나쁜 행위를 하게 되면 사람들로부터 비난을 받습니다. 비난 받고 살면서는 결코 행복할 수 없습니다. 몸과 말과 마음으로 선한 행위를 하여 다른 사람들로부터 비난을 받지 않고 사는 것도 하나의 행복입니다. 이 네 가지 행복 중에 앞의 세 가지 행복은 마지막 비난 받지 않는 행복의 1/16에도 미치지 못한다고 부처님께서 설하셨습니다. 아무리 재산이 많고 누리면서 빚 없이 살아도 몸과 말과 마음의 악행 때문에 비난을 받으며 산다면 결코 행복할 수 없다는 뜻입니다. 재가자로서 명심해야 할 내용입니다.

193 〈초전법륜경〉에서 부처님께서는 감각쾌락의 탐닉과 자기학대 고행이라는 양극단을 떠나 중도를 설하셨다. 여기에 '감각쾌락의 탐닉'이 포함되었다. 하지만 이것은 출가자들을 주된 대상으로 설한 것이라는 사실을 유념해야 한다. 재가자들도 모든 감각욕망을 버리도록 설하지 않으셨다. 하지만 일정기간 수행을 하는 동안에는 마치 출가자들처럼 감각욕망 대상에서 떠나 정진하는 것이 좋다. *Mahāsi Sayadaw*, 《*Dhammasacca tayato* 초전법륜경에 대한 법문》, p.83 참조. 본서 제7장에 포함된 '출리와 출리의 공덕'에서 다시 설명했다.

그러면 그렇게 여법하게 구한 많은 재산을 비롯한 재가자의 금생 행복은 어떻게 얻을 수 있을까요?

근면보호 선우균형 금생행복 네가지고
믿음지계 베풂지혜 내생행복 네가지네
수행으로 궁극행복 불교목적 행복실현

먼저 근면해야 합니다. 즉, 자신이 하는 일에 능숙하고 항상 노력해야 합니다. 농부면 농작하는 일에, 상인이면 장사하는 일에, 공무원이면 나랏일에 숙련되도록, 게으르지 않도록 노력해야 합니다. 또한 힘들게 모으고 번 재산을 물 · 불 · 도적 등 여러 위험이 무너뜨리지 않도록 잘 보호해야 합니다. 믿음 · 계 · 베풂 · 지혜를 구족한 선한 이들을 의지하고 따라 배워야 합니다. 마지막으로 수입과 지출을 균형 맞춰 지내야 합니다. 자신의 수입과 지출을 잘 파악한 뒤, 지나치게 풍족하지도 않게, 지나치게 궁핍하지도 않게 바르게 생계를 유지해야 합니다(A8:54).

마지막으로 재가자가 죽은 뒤 선처에 태어나는 등 내생의 행복을 가져다주는 것은 무엇일까요? 바로 믿음, 계, 베풂, 통찰지를 갖추는 것입니다. 믿음이란 '그 세존께서는 이러이러한 이유로 아라한이시다'라는 등으로 부처님의 덕목에 대해 믿는 것, 확신하는 것을 말합니다. 계는 살생, 도둑질, 삿된 음행, 거짓말, 술 등을 삼가는 오계를 준수하는 것을 말합니다. 베풂이란 인색의 때가 없는 마음으로 아낌없이 보시하는 것을 말합니다. 통찰지를 갖춘다는 것은 일어남과 사라짐을 꿰뚫어 알고 바르게 괴로움의 소멸로 인도하는 지혜를 갖춘 것을 말합니다(A8:54).

엄밀하게 말하자면 현생에 재산을 가지고 누리는 금생의 행복, 다음 생에 선처에 태어나는 내생의 행복, 이러한 행복들은 세간적인 행복이어서 윤회의 고통에서 완전히 벗어난 상태가 아닙니다. 성스러운 지혜까지 갖추어 윤회의 고통에서 완전히 벗어난, 출세간의 행복까지도 누릴 수 있도록 어렵게 만난 부처님의 가르침을 따라 열심히 실천해야 할 것입니다.

재가자 여러분들이 이러한 내용을 잘 알고 여법하게 실천하여 금생의 행복과 내생의 행복, 더 나아가 출세간의 행복까지 누리길 기원합니다.

## 여섯 방향에 예경하라

〈교계 싱갈라 경〉의 후반부에서는 부처님께서 '여섯 방향에 예경하라'는 질문에 대해 본격적으로 대답하시면서 재가자가 각자의 위치에서 행해야 할 의무를 밝히셨습니다. 먼저 후반부의 전체 게송을 다시 소개하겠습니다.

동서남북 상하모두 여섯방향 돌보면서
두세상의 정복위해 실천하는 재가자는
이세상과 저세상의 둘모두를 얻게되니
몸무너져 죽은뒤에 선처천상 태어나네

주석서에서는 여섯 방향과 그 의미를 다음과 같이 설명했습니다. 먼저 부모는 앞에서pubba 도와주기 때문에 동쪽puratthimā 방향이라고 알아야 합니다. 스승은 공양을 받아야 할dakkhiṇeyya 존재이기 때문에 남쪽dakkhiṇā 방향입니다. 자식과 아내는 뒤에서piṭṭhito 따라오기 때문에 서쪽pacchimā 방향입니다. 친구와 동료는 그들을 의지해서 특별한 괴로움을 건너기uttarati 때문에 북쪽uttarā 방향입니다. 하인과 직원들은 발 주위에 pādamūle 확립하기 때문에 아래heṭṭhimā 방향입니다. 사문 · 바라문은 덕목으로 위에upari 있기 때문에 위uparimā 방향입니다.

## 부모와 자식의 의무

먼저 동쪽 방향에 해당되는 부모에 대해 자식은 다음과 같은 의무를 가집니다.

동쪽부모 봉양하고 의무행해 전통잇고
상속적당 보시회향 아들의무 다섯가지

첫 번째로 부모를 봉양해야 합니다. 자신을 낳아서 먹여주고 목욕시켜 주고 키워주고 부양해 준 부모의 은혜에 보답하기 위해서 그들이 연로했을 때 씻겨 드리고 먹여 드리는 등으로 봉양해야 합니다.

두 번째로 할 수 있는 만큼 부모가 해야 할 일을 대신해 드려야 합니다.

세 번째로 가문의 전통을 이어야 합니다. 부모의 재산인 토지나 황금 등이 소실되지 않도록 지키는 것도 전통을 잇는 것에 해당됩니다. 만약 부모가 정기적으로 사문과 바라문에게 공양을 올렸다면 부모가 돌아가셨을 때도 그대로 이어서 공양을 올려야 합니다. 만약 나쁜 전통이 있었다면 그것을 자식의 대에서 끊는 것도 전통을 올바르게 잇는 것입니다.

네 번째는 상속받기에 적당하게 행동해야 합니다. 올바르게 행동하지 않는 자식에게 부모는 유산을 물려주지 않습니다.

마지막으로 부모가 돌아가신 뒤에는 계를 잘 지키는 분들에게 보시를 한 뒤 그 공덕을 돌아가신 부모를 대상으로 회향해야 합니다. 회향에 대해서는 앞서 제4장에서 살펴보았습니다.

반대로 부모는 자식에 대해 다음과 같은 의무를 가집니다.

악을제지 선을권장 기술교육 결혼시켜
적당한때 유산상속 동쪽부모 의무다섯

먼저 앞에서 설명했던 열 가지의 악행 등을 자식이 행하면 그것을 제지해 주어야 합니다. 더 나아가 열 가지 선행과 열 가지 공덕행토대[194] 등 선행을 하도록 권장해야 합니다.

세 번째로 기술이나 학문을 닦고 연마하도록 교육시켜 주어야 합니다. 부처님 당시, 각각 팔억 냥이나 되는 재산을 가진 부호들이 자신의 아들과 딸이 피곤해 할까 염려하여 어떠한 종류의 학문이나 기술, 재산을 관리하는 방법 등을 가르치지 않았습니다. 그들은 나중에 결혼했고, 부모들이 죽자 그 재산을 모두 다 낭비한 채 마지막에는 동냥그릇을 들고 구걸하는 신세가 되었습니다. 노력만 했다면 세간적으로는 그 도시의 제일의 부자, 출세간적으로는 아라한이나 아나함까지 될 수 있었던 이들이었지만 젊어서 세간적인 학문, 출세간적인 수행을 하지 않았기 때문에 세간의 이익, 출세간의 이익을 놓쳐버린 것입니다(Dhp.155, 156 일화). 물론 스스로 노력해야 하는 부분도 있지만 부모라면 자식으로 하여금 세간의 학문과 기술, 출세간의 수행을 할 수 있도록 권선해야 합니다.

194 열 가지 선행이란 제5장의 뒷부분에서 설명한 열 가지 악행을 삼가는 행위이고, 열 가지 공덕행토대란 제4장의 첫부분에서 설명한 보시, 계, 수행, 공경, 소임, 회향, 회향기뻐함, 청법, 설법, 정견이라는 열 가지이다.

네 번째로 적당한 배우자와 결혼을 시켜 주어야 하고, 마지막으로 자식이 사업을 할 때나 결혼을 할 때 등 적당한 때에 도움을 주는 등으로 유산을 상속시켜 주어야 합니다.

아나타삔디까 장자의 아들 깔라Kāla의 예를 소개하겠습니다. 깔라는 처음에는 부처님의 법문을 들으려 하지 않았습니다. 하지만 장자는 용돈이라는 방편을 사용했습니다. 부처님께서 머무시는 정사에서 포살을 준수하며 하룻밤만 머물고 온다면 백 냥을 준다고 한 것입니다. 깔라는 용돈 때문에 그대로 따랐습니다. 다음에 장자는 아들에게 게송을 외워 오면 천 냥을 주겠다고 했고, 깔라는 법문을 경청하며 외우려 했습니다. 하지만 부처님께서 일부러 계속 외우지 못하도록 신통을 사용하셨습니다. 계속 법문을 경청하던 깔라는 결국 법문을 듣는 중에 수행이 진전되어 수다원이 되었습니다(Dhp.178 일화). 수다원이 되면 사악처에서 벗어나고, 아무리 많이 태어나도 일곱 생 안에 모든 윤회에서 벗어납니다. 이러한 최상의 유산을 스스로도 가지고 자식에게도 물려주어야 할 것입니다.

## 스승과 제자의 의무

남쪽 방향에 해당되는 스승에 대해 제자는 다음과 같은 의무를 가집니다.

남쪽스승 서서맞아 시중들고 학문열의
시봉하고 기술배워 제자의무 다섯가지

먼저 주석서에서는 제자라면 스승이 멀리서 오는 것을 보고 자리에서 일어나 환영하면서 손에 있는 물건을 받아 들고 자리를 마련하여 모시고 부채질을 해 드리고 발을 씻겨 드리고 발에 기름을 발라 드려야 한다고 설명했습니다. 이 내용을 참고로 해서 할 수 있는 만큼 현대에 맞게 스승을 맞이하면 될 것입니다.

두 번째는 시중을 들어야 합니다. 당시에는 보통 스승이 계시는 곳에서 머물며 배우는 경우가 많았기 때문에 주석서에서는 매일 세 번 수시로 시중을 들며 배워야 한다고 설명했습니다. 지금이라면 스승이 필요로 하는 일들을 성의껏 도와 드리면서 배우면 됩니다. '나는 다 알아'라고 하면서 스승에 대한 의무를 저버려서는 안 됩니다.

세 번째는 열의를 가져야 합니다. 스승이 가르칠 때 믿음을 가지고 열의를 다해 경청해야 합니다. '내가 스승보다 더 잘 안다'라고 하면서 교만해서는 안 됩니다.

네 번째는 시봉해야 합니다. 앞에서 시중을 드는 것이 하루에 세 번 정기적으로 행해야 하는 것을 말했다면 이 '시봉'이라는 것은 여러 가지 작은 봉사를 말합니다. 즉 아침에 세숫물과 칫솔을 준비하는 것, 식사할 때 여러 가지 필요한 것을 준비하는 것, 옷을 세탁해 드리는 것, 아플 때 간호하는 것 등을 주석서에서는 언급했습니다. 이것도 현대에 맞게 스승에게 필요한 대로 시봉하면 될 것입니다.

다섯 번째는 몇 번이고 배우고 익혀서 성실하게 학문과 기술을 습득해야 합니다.

반대로 스승은 제자에 대해 다음과 같은 의무를 가집니다.

훈육하고 이해시켜 기술교육 소개시켜
모든곳에 보호해야 남쪽스승 의무다섯

먼저 단지 학문이나 기술뿐만 아니라 "그대는 이와 같이 앉아야 한다. 이와 같이 서야 한다. 이와 같이 먹어야 한다. 악한 친구를 멀리 해야 한다. 선한 친구를 사귀어야 한다"라는 등으로 올바르게 행동하도록 훈육해야 합니다. 요즈음은 각각 학과목만 가르치는 경우가 대부분이어서 이러한 내용까지 가르침에 포함시킬 수 있을지 의문이지만 불자로서 선생님이라는 직업을 가지고 있다면 할 수 있는 만큼 몸과 말과 마음의 행위를 올바르게 하도록 훈육하면 좋을 것입니다.

두 번째는 가르칠 때 의미와 표현을 명확히 하여 내용을 잘 이해시켜야 합니다. '가르치면 내 시간이 줄어든다'라고 하면서 소홀히 해서는 안 됩니다.

세 번째는 자신이 아는 모든 기술, 학문을 다 배울 수 있도록 가르치고 교육시켜야 합니다.

네 번째는 다른 친구나 동료에게 "이 학생은 나의 제자인데 현명하고 박식하여 나와 대등한 정도의 학문과 기술을 가졌다"라는 등으로 소개시켜 주어야 합니다.

다섯 번째는 여러 위험으로부터 언제 어디서나 보호해 주어야 합니다. 특히 선생님이라면 자신이 맡은 반, 더 나아가 학교 전체 학생들이 여러 위험과 장애에서 벗어나서 건강하고 행복하게 학문을 닦을 수 있도록 자애를 보내는 것이 필요합니다.

보살의 일화를 하나 소개하겠습니다. 보살이 과거에 대학자로 지낼 때였습니다. 바라나시국의 왕자가 그곳에 가서 학비를 내면서 배우고 있었습니다. 어느 날 왕자는 스승과 목욕을 가다가 한 할머니가 말리려고 길거리에 펴 놓은 참깨를 한 줌 가지고 갔습니다. 할머니는 처음엔 모른 척 했지만 세 번이나 계속되자 울면서 스승에게 알렸습니다. 스승은 왕자의 등을 세 번 회초리로 때렸습니다. 왕자는 그에 원한을 품었고 공부를 마친 뒤 왕위에 오르자마자 즉시 스승을 소환했습니다. 왕이 아직 젊어 훈계를 받아들이기에 적당하지 않다고 생각해서 스승은 가지 않았습니다. 왕이 중년이 되어 다시 소환했을 때 스승은 갔습니다. 왕은 스승에게 사형을 언도했습니다. 하지만 스승이 "내가 그때 그대를 회초리로 때리지 않았다면 그대는 지금 큰 도둑이 되었을 것이오"라고 말하자 왕은 자신의 잘못을 뉘우치고 법답게 나라를 다스렸다고 합니다(J252).

## 남편과 아내의 의무

서쪽 방향에 해당되는 아내에 대해 남편은 다음과 같은 의무를 가집니다.

서쪽아내 존중하고 멸시않고 배신않고
권한부여 장식선물 남편의무 다섯가지

먼저 아내를 존중해야 합니다. "야, 이봐"라는 등으로 거칠게 불러서는 안 된다는 뜻입니다.

두 번째로 노예나 하인을 때리고 학대하며 말하는 것처럼 경멸하면서 말해서는 안 됩니다. 특히 다른 사람들 앞에서 멸시하지 않도록 주의해야 합니다.

세 번째로 부인 외에 다른 여인을 마음에 두거나 사귀는 것을 '배신'이라고 표현했습니다. 그렇게 삿된 음행을 하지 않아야 합니다.

네 번째로 권한을 부여해야 합니다. 주석서에서는 여성들의 경우 아무리 좋은 장신구를 얻는다 하더라도 부엌을 관장할 수 없다면 분노한다고, 부엌을 맡기면 모든 권한을 맡기는 것과 같다고 설명했습니다. 현대에 맞게 적용시키자면 살림에 관련된 경제권이나 그 이상의 권한을 부여해야 한다고 이해할 수 있습니다. 물론 시대가 바뀐 것을 감안하여 적절하게 적용하여 실천하면 되겠습니다.

마지막으로 자신의 부에 알맞은 장신구를 제공해야 합니다. 주석서에 '자신의 부에 알맞은'이라는 수식어가 분명하게 붙었습니다. 아내라면 이 사실을 명심하고 '지나치게 비싼' 장신구를 요구하지 않도록 조심해야 합니다. 여기서 이러한 세심한 내용까지 설해 주신 부처님의 대연민심을 느낄 수 있습니다.

반대로 아내는 남편에 대해 다음과 같은 의무를 가집니다.

일잘하고 친절하고 배신않고 재산보호
모든일에 부지런해 서쪽아내 의무다섯

먼저 죽이나 음식을 요리하는 시간 등을 어기지 않고 그때그때 잘 처리하고 잘 안배해야 합니다.

두 번째로 자신의 친지는 물론이고 남편이나 남편의 친지에게도 동등하게 존경을 표시하거나 선물을 하거나 도움을 주는 것 등으로 친절을 베풀어야 합니다.

세 번째는 남편의 의무와 마찬가지로 남편 외에 다른 남성을 마음에 두거나 사귀면서 삿된 음행을 하지 않아야 합니다.

네 번째는 남편의 의무 네 번째에 맞게 남편이 경제권을 부여했다면 그렇게 남편이 힘들게 번 재산을 잘 관리해야 합니다.

다섯 번째는 아내로서 해야 할 모든 일에 있어 게으르지 않고 부지런히 의무를 다해야 합니다.

아내의 의무와 관련해서 일곱 종류의 아내에 대한 내용을 소개하겠습니다.

살도주모 매우비의 일곱종류 아내중에
살도주는 지옥가고 모매우비 선처가네

다른 남성을 좋아하고 자신의 남편을 무시하는 아내는 살인자와 같은 아내입니다(살 殺). 남편이 힘들게 번 재산을 전부 자신의 것으로 만들고 그것을 낭비하면서 지내는 아내는 도둑과 같은 아내입니다(도 盜). 아내로서 해야 할 일을 하지 않고 게으르게 지내면서 욕설을 하며 남편을 시키는 아내는 주인과 같은 아내입니다(주 主). 마치 어머니가 자식을 보호하듯 남편과 남편이 벌어다 준 재산을 잘 보호하는 아내는 어머니와 같은 아내입니다(모 母). 마치 누이가 오빠를 존중하듯 남편을 존중하는 아내는 누이와 같은 아내입니다(매 妹). 진정한 친구처럼 돌보아 주는 아내는 친구와 같은 아내입니다(우 友). 노예가 주인에게 헌신하듯 어떠한 경우에도 화를 내지 않고 잘 따르는 아내는 노예와도 같은 아내입니다(비 婢). 이 중에 살인자, 도둑, 주인과 같은 아내는 지옥에 태어나고 나머지는 선처에 태어난다고 부처님께서 설하셨습니다(A7:59). 물론 현대 사회의 사정에 그대로 적용시킬 수 있는가의 문제는 있지만 할 수 있는 만큼 부처님의 가르침을 잘 숙고해서 따르면 좋을 것입니다.

그렇다면 이렇게 훌륭하게 남편의 의무와 아내의 의무를 다하는 부부가 현생은 물론이고 다음 생에도 함께 하려면 어떠한 법을 닦아야 할까요? 이것은 앞서 재가자에게 내생의 행복을 가져다주는 덕목과 동일합니다. 즉 부처님의 덕목에 대한 믿음과 오계의 준수, 아낌없이 베푸는 보시, 네 가지 진리를 꿰뚫어 아는 통찰지입니다. 이러한 네 가지 덕목을 서로 동등하게 갖춘다면 현생은 물론이고 내생에도 서로서로 보게 될 것입니다(A4:55).

남편아내 현생내생 함께하길 원한다면
믿음지계 베풂지혜 동등하게 가져야해

## 친구의 의무

북쪽 방향에 해당되는 친구에 대해 선남자라면 다음과 같은 의무를 가집니다.

북쪽친구 보시하고 친절한말 유익행위
자신처럼 정직해야 선남자의 의무다섯

첫 번째로 베풀어야 합니다. 앞서 받기만 하는 이는 나쁜 친구라고 설명했었습니다.

두 번째로 아무리 친하더라도 부드럽고 친절한 말을 해야 합니다. 친분을 핑계로 아무렇게나 부르거나 거칠게 말해서는 안 됩니다.

세 번째로 친구에게 이익이 되는 행위를 해 주어야 합니다. 세간적인 이익은 물론이고 출세간적인 이익까지 할 수 있는 만큼 생겨나도록 도와주어야 합니다.

네 번째로 자신처럼 생각해야 합니다. 항상 처지를 바꿔 친구를 배려해야 합니다.

마지막으로 정직해야 합니다. 주석서에서는 가지고 있는 물건을 친구가 부탁했을 때 핑계를 대며 속이지 말고 정직하게 주어야 한다고 설명하고 있습니다.

이에 상대방인 친구는 다시 다음과 같은 의무를 가집니다.

숙취보호 재물보호 두려울때 의지처로
안떠나야 자녀존중 북쪽친구 의무다섯

먼저 친구가 취했을 때 보호해 주어야 하고 재물도 보호해 주어야 하는 것, 친구가 두려워할 때 의지처가 되어 주어야 하는 것, 친구가 곤경에 처했을 때 떠나지 말아야 하는 것 등은 앞서 좋은 친구에 대해 설명할 때 포함되었습니다. '자녀존중'이란 친구의 자식들, 손자 손녀들도 마치 자신의 자식, 손자 손녀처럼 대하면서 축하할 일에는 축하해 주고 도움을 줄 일에는 도움을 주어야 한다는 것을 뜻합니다.

앞서 '유익한 행위를 해 주어야 한다'라는 것과 관련된 일화 하나를 소개하겠습니다. 이 일화는 가르침의 덕목에 대해 설명할 때도 간략하게 언급했습니다.[195] 깟사빠 부처님 당시 조띠빨라라는 바라문에게는 흙으로 식기 등을 구워 파는 가띠까라라는 절친한 친구가 있었습니다. 가띠까라 도공은 당시 아나함으로, 눈이 먼 늙은 부모를 모시면서 살고 있었으며 부처님께서 매우 신뢰하던 신도였습니다. 어느 날, 가띠까라는 '조띠빨라 바라문은 지혜가 뛰어난 친구이다. 만약 부처님을 뵙기만 한다면, 혹은 부처님의 설법을 듣기만 한다면 부처님에 대해 청정한 믿음을 가질 것이다'라고 생각하여 조띠빨라 바라문에게 부처님을 뵈러 가자

195 본서 제2장의 '와서 보라고 권유할 만한 가르침'에 대한 설명에 포함되었다.

고 청했습니다. 하지만 조띠빨라 바라문은 "그 까까머리 사문을 만나 무엇을 하겠는가?"라며 거절했습니다. 그러자 부처님께서 지내시는 정사가 강 근처 목욕하는 장소에서 가깝다는 사실에 착안하여 한 가지 꾀를 내어 가띠까라는 조띠빨라 바라문에게 목욕을 하러 가자고 제안했고 두 사람은 강으로 목욕을 하러 갔습니다. 목욕하는 곳에 도착하자 "정사가 가까우니 부처님을 뵈러 가자"라고 다시 가띠까라는 제안했고 조띠빨라 바라문은 세 번째까지 거절했습니다. 그러자 가띠까라는 조띠빨라 바라문의 허리띠를 거머쥐면서 부처님을 뵈러 가자고 청했고, 조띠빨라 바라문은 그를 뿌리치고 머리를 감았습니다. 그때 가띠까라는 머리를 감고 있는 조띠빨라의 머리채를 잡고서 부처님을 뵈러 가자고 청했습니다. 조띠빨라 바라문은 '아무리 친하지만 낮은 신분의 사람으로서 높은 신분인 내 머리채까지 잡아서 권할 정도면 사소한 일은 아닐 것이다'라고 생각하고는 부처님을 뵈러 같이 갔습니다. 그리고 부처님의 설법에 믿음이 생겨난 조띠빨라 바라문은 출가하여 구족계를 받고 네 가지 청정한 계[196]에 머물면서 열세 가지 두타행을 실천했습니다. 그는 탁발을 하러 가면서도 수행하고 오면서도 수행하는 의무도[197] 잘 이행하는 등 사문의 법을 닦으면서 위빳사나 수행을 하여 형성평온의 지혜까지 도달했습니다(M81).[198]

가띠까라 도공이 낮은 신분이었음에도 불구하고 머리채를 잡으면서까지 친구로 하여금 부처님을 뵙도록, 부처님의 가르침을 듣도록 권유한 사실을 통해 여러 가지 적당한 방편으로 이익이 있는 선한 일에 친구

---

196 본서 제5장의 '계의 종류'에 대한 설명을 참조하라.

197 이를 '오가며 실천하기gatapaccāgatika'라고 한다. 비구 일창 담마간다 옮김, 《마하사띠빳타나숫따 대역》, pp.116~120 참조.

198 사실 조띠빨라 바라문은 나중에 고따마 부처님이 될 보살이었기 때문에 형성평온의 지혜에만 머물고 그 위의 도와 과를 위해 애쓰지는 않았다(MA.iii.195).

들이 동참하도록 권선해야 합니다. 그것도 친구로서의 의무 중 하나입니다.

## 직원과 고용주의 의무

아래 방향에 해당되는 직원에 대해 고용주는 다음과 같은 의무를 가집니다.

아래직원 일을배분 급식지급 환자돌봐
나눠먹고 휴식제공 주인의무 다섯가지

먼저 일을 배분할 때는 나이나 성별, 능력에 맞게 배분해야 합니다. 나이가 젊은지 많은지, 여성인지 남성인지, 어떠한 일을 잘 하는지 등에 따라서 알맞게 배분해야 한다고 주석서에서 설명하고 있습니다. 또한 육체의 힘이 좋은지, 지혜의 힘이 좋은지 등으로 능력도 고려해서 배분해야 합니다.

다음으로 '급식지급'이라는 표현에서 '급'이라는 단어로는 봉급을, '식'이라는 단어로는 음식을 나타냈습니다. 일의 양, 성취 정도에 맞게 성과급을 지급해야 한다는 뜻입니다. '음식'이라는 내용이 포함된 것도 살펴볼 만합니다. 물론 당시에는 하인이나 노예처럼 한집에서 사는 경우가 많았기 때문에 음식의 지급은 당연히 포함되어야 할 내용일 것입니다. 지금, 현대 사회에서 직장에서 급료는 물론이고 급식이 제대로 이루어지고 있는지 불자인 고용주라면 부처님의 말씀을 통해 반성해 보아야 합니다.

세 번째로 직원 중에 환자가 있으면 돌보아야 합니다. 주석서에서는

"아플 때에는 일을 시키지 않고 적절한 약 등을 주어 보살펴야 한다"라고 설명했습니다. 이것도 마찬가지로 직원이 아플 때 휴식을 취할 수 있는 사내 분위기가 조성되어 있는지 살펴보아야 할 것입니다. 진정으로 직원들이 쾌유하기를 바라는 자애와 연민의 마음이 있다면 말의 자애나 행동의 자애로 나타날 것입니다.

네 번째로 '나눠 먹고'라는 표현에 대해서 "희유하고 아주 맛있는 음식을 얻으면 혼자 먹지 말고 함께 나누어야 한다"라고 주석서에서는 음식을 대표로 설명했지만 현대 사회에 맞게 고용주라면 자신의 이익만을 챙기지 말고 직원들과 할 수 있는 만큼 나누면서 사는 것이 부처님의 가르침에 따라 사는 삶이라고 할 수 있습니다.

마지막으로 휴식을 제공해야 하는데 주석서에서는 정기 휴일과 임시 휴일로 나누어 설명했습니다. 매주 일요일 등으로 정해진 휴일이 정기 휴일입니다. 상을 당했을 때나 아플 때, 혹은 결혼식이나 경사가 있을 때 등으로 꼭 필요한 때에 보장되는 휴일이 임시 휴일입니다. 마찬가지로 이러한 휴식, 휴일을 제공하도록 부처님의 가르침을 따르는 고용주라면 노력해야 합니다. 이러한 내용을 통해서 2천500여 년 전 이미 부처님께서는 직원들의 적당한 임금, 건강, 휴식보장 등 직장 내에서의 복지에 대해 설하셨다는 사실을 알 수 있습니다.

그러한 고용주에 대해 직원이라면 다음과 같은 의무를 가집니다.

먼저기상 나중취침 만족하고 일잘하고
주인명성 칭송해야 아래직원 의무다섯

여법하게 대해주는 고용주에 대해서 직원이라면 첫 번째로 먼저 일어나고, 두 번째로 늦게 자야 한다고 부처님께서 설하셨습니다. 이것은 부처님 당시, 집에서 일하는 하인이나 직원의 경우를 예로 든 것입니다. 현대라면 직장에 조금 먼저 출근하고 조금 늦게 퇴근해야 한다고도 이해할 수 있습니다. 물론 시대상황도 고려해야 할 것입니다.

세 번째로 고용주가 지급하는 대로 만족해야 한다고 설하셨습니다. 즉 임금이 적다고 횡령하거나 속이면 안 된다는 뜻입니다. 만약 부당하다면 적절한 대화를 통해 해결해야 할 것입니다.

네 번째로는 맡은 일을 잘 해야 합니다. 이것은 기본일 것입니다. '이것을 왜 내가 해야 하는가?'라고 불평하지 말아야 한다고 주석서에서는 설명하고 있습니다.

마지막으로는 고용주가 없는 곳에서 고용주를 험담해서는 안 됩니다. 오히려 좋은 점을 칭송해야 한다고 설하셨습니다.

이렇게 고용주와 직원이 부처님의 가르침에 걸맞게 의무를 다한다면 화목하고 여법한 직장이 될 것이고 그러한 직장이 넘쳐나는 사회, 국가, 그 직장에서 근무하는 직원, 그 직원의 가정에는 번영과 발전이 함께할 것입니다.

## 사문 · 바라문과 재가자의 의무

위의 방향에 해당되는 사문 · 바라문에 대해 재가자라면 다음과 같은 의무를 가집니다.

위의사문 몸의자애 말의자애 마음자애
문을열고 공양보시 선남자의 의무다섯

부처님께서는 경전에서 "사문samaṇa은 번뇌를 가라앉힌samita 이, 바라문은 번뇌를 내쫓은bāhita 이"라고 설명하셨는데 이는 모두 아라한을 말합니다(M39). 하지만 이것은 대표로 설하신 것이라고 생각하면 될 것입니다. 아라한에 대해서만 이러한 의무가 있고, 또 아라한들만 재가자에 대해 아래에 설명할 의무가 있다고 생각하면 안 됩니다. 보통의 출가자들도 여기에 포함된다고 알아야 합니다.

먼저 재가자라면 이러한 사문 · 바라문에 대해 몸과 말과 마음으로 자애를 가지고 대해야 합니다. 주석서에서는 몸의 자애로는 비구를 초대하기 위해 승원으로 가는 것, 물을 걸러 드리는 것[199], 등을 안마해 드리는 것, 발을 주물러 드리는 것 등을, 말의 자애로는 비구들이 마을에 탁발하러 들어온 것을 보고 신자들에게 "공손히 죽을 올리십시오"라고 말하는 것, "훌륭합니다"라고 칭송하는 것, 공손하게 환대의 말을 하는 것 등을, 마음의 자애로는 '우리 집에 방문하는 장로들이 위험이 없기를! 정신적 고통이 없기를!'이라고 자애를 보내는 것을 언급했습니다. 자애란 전혀 대가를 바라지 않고, 그리고 차별을 두지 않고 많은 존재가 진정으로 건강하고 행복하고 번영하기를 바라는 것입니다. 출가자에 대해 마음으로 자애가 가득하다면 말의 자애, 몸의 자애는 저절로 표출될 것입니다.

네 번째로 '문을 열고'라는 표현은 음식 등 출가자들이 필요한 것이 있으면 언제나 자신들에게 청할 수 있는 태도를 말합니다. 주석서에서는 "문을 열어 놓지만 계를 잘 지키는 출가자들에게 아무 도움도 주지 않으면 문을 닫아 놓은 것과 마찬가지고 문은 비록 닫아 놓았지만 보시를 하거나 도움을 준다면 문을 열어 놓은 것이다"라고 설명했습니다.

마지막으로 출가자들에게 적당한 시간에 음식을 보시해야 합니다. 부

---

199 당시에는 우물에서 길어 온 물에 장구벌레 등이 있을 수 있어 물을 항상 거른 후에 마셔야했기 때문이다.

처님 당시는 비구나 비구니 출가자들이 대부분 탁발을 다녔기 때문에 아침에는 죽을, 오전에는 적당한 음식을 공양 올리는 것을 말합니다. 현재 상황에 맞게 의무를 다하면 될 것입니다.

그러한 재가자에 대해 사문 · 바라문은 다음과 같은 의무를 가집니다.

악을제지 선을권장 돌봐주고 가르치고
분명하게 천도제시 위의사문 의무여섯

첫 번째로 악을 제지하고, 두 번째로 선을 권장하는 것은 앞서 부모와 자식의 의무에서도 살펴보았듯이 그 의미가 분명합니다. 세 번째로 '돌봐주고'라는 표현은 사문 · 바라문이라면 '모든 중생이 행복하기를! 위험에서 벗어나기를! 건강하기를! 정신적 고통에서 벗어나기를!'이라고 많은 중생에게 번영이 충만하기를 바라는 마음으로 중생들을 돌보아야 한다는 것을 표현했습니다.

네 번째로 신도들이 아직 배우거나 듣지 못한 내용을 가르치고 훈계하고 설법해야 합니다.

다섯 번째로 '분명하게'라는 표현은 이미 배운 것에 대해서도 거듭 그 의미를 분명하게 해 주고 의심을 제거해 주어야 한다는 것을 나타냈습니다.

마지막으로 사문 · 바라문은 중생들에게 "진실한 말을 하는 것, 화를 내지 않는 것, 적은 양이라도 보시하는 것, 이 세 가지를 실천하여 천상세계에 태어난다"라는 등으로(Dhp.224) 천상으로 가는 길을 제시해야 합니다.

이상으로 부처님께서 싱갈라에게 훈계한 내용을 다 설명했습니다. 이 훈계의 끝에 싱갈라는 삼보에 귀의하여 사억 냥의 재산을 부처님의 가르침을 위해 보시했다고 합니다. 처음에도 언급했듯이 지금까지 살펴본 이 〈교계 싱갈라 경〉에서는 재가자로서 행해야 할 것 중에 설해지지 않은 것이 없기 때문에 이 경은 '재가자의 율gihivinaya'이라고 불립니다. 이 가르침을 듣거나 읽고, 이 가르침에서 설해진 교계에 따라 실천하는 이에게는 번영만 기대될 뿐 퇴전은 없다고 합니다. 따라서 재가자라면 이 재가자의 율을 잘 알도록, 또한 아는 것에만 그치지 말고 직접 실천하도록 노력해야 하겠습니다.

## 공경과 소임

지금까지 행해야 하는 계와 관련하여 〈교계 싱갈라 경〉의 설명을 자세하게 살펴보았습니다. 이어서 공덕행토대의 네 번째인 공경과 다섯 번째인 소임에 대해서 알아보도록 하겠습니다.

### 공경

공경apacāyana이란 태생이나 나이, 덕목으로 높은 분에게 공손하게 대하는 것, 예경하는 것, 존중하는 것, 합장하는 것 등을 말합니다. 공경에는 특별공경visesa apacāyana과 일반공경sāmañña apacāyana이 있습니다. 부처님이나 가르침, 승가를 공경하는 것이 특별공경입니다. 왜냐하면 부처님과 가르침, 승가는 앞에서도 언급했듯이 특별한 덕목을 갖추고 있어서 그렇게 특별한 덕목을 갖춘 대상에 대해 공경하는 것은 수명, 용모,

대중, 행복, 힘을 주는 것을 비롯하여 선처에 태어나게 하는 등의 특별한 결과를 주기 때문입니다(A4:34).

> 중생중엔 여래으뜸 유위법중 팔정도가
> 모든법중 열반으뜸 무리중엔 승단으뜸
> 네가지의 으뜸대해 청정믿음 으뜸가고
> 으뜸대해 보시한뒤 으뜸가는 공덕증장
> 수명용모 명예명성 행복과힘 증장하고
> 으뜸법을 갖추어서 으뜸人天 즐긴다네

부처님께서는 이미 완전한 열반에 드셨기 때문에 현존하는 부처님을 공경할 수는 없습니다. 하지만 불상이나 사리탑 등의 앞에서 마치 현존하는 부처님께 예경하듯이, 공양물을 헌공하듯이 공경한다면 이는 부처님을 공경하는 것에 해당될 것입니다.

예를 들어 수메다Sumedha 부처님께서 반열반에 드신 뒤, 한 여인이 칠보로 장엄된 부처님의 사리탑을 친견하고 강한 믿음이 생겨나 계속 존경하고 예경하면서 '나는 재산이 없어 보시는 하지 못한다. 그러니 사람들에게 "부처님의 사리탑에 예경하시오. 그러면 다음 생에 천상에 태어나는 등의 좋은 결과를 누릴 것입니다"라는 등으로 권선을 하면서 지내리라'고 생각하고는 스스로도 예경하고 남에게도 예경하도록 평생 권선했습니다. 그 과보로 이후 3만 겁 내내 사악처에 태어나지 않은 것은 물론이고, 사람이나 천상에 태어났을 때도 가난하거나 저열하게 태어나지 않았으며, 고따마 부처님 당시에는 몸빛도 찬란하고 궁전도 화려하며 많은 천녀에게 둘러싸여 마치 제석천왕처럼 즐기는 천신으로 태어났다고 합니다(VvA.300).

법을 공경하는 것은 부처님의 예를 들 수 있습니다. 부처님께서 성도하신 뒤 다섯 번째 주에 '이 세상에서 의지하지 않고 지내는 것은 괴로움이다. 나는 누구를 의지하며 머물러야 하는가?'라고 숙고하고는 계 · 삼매 · 통찰지 · 해탈 · 해탈지견의 측면으로 당신보다 뛰어난 존재를 찾으셨습니다. 하지만 삼계 어디에서도 그러한 존재를 찾지 못하자 '내가 바르게 깨달은 이 법을 존중하고 의지하며 지내리라'라고 결정하셨습니다(S.i.493). 또한 언젠가 아난다 존자가 밤새 법문을 할 때, 서서 그대로 법문을 들으셨다고 합니다. 그 사실에 대해 여쭙자, "나는 일겁 내내라도 서서 들을 수 있느니라"라고 대답하셨습니다(MA.ii.43). 이러한 것이 법을 공경하는 모습입니다.

승가를 공경하는 예도 부처님을 통해 살펴볼 수 있습니다. 자신을 위해 가사를 보시하려는 고따미 비구니에게 승가에 보시하도록, 그러면 더욱 큰 이익을 얻는다고 부처님께서 설하셨습니다(AA.ii.265). 혹은 처음 자신에게 법의 눈이 생겨나도록 게송을 읊어준 앗사지Assaji 존자를 공경하여 항상 잠을 잘 때 앗사지 존자가 있는 방향으로 머리를 두었던 사리뿟따 존자를 통해서도 알 수 있습니다(Dhp.392 일화).

일반공경은 태생이나 나이, 덕목으로 높은 분에게 마찬가지로 예경하고 공손하게 대하는 것입니다. 이렇게 어른을 항상 공경하고 존경하는, 계행을 잘 갖춘 이들에게는 수명과 용모, 몸과 마음의 행복, 몸과 마음의 힘이 계속해서 늘어납니다(Dhp.109).

어른항상 공경하고 존경하는 계행인들
수명용모 행복과힘 네가지법 늘어나네

## 소임

소임veyyāvacca, 혹은 봉사는 선업과 관련된 자신의 의무를 다하는 것입니다. 비구라면 부처님이나 탑, 보리수, 법탑에 해당되는 경전, 승가가 머무는 거주처, 스승 등에 대한 의무를 잘 실천하는 것입니다. 재가자라면 앞서 재가자의 율에서 설명했던 부모와 자식, 스승과 제자 등 각자의 위치, 지위에 알맞은 의무나 공익을 위한 의무를 잘 실천하는 것입니다. 물론 대가를 바라고 하는 행위는 진정한 공덕이라고 할 수 없습니다. 당연히 해야 할 일, 의무라 생각하고 정성껏 행해야 합니다.

부처님조차 이러한 소임 공덕을 저버리지 않으셨습니다. 아누룻다 존자의 분소의 가사를 만들기 위해 부처님을 비롯한 80분의 대제자, 500명의 비구가 와서 마하깟사빠 존자와 아난다 존자가 양끝에서, 사리뿟따 존자가 가운데서 가사를 기웠습니다. 다른 비구들은 실을 감아 주었고 부처님께서는 직접 실을 바늘에 꿰어 주셨습니다. 마하목갈라나 존자는 여기저기 다니면서 필요한 것들을 가져다주었고, 아누룻다 존자의 과거 세 번째 생에 아내였던 도솔천 천신은 사람들로 하여금 공양을 준비하도록 알렸고, 제석천왕은 땅을 골랐습니다. 스님들이 빙 둘러앉은 모습이 마치 땅이 붉게 물든 것 같았다고 합니다(Dhp.93 일화). 이것으로 미루어 볼 때 부처님이나 승가 모두 소임을 매우 중시하는 것을 알 수 있습니다. 뿐만 아니라 제석천왕이나 천신까지 소임이나 의무를 다했다고 알 수 있습니다.

1900년대 미얀마의 고승이었던 레디 사야도의 일화도 본받을 만합니다. 당시 승원에서 제일 높은 위치에 있는 큰스님이었음에도 불구하고 레디 사야도는 매일 한밤중에 승가가 마시고 사용할 물을 길러 놓았다고 합니다. 누가 물을 길러 놓았는지 아무도 모르자 제자들은 숨어서 지켜보기로 했습니다. 그러자 한밤중에 레디 사야도가 물 항아리들을 직접 씻어서 물을 채우는 것을 보게 되었습니다. 그렇게 큰스님이 몸소 소임을 행하는 것을 제자들이 알게 되었을 때 "스님, 참아 주십시오. 이 일은 저희들이 할 일입니다. 스님이 하시기에는 적당하지 않습니다"라고 청했습니다. 그러자 레디 사야도는 "스님들, 내가 선업을 행하는 것을 가로막지 마시게. 나의 이 손과 발은 윤회하는 내내 아들의 노예, 아내의 노예, 갈애의 노예로 많이 사용되었다네. 이제 좋은 업이 뒷받침해 주어서 부처님의 교법과 만나 이렇게 승단의 소임을 맡게 될 기회를 얻었으니, 선업을 계속하게 해 주시게. 가로막지 마시게"라고 말했다고 합니다.[200]

이러한 소임들을 현대 상황에 맞게 충실하게 잘 실천하는 것은 물론이고 공익을 위한 소임도 할 수 있는 만큼 실천하여 공덕행토대를 쌓아나가야 합니다.

---

200 *Dhammācariya U Theihlain*, 《*Yahantāhnin Pugguthumya* 아라한과 특별한 이들》, pp.288~289.

# 제7장

# 업과 윤회

제2장에서 설명한 삼귀의, 제4장에서 설명한 보시, 특히 제5장과 제6장에서 설명한 계, 이러한 선업을 잘 실천하면 선처, 즉 인간과 천상 탄생지에 태어나 인간의 행복과 천상의 행복을 누릴 수 있습니다. 그래서 부처님께서는 차제설법을 하실 때 보시와 계 설법 다음에 천상 설법을 하셨습니다. 차제설법에 따르자면 천상에 관련된 내용들만 소개하면 되겠지만 계에 대해 설명할 때 파계의 허물로 지옥 등의 사악처에 태어난다고만 언급하고 자세한 내용은 설명하지 않았기 때문에 이번 장에서는 우주의 모습, 중생들이 태어나는 장소인 탄생지, 그러한 탄생지에 거듭 태어나는 윤회, 윤회의 원인인 업, 업의 과보 등을 알아보겠습니다.[201]

## 우주의 모습

먼저 구체적인 우주의 모습을 《위숫디막가》를 통해 소개하겠습니다(Vis.i.198~200). 바퀴모양으로cakka 둘러싸였다āvaḷa고 해서 우주cakkavāḷa라고 합니다. 하나의 우주는 원기둥 모양으로 직경이 120만3천450요자

201 부처님께서는 어떤 경우는 지옥부터 시작해서 천상으로 끝내고, 어떤 경우는 천상으로 시작하여 지옥으로 끝내신다. 또한 여러 탄생지 중에 일부분만 자세하게 설하신다. 여기서는 탄생지 모두에 대해 어느 정도 자세하게 소개하고자 한다. 《맛지마 니까야》 제4권, p.364 주382 참조.

나 정도입니다. 한 우주의 끝에는 위로 8만2천 요자나, 아래로 8만2천 요자나 정도를 돌산들이 철옹성처럼 둘러싸고 있습니다. 하나의 우주를 둘러싼 돌산들을 철위산鐵圍山이라고도 합니다. 이러한 우주 천 개를 작은 세계cūḷanikā lokadhātu, 백만 우주를 중간 세계majjhimikā lokadhātu, 일조 우주를 큰 세계mahā lokadhātu, 혹은 삼천대천세계라고 합니다(A3:80). 한 우주의 팔방으로[202] 동일한 형태의 우주들이 무한히 펼쳐져 있습니다.

중간에 있는 대지층 아래는 물층, 그 아래는 바람층, 그 아래는 허공층이 있습니다. 대지층의 두께는 24만 요자나입니다. 물층의 두께는 48만 요자나인데 일조 우주가 한 층으로 연결되어 있습니다. 바람층의 두께는 96만 요자나이고, 무한한 우주가 한 층으로 연결되어 있습니다. 바람층 아래는 한계가 없는 허공입니다(D.ii.90; DhsA.336).

우주의 한 가운데 대지에는 시네루Sineru 산이 솟아있습니다. 시네루 산은 우주 전체와 마찬가지로 원기둥 모양으로 직경이 8만4천 요자나입니다. 바다 수면 위로 8만4천 요자나가 솟아있고, 수면 아래로 8만4천 요자나가 잠겨 있습니다(A7:62). 시네루 산에 접한 곳의 바다 깊이는 8만4천 요자나입니다. 시네루 산 주위를 일곱 산맥이 원기둥 모양으로 둘러싸고 있고, 각각의 산맥 사이에는 바다가 있습니다. 마지막 산맥의 외부로부터 한 우주의 끝까지 대해가 펼쳐졌고, 그 사대양 가운데 시네루 산의 동쪽에는 동승신주Pubbavideha 東勝身洲, 서쪽에는 서우화주Aparagoyāna 西牛貨洲, 북쪽에는 북구로주Uttarakuru 北俱盧洲, 남쪽에는 남섬부주Jambhudipa 南贍部洲가 있습니다. 각각의 큰 섬들 주위에 500개의 작은 섬들이 있습니다(A10:29).

이러한 하나의 철위산, 하나의 우주와 그 우주 가운데 있는 시네루

---

202 위아래는 하나의 우주 영역에 속한다.

산, 칠대산맥, 사대주, 사대양, 그 위의 허공과 아래 여러 곳에 중생들이 태어나는 장소인 탄생지들이 있습니다.[203]

## 탄생지

중생들이 태어나는 장소를 탄생지bhūmi라고 합니다.[204] 탄생지에는 간략하게 네 종류, 자세하게 31개 장소가 있습니다.[205]

① 악처 탄생지apāyabhūmi 네 곳: 지옥, 축생, 아귀, 아수라
② 욕계 선처 탄생지kāmasugatibhūmi 일곱 곳: 인간, 욕계 여섯 천상
③ 색계 탄생지rūpavacarabhūmi 열여섯 곳: 초선천 세 곳, 제2선천 세 곳, 제3선천 세 곳, 제4선천 일곱 곳
④ 무색계 탄생지arūpavacarabhūmi 네 곳: 공무변처, 식무변처, 무소유처, 비상비비상처

### 악처 탄생지

사람의 행복, 천상의 행복, 열반의 행복이라는 세 가지 성취를 생겨나게 하는 원인이 덕aya이고, 그러한 덕에서 멀리 떨어진apagato 곳이어서

203 우주의 모습에 대한 구체적인 크기와 구조는 주석서에서 언급되었다.

204 DhsA.259; Bhavanti etthāti bhūmi. ettha이곳에서 bhavanti생겨난다; 태어난다. iti그래서 bhūmi탄생지이다.

205 여러 탄생지에 대한 자세한 설명은 《*Buddha Abhidhamma Mahānidān* 부처님의 아비담마 기본서》을 주로 참조했다.

악처apāya라고 합니다(NaṬ.219).[206] 덕이 없는 곳, 덕이 생겨나지 않는 곳, 선업에서 멀리 떨어진 곳, 선업을 행할 기회가 없는 곳이라는 뜻입니다. 악처에는 지옥, 축생, 아귀, 아수라라는 네 곳이 있고, 이를 사악처라고 합니다.

### 지옥

세상에서 좋아할 만하고 즐길 만한 것이 행복aya이고, 그러한 행복이 전혀 없는 곳이어서 지옥niraya이라고 합니다(PeA.48).[207] 지옥은 한 우주 안에 있는 세상lokika 世上지옥과 여러 우주 사이에 있는 세중lokantarika 世中지옥이 있습니다.

#### • 세중 지옥

세상의loka 가운데에 있는antarika 지옥이 세중lokantarika 世中지옥입니다. 세 개의 원기둥이 접하면 그 사이에 틈이 생겨나듯이 세 우주의 가운데에도 매우 깊은 틈, 협곡이 생겨납니다. 이 협곡은 아래로 물층까지 깊습니다. 이곳은 우주들과 완전히 단절되어 있어서 태양빛과 달빛이 전혀 이르지 못한 채 항상 어둡습니다. 또한 그 아래 있는 물층의 물은 매우 차갑습니다.

이 지옥에 태어난 중생들은 나무에 매달린 박쥐처럼 철위산 끝에 매달려 있다가 서로 팔이 닿았을 때 '먹을 것을 얻었다'라고 먹으려 하다가 서로의 모습을 보고 놀라 아래로 떨어집니다. 그러면 뼈와 살을 찾을 수 없

206 Tividhasampattiyo ayanti gacchanti pavattanti etenāti ayo, ayato apagato apāyo. etena이것에 의해 tividhasampattiyo세 종류의 성취가 ayanti생성되고 gacchanti생겨나고 pavattanti발생한다. iti그래서 ayo덕이다. ayato덕에서 apato멀어서, 덕이 없어서 apāya악처다.

207 Ayitabbo sāditabboti ayo, natthi ayo etthāti niriyo. Ayitabbo sāditabbo좋아할 만하고 즐길 만하다. iti그래서 aya행복이다. ettha여기에는 ayo행복이 natthi없다. iti그래서 niraya지옥이다.

을 정도로 심하게 얼어있는 몸이 아래 물층의 얼음에 부딪히자마자 산산 조각으로 부서지는 고통을 당한다고 합니다. 그래서 한빙 지옥이라고도 합니다. 부모나 법답게 사는 사문들에게 큰 허물을 범하거나 매일 다른 이들을 죽이는 이들이 이곳에 태어납니다. 세중 지옥에 태어난 중생들을 세중 아수라lokantarika asura라고도 합니다.[208]

• **대지옥**

한 우주 안에 있는 지옥이 세상lokika 世上지옥입니다. 세상 지옥에는 팔대지옥과 소지옥이 있습니다.

한 우주의 땅 두께는 24만 요자나입니다. 그 중 윗부분 절반인 12만 요자나는 보통의 흙이고, 아랫부분 절반은 암석입니다. 남섬부주 밑으로 1만5천 요자나 아래로부터 각각 1만5천 요자나 떨어져서 다음과 같은 여덟 종류의 대지옥이 차례로 위치하고 있습니다.

① 등활sañjīva 等活 지옥
② 흑승kāḷasutta 黑繩 지옥
③ 중합saṅghāta 衆合 지옥
④ 규환roruva 叫喚 지옥
⑤ 대규환mahāroruva 大叫喚 지옥
⑥ 초열tāpana 焦熱 지옥
⑦ 대초열mahātāpana 大焦熱 지옥
⑧ 무간avīci 無間 지옥

208 뒤에 설명할 '아수라'를 참조하라.

팔대지옥은 모두 직육면체 모양으로 네 개의 대문이 있고, 위아래와 사면이 모두 뜨거운 철판으로 닫혀있습니다. 안에는 지옥 중생들을 불태우는 지옥불이 우주가 무너지기 전까지 끊임없이 타오르고 있습니다(M130/M.iii.222).

① 등활 지옥

이 지옥에서는 중생들이 거듭punappunaṁ 살아납니다sañjivanti. 그래서 등활sañjīva 等活 지옥이라고 합니다. 등활 지옥에 태어난 중생들의 몸을 지옥 사자들이 활활 타오르는 여러 무기로 토막토막 자릅니다. 그래도 지옥 중생들은 다시 거듭거듭 살아나서 계속 고통을 당합니다.

② 흑승 지옥

이 지옥에서는 중생들을 검은 쇠줄로kāḷasuttaṁ 내리쳐서 자르고 재단합니다tacchanti. 그래서 흑승kāḷasutta 黑繩 지옥이라고 합니다. 흑승 지옥에 태어난 중생들을 지옥 사자들이 먼저 여러 가지 무기로 때려눕힌 뒤에 나무를 절단하듯이 검은 쇠줄로 자릅니다.

③ 중합 지옥

이 지옥에서는 중생들을 큰 철산들이 거듭 짓눌러 파괴합니다ghātenti. 그래서 중합saṅghāta 衆合 지옥이라고 합니다. 뜨거운 철판에 허리까지 파묻혀서 움직일 수 없는 지옥 중생들을 활활 타오르는 네 개의 철산이 사방에서, 마치 벼락을 내리치듯이 우르릉 소리를 내며, 또한 마치 큰 바위가 편편한 바위 위에 있는 겨자씨를 내려치듯이 내리칩니다.

④ 규환 지옥

이 지옥에는 "악, 악ru ru"이라는 비명소리가 끊이지 않습니다. 그래서 규환roruva 叫喚 지옥이라고 합니다. 몸의 아홉 구멍으로 불이 들어와 타오르기 때문에 '악, 악'하며 비명을 지릅니다.

⑤ 대규환 지옥

매우 심하게 비명을 지르기 때문에 대규환mahāroruva 大叫喚 지옥이라고 합니다. 이곳의 중생들은 매우 뜨거운 화염들이 몸의 아홉 구멍으로 들어와 불태우기 때문에 너무나 고통스러워 "살려주시오! 구해주시오!" 라고 거듭 외칩니다.

⑥ 초열 지옥

이 지옥에서는 중생들을 불태웁니다tāpeti. 그래서 초열tāpana 焦熱 지옥이라고 합니다. 초열 지옥 중생들은 활활 타오르는 뜨거운 철판 위에 야자수 크기의 뜨거운 철기둥에 찍혀 움직이지 못하는 상태에서 계속 불태워집니다.

⑦ 대초열 지옥

매우 심하게mahanto 불태웁니다tāpeti. 그래서 대초열mahātāpana 大焦熱 지옥이라고 합니다. 대초열 지옥 중생들은 활활 타오르는 쇠채찍으로 맞으면서 활활 타오르고 있는 쇠산을 올라가야 합니다. 산의 정상에 이르면 지옥의 바람 때문에 휙 날아가 다시 산 아래 바닥에 떨어집니다. 그러면 그곳에 있는 쇠송곳에 꽂혀 초열 지옥보다 두 배 더 뜨거운 고통을 받아야 합니다.

⑧ 무간 지옥

이 지옥에는 지옥불과 지옥 중생들과 고통이 끊임없습니다vīci natthi. 그래서 무간avīci 無間 지옥이라고 합니다. 지옥에 불이 가득 차서 지옥불이 없는 곳이 없습니다. 마치 상자에 담아놓은 겨자씨처럼 지옥 중생들도 서로 다닥다닥 붙어있기 때문에 지옥 중생들이 없는 곳이 없습니다. 틈 없이 겪고 있는 고통이 1초의 끊김 없이 계속됩니다. 앞서 오무간업, 결정사견의 과보 등을 설명할 때 언급했습니다.

- **소지옥**

여러 가지 종류ussada이기 때문에 소지옥ussada이라고 합니다. 대지옥마다 외부에 다음과 같은 네 종류의 소지옥이 둘러싸고 있습니다.

① 오물gūta 糞尿 지옥
② 뜨거운 재kukkuḷa 熱灰 지옥
③ 가시나무sippalivana 絹綿樹 지옥
④ 칼잎나무asipattavana 劍葉 지옥

소지옥들은 대지옥의 불길이 끝나는 곳부터 시작하여 사방을 둘러싸고 있습니다. 한 대지옥의 네 면에 네 개의 소지옥이 오물 지옥, 뜨거운 재 지옥, 가시나무 지옥, 칼잎나무 지옥의 순서대로 있습니다. 따라서 대지옥 하나에 소지옥이 16개씩, 여덟 대지옥에 소지옥이 모두 128개 있습니다.[209]

209 〈상낏짜Saṁkicca 자따까〉에 따른 설명이다. 다른 설명은 각 대지옥마다 여덟 면에 각각 네 개의 소지옥이 있다고 설명한다.

① 오물 지옥

매우 심한 악취를 풍기는 대변이gūta 마치 바다처럼 가득 차 있는 지옥입니다. 그 대변 안에는 큰 배 형태의 벌레가 다니면서 오물 지옥에 떨어진 지옥 중생의 뼈와 피부를 남김없이 삼켜버립니다. 그렇게 대변이 바다처럼 가득 찬 지옥이라서 오물gūta 糞尿 지옥이라고 합니다.

② 뜨거운 재 지옥

붉게 활활 타는 재가루kukkuḷa로 가득 차 있어서 뜨거운 재kukkuḷa 熱灰 지옥이라고 합니다.

③ 가시나무 지옥

지옥 전체가 가시나무sippali=simbali 숲vana과 같은 지옥이라서 가시나무sippalivana 絹綿樹 지옥이라고 합니다. 이 지옥의 나무에는 쇠가시가 마치 창처럼 매우 날카롭게 돋아있습니다. 잎도 칼이나 검처럼 매우 날카롭습니다. 날카로운 잎이나 칼이 떨어지면서 중생들의 머리를 자르거나 몸에 박힙니다.

④ 칼잎나무 지옥

마치 칼날처럼 매우 날카로운 잎을 칼잎asipatta 劍葉이라고 하고, 칼잎을 가진 나무들이 빼곡한 숲vana과 같다고 해서 칼잎나무asipattavana 劍葉 지옥이라고 합니다. 그 잎들이 바람의 힘 때문에 떨어져 중생들의 손과 발 등을 자릅니다.

이 외에도 덩굴 강vettaraṇī 지옥이라는 소지옥이 있습니다. 이 강에는 매우 뜨거운 쇳물이 흐릅니다. 표면에는 날카로운 가시 잎들이 떠다니고 강변에는 야자수 크기의 가시 그물들이 있고, 아래에는 야자수 크기의 가시가 올라와 있습니다. 강을 떠다니는 중생들은 이리저리 잘리고 찔리며 고통을 받습니다. 또한 삿된 음행을 설명할 때 소개한 화탕lohakumbhī 지옥도 있습니다.

- **지옥의 고통**

〈어리석은 자와 현명한 자 경〉(M129)과 〈저승사자 경〉(M130)을 통해 지옥에서 겪는 고통에 대해 알아보겠습니다. 어떤 이가 몸과 말과 마음으로 악행을 저질러 지옥에 태어나면 지옥지기들은 지옥 중생을 먼저 양손과 양발, 가슴이라는 다섯 군데를 시뻘건 쇠꼬챙이로 찌릅니다. 이어서 눕혀 놓고 도끼로 피부를 벗겨내고, 거꾸로 매달아 까뀌로 찍고, 마차에 매달아 뜨거운 땅위를 끌고 다니고, 뜨거운 숯불 산을 오르내리게 하고, 거꾸로 매달아 뜨거운 가마솥에 집어넣은 뒤 앞에서 언급한 대지옥에 던져 넣습니다. 지옥 중생은 대지옥에서 오랜 세월 온몸이 불타는 고통을 받은 뒤 그곳을 빠져나오더라도 바로 옆에 있는 오물 지옥, 뜨거운 재 지옥, 가시나무 지옥, 칼잎나무 지옥, 덩굴 강 지옥에서 고통을 받습니다.

덩굴 강에서 떠다니는 지옥 중생을 지옥지기들이 갈고리로 끄집어 올린 뒤 땅바닥에 내려놓고 묻습니다.

"무엇을 원하는가?"

"배가 고픕니다."

그러면 그의 입을 벌려 뜨거운 쇠철환을 집어넣습니다. 쇠철환은 지옥 중생의 입술, 입, 목구멍, 위장, 창자를 태우면서 항문으로 나가기 때문에 매우 큰 고통을 줍니다.

다시 지옥지기들이 무엇을 원하는지 물으면 지옥 중생은 목이 마르다고 대답합니다. 그러면 마찬가지로 뜨거운 쇳물을 집어넣어 동일한 고통을 받게 합니다. 그 뒤 다시 대지옥으로 던져 넣습니다.

이렇듯 지옥이라는 곳은 절대로 원하지 않고 바라지 않고 마음에 들지 않는 장소입니다. 삼백 개의 창으로 찔리는 고통도 지옥의 고통에는 비교 자체가 되지 않습니다.

## 축생

바로 서서 가지 못하고 가로로tiro 다니기 때문에añcanti 축생tiracchāna이라고 합니다. 축생들이 태어나는 모태yoni, 즉 탄생지를 축생 모태tiracchāna yoni라고 합니다.

축생에는 소나 개 등의 육지 축생과 물고기나 거북이 등의 수중 축생, 참새나 기러기 등의 공중 축생이 있습니다.

축생들은 지옥 중생들처럼 따로 떨어진 공간에서 살지 않습니다. 사람들이 사는 사대주, 사대양, 숲, 산 등 여러 지역에서 삽니다. 심지어 사람들의 몸 안에서 살기도 합니다.

축생들은 보시를 하거나 계를 지키는 등의 선업을 거의 하지 못합니다. 대부분의 시간을 자고, 먹고, 짝짓기 하는 데 보냅니다. 약육강식의 세상이기 때문에 힘이 약한 축생들은 죽음을 매우 두려워하고 숨어 지내다가 힘이 강한 짐승들의 먹잇감이 됩니다. 힘이 강한 중생들은 힘없는 중생들을 괴롭히고 죽이며 악업을 일삼습니다. 일부 축생들은 자유롭게 지내지 못하고 줄에 묶여서 한평생을 지내야 합니다. 또한 사람들의 반찬감으로 죽임을 당하기도 합니다. 수레나 마차에 묶여 무거운 짐들을 힘들게 짊어지고 나르기도 합니다. 그렇다고 "햇볕이 뜨겁습니다. 배고픕니다. 너무 무겁습니다"라고 고통을 하소연할 수도 없습니다. 이렇게 축생들이 겪는 고통은 헤아릴 수 없을 정도로 많습니다. 그래서 부처님께서 "비구들이여, 축생들의 고통을 다 말하기란 쉽지 않다"라고 말씀하셨습니다(M129).

### 아귀

행복과 거리가 멀기 때문에vigata 아귀petā라고 합니다. 아귀들의 무리가 아귀모임petti이고, 그들이 주로 머무는 장소를 아귀들의 영역petti visaya이라고 합니다. 하지만 머무는 곳이 따로 있지 않습니다. 숲이나 산, 강, 계곡, 무덤 등지에 머뭅니다.

아귀에는 다음과 같은 네 종류가 있습니다.

① 시아귀paradattūpajīvikapetā 施餓鬼
② 기갈khuppipāsika 飢渴 아귀
③ 소갈nijjhāmataṇhika 燒渴 아귀
④ 깔라깐지까kālakañjika 아귀

혹은 깔라깐지까 아귀 대신에 구토물vantāsika 아귀를 포함하기도 합니다(Mil.284).

먼저 시아귀는 다른 이가 준 음식을 의지해서 생명을 유지하는 아귀입니다. 앞서 회향과 회향기뻐함에서 언급했듯이, 시아귀를 지정해서 남아 있는 가족이나 친척이 계를 갖춘 이들에게 음식이나 옷 등을 보시한 뒤 그 공덕몫을 회향했을 때 시아귀가 그 사실을 알고 기뻐하면서 '사두'를 외치면 천상의 음식, 의복 등을 얻을 수 있습니다. 회향을 받기 전에는 배고픔, 목마름, 헐벗음 등으로 고통을 받습니다.

기갈 아귀는 굶주림과 목마름으로 괴로워하는 아귀입니다.

소갈 아귀는 항상 불타오르기 때문에 고통 받는 아귀입니다.

깔라깐지까 아귀는 몸이 3가우따[210]로 살과 피가 거의 없고 뼈와 피부만 남아 마치 마른 나뭇잎과 모습이 같습니다. 눈은 새우나 게처럼 툭 튀어나와 정수리에 붙어 있습니다. 바늘구멍 같은 입도 정수리에 붙어 있습니다. 그래서 먹이를 구할 때는 머리를 아래로 숙이면서 다닙니다. 하지만 음식을 충분히 구하지 못하고 먹지 못해 큰 고통을 겪습니다. 바로 이 깔라깐지까 아귀를 '깔라깐지까 아수라'라고 합니다.

그 밖에도 소 도살업의 과보로 몸이 뼈다귀로, 혹은 몸이 고깃덩어리로 된 아귀로 태어나 독수리 등이 서로 잡아채고 쪼아서 매우 고통을 겪는 아귀, 사냥을 일삼은 과보로 창과 같은 털을 가진 아귀로 태어나 그 창과 같은 털에 계속 찔리는 고통을 겪는 아귀, 과거 부처님 당시에 계행을 잘 지키지 못해 출가자의 모습 그대로 태어나 가사가 활활 타는 고통을 겪는 아귀 등 매우 다양한 아귀가 여러 가지 고통을 겪습니다(S19).

### 아수라

불교 문헌에 아수라asura라고 불리는 중생에 다섯 종류가 있습니다.

① 깔라깐지까 아수라kālakañjika asura
② 웨빠찟띠 아수라vepacitti asura
③ 타락한 아수라vinipātikā asura
④ 천궁 아수라vemānika asura
⑤ 세중世中 아수라lokantarika asura

먼저 깔라깐지까 아수라는 앞에서 설명한 깔라깐지까 아귀입니다. 사

210 1가우따는 1/4요자나이다.

악처에서 말하는 아수라는 바로 이 깔라깐지까 아수라를 뜻합니다. 이렇게 아수라가 아귀에도 포함되기 때문에 부처님께서는 가끔 아수라를 따로 언급하지 않으시고 지옥, 축생, 아귀라는 세 곳의 악처만 설하시기도 했습니다(M12).

웨빠찟띠 아수라는 도리천 천신에, 타락한 아수라와 천궁 아수라는 사대왕천 천신에 포함되기 때문에 자세한 내용은 각각 해당하는 항목에서 설명하겠습니다.

세중 아수라는 지옥을 설명할 때 언급한 세중 지옥 중생들을 말합니다.

## 욕계 선처 탄생지

### 인간 탄생지

탁월하고 거룩한 마음이mano 있기 때문에 인간manussa이라고 합니다. 인간들이 사는 곳이 인간 탄생지입니다. 특히 남섬부주에 사는 사람들은 새김이 좋습니다. 용감합니다. 선법과 불선법을 알고서 청정범행을 실천합니다. 그래서 엄밀하게 말하자면 남섬부주에 사는 사람들을 '인간, 사람'이라고 합니다. 하지만 북구로주, 동승신주, 서우화주 사람들도 포함된다고 알아야 합니다.

특별하게 되도록 말하고 보여주고 훈계하고 가르치는 이들이 있어 올바르게 실천할 때는 수명이 아승기까지 늘어나 장수하기도 하고, 탐욕과 성냄과 어리석음이 심해졌을 때는 수명이 열 살까지 줄어들기도 합니다. 무간 지옥에 갈 정도로 악업을 행하는 이도 있고, 진정한 행복인 열반에 이를 정도로 선업을 행하는 이도 있습니다.

## 사대왕천

다따랏타Dhataraṭṭha 持國天王, 위룰하까Virūḷhaka 增長天王, 위루빡카 Virūpakkha 廣目天王, 꾸웨라Kuvera 多聞天王라는 사대천왕들과 그들의 부하들이 사는 곳이 사대왕천Cātumahārājikā입니다.

한 우주의 가운데 시네루 산이 있고, 작은 바다를 건너 바로 다음에 시네루 산의 절반인 4만2천 요자나 높이의 유간다라 산맥이 시네루 산을 감싸고 있습니다. 사대왕천은 유간다라 산의 정상부터 시작하여 시네루 산 아래까지 퍼져 있습니다.

다따랏타 천왕은 동쪽 유간다라 산의 정상에서 지내며 간답바 천신을 비롯하여 시네루 산의 동쪽에 있는 여러 지신과 목신 등을 다스립니다. 간답바gandhabba 천신은 향나무에서 태어나 향을 맡으며 지내는 천신입니다. 춤을 추는 천신으로 묘사되기도 합니다. 위룰하까 천왕은 남쪽 유간다라 산 정상에서 지내며 꿈반다 천신을 비롯하여 시네루 산의 남쪽에 있는 여러 지신과 목신 등을 다스립니다. 꿈반다kumbhaṇḍa 천신은 재산이나 보물을 지키는 천신들입니다. 위루빡카 천왕은 서쪽 유간다라 산 정상에서 지내며 용을 비롯하여 시네루 산의 서쪽에 있는 여러 지신과 목신 등을 다스립니다. 꾸웨라 천왕은 북쪽 유간다라 산 정상에서 지내며 야차들을 비롯하여 시네루 산의 북쪽에 있는 여러 지신과 목신 등을 다스립니다.

사대왕천 천신들은 일반적으로 매우 거칠고 잔인합니다. 서로서로, 또는 사람들을 여러 가지로 괴롭히기도 합니다. 사대천왕들은 자신의 수하에 있는 천신들이 서로서로, 또는 사람들을 괴롭히지 않도록 여러 가지 방법으로 다스립니다.

그 외에도 천상의 행복을 즐기느라 음식을 섭취하지 않아 죽는 유희khiḍḍāpadosika 遊戲 천신, 다른 천신이 가진 영화를 질투하여 성냄 때문에 죽는 진노manopadosika 震怒 천신, 차가운 구름을 관장하는 한운sītavalāhaka 寒雲 천신, 뜨거운 구름을 관장하는 열운uṇhavalāhaka 熱雲 천신, 비를 관장하는 우운vassavalāhaka 雨雲 천신, 바람을 관장하는 풍운vātavalāhaka 風雲 천신, 달을 관장하는 천신, 해를 관장하는 천신, 지신, 목신, 산신 등이 있습니다.

앞의 아수라에 대한 설명에서 언급한 타락한 아수라와 천궁 아수라도 이 사대왕천 천신에 포함됩니다. 타락한 아수라는 복덕이 적어서 복덕이 큰 지신 등을 의지하고 받들면서 지내는 작은 천신들입니다. 고아나 외톨이처럼 위력이 적습니다. 먹을 것이나 입을 것을 얻기 힘들어 배고프고 목마른 고통도 겪으면서 지내야 합니다.

천궁 아수라는 가끔씩은 천신들처럼 영화를 누리고 가끔씩은 아귀처럼 고통을 당하는 존재입니다. 염라Yama대왕과 지옥지기들도 천궁 아수라입니다. 염라대왕은 한 명이 아니고 여러 명입니다. 이들은 사대왕천에 속하며 사대왕천에 자신들의 천궁이 있습니다. 그래서 '궁전을 가진 아귀 왕'이라고도 부릅니다. 이들은 낮에는 천상의 부귀영화를 누리다가 밤에는 악업의 과보로 다른 아귀처럼 고통을 겪습니다. 이들의 근무처는 지옥입니다. 이들은 지옥의 사무실에 근무하면서 지옥에 들어온 사람들을 조사하고 질문합니다. 하지만 지옥에 들어온 사람들을 모두 조사하지는 않습니다. 악업이 큰 중생들은 즉시 지옥에 떨어집니다. 악업이 작은 중생들에게는 염라대왕들 앞에서 조사를 받고 구제되어 지옥에서 벗어날 기회가 주어입니다. 염라대왕들은 지옥에 떨어진 중생들에게서 허물을 찾고 죄를 물으려는 것이 아니라 지옥에서 벗어날 기회를 주기 위해 선업을 상기시킵니다. 염라대왕들은 우리가 생각하는 죽음의 왕이나 무서운 저승의 왕이 아니라 선한 왕들입니다.

〈저승사자 경〉을 보면 염라대왕이 지옥에 끌려온 중생에게 이렇게 질문합니다(M130).

"이 사람아, 그대는 이 세상에 첫 번째 저승사자가 나타난 걸 보았는가?"

"대왕이여, 보지 못했습니다."

"이 사람아, 인간 가운데 갓난아이가 침대에서 스스로 똥오줌으로 분칠을 하고 누워있는 것을 보지 못했는가?"

"대왕이여, 보았습니다."

"이 사람아, 그걸 보았으면 '나도 태어나야만 하고 태어남을 뛰어넘을 수 없다. 나는 몸과 말과 마음으로 공덕을 지어야겠다'라고 생각하지 않았던가?"

"대왕이여, 저는 생각하지 못했습니다. 저는 방일하고 부주의하게 세월을 보냈습니다."

"이 사람아, 그대는 방일하게 세월을 보내며 몸과 말과 마음으로 공덕을 짓지 못했다. 그리고 악행은 그대 스스로 저지른 것이니 그 과보를 받아야 한다."

이어서 두 번째로 늙은 사람, 세 번째로 병든 사람, 네 번째로 옥에 갇혀 고통 받는 죄인들을 보고 자신을 경책하여 왜 선업을 쌓지 않았는지 등과 같은 심문이 계속됩니다. 이때 선업을 기억해내면 즉시 지옥에서 벗어나 천상에 이르는 경우도 있습니다. 선업을 기억해내지 못하면 염라대왕은 이 사람이 자신에게 공덕몫을 회향한 적이 있는지 회상해 봅니다. 만약에 이 사람이 염라대왕에게 공덕몫을 회향한 적이 있으면 염라대왕은 그 선업을 드러내 보여 선처에 태어나게 해줍니다. 이 경우에 대비해서 생전에 염라대왕에게 공덕을 회향해야 합니다.[211] 지은 공덕을 기억해내지 못하면 지옥지기들이 끌고 가서 갖가지 고문을 가합니다.

지옥지기들도 사대왕천에 속하는 나찰들입니다. 지옥지기들은 작은 불선업 때문에 지옥으로 떨어진 사람들을 염라대왕 앞으로 데려옵니다. 그들은 지옥 중생들에게 무자비한 형벌을 가하고 괴롭히는 일을 합니다. 지옥불은 '업으로 인하여 생겨난' 것이기에 지옥 중생에게는 뜨겁게 불타오르지만 지옥지기에게는 뜨겁지가 않습니다.

일반적으로 사대왕천 천신들의 수명은 천상년으로 500년, 인간년으로 900만 년이고, 50인간년이 사대왕천의 하루입니다. 지신과 타락한 아수라 천신은 수명이 따로 정해지지 않아 과거에 행한 선업에 따라 매우 짧은 천신들도 있고 한 달 정도인 천신들, 그보다 긴 천신들도 있습니다.

### 도리천

함께 공덕을 행한 서른 세 명이tettiṁsa 태어난 곳이라고 해서 도리천Tāvatiṁsā이라고 불립니다(Abhi-Sgh.162).

시네루 산 정상에 칠보로 만들어진 웨자얀따Vejayanta 궁전이 가로와 세로 일만 요자나로 넓게 자리하고 있습니다. 사방 각 면에 성문이 250개씩, 모두 천 개입니다. 성 주위로 아수라 천신과의 전쟁에서 승리를 기념하는 깃발들을 세워 놓았는데, 황금깃대에 걸어놓은 루비깃발, 루비깃대에 걸어놓은 황금깃발, 산호깃대에 걸어놓은 진주깃발, 진주깃대에 걸어놓은 산호깃발, 칠보깃대에 걸어놓은 칠보깃발이 각각 700요자나 높이로 펄럭입니다(SdṬ.i.267).

웨자얀따 성 안에는 건물이 101채입니다. 각각의 건물마다 방이 700

211 본서 제4장의 '회향'에 대한 설명에서 언급했다.

개씩 있고, 각각의 방마다 천녀들이 일곱 명씩, 각각의 천녀마다 하녀 천녀들이 일곱 명씩 있습니다.

성의 동쪽에는 천 요자나 둘레의 난다나Nandana 정원, 서쪽에는 700요자나 둘레의 찟딸라따Cittalatā 정원, 남쪽에는 500요자나 둘레의 파루사까Phārusaka 정원, 북쪽에는 500요자나 둘레의 밋사까Missaka 정원이 있고, 각 정원마다 천상의 나무가 천 종류씩 울창하게 자라고 있습니다.

특히 난다나 정원은 '천신들로 하여금 즐겁고 기쁘게 하는nandana 정원'이라는 이름에 걸맞게, 그곳에 온 천신들이 즐겨도 즐겨도 지겹지 않을 정도로 갖가지 형색, 소리, 냄새, 맛, 감촉들이라는 감각욕망들로 즐겁고 기쁘게 하는 정원입니다. 천상세계의 영화와 길상이 가득 찬 곳 중 하나입니다. 여러 이유로 걱정, 근심, 비탄하는 이들이라도 일단 난다나 정원에 들어서면 마치 해가 뜨면 이슬방울이 모두 말라버리는 것처럼 모든 걱정이 사라진다고 합니다. 특히 임종에 즈음한 천신, 천녀들조차 죽어야 한다는 사실을 생각하지 못할 정도로 즐거운 곳입니다. 한마디로 말해서 "세상에서 제일 좋은 것이라고 하는 감각욕망 대상, 여러 가지를 모두 모아놓은 곳이기 때문에 이 난다나 정원에 와 본 적이 없는 이들은 '행복하다'라는 성품을 이해할 수 없다"라고 말할 수 있을 정도로 욕계 범부 중생들에게는 여러 즐길 것들이 구족된 정원입니다.

각 정원마다, 그리고 성 내의 중간마다 차례대로 마하난다Mahānandā와 쭐라난다Cūḷanandā, 위찟따Vicittā와 쭐라찟따Cūḷacittā, 밧다Bhaddā와 수밧다Subhaddā, 담마Dhammā와 수담마Sudhammā라는 연못이 쌍으로 있습니다.

성의 북동쪽에 칠백 요자나 둘레의 마하와나Mahāvanā 정원이 있고, 그 중앙에 제석천왕이 머무는 칠보로 장식된 궁전이 천 개가 있습니다.

이렇게 여러 가지 크고, 화려한 정원, 연못, 궁전들로 다섯 감각욕망 대상, 천상의 부귀영화를 누리는 도리천 천신들의 왕이 바로 제석천왕입니다. 제석천왕은 사대왕천과 도리천, 두 천상세계를 다스리는 천왕입니다.

제석천왕과 제석천왕이 거느리는 천신들 일부처럼 방금 설명한 시네루 산 정상의 천궁에서 지내는 천신들도 있고, 시네루 산 정상과 같은 높이로 우주의 끝에 있는 철위산까지 하늘 위의 궁전, 탈것 등에서 지내는 도리천 천신들도 있습니다.

성도의 북동 쪽에는 천상의 회의장소인 수담마Sudhammā 법당이 있습니다. 가로와 세로가 각각 300요자나 크기이며 여러 보배로 장식되어 그 아름다움을 다 표현하지 못할 정도로 화려합니다.

가운데에는 제석천왕이 앉는 자리가 있고, 그 위에 3요자나 크기의 일산이 드리워졌습니다. 그 옆으로 사대천왕의 자리, 과거 생에 함께 선업을 행했던 천신들의 자리, 그 다음 위력에 따라 천신들의 자리가 배치되어 있습니다.

천상의 회의를 소집할 때는 제석천왕이 직접 120완척의 위자윳따라Vijayuttara 고동을 붑니다. 그 소리는 수닷사나 성도 일만 요자나에 인간 년으로 4개월 동안 울려 퍼진다고 합니다. 그 뒤 제석천왕은 150요자나의 에라와나 코끼리를 타고 네 명의 천왕비와 함께 많은 천녀를 거느리고 수담마 법당으로 옵니다. 제석천왕을 비롯하여 관련된 천신들이 다 모이면 보배 광채와 꽃 광채로 온 법당이 붉게 물듭니다. 법회에서는 범천에서 내려온 사낭꾸마라Sanaṅkumāra 범천왕이 법문을 설할 때도 있고(D18), 제석천왕이 직접 설할 때도 있고, 혹은 다른 법사 천신들이 설할 때도 있습니다.

사대왕천과 도리천 천신들은 네 가지 이유로 수담마 법당에서 회의를 합니다. 첫째는 결제하는 비구들이 수행을 편하게 할 수 있도록 결제날부터 보호하는 일, 둘째는 해제한 후에 부처님을 친견하러 가는 비구들이 위험하지 않도록 보호하는 일, 셋째는 스스로 법을 들으러 부처님께 가는 비구들이 위험하지 않도록 보호하는 일, 넷째는 산호나무 아래서 즐기는 일입니다.

앞서 포살에 대한 설명에서도 언급했듯이 매달 상현과 하현의 8, 14, 15일에는 담당 천신들이[212] 황금판을 들고 인간세상을 다니면서 "누가 삼보에 귀의했다. 오계를 수지했다. 포살계를 수지했다. 부모를 잘 부양했다. 보시를 했다"라는 등으로 선업을 기록합니다. 그 기록은 빤짜시카 Pañcasīkha 천신과 마딸리Mātali 천신을 거쳐 제석천왕에게 도달합니다. 천신들은 선업에 관련된 기록이 적으면 "선행을 한 이가 적구나. 우리 대중이 줄어들겠구나"라고 슬퍼하고, 많으면 "천상에 새로운 천신들이 오겠구나. 위력이 큰 천신들과 함께 즐길 수 있겠구나"라면서 기뻐합니다. 이 기록은 제석천왕이 직접 읽습니다.[213] 그 소리는 제석천왕이 보통으로 읽으면 주위 12요자나까지 들리고, 크게 읽으면 1만 요자나까지 천상의 성도 전체에 들립니다. 제석천왕의 낭독 후에는 법문을 듣습니다(D18; DA.ii.232~4; DAṬ.ii.219).

수담마 법당의 바로 옆에는 세상의 큰 나무 일곱 그루[214] 중 하나인 산

212 8일에는 사대천왕 네 명의 대신들, 14일에는 사대천왕의 아들들, 15일에는 사대천왕들이 담당한다. 본서 제5장의 '포살'에 대한 설명에서 언급했다.

213 본서 제5장의 '포살날의 종류'에서는 《앙굿따라 니까야》를 근거로 사대천왕이 알린다고 설명하였다.

214 이 우주에는 우주와 함께 생겨나서 우주가 무너질 때까지 생명을 유지하는 '큰 나무' 일곱 그루가 있다. ① 남섬부주의 염부수Jambu, ② 북구로주의 여의수Kapparukkha, ③ 서우화주의 까담바Kadamba 나무, ④ 동승신주의 시리사Sirīsa 나무, ⑤ 아수라천의 능소화Cittalapāṭali 나무, ⑥ 금시조Garuḷa 세상의 견면수Simbalirukkha, ⑦ 도리천의 산호수Pāricchattaka이다(DhsA.337).

호수Päricchattaka가 있습니다. 산호수는 높이가 100요자나, 직경이 100요자나입니다. 나무의 향기는 수담마 법당 전체에 향기롭게 퍼집니다.

그 산호수 나무 아래에 심홍색의 홍옥보좌Paṇḍukambala 바위가 있습니다. 크기는 가로 60요자나, 세로 50요자나, 높이 15요자나로 매우 섬세해서 제석천왕이 앉으면 몸의 절반이 들어가고 일어나면 원래대로 돌아옵니다.

지금의 제석천왕은 고따마 부처님께서 출현하시기 전에 부모를 봉양하고, 연장자를 공경하고, 부드러운 말을 하고, 이간하는 말을 삼가고, 널리 베풀고, 진실을 말하고, 분노하지 않은 일곱 가지 서계를 지킨 선업으로 부처님께서 출현하시기 전에 도리천에 태어났습니다(S11:11). 그러다가 부처님께서 출현하시고 난 뒤 어느 때 천상의 수명이 다하여 제석천왕의 생에서 목숨을 마칠 징조가 드러났습니다.[215] 그래서 부처님을 찾아가 열네 가지 질문을 했고, 여덟 번째 질문 끝에 느낌 거듭관찰 새김확립vedanānupassanā satipaṭṭhāna 법문을 듣고 수다원이 되었습니다. 수다원이 된 후 법문을 들으면서 바로 제석천왕으로 다시 태어났습니다. 사람처럼 시체를 남기지 않고 마치 등불이 꺼지는 것처럼 온몸이 바로 사라지고 다시 제석천왕으로 태어난 것입니다. 부처님과 제석천왕 자신을 제외하고 누구도 그 사실을 몰랐다고 합니다(D21/DA.ii.323). 그래서 지금의 제석천왕은 수다원 성자입니다.

사실 제석천왕은 수다원이 되기 전부터 불법을 보호하는 의무를 행했습니다(J469).[216] 부처님께서 성도하시고 49일이 지났을 때 '나 스스로 스

215 천신들에게 나타나는 죽음의 징조 다섯 가지는 뒤의 '욕계 천신들의 삶'을 참조하라.

216 깟사빠 부처님께서 반열반에 드신 후 교법이 쇠퇴하여 출가자들과 재가자들이 파계를 일삼았다. 그래서 천신들이 계속 줄어들자 제석천왕이 크고 검은 개를 데리고 인간세상에 내려와 선업을 실천하도록 권선했다.

승 없이 일체지로 깨달아 안 이 네 가지 진리라는 법은 매우 심오하고, 다른 이들이 알기 어렵다. 중생들은 무명의 암흑에 뒤덮여 지혜의 빛이 사라져서 탐욕과 성냄 등 번뇌가 매우 두터운 이들이 많다. 그들은 이해할 수 없을 것이다. 그러니 법을 아직 설할 시기가 아니다'라고 법을 설하는 것에 마음을 쓰시지 않으셨습니다. 그때 제석천왕은 사함빠띠Sahampati 범천왕과 함께 부처님께 와서 "부처님, 제도가능한 중생들에게 법을 설하십시오. 부처님의 권위가 세워지지 않았다면 저희들이 도와드리겠습니다. 법을 굴리십시오. 권위의 바퀴는 저희가 책임을 지겠습니다"라고 청했습니다(DA.i.236). 그렇게 약속한 대로 3차 결집 후, 아소까 왕의 아들 마하마힌다Mahāmahinda 장로가 스리랑카로 전법을 떠날 때, 이제 수다원이 된 제석천왕은 마힌다 장로에게 와서 "스님, 부처님께서 나중에 마힌다라고 하는 장로가 스리랑카로 전법을 할 것이니, 그때 그대도 전법을 도와주라고 하셨습니다. 그리고 저는 부처님의 말씀대로 의무를 다하겠다고 부처님께 말씀드렸습니다. 이제 전법하러 가실 시간입니다. 스리랑카로 가십시오. 도와드리겠습니다"라고 말했다고 합니다(VinA.i.53).

앞서 아수라에 대해 설명할 때 도리천 천신에 포함되는 웨빠찟띠Vepacitti 아수라를 언급했습니다. 도리천 천신들의sura 적이기 때문에a 아수라asura라고 합니다. 지금의 마가Māgha 제석천왕과 함께 33명의 천신들이 도리천에 오기 전, 도리천은 이 아수라 천신들의 거주처였습니다. 그때 그들은 술 항아리들에 술을 담아 마시고 즐기며 취하면서 지냈습니다. 그러던 중 마가청년을 선두로 33명의 젊은이들이 선업을 실천하고 도리천에 태어났습니다. 아수라 천신들은 새로 온 그들에게 향기로운 술을 대접했습니다. 제석천왕은 훌륭한 천신이었기 때문에 뒤따르는 천신들에게 "진짜로는 마시지 마시오. 마시는 척만 하시오"라고 단속시켰습니다. 아수라 천신들은 황금잔에 진짜 술을 따라 마시고 취해 황금바닥에 쓰러져 버렸습니다. 제석천왕 일행은 아수라들의 발을 잡아끌어 시네루 산 아래로 던져버렸습니다. 제석천왕의 위력으로 아수라 모두가 시네루 산 아래로 떨어졌습니다. 아수라 천신들이 시네루 산 중턱 즈음에 이르렀을 때 술이 깨어 '우리는 술을sura 마시지 않았다a'라는 뜻으로 "A sura! A sura!"라고 외쳤습니다. 그때부터 그들을 아수라라고 불렀다고 합니다(S11:1/SA.i.308).

시네루 산 아래에 산을 받치는 세 개의 기둥이 있습니다. 시네루 산 아래에 도착한 아수라 천신들에게 그들의 과거 선업 공덕으로 그 기둥 사이에 도리천처럼 1만 요자나의 아수라 천상이 생겨났습니다. 그 아수라 천상에는 도리천 천상처럼 궁전, 정원, 연못, 누각 등이 모두 갖추어졌습니다. 아수라 천신들의 수명, 대중, 광명, 영화도 도리천 천신들과 동일하다고 합니다. 도리천에는 100요자나의 산호수Pāricchattaka가 있다면 아수라천에는 100요자나의 능소화Cittalapāṭali 나무가 있다는 점만 다릅니다.

아수라천을 다스리는 왕은 웨빠찟띠 천왕, 라후Rāhu 천왕, 마하라다Mahārāda 천왕으로 세 명입니다. 아수라천은 완전히 도리천과 같기 때문에 그곳을 도리천으로 착각하며 살다가 능소화나무가 필 때만 도리천이 아님을 알게 됩니다. 그러면 제석천왕에게 매우 화가 나서 도리천으로 전쟁을 벌이러 갑니다.

가끔씩 도리천 천신들이 이기면 아수라 천신들을 쫓아 아수라 천상까지 따라 내려왔다가 아수라들이 성문들을 닫으면 다시 돌아갑니다. 제석천왕은 아수라들이 도리천까지 올라오지 못하도록 도리천과 아수라천 사이에 다섯 단계의 방어막을 두고 있습니다. 먼저 아수라천 밖에 있는 8만4천 요자나 깊이의 작은 바다sīdā에 용들을 머물게 합니다. 그 용이 첫 번째 방어막입니다. 두 번째가 금시조, 세 번째가 꿈반다, 네 번째가 야차, 다섯 번째가 여러 대중을 거느린 사대천왕들입니다(SA.i.310).

가끔씩은 아수라들이 다섯 방어막을 뚫고 시네루 산 정상에 올라옵니다. 그러면 사대천왕들이 그 사실을 제석천왕에게 보고하고, 제석천왕이 직접 나와 싸웁니다. 이기지 못하면 성문을 닫습니다. 그러면 아수라들은 성안으로 들어오지 못한 채 돌아갑니다. 전쟁에서 대부분은 제석천왕이 이깁니다. 하지만 누가 이기든 성문을 뚫고 들어오지는 못하기 때문에 도리천과 아수라천은 '전쟁 없는 도시Ayujjhapūra'라고 합니다(SA. i.310).

재미있는 것은 이 전쟁에서 부상당하거나 피를 흘리는 일이 전혀 없다는 사실입니다. 비유하자면 아이들이 모형을 가지고 서로 장난치며 싸우는 것과 같습니다. 가끔씩 제석천왕은 성의 사대문에, 또는 성문 주위로 금강보저를 잡은 자신의 형상을 만들어 둡니다. 그러면 제석천왕의 다섯 방어막을 뚫고 도리천까지 온 아수라들은 그 동상을 보고 "제석천왕이 나왔다"라고 하면서 도망간다고 합니다.

도리천 천신들의 수명은 천상년으로 천 년, 인간년으로 3천600만 년이고, 100인간년이 도리천의 하루입니다.

### 야마천

도리천으로부터 4만2천 요자나 떨어진 하늘에 같은 높이로 철위산까지 야마천Yāmā이 펼쳐져 있습니다. 야마천이란 명칭은 '고통으로부터 떨어진yātā 곳'이라는 의미에서 유래했습니다. 또는 이곳을 다스리는 천왕인 야마Yāma, 수야마Suyāma 천왕의 이름을 따서 야마천이라고 합니다.

이곳의 천신들은 여러 가지 걱정이나 고통에서 벗어나 천상의 행복을 누리며 지냅니다. 수명은 천상년으로 2천 년, 인간년으로 1억4천400만 년이고, 200인간년이 야마천의 하루입니다.

### 도솔천

야마천으로부터 4만2천 요자나 떨어진 하늘에 같은 높이로 철위산까지 도솔천Tusitā이 펼쳐져 있습니다. 자신이 가진 영광과 성취로 만족에tusiṁ 도달하는itāgatā 곳이라고 해서 도솔천Tusitā입니다.

도솔천을 다스리는 왕은 산뜻시따Santussita 천왕입니다. 부처님의 모친이었던 마하마야 왕비와 미래에 출현하실 멧떼야Metteyya 부처님의 보살이 지금 머무시는 곳이기도 합니다. 부처님 당시 담미까Dhammika 거사의 일화에서는 욕계천상 중에 제일 즐거운 곳이라고 합니다(Dhp.16 일화).

수명은 천상년으로 4천 년, 인간년으로 5억7천600만 년이고, 400인간년이 도솔천의 하루입니다.

### 화락천

도솔천으로부터 4만2천 요자나 떨어진 하늘에 같은 높이로 철위산까지 화락천Nimmānarati이 펼쳐져 있습니다. 이곳의 천신들에게는 자신이 마음으로 창조한 것을nimmāne 즐기는 화락rati 和樂이 있다고 해서 화락천Nimmānarati이라고 불립니다.

아래 네 천상세계에서는 항상 두는 자신의 배우자가 있지만 화락천에는 항상 두는 배우자가 없습니다. 자신이 필요할 때 형색 등을 만들어 즐깁니다. 화락천의 천왕은 수님미따Sunimmita 천왕입니다. 부처님 당시 위사카 부인은 많은 보시와 굳건한 믿음으로 화락천 수님미따 천왕의 제일 왕비로 태어났습니다(VvA.171).

화락천의 수명은 천상년으로 8천 년, 인간년으로 23억400만 년이고, 800인간년이 화락천의 하루입니다.

### 타화자재천

화락천으로부터 4만2천 요자나 떨어진 하늘에 같은 높이로 철위산까지 타화자재천Paranimmitavasavatti이 펼쳐져 있습니다.

다른 이들이 창조해 낸paranimmitesu 영화들에 자신이 바라는 바를vasaṁ 생겨나게 하는vattenti 곳이라고 해서 타화자재천Paranimmitavasavatti입니다.

타화자재천의 천왕은 와사왓띠Vasavattī입니다. 와사왓띠 천왕은 과거생에 사람이었을 때 보시, 지계 등의 선업을 열심히 행하여 천상의 수명, 용모, 행복, 대중, 권위, 그리고 천상의 형색, 소리, 냄새, 맛, 감촉이라는 열 가지로 다른 타화자재천 천신들보다 뛰어나다고 부처님께서 칭찬하셨습니다(S40:11).

마라Māra도 타화자재천의 천신입니다. '마라'라는 단어는 선행을 행하지 못하도록 하는 자, 선법을 죽이는māreti 자라는 뜻에서 유래했습니다. 또는 악행을 행하는 자라고 해서 빠삐마Pāpimā라고도 하고, 자신의 손아귀에서 벗어나려는 사람과 천신, 범천들을 못 벗어나게 막는다고 해서 나무찌Namuci라고도 하고, 선행에 방일한 이들의 친구라고 해서 빠맛따반두Pamattabandhu라고도 합니다(SA.i.154).

마라는 타화자재천의 왕은 아니지만 위력이 큽니다. 마치 변방에서 약탈하며 살아가는 도적떼의 우두머리처럼, 타화자재천의 한곳에 머물면서 악행을 일삼는 나쁜 천신들의 우두머리입니다. 스스로도 악행을 매우 즐깁니다. 세상에 악행을 일삼는 이들이 많으면 많을수록 마라는 기뻐합니다. 사람과 천신, 범천들이 고통스럽게 지내는 것만 보려 합니다. 선행을 많이 해서 자신의 손아귀로부터 벗어나는 것을 원하지 않습니다. 마라는 자신의 위력으로 사람과 천신, 범천들로 하여금 선업을 행하지 못하도록 방해합니다.

마라는 특히 세상 사람들의 이익을 위해 부처님께서 출현하시는 것을 제일 두려워하고 걱정합니다. 그래서 부처님께서 출가하실 때부터 시작하여 반열반에 드실 때까지 기회가 날 때마다 여러 가지로 방해했습니다(MA.i.350). 대표적인 예로 보살이 마하보리수 아래 금강좌에서 결가부좌로 앉아 일체지를 증득하기 직전에 마라는 자신의 군대를 이끌고 왔습니다. 이때 부처님께서는 바라밀이라는 군대로 마라를 물리치셨습니다.

또한 부처님의 제자들도 방해했습니다. 마하목갈라나Mahāmoggallāna 존자의 뱃속까지 들어가 괴롭히기도 했고(M50), 아난다 존자로 하여금 부처님께서 반열반에 드시는 암시를 눈치채지 못하도록 방해했고(D16), 위자야Vijayā 장로니 등 아라한 비구니 스님들에게 가서 감각욕망을 즐기라고 부추겼습니다(S5:4). 갓 비구계를 받은 라훌라 존자에게까지 코끼리의 모습으로 무섭게 위협했습니다(Dhp.351, 352 일화).

선행을 실천하는 이라면 아이부터 어른까지 모두가 마라의 적입니다. 하지만 누구든 깨달음 구성요소를 닦고, 올바르게 수행을 하면 마라의 군대를 이길 수 있습니다. 계 · 삼매 · 통찰지라는 세 가지 수련三學을 잘 닦으면 마라의 손아귀에서 벗어날 수 있습니다. 아라한이 되면 마라의 영역인 삼계에서 완전히 벗어납니다.

타화자재천의 수명은 천상년으로 1만6천 년, 인간년으로 92억1천600만 년이고, 1천600인간년이 타화자재천의 하루입니다.

### 욕계 천신들의 삶

욕계 여섯 천상세계의 천신들은 각각 위력이나 영화에 있어서 천상마다 차이가 납니다. 위의 천상으로 갈수록 위력과 영화가 더욱 큽니다. 또한 각각의 천신들 사이에도 거느리는 대중, 내뿜는 광채, 지내는 궁전 등이 차이가 납니다. 위력이 큰 천신은 다른 천신들보다 천상의 수명, 용

모, 행복, 대중, 권위, 그리고 천상의 형색, 소리, 냄새, 맛, 감촉의 열 가지가 뛰어납니다.[217]

욕계 천신의 몸은 모두 3가우따로 너무 뚱뚱하지도 않고 너무 마르지도 않습니다. 태어날 때부터 죽을 때까지 천자는 20세, 천녀는 16세가 유지됩니다. 늙음과 관련된 괴로움이 없어서 치아가 빠지거나 머리카락이 희거나 귀가 잘 들리지 않거나 눈이 흐리거나 피부가 주름지거나 하지 않습니다. 원래의 아름다운 용모와 젊음이 그대로 유지됩니다.

욕계 천신들도 이성과의 욕망을 즐기기는 합니다. 천자들에게 정액이 있기는 하지만 천자로부터 천녀에게 정액이 옮겨지거나 몸 밖으로 나오는 일은 없습니다.[218] 천녀의 경우는 사람들처럼 월경이나 임신, 출산이 전혀 없습니다. 사대왕천에 해당하는 여성 지신은 월경 등이 있습니다.

천신들은 몸이 단번에 생겨나는 화생opapātika 중생이기 때문에 임신과 출산 과정은 거치지 않고 저절로 태어납니다. 천자나 천녀의 가슴에서 태어나는 천신은 그 천신의 아들이나 딸 천신이 됩니다. 침상에서 태어나는 천녀는 시봉하는 천녀, 침상 밖에서 태어나는 천녀는 장식하는 천녀, 천궁에서 태어나는 천신들은 일하는 천신이 됩니다(DA.ii.297). 일부 천신은 두 천궁 사이에서 태어나기도 합니다. 그러면 가까운 곳, 얼굴이 향하는 곳 등으로 소유권이 결정되고, 그래도 해결되지 않으면 제석천왕이 소유합니다(MA.ii.201).

천신들도 인간들처럼 음식을 먹기는 합니다. 식사시간이 되면 천식sudhābhojana 天食이라는 천상의 음식이 저절로 생겨납니다. 이 음식은 매우 부드러워서 천신의 혀에 닿자마자 온몸에 퍼집니다. 그 영양분을 매

217 본서 제4장의 '보시의 당위성'을 참조하라.

218 《Kathavatthu Aṭṭhakathā》를 근거로 《*Buddha Abhidhammā Mah*ānidan 부처님의 아비담마 기본서》, p.255에서 언급했다.

우 힘이 좋은 소화 불 요소pācakatejo가 남김없이 소화시키기 때문에 천신들에게는 대변이나 소변이 없습니다. 또한 천신의 몸은 사람의 눈으로 볼 수 없을 정도로 미세합니다.

가끔씩 일부 천신들은 너무 즐기다 식사시간에 음식을 먹지 않습니다. 그러면 매우 힘이 좋은 소화 불 요소가 아주 미묘한 천신의 몸을 불태워 죽어버립니다. 이러한 천신을 유희khiḍḍāpadosika 천신이라고 부릅니다(DA.i.105).[219] 천상의 영양분은 한 번 먹으면 인간세상의 시간으로 한 달이나 두 달까지 지속됩니다. 배고픔, 목마름, 불편함, 몸의 피곤함, 성냄, 원한, 다툼, 이간질, 너무 뜨겁거나 너무 차가움, 걱정함, 지겨움, 이러한 마음에 들지 않는 대상을 없애는 능력이 있습니다.

이렇게 천상의 위력으로 생겨나는 천상의 영양분은 매우 섬세하고 부드러워 선정이 없는 순수 위빳사나sukkhavipassaka 아라한 스님들의 업 생성 소화 불 요소로는 그 천상의 영양분을 소화시킬 수 없고 선정을 얻은 아라한 스님들만 소화시킬 수 있습니다. 부처님의 경우는 원래의 업 생성 소화 불 요소의 힘 정도로도 천상의 영양분을 소화시킬 수 있습니다(Vis.ii.251; JA.v.423; S7:9; SA.i.216).

천신들은 천상에 태어나자마자 '과거 어느 생에서 죽어 여기에 태어났는가, 무슨 선업을 행해서 이러한 영화를 얻었는가?'라고 숙고하는 것이 법칙입니다.

천신들에게는 눈살을 찌푸리는 일이 없습니다. 머리카락, 털 등은 있지만 천상의 위력으로 마음에 드는 상태로만 존재합니다. 하지만 아나함이나 아라한이 아닌 천신들은 탐욕, 성냄이 아직 있기 때문에 가끔씩 울고 다투기도 합니다. 한때 사대왕천의 한 천신이 축제를 즐기러 천녀들

219 앞서 사대왕천에 속하는 여러 천신을 설명할 때 언급됐다.

을 거느리고 마차를 타고 나갔습니다. 동시에 다른 천신도 즐기러 나갔습니다. 상대편 천신을 보자마자 "오, 천신들이여, 저 천신을 보시오. 이전에 한 번도 보지 못하고 경험하지 못한 영화를 마치 이제야 보고 경험하게 된 가난한 사람 같지 않소. 이전에 한 번도 못 누려본 모양인지 우쭐거리는 것 좀 보시오"라고 비아냥댔습니다. 반대편 천신은 그 말을 듣고 "당신이 그렇게 말해서 어쩌겠다는 말이오. 이 영화는 나의 보시, 나의 지계 덕분에 얻은 영화요. 그대 때문에 얻은 것이 아니오. 그대와 무슨 상관이오?"라고 화내며 반박했습니다. 서로 성냄이 지나쳐 두 천신의 대중이 울고 있는 사이에 모두 죽어버렸습니다. 이렇게 천신들의 성냄이 지나쳐 자신의 부드러운 몸이 성냄의 거침을 감당하지 못해 죽기도 하는데, 이러한 천신을 진노manopadosika 천신이라고 합니다(DA.i.105).[220]

또한 부처님께서 완전한 열반에 드셨을 때 아나함이나 아라한이 아닌 천신들은 "복덕이 크신 부처님께서 너무나 빨리 세상에서 사라지셨다"라고 울고, 머리카락을 풀고, 손을 올리면서 마치 절벽에서 떨어지는 것처럼 쓰러져 뒹굴면서 통곡했다고 합니다. 아나함이나 아라한 천신들은 '형성된 모든 것들은 다 무상한 성품이다. 형성된 것들에 영원한 성품은 절대로 얻을 수 없다'라고 숙고하면서 담담하게 받아들였습니다(D16/D.ii.129).

앞서 언급했듯이 천신의 몸은 3가우따로 매우 크지만 너무나 섬세해서 일반적인 눈으로는 볼 수도 없고 만질 수도 없습니다. 천안통으로만 볼 수 있습니다. 가끔씩 천신들이 인간세상에 올 때가 있는데, 이때는 거친 몸을 창조해서 옵니다. 인간세상에 와서 원래 몸으로 땅에 내리면 마치 버터처럼 땅에 스며들어 서 있지 못합니다. 몸을 거칠게 만들어야 설

220 마찬가지로 앞서 사대왕천에 속하는 여러 천신을 설명할 때 언급되었다.

수 있습니다.[221] 혹은 원래 하늘을 자신들이 서 있을 수 있는 땅이 되도록 만들어서 서 있고, 원래 땅에 머무는 천신들도 자신의 몸을 지탱할 수 있을 정도로 땅을 미묘하게 만든 후에 서 있기도 합니다. 하지만 천신들은 인간세상에 특별한 일이 없으면 오지 않습니다. 사람들의 몸 냄새가 천신들에게는 매우 혐오스럽기 때문입니다. 인간세상에서 100요자나 떨어진 곳에서도 사람의 냄새가 난다고 합니다. 그래서 천신들이 부처님께 와서 예경드릴 때는 오래 머물지 않고 바로 서서 질문하고 친견한 뒤 돌아갑니다.

천신들은 먼 곳이나 벽 등으로 가려진 곳 등에 있는 작은 형상이나 소리 등을 자신들의 원래 눈과 귀로 볼 수 있고 들을 수 있습니다. 선정을 통한 천안통, 천이통 때문이 아닙니다. 원래 천신의 눈과 귀로 보고 듣는 것입니다. 이러한 천신들의 원래 눈을 천안dibbapasādacakkhu, 원래 귀를 천이dibbapasādasota라고 합니다. 천신들의 눈 감성물질과 귀 감성물질은 과거에 행했던 선업의 힘으로 가래나 고름, 피 등의 불순물과 섞이지 않고 원래 깨끗합니다. 그렇게 불순물이 없기 때문에 먼 곳이나 벽 등으로 가려진 곳의 형상이나 소리를 보고[222] 들을 수 있는 것입니다. 선정신통을 얻은 이의 천안통, 천이통은 수행을 통해 생겨난 지혜의 눈과 지혜의 귀입니다. 하지만 보고 듣는 힘으로는 천신들과 같기 때문에 천안통과 천이통이라고 부릅니다.

---

221 한때 핫타까Hatthaka라는 범천이 부처님께 와서 땅 위에 서려 하자 계속 땅 안으로 스며들어 부처님께서 "핫타까여, 그대의 몸을 거칠게 만들어라"라고 하셨고, 그 후로 핫타까 범천이 서 있을 수 있었다(A3:125).

222 아라한의 몸으로 가로막은 경우는 뚫어 볼 수 없다. 부처님께서 완전한 열반에 들기 전, 덩치가 큰 우빠와나Upavāṇa 아라한 장로가 부처님 곁에 부채질하고 있어서 부처님을 뵈러 온 천신들이 볼 수 없었다. 그것을 부처님께서 알고 우빠와나 장로에게 곁으로 조금 비키라고 말씀하셨다. (D16/D.ii.114)

천신들은 네 가지 이유로 죽습니다(DhpA.i.110). 첫째는 수명이 다해서, 둘째는 업이 다해서, 셋째는 음식이 다해서, 넷째는 성냄 때문입니다. 먼저 보시나 지계 등의 선업이 많아서 자신이 태어난 천상세계 수명을 다 채우고도 남으면 그 위의 천상으로 올라갑니다. 자신이 태어난 수명보다 선업이 적으면 천상의 수명을 다 못 채우고 중간에 죽습니다. 앞에서 언급한 대로 감각욕망을 즐기다가 음식 먹을 시간을 잊어버려 먹지 않아서 죽는 경우도 있고, 자기보다 영화가 넘치는 천신과 만나 질투 때문에 화가 나서 성냄의 불이 부드러운 천신의 몸을 태워 죽는 경우도 있습니다.

일부 천신들에게는 죽음의 징조 다섯 가지가 나타납니다. 장식한 꽃이 시들고, 옷이 더러워지고, 겨드랑이에서 땀이 나고, 늙은 모습이 나타나고, 천상의 행복을 즐기지 못하는 것이 그 징조입니다. 하지만 모든 천신에게 징조가 드러나는 것은 아닙니다. 인간세상에서도 공덕이 큰 왕이나 대신 등이 죽을 때에나 깃발이 떨어진다거나 대지가 진동한다거나 월식이나 일식 등이 있듯이, 천신들도 위력이 큰 천신들에게만 징조가 드러나고 위력이 작은 천신들은 징조가 드러나지 않습니다. 또한 인간세상에서 그러한 징조를 지혜 있는 이들만 알듯이 천상세계에서도 지혜 있는 천신들만 압니다. 일부 천신들은 징조가 나타났을 때 죽어서 어디에 태어날지 몰라 매우 두려워합니다. 앞서 제석천왕의 경우를 설명했습니다. 선업 공덕의 위력이 큰 천신들은 '나는 많은 보시를 했다. 계를 지켰다. 수행을 했다. 죽은 뒤에 선처에 태어날 것이다'라고 숙고하여 두려움이 없습니다.

또한 임종할 때는 주위 천신들이 "오, 도반들이여. 임종할 때 사람세상이라고 하는 선처에 태어나시오. 사람으로 태어났을 때 선법들 중에 제일 거룩한 신심법을 얻도록 노력하시오. 그대의 존재상속에 신심법을 굳건히 심어 평생 선법에 힘쓰십시오. 몸과 말과 마음의 선업을 행하여 선처에 거듭 오시오"라고 당부한다고 합니다(Ap.i.299).

천신들은 임종 후에 시체를 남기지 않습니다. 그래서 화장할 필요가 없습니다.

정리하자면 욕계 천상세상에는 여러 가지 감각욕망 대상이 구족되어 있습니다. 인간세상보다 다섯 감각욕망 대상들이 풍부합니다. 앞에서도 언급했듯이 크고 화려한 천상의 정원, 연못, 궁전 등 즐기고 좋아할 만한 감각욕망 대상들이 많습니다. 그 대상에 취해 먹을 시간조차 까맣게 잊어버려 죽을 정도입니다. 부처님께 법문을 들은 후 천상에 돌아가는 제석천왕에게 마하목갈라나 존자가 따라가서 "제석천왕이여, 부처님께서 무슨 법문을 하셨습니까?"라고 물었을 때 제석천왕은 제목도 잊어버렸다고 합니다(M37).[223] 이 정도이기 때문에 선업을 행할 기회조차 찾지 않습니다. 수행은 그만두고 포살을 지키는 것도 매우 어렵습니다. 그러한 이유로 제석천왕은 가끔 인간세상에 내려와서 포살을 준수하기도 합니다(J545).

하지만 천신의 몸은 매우 깨끗해서 그것을 바탕으로 생겨나는 마음도 깨끗하고 예리합니다. 그래서 이전에 행한 법과 관련된 설법을 듣는다면 빨리 깨달음을 얻을 수 있습니다(A4:191).

이렇게 천상에는 즐길 만한 감각욕망들이 많아 선업을 행할 기회가 적습니다. 그래서 마치 손톱 위에 있는 흙의 양은 매우 적고 대지에 있는 흙의 양은 매우 많듯이 천상에서 죽어 인간이나 천상이라는 선처에 다시 태어나는 이는 매우 적고 지옥이나 축생, 아귀, 아수라라는 악처에 태어

223 《맛지마 니까야》 제2권, p.198에서는 'no khippameva antaadhāyati'라는 빠알리어 원문을 "갑자기 사라지지 않습니다"라고 번역했지만 주석서의 설명과 미얀마 대역에는 'no'라는 단어를 부정이 아니라 "우리들에게"라고 번역하여 "우리들에게 갑자기 사라졌습니다"라고 설명했다.

나는 이가 많습니다(S20:2).

지금까지 인간세상과 여섯 욕계천상이라는 일곱 탄생지에 대해 알아보았습니다. 이 일곱 탄생지는 행복하게sukhena 올 만하기 때문에gantabba, 즉 도달할 만하기 때문에 선처sugati 탄생지라고 합니다. 또한 욕계에kāme 포함된 선처이기 때문에 욕계선처kāmasugati라고 합니다.

앞서 설명한 악처 네 탄생지와 합하여 욕계에는 11곳의 탄생지가 있습니다.

## 색계 탄생지

색계 선정을 얻은 이들이 도달할 수 있는 곳이기 때문에 '색계 탄생지'라고 합니다.

### 초선천

초선천에는 초선정을 닦은 정도에 따라 범중천, 범보천, 대범천이라는 세 탄생지가 있습니다.

먼저 대범천의mahābrahmānaṁ 시종과도 같기 때문에pāricārikattā 범중천brahmapārisajjā 梵衆天이라고 합니다. 대범천의 대신의 지위에 있기 때문에purohitaṭṭhāne 범보천brahmapurohitā 梵補天이라고 합니다. 선정이나 신통 등 특별한 덕목으로 빛나기 때문에brūhitā 범천brahmā이라고 하고 다른 범천들보다 뛰어나고 위대하기 때문에mahantā 대범천mahābrahmā 大梵天이라고 합니다. 이들 범천이 지내는 곳, 탄생지도 범천들의 이름을 그대로 따라서 범중천, 범보천, 대범천이라고 합니다.

초선정을 성취한 사람은 다음 생에 태어날 때 그 초선정의 과보마음으로 초선천에 태어납니다. 초선정이 약한 사람은 범중천에 태어나고 중간인 사람은 범보천에 태어나고 강한 사람은 대범천에 태어납니다.

위치는 타화자재천에서 550만8천 요자나 위, 여러 보배광명으로 빛나는 한 평면에 있습니다. 정원, 연못, 천궁, 건물 등이 매우 아름답습니다. 초선천 세 곳의 영역은 아래위로 구분됨이 없이 한 평면에 머뭅니다. 수명이나 저택의 모습은 범중천보다 범보천이, 범보천보다 대범천이 월등합니다. 대범천왕은 한 명입니다. 범중천은 범보천을 볼 수 없고 범보천은 대범천왕을 볼 수 없습니다. 마치 천왕은 가택신을 볼 수 있고 가택신은 천왕을 볼 수 없는 것과 같고, 집을 지키는 수호신은 인간을 볼 수 있고 인간은 수호신을 볼 수 없는 것과도 같습니다. 대범천왕이 하위 신들에게 나타날 때는 의도적으로 몸을 창조하여 보여주어야 합니다.

초선천의 범천들은 다섯 장애들을 마치 전단향이 나쁜 냄새를 가라앉히듯, 또한 큰 비가 연기를 가라앉히듯 억압제거vikkhambhanappahāna를[224] 통해 잘 가라앉혀서 고귀한 선업이라고 불리는 선정의 영화만 고요하게 누리면서 지냅니다.

수명은 범중천은 1/3아승기겁, 범보천은 1/2아승기겁, 대범천은 1아승기겁입니다. 초선천은 세상이 불로 무너질 때 모두 무너집니다.[225]

### 이선천

이선천에도 제2선정을[226] 닦은 정도에 따라 소광천, 무량광천, 광음천이라는 세 탄생지가 있습니다.

---

224 일정 기간 생겨나지 않게 억압하는 것을 말한다.

225 세상이 무너지는 모습은 뒷부분에 설명할 '우주의 생멸'을 참조하라.

226 색계 선정을 네 종류로 나누었을 때의 분류이다. 다섯 종류로 나눈다면 제2선정과 제3선정을 포함한다. 《아비담마 길라잡이》 제1권, p.524 참조.

작은parittā 광채가ābhā 있기 때문에 소광천parittābhā 少光天이라고 합니다. 무량한appamāṇā 광채가 있기 때문에 무량광천appamāṇābhā 無量光天이라고 합니다. 번갯불이 구름 안에서 이곳저곳으로 뿜어져 나오는 것처럼 광채가 몸의 이곳저곳에서 뿜어져 나오기 때문에sarati 광음천ābhassarā 光音天이라고 합니다. 초선천과 마찬가지로 이들 범천이 지내는 곳, 탄생지도 범천들의 이름을 그대로 따라서 소광천, 무량광천, 광음천이라고 합니다.

이선천 역시 초선천에서 550만8천 요자나 위, 세 탄생지가 한 평면에 존재합니다. 광음천 천신이 이선천의 왕입니다. 소광천과 무량광천의 천신들은 광음천을 따르고 추종하고 시중드는 신들입니다. 이선정의 힘의 차이에 따라 소광천, 무량광천, 광음천에 태어납니다. 이들은 몸에서 빛을 발하는 것이 특징입니다. 이선정에서는 희열의 요소가 강하기 때문에 이들은 희열을 먹고사는 존재들이라고 합니다(Dhp.200). 광음천의 신들은 기쁨이 가득차서 때때로 "아, 기쁘다aho, sukhaṁ"라고 소리칩니다.

수명은 소광천은 2대겁, 무량광천은 4대겁, 광음천은 8대겁입니다. 이선천은 세상이 물로 무너질 때 모두 무너집니다.

## 삼선천

삼선천에도 제3선정을[227] 닦은 정도에 따라 소정천, 무량정천, 변정천이라는 세 탄생지가 있습니다.

작은parittā 광휘가subhā 있기 때문에 소정천parittasubhā 少淨天이라고 합니다. 무량한appamāṇā 광휘가 있기 때문에 무량정천appamāṇasubhā 無量淨天이라고 합니다. 한 덩어리로 움직이지 않는 광휘로subhehi 온몸 전체가

227 색계 선정을 네 종류로 나누었을 때의 분류이다. 다섯 종류로 나눈다면 제4선정을 의미한다.

번쩍거리기 때문에kiṇṇā ākiṇṇāti 변정천subhakiṇha 遍淨天이라고 합니다. 이 범천들이 지내는 곳, 탄생지도 범천들의 이름을 그대로 따라서 소정천, 무량정천, 변정천이라고 합니다.

이선천의 광채와 다르게 삼선천의 광휘는 덩어리져서 무더기로 빛나는 광명입니다.

삼선천 역시 이선천에서 550만8천 요자나 위, 세 탄생지가 한 평면 위에 위치하고 있으며 변정천 천신이 삼선천의 왕입니다. 삼선정의 힘의 차이에 따라 소정천, 무량정천, 변정천에 태어납니다. 삼선정은 희열의 요소는 없고 행복이 강하기 때문에 이들은 고요한 행복을 느끼며 행복이 가득한 마음으로 살아갑니다. 이들은 이선천의 천신들처럼 몸에서 광명이 번쩍이며 쏟아져 나오지 않고, 항상 밝은 광명이 지속적으로 흘러나옵니다.

수명은 소정천은 16대겁, 무량정천은 32대겁, 변정천은 64대겁입니다. 삼선천은 세상이 바람으로 무너질 때 모두 무너집니다.

### 사선천

제4선정을 닦고서[228] 광과천과 무상유정천에 태어납니다. 선정의 위력으로 생겨난 큰vipulaṁ 과보가phalaṁ 있기 때문에 광과천vehapphalā 廣果天이라고 합니다. 인식이saññā 없는, 인식에 애착하지 않는virāga 중생들이기satta 때문에 무상유정천asaññasattā 無想有精天이라고 합니다. 이 범천들이 지내는 곳, 탄생지도 범천들의 이름을 그대로 따라서 광과천, 무상유정천이라고 합니다.

이 두 종류의 사선천 역시 삼선천에서 550만8천 요자나 위, 한 평면에 머뭅니다. 광과천 천신들이 사는 장소와 무상유정천 천신들이 존재하는

228 색계 선정을 네 종류로 나누었을 때의 분류이다. 다섯 종류로 나눈다면 제5선정을 의미한다.

장소가 따로 있다고 할 수 없습니다. 마치 인간계에 갖가지 다양한 집들이 뒤섞여 있는 것과 같습니다.

특히 무상유정천 범천들은 인식이 없는 존재들로 아무 것도 경험하지 못합니다. 사선정을 성취한 사람이 인식이 일어나는 것을 혐오하여 인식에서 벗어나려는 생각으로 죽으면 이곳에 태어납니다. 이들은 형체만 있고 감각이나 인식, 의식이 전혀 없습니다. 이들은 몸만 있고 움직임이 없어서 겉에서 보기에는 생명체인지 알 수 없습니다. 그래서 마음識이 없고 몸色만 있어서 움직이지 않고 매우 고요히 있어 '정말 생명체인가?'라는 의혹이 생길 정도이기 때문에 '무상유정', 즉 인식이 없는 존재라고 부릅니다. 이들은 선정이 지속되는 한 그런 상태로 머물러 있으며 한 생각이 일어나는 순간 그곳에서 죽어 다른 곳에 태어납니다.

수명은 광과천과 무상유정천 모두 500대겁입니다.

사선천에는 광과천과 무상유정천 외에도 정거천이 있습니다.

## 정거천

정거천에는 제4선정을[229] 증득한 아나함들이 태어납니다. 아나함이나 아라한 등 매우 청정한 이들의suddhānaṁ 거주처āvāsā이기 때문에 정거천suddhāvāsā 淨居天이라고 합니다. 여기에는 다섯 탄생지가 있습니다.

자신들이 성취한 영역에서 잠시도 떨어지지 않고na hāyanti 오랫동안 머물기 때문에 무번천avihā 無煩天이라고 합니다. 어떤 원인으로도 번민하지 않기 때문에na tapanti 무열천atappā 無熱天이라고 합니다. 매우 아름답게sukhena 보이기 때문에dissanti 선현천sudassā 善現天이라고 합니다. 다른 이들을 육안肉眼, 혜안慧眼으로 매우 훌륭하게sukhena 바라보기 때문에

229 색계 선정을 네 종류로 나누었을 때의 분류이다. 다섯 종류로 나눈다면 제5선정을 의미한다.

passanti 선견천sudassī 善見天이라고 합니다. 다른 천신들보다 낮은 상태가 kaniṭṭhabhāvo 없기 때문에natthi 색구경천akaniṭṭhā 色究竟天이라고 합니다. 영화나 덕목으로 이들보다 더 나은 이가 없다는 뜻입니다. 이 범천들이 지내는 곳, 탄생지도 범천들의 이름을 그대로 따라서 무번천, 무열천, 선현천, 선견천, 색구경천이라고 합니다.

무번천은 광과천과 무상유정천으로부터 550만8천 요자나 위에 위치하고, 무열천 등은 각각 아래 정거천으로부터 550만8천 요자나 위에 위치합니다.

앞에서 언급했듯이 정거천에는 번뇌가 거의 없는 아나함과를 성취한 성자들이 태어나 머물다가 아라한이 되어 이곳에서 반열반에 듭니다. 정거천에 태어난 아나함은 더 이상 인간세상에 태어나지 않고 아라한이 되기 때문에 인간세상에 태어나야 할 미래의 부처님인 보살은 이곳에 태어날 수 없습니다.

부처님이 계시지 않는 공겁에는 정거천이 텅 빕니다. 왜냐하면 공겁에는 새로 아나함과를 얻는 존재가 생겨나지 않기 때문입니다.[230]

한 분의 부처님께서 인간세계에 출현하실 때가 다가오면 정거천 범천들은 바라문으로 변장해서 32 대인상의 모습을 베다에 포함시켜 사람들에게 가르칩니다. 그래서 사람들은 32 대인상을 배우고 나중에 부처님께서 출현하시면 부처님인지 알아본다고 합니다. 정거천 범천들은 어떤 겁

230 겁에 관한 자세한 내용은 뒷부분의 '우주의 생성과 소멸'을 참조하라. 특히 부처님께서 몇 분이 출현하시는가에 따라 한 분이 출현하시는 겁을 진수겁sārakappa 眞髓劫, 두 분이 출현하시는 겁을 제호겁maṇḍakappa 醍醐劫, 세 분이 출현하시는 겁을 수승겁varakappa 殊勝劫, 네 분이 출현하시는 겁을 진수제호겁sāramaṇḍakappa 眞髓醍醐劫, 다섯 분이 출현하시는 겁을 현겁bhadda 賢劫, 한 분도 출현하시 않는 겁을 공겁suññakappa 空劫이라고 한다. 지금은 현겁이어서 이전에 까꾸산다Kakusandha 부처님, 꼬나가마나Koṇāgamana 부처님, 깟사빠Kassapa 부처님, 고따마Gotama 부처님께서 출현하셨고 우주가 무너지기 전에 멧떼야Metteyya 부처님이 출현하실 것이다.

에 몇 분의 부처님이 출현하시는지를 부처님의 금강좌에 솟아오른 연꽃의 수로 알 수 있다고 합니다. 정거천 범천은 보살을 출가시키기 위해 늙은이, 병든 이, 죽은 이, 수행자로 변장하고 나타나 보살을 일깨우기도 합니다.

수명은 무번천은 1천 대겁, 무열천은 2천 대겁, 선현천은 4천 대겁, 선견천은 8천 대겁, 색구경천은 1만6천 대겁입니다.

이렇게 색계에는 모두 16곳의 탄생지가 있습니다.

### 색계 천신들의 삶

색계천신들의 궁전과 정원, 누리는 물품 등은 욕계천신보다 훨씬 훌륭합니다. 그러나 색계천신들은 선정을 닦아 감각욕망에서 떠났기 때문에 그러한 감각욕망 대상들을 즐기지는 않습니다. 남자와 여자의 성기도 없습니다. 모두가 남자의 모습을 하고 있습니다. 대부분 수행자들처럼 깨끗하고 맑게 생활합니다. 일부는 자애, 연민, 같이 기뻐함, 평온 등 네 가지 거룩한 마음가짐을 닦으면서 머물고, 일부는 선정에 몰입하며 머물기도 합니다. 성자들은 과의 증득에 몰입하여 행복과 평화 속에 머뭅니다. 이들의 감각기관은 눈과 귀밖에 없습니다.

## 무색계 탄생지

무색계 선정을 얻은 이들이 도달할 수 있는 곳이기 때문에 '무색계 탄생지'라고 합니다.

## 공무변처천

공무변처ākāsānañcāyatana 선정을 닦은 이들이 태어나는 탄생지이기 때문에 공무변처 탄생지ākāsānañcāyatana bhūmi, 줄여서 공무변처천空無邊處天이라고 합니다.

원래 공무변처ākāsānañcāyatana란 한계가 없는ananca 허공ākāsa이라는 개념 대상āyatana을 뜻합니다. 허공 개념을 대상으로 해서 생겨나는 무색계 선정 마음을 닦아서 태어나는 곳이기 때문에 공무변처 탄생지라고 합니다. 공무변처 탄생지는 색계의 제일 위인 색구경천으로부터 550만8천 요자나 떨어진 하늘에 있습니다. 하지만 어떤 정해진 장소나 천궁이 있는 것이 아닙니다.[231] 나머지 무색계 탄생지들에 대한 설명도 동일한 방법으로 이해하면 됩니다. 수명은 2만 대겁입니다.

## 식무변처천

식무변처viññāṇañcāyatana 선정을 닦은 이들이 태어나는 탄생지이기 때문에 식무변처 탄생지viññāṇañcāyatana bhūmi, 줄여서 식무변처천識無邊處天이라고 합니다. 원래 식무변처란 공무변처 마음이라는 대상을 뜻합니다. 공무변처 마음이 무한한 허공을 대상으로 하기 때문에 공무변처 마음을 대상으로 하는 식무변처 선정 마음도 '무한한 의식'이라는 이름을 붙인 것입니다. 공무변처천으로부터 550만8천 요자나 떨어진 하늘에 있습니다. 하지만 공무변처와 마찬가지로 어떤 정해진 장소나 천궁이 있는 것이 아닙니다. 수명은 4만 대겁입니다.

231 마하간다용 사야도는 《*Thinghyouk Bhāsāṭīkā* 아비담맛타 상가하 주해서》, p.306에서 구체적인 장소가 있는 것은 아니라고 설명했다.

## 무소유처천

무소유처ākiñcaññāyatana 선정을 닦은 이들이 태어나는 탄생지이기 때문에 무소유처 탄생지ākiñcaññāyatana bhūmi, 줄여서 무소유처천無所有處天이라고 합니다. 무소유처란 아무 것도 없다는, 존재없음abhāva이라는 개념 대상을 뜻합니다. 식무변처를 얻은 이가 자신이 대상으로 하고 있던 공무변처 마음을 제거해버리면 아무 것도 없는 것처럼 느낍니다. 그렇게 아무 것도 없음을 대상으로 하는 선정을 무소유처 선정이라고 하고 무소유처 선정을 닦은 이들이 태어나는 탄생지를 무소유처천이라고 합니다. 식무변처천으로부터 550만8천 요자나 떨어진 하늘에 있습니다. 마찬가지로 어떤 정해진 장소나 천궁이 있는 것이 아닙니다. 수명은 6만 대겁입니다.

## 비상비비상처천

비상비비상처nevasaññānāsaññāyatana 선정을 닦은 이들이 태어나는 탄생지이기 때문에 비상비비상처 탄생지nevasaññānāsaññāyatana bhūmi, 줄여서 비상비비상처천非想非非想處天이라고 합니다.

원래 비상비비상처란 무소유처 마음이라는 대상을 뜻합니다. 무소유처 마음은 거친 인식과 마음부수가 없기 때문에 비상nevasaññā 非想이라고 할 수 있고, 그렇다고 인식이 완전히 없는 것도 아니기 때문에 비비상na asaññā 非非想이라고도 할 수 있습니다. 이렇게 무소유처 마음을 대상으로 하는 선정을 비상비비상처 선정이라고 하고 이 선정을 닦은 이들이 태어나는 곳을 비상비비상처 탄생지라고 합니다. 무소유처천으로부터 550만8천 요자나 떨어진 하늘에 있습니다. 마찬가지로 어떤 정해진 장소나 천궁이 있는 것이 아닙니다. 수명은 8만4천 대겁입니다.

### 무색계 천신들의 삶

무색계 천신들은 모든 물질을 혐오하여 정신만 얻도록 노력했던 수행 때문에 물질로 된 몸은 없고 마음만 있습니다. 천궁 등의 물질도 생겨나지 않습니다. 그들은 다섯 가지 감각기관이 없기 때문에 부처님 법을 들을 수 없습니다. 그래서 '수다원도'의 위치에 있는 성자는 이 무색계 탄생지에는 없습니다. 아래 천상에서 성자가 된 뒤 무색계 천상에 태어나 머무는 성자 범천들은 있습니다.

무색계 천신이 선정을 잃어버리고 다시 태어나게 될 때는 색계에는 태어나지 않고 인간 세상과 욕계 천상에만 태어납니다.

## 우주의 생성과 소멸

지금까지 우주가 존재하고 있는 모습과 그 속에 탄생지가 펼쳐져 있는 모습, 그리고 각각의 탄생지에서 중생들이 지내는 모습에 대해 살펴보았습니다. 그러한 탄생지에 태어나게 하는 업과 그 과보에 대해 살펴보기 전에 이러한 탄생지들이 더욱 구체적으로 드러나도록 우주가 생겨나고 무너지는 모습, 인간세상에 사람이 출현하는 모습 등을 살펴보겠습니다.

### 겁

우주의 생성과 소멸을 알기 위해서는 먼저 '겁kappa 劫'이라는 시간 단위를 알아야 합니다. 여러 가지 법이 생겨나고 있는 시기를 구분하여 결정하는kappiyanti 기준이기 때문에 겁kappa이라고 합니다. 겁에는 다섯 종류가 있습니다.

① 수명겁āyukappa 壽命劫

② 중간겁antarakappa 中間劫

③ 장애겁antarāyakappa 障碍劫

④ 아승기겁asaṅkheyyakappa 阿僧祇劫

⑤ 대겁mahākappa 大劫

먼저 수명겁āyukappa이란 특정 시기나 장소에 사는 중생들의 수명 한계를 나타내는 시간단위입니다. 인간세상의 경우는 최소 수명이 10년, 최대 수명이 아승기입니다. 사악처 중생들의 수명은 정해진 것이 없습니다. 천상의 수명은 앞에서 언급했습니다. 여기서 '아승기asaṅkheyya'라는 숫자는 '헤아릴 수 없이 많은'이라는 의미를 뜻하며, 보통 $10^{140}$이라고 알려져 있습니다.[232]

중간겁antarakappa이란 인간의 수명이 열 살에서 아승기까지 증가했다가 다시 열 살까지 감소하는 데 걸리는 시간입니다. 수명이 줄어드는 시기를 감소겁hāyanakappa, 늘어나는 시기를 증가겁vaḍḍhanakappa이라고 합니다. 수명이 늘어났다가 줄어드는 모습, 다시 늘어나는 모습에 대해서는 뒷부분에서 설명하겠습니다.

장애겁antarāyakappa이란 사람들의 목숨을 파괴하는 질병이나 재난 등이 심하게 생겨나는 특정 시기를 말합니다. 어떤 시기에는 중생들이 무기를 들고 서로 다투며 죽입니다. 이 시기를 무기 장애겁satthantarāyakappa이라고 합니다. 어떤 시기에는 비가 내리지 않아 먹을 것이 없어 기근으로 중생들이 많이 죽습니다. 이 시기를 기근 장애겁dubbhikkhantarāyakappa이라고 합니다. 어떤 시기에는 질병으로 중생들이 많이 죽습

232 *Bhaddanta Tejavanta*, 《*Mūladhamma Visodhanīkyan* 근본법 청정론》, pp.67~75; 《부처님을 만나다》, p.80 주111 참조.

니다. 이 시기를 질병 장애겁rogantarāyakappa이라고 합니다.

아승기겁asaṅkheyyakappa은 중간겁이 64번 지나간 시간입니다. 즉 64 중간겁이 1아승기겁입니다. 1아승기겁 동안 우주가 무너집니다. 이 시간을 괴겁saṁvaṭṭa asaṅkheyyakappa이라고 합니다. 1아승기겁 동안 우주는 무너진 대로 유지됩니다. 이 시간을 괴주겁saṁvaṭṭaṭṭhāyī asaṅkheyyakappa이라고 합니다. 1아승기겁 동안 우주가 생성됩니다. 이 시간을 성겁vivaṭṭa asaṅkheyyakappa이라고 합니다. 1아승기겁 동안 우주는 생성된 대로 유지됩니다. 이 시간을 성주겁vivaṭṭaṭṭhāyī asaṅkheyyakappa이라고 합니다(A4:156). 우주가 생성되고 소멸되는 모습은 뒤에 자세하게 설명하겠습니다.

대겁mahākappa 大劫은 이렇게 우주가 생겨나고 그대로 유지되고 무너지고 그대로 유지되는 데 걸리는 시간입니다. 즉 4아승기겁이 1대겁입니다. 이 1대겁이란 시간은 너무 길기 때문에 부처님께서는 비유로 설하셨습니다. 예를 들어 길이와 너비와 높이가 각각 1요자나인 큰 바위산을 한 사람이 100년에 한 번씩 매우 부드러운 천으로 스쳐서 그 큰 바위산이 다 닳아 없어진다 하더라도 대겁은 다하지 않습니다(S15:5).

## 우주의 생멸

### 개괄

우주는 불과 물과 바람이라는 세 가지 원인으로 무너집니다. 불로 무너질 때는 광음천 아래까지 모두 불타 없어집니다. 물로 무너질 때는 변정천 아래까지 모두 녹아 없어집니다. 바람으로 무너질 때는 광과천 아래까지 모두 날아가 없어집니다. 이렇게 우주가 무너질 때는 하나의 우주만 무너지지 않습니다. 1조 우주가 동시에 무너집니다. 생겨날 때도 1

조 우주가 동시에 생겨납니다.[233]

## 우주가 무너지는 모습

세상에 탐욕이 치성할 때는 우주가 불로 무너집니다. 우주가 불로 무너질 때는 먼저 큰 비가 내린 뒤 오랜 기간 한 방울의 비도 내리지 않습니다. 그렇게 오랜 시간이 지난 뒤에 두 번째 태양이 떠오릅니다. 마찬가지로 일곱 번째 태양까지 떠오릅니다. 일곱 번째 태양이 타오르면 1조 우주의 모든 땅, 시네루 산, 욕계 천상세상, 초선천까지 재조차 남기지 않고 태운 후에 꺼집니다(A7:62).

세상에 성냄이 치성할 때는 우주가 물로 무너집니다. 우주가 물로 무너질 때는 두 번째 태양 대신에 우주를 파괴할 정도로 강력한 부식성을 가진 물이 하늘에서 내립니다. 이 물은 제2선천까지 찌꺼기조차 남기지 않고 다 녹인 후에 그칩니다.

세상에 어리석음이 치성할 때는 우주가 바람으로 무너집니다. 우주가 바람으로 무너질 때는 두 번째 태양 대신에 우주를 파괴할 정도로 강력한 바람이 붑니다. 이 바람은 제3선천까지의 모든 것을 날려 서로 부딪치게 하여 가루조차 남기지 않고 없애버린 후에 그칩니다.

이와 같이 우주를 파괴할 큰 구름이 몰려온 때부터 우주가 무너지는데 1아승기겁이 걸리고 그 기간을 괴겁saṁvaṭṭa asaṅkheyyakappa이라고 합니다. 이때 일곱 번 불로 무너지고, 여덟 번째는 물로 무너지고, 다시 일곱 번 불로 무너지고, 여덟 번째는 물로 무너지고, 이렇게 무너지다가 64번째에 바람으로 무너집니다.

---

233 부처님의 국토buddhakhetta에는 탄생의 국토jātikhetta, 권위의 국토āṇākhetta, 경계의 국토visayakhetta라는 세 가지가 있다. 탄생의 국토는 여래가 입태할 때 등에 진동하는 일만 우주이다. 권위의 국토는 보호경parittā이 미치는 1조 우주이다. 경계의 국토는 한계가 없다. 권위의 국토인 1조 우주가 동시에 생겨나고 동시에 무너진다. 《청정도론》 제2권, p.362 참조.

무너지고 난 뒤 우주를 가득 채울 큰 구름이 몰려오기 전까지 다시 1아승기겁이 걸리고 그 기간을 괴주겁saṁvaṭṭaṭṭhāyī asaṅkheyyakappa이라고 합니다.

## 우주가 생겨나는 모습

이렇게 괴주겁이 지나고 나면 큰 구름이 일어나 비를 내립니다. 큰비는 1조 우주 전체를 채우고 그칩니다. 그러면 무너졌던 제일 위의 범천세상부터 아래의 땅까지 차례로 나타납니다. 빗물은 말라 맛있고 향기롭고 보기에도 좋은 맛땅rasapathavī[234]이 됩니다.

무너지지 않았던 범천세상에서 수명이 다하여 새로 생겨난 인간세상에 제일 먼저 태어난 중생들은 스스로 빛나고 허공을 날아다닙니다. 하지만 차츰 맛땅을 맛본 뒤 그것에 매료되어 자신들의 빛을 잃어버립니다. 세상은 암흑이 되어 버리고 그들은 두려워합니다. 그들의 두려움을 없애고 용기를 주고자 태양이 떠오릅니다. 밤에 지는 태양을 대신해서 인간세상을 비춰줄 달도 나타납니다. 시네루 산, 철위산, 히말라야 산 등도 같이 형성됩니다.

우주를 생겨나게 하는 큰 구름이 일어난 때부터 태양과 달이 나타날 때까지 다시 1아승기겁이 걸리고 그 기간을 성겁vivaṭṭa asaṅkheyyakappa이라고 합니다.

그리고 태양과 달이 나타난 뒤 겁을 파괴할 큰 구름이 다시 몰려올 때까지 역시 1아승기겁이 걸리고 그 기간을 성주겁vivaṭṭaṭṭhāyī asaṅkheyyakappa이라고 합니다.

지금까지 설명한 대로 우주가 한 번 무너지고 다시 생겨나는 데 4아승기겁이 걸리고, 이 기간이 1대겁입니다.

---

234 '아주 좋은 맛'이라는 의미를 가진 '지미rasapathavī 至味'를 빠알리어 그대로 '맛있는rasa' + '땅pathavī'이라고 분석하여 '맛땅'이라고 번역해 보았다.

## 인간사회가 형성되는 모습

### 계급이 나타나는 모습

우주 초기의 중생들은 새로 나타난 맛땅을 계속 즐기면서 지냈습니다. 그러자 몸이 딱딱해지고 용모에 차이가 생겨났습니다. 용모의 차이 때문에 잘생긴 중생들에게 못생긴 중생들에 대한 자만이 생겨났습니다. 자만이 생겨나자 맛땅이 사라지고 흙떡bhūmipappaṭaka[235]이 생겨났습니다. 마찬가지 방법으로 바달라따badālata 덩굴, 쌀열매taṇḍulapphala가 차례대로 생겨났습니다.

쌀열매는 경작하지 않고도 익는 쌀입니다. 속껍질도 없고 겉껍질도 없습니다. 수확한 자리에 그대로 다시 자랍니다. 쌀열매를 솥에 넣고 돌 위에 올려놓으면 저절로 불이 일어나 요리가 됩니다. 이렇게 거친 음식을 먹기 시작한 뒤로 대소변이 생겨나고 그것을 내보내기 위해 몸에 구멍이 생겨납니다. 남성과 여성이 생겨나고 서로 성행위를 하기에 이릅니다. 당시 성행위는 법답지 못한 행위로 비난받았기 때문에 집을 만들어 숨어서 결혼생활을 합니다. 그리고 게을러져서 쌀열매를 한꺼번에 저장합니다. 중생들이 쌀열매를 저장하자 속껍질과 겉껍질이 쌀을 덮게 되고 수확한 자리에 다시 나지 않게 되었습니다.

그러자 쌀의 소유량에 차이가 생기고, 어떤 중생은 훔치기까지 했습니다. 이에 대해 꾸짖고 처벌하는 일을 맡아서 할 사람을 선출했습니다. 그는 대중mahājana이 선출했기sammata 때문에 마하삼마따mahāsammata이고, 국토khetta의 주인adhipati이기 때문에 캇띠야khattiya이고, 공정하고 평등하게 다른 이를 기쁘게 하기 때문에rañgeti 라자rāja라는 세 가지

235 흙bhūmi으로 만든 떡pappaṭaka라고 해서 '흙떡bhūmipappaṭaka'이라고 번역해 보았다.

명칭으로 불렸습니다. 그리고 악행을 없애는bāheti 행위를 하는 브라만brāhmaṇa, 여러 가지vissuta 직업을kammanta 행하는 와이샤vessā, 사냥을 하거나luddācāra 잡일을 하는khuddācāra 수드라sudda라는 계층이 생겨났습니다(D27).

## 수명이 줄어드는 모습

그 이후로 수명이 줄고 늘어나고 하면서 인간사회는 지속되었습니다. 지금 우리가 살고 있는 겁과 관련해서 인간의 수명이 줄어드는 모습과 늘어나는 모습을 〈전륜성왕사자후경〉을 통해 살펴보겠습니다(D26). 지금으로부터 과거 언젠가 인간의 수명이 8만4천 세였을 때 전륜성왕이 대대로 법답게 인간세상을 다스렸습니다. 그러던 중 한 왕이 전륜성왕의 의무를 묻지도 않고 실천하지도 않았습니다. 특히 가난한 이들에게 재물을 나누어 주지 않자 도둑질과 살생이 늘어났고, 중생들의 수명은 8만4천 년에서 4만 년으로 줄었습니다.

다시 거짓말이 증가해 2만 세로 줄었습니다. 이간하는 말이 늘어나 1만 세로, 삿된 음행이 늘어나 5천 세로, 거친 말이 늘어나 2천500세로, 탐애와 분노가 늘어나 1천 세로, 사견이 늘어나 500세가 됐습니다. 500세에서는 근친상간 등의 비법 애착adhamma rāga, 남의 아내까지 원할 정도로 매우 심한 탐욕인 비정상적 탐욕visama lobha, 동성애 등의 삿된 법micchā dhamma이라는 세 가지 불선법이 증가해 250세로 수명이 줄었습니다. 250세에서는 어머니를 부양하지 않는 것, 아버지를 부양하지 않는 것, 사문을 공경하지 않는 것, 바라문을 공경하지 않는 것, 연장자들을 공경하지 않는 것이라는 다섯 가지 불선업이 증가해 100세로 수명이 줄었습니다. 부처님 당시에는 평균수명이 100세였습니다.

이러한 불선업이 점점 늘어나면 수명은 10세까지 줄어듭니다. 평균수명이 10세 때에는 결혼 적령기가 5세입니다. 버터기름, 생버터, 참기름, 꿀, 사탕수수 즙, 소금이 없어집니다. 염소나 돼지처럼 성도덕이 문란해집니다.

이때 탐욕이 심한 때라면 기근 장애겁이 생겨나 배고픔과 목마름으로 많이 죽고, 성냄이 심한 때라면 무기 장애겁이 생겨나 서로 죽여서 많이 죽고, 어리석음이 심한 때라면 질병 장애겁이 생겨나 질병 때문에 많이 죽습니다.

### 수명이 늘어나는 모습

이러한 장애겁에서 살아남은 중생들은 다시 선업을 실천합니다. 살생을 삼가 10세에서 20세로 늘어나고, 도둑질을 삼가 40세로, 삿된 음행을 삼가 80세로, 거짓말을 삼가 160세로, 이간질을 삼가 320세로, 거친 말을 삼가 640세로, 쓸데없는 말을 삼가 2천 세로, 탐애를 제거해 4천 세로, 분노를 제거해 8천 세로, 사견을 제거해 2만 세로, 비법 애착과 비정상적 탐욕과 삿된 법이라는 세 가지 불선법을 제거해 4만 세로, 어머니를 잘 부양하는 등 다섯 가지 선업을 실천해 8만 세로 늘어납니다.

평균수명이 8만 세 때에는 결혼 적령기가 500세입니다. 8만 세의 인간들에게는 음식에 대한 갈애, 배고픔, 늙음이라는 세 가지 질병만 있습니다. 남섬부주는 번창할 것이고 상카Saṅkha라는 전륜성왕이 다스릴 것입니다. 그리고 세상에 아라한이시며 정등각자이신 멧떼야 부처님께서 출현하실 것입니다(D26).

# 업과 업보

## 업의 의미

앞의 여러 장에서 '보시를 하면 선처에 태어난다'라거나 '살생을 하면 악처에 태어난다'라는 등으로 설명했습니다. 지금까지 살펴본 천상이나 지옥 등 여러 탄생지에 태어나게 하는 보시나 살생 등의 행위, 더 구체적으로는 그러한 행위에 포함된 의도를 '업kamma'이라고 합니다(S6:63; MA.iii.37).[236] 일반적으로 행위는 몸과 말과 마음으로 행합니다. 그래서 몸으로 하는 행위를 몸의 업, 말로 하는 행위를 말의 업, 마음으로 하는 행위를 마음의 업이라고 세 가지로 나누어 설명합니다.

의도바로 업이라는 부처님의 설법대로
몸과말과 마음으로 의도통해 행한다네

## 업의 종류

이러한 업은 결과를 생겨나게 합니다. 업 때문에 생겨난 결과가 바로 업의 과보, 즉 업보입니다. 이렇게 업이 과보를 생겨나게 할 때 장소에 따라서, 작용에 따라서, 순서에 따라서, 시기에 따라서 각각 네 종류로 나눌 수 있습니다.[237]

236 왜냐하면 의도가 행위의 뿌리이기 때문이다.

237 자세한 내용은 《아비담마 길라잡이》 제1권, pp.490~514; 정리된 내용은 일묵스님, 《윤회와 행복한 죽음》, pp. 84~106 참조.

### 장소 따라 네 가지

업은 과보를 주는 장소에 따라서 불선업, 욕계 선업, 색계 선업, 무색계 선업이라는 네 가지로 나눌 수 있습니다.

- **불선업**

먼저 불선업은 제5장에서 언급한 열 가지 악행입니다. 즉 살생과 도둑질과 삿된 음행은 몸으로 짓는 불선업이고, 거짓말과 이간하는 말과 거친 말과 쓸데없는 말은 말로 짓는 불선업이고, 탐애와 분노와 사견은 마음으로 짓는 불선업입니다. 이러한 불선업은 악처 탄생지에 태어나게 합니다.

- **욕계 선업**

욕계 선업은 열 가지 악행의 반대인 열 가지 선행이고 불선업과 마찬가지로 몸과 말과 마음의 업으로 나눌 수 있습니다. 또는 책의 첫 부분에 언급한 보시와 지계와 수행이라는 세 가지로, 더 자세하게는 열 가지 공덕행토대라는 열 가지로 나눌 수 있습니다. 이러한 욕계 선업은 욕계 선처 탄생지에 태어나게 합니다.

- **색계 선업**

색계 선업은 모두 마음으로만 행하는 마음의 업으로, 초선정 등 네 가지나 다섯 가지로 나눌 수 있습니다. 색계 선업은 색계 범천 탄생지에 태어나게 합니다.

- **무색계 선업**

무색계 선업도 모두 마음으로만 행하는 마음의 업으로, 공무변처, 식무변처, 무소유처, 비상비비상처라는 네 가지로 나눌 수 있습니다. 이러한 무색계 선업은 무색계 탄생지에 태어나게 합니다.

불선욕선 색무색선 장소따라 업네종류
불선업은 악처과보 욕계선업 욕계선처
색무색선 색무색계 범천세상 나게하네

### 작용 따라 네 가지

업은 과보를 주는 작용에 따라서 생산업, 지지업, 방해업, 파괴업이라는 네 가지로 나눌 수 있습니다.

생산지지 방해파괴 작용따라 업네종류

#### • 생산업

생산업janakakamma은 말 그대로 생겨나게 하는janeti 업입니다. 생산업은 태어나는 순간에는 재생연결의식, 그 마음과 함께 생겨나는 마음부수들, 업 생성물질, 업 조건 온도생성물질들을 생겨나게 합니다. 재생연결의식이란 한 생에서 제일 처음 생겨나는 마음입니다. 마음부수란 마음과 함께 생겨나는 느낌, 의도 등 여러 가지 정신작용입니다. 업 생성물질이란 업을 원인으로 생겨나는 물질로서 인간세상에 태어나는 순간에는 심장과 관련된 물질묶음, 성과 관련된 물질묶음, 몸과 관련된 물질묶음들이 생겨납니다. 업 조건 온도생성물질이란 업을 조건으로 하고 온도를 원인으로 생겨나는 물질로서 천상세상에서는 천상의 궁전들, 지옥에서는 목을 옥죄는 칼 등이 재생연결의 순간 함께 생겨납니다.

재생연결한 뒤 죽음에 이르기까지의 기간을 '삶의 과정'이라고 합니다. 생산업은 삶의 과정에서는 여러 가지 과보마음, 그리고 마음이 생겨날 때마다 업 생성물질을 생겨나게 합니다. 삶의 과정에서 생겨나는 여러 가지 과보마음에는 대표적으로 보아서 아는 마음, 들어서 아는 마음, 냄새 맡아서 아는 마음, 맛보아서 아는 마음, 닿아서 아는 마음 등이 있습니다. 살아갈 때 좋은 형색을 보거나 나쁜 형색을 보는 것, 좋은 소리를 듣거나 나쁜 소리를 듣는 것 등이 바로 이 삶의 과정에서 선한 생산업이 과보를 주는가, 불선 생산업이 과보를 주는가와 관련되어 있습니다. 특히 재생연결 순간에는 불선 생산업 때문에 축생 탄생지에 태어났더라도 삶의 과정에서는 선한 생산업 때문에 좋은 음식이나 잠자리 등을 얻을 수 있습니다. 반대로 재생연결 순간에는 선한 생산업 때문에 사람이나 천상에 태어났더라도 삶의 과정에서는 불선 생산업 때문에 용모가 추하거나 앞에서 언급한 천궁 아수라처럼 일정 기간 괴로움을 겪어야 합니다.

• **지지업**

지지업upatthambhakakamma도 표현 그대로 지지하고 돕는upatthambhati 업입니다. 지지업은 생산업이 과보를 줄 수 있도록 돕거나, 생산업이 과보를 더욱 강하게 줄 수 있도록 돕거나, 생산업의 과보가 오랫동안 유지되도록 돕는 작용을 합니다.

먼저 임종 직전 인식과정에서 일어나는 의도가 다음 생에 재생연결의 식을 생겨나게 하는 생산업인데, 임종의 직전이 아니라 그 즈음에, 아니면 평소 살아갈 때 선업을 행하면 그 선업들은 임종 직전에 선한 생산업이 과보를 주도록 돕는 지지업이 됩니다. 반대로 임종 즈음에, 아니면 평소 살아갈 때 불선업을 행하면 그 불선업들은 임종 직전에 불선한 생산업이 과보를 주도록 돕는 지지업이 됩니다.

지지업은 생산업이 과보를 더욱 강하게 주도록 돕기도 합니다. 선업의 경우는 보살의 예를 들 수 있습니다. 보살이 어느 생에 재생연결 할 때, 그 생산업의 힘이 강하도록 이전에 행한 많은 바라밀 선업이 지지해 줍니다. 불선업의 경우는 마치 이전에 범죄 사실이 매우 많은 이에게 어떤 한 가지 범죄가 드러나면 이전의 범죄들도 함께 드러나서 가중처벌을 받는 것과 마찬가지로 이전에 행한 많은 불선업이 임종 직전에 불선한 생산업이 과보를 강하게 주도록 돕습니다.

지지업은 생산업의 과보가 오랫동안 유지되도록 돕기도 합니다. 선업의 경우 선한 생산업 때문에 천상에 태어났을 때 그 천상의 생에서 오랫동안 머물 수 있도록 선한 지지업이 여러 장애로부터 보호해 줍니다. 불선 생산업 때문에 개로 태어났을 때 그 개의 생에서도 먹지 못하면서 힘들게 오랫동안 지내도록 불선 지지업이 뒷받침해 줍니다.

• **방해업**

방해업upapīḷakakamma은 가까이 다가가서upagantvā 괴롭히는pīḷeti 업입니다. 방해업은 지지업과 반대로 생산업이 과보를 주지 못하도록 방해하거나, 생산업이 과보를 강하게 주지 못하도록 방해하거나, 생산업의 과보가 오랫동안 유지되지 못하도록 방해하는 작용을 합니다.

예를 들어 천상에 태어나게 하는 생산업이 있었지만 불선 방해업이 가로막아 그 생산업이 과보를 주지 못하는 경우, 신체가 구족한 사람으로 태어나게 하는 생산업이 있었지만 불선 방해업이 가로막아 맹인으로 태어나게 하는 경우, 수명이 긴 생산업이 있었지만 불선 방해업이 가로막아 수명이 짧은 경우가 해당됩니다.

혹은 지옥에 태어나게 하는 생산업이 있었지만 선 방해업이 가로막아 그 생산업이 과보를 주지 못하는 경우, 대지옥에 태어나게 하는 생산업

이 있었지만 선 방해업이 가로막아 소지옥에 태어나게 하는 경우가 해당 됩니다.[238]

• **파괴업**

파괴업upaghātakakamma은 가까이 다가가서upagantvā 파괴하는ghāteti 업입니다. 파괴업은 다른 업이 과보를 주는 것을 파괴하기만 하는 것도 있고, 파괴한 뒤 다른 생산업에 기회를 주는 것도 있고, 파괴한 뒤 스스로 재생연결의 결과를 주는 것도 있습니다.

예를 들어 부처님 당시, 짝꾸빨라Cakkhupāla 장로는 과거 의사였을 때 행한 불선업 때문에 현생에 눈이 멀었습니다(Dhp.1 일화). 과거 불선 파괴업이 현생에 선 생산업이 생겨나게 한 눈 감성물질이라는 업 생성물질을 파괴한 것입니다. 이것은 파괴하기만 하는 파괴업입니다.

부처님 당시, 사마와띠Sāmāvatī 왕비를 비롯한 500명의 궁녀들은 과거 불선 파괴업 때문에 불타서 죽은 뒤 다른 선 생산업으로 인해 욕계천상이나 범천에 태어났습니다(Dhp.21~23 일화). 이것은 파괴한 뒤 다른 생산업에 기회를 주는 파괴업입니다.

두시Dūsī라는 마라는 과거 까꾸산다Kakusandha 부처님의 상수제자인 위두라Vidhura 존자의 머리를 돌로 내리친 불선 파괴업 때문에 바로 죽은 뒤 동일한 불선업이 무간 지옥에 태어나게 했습니다(M50). 이것은 파괴한 뒤 스스로 재생연결의 결과를 주는 파괴업입니다.

## 순서 따라 네 가지

업은 과보를 주는 순서에 따라서 중업, 인근업, 습관업, 소행업이라는

238 부왕을 시해한 아자따삿뚜 왕은 원래 죽은 뒤 무간 지옥에 태어나야 하는데도 부처님을 잘 시봉한 선업으로 소지옥 중의 하나인 화탕 지옥에 태어났다. 《부처님을 만나다》, p.435 참조.

네 가지로 나눌 수 있습니다.

중업인근 습관소행 순서따라 업네종류

- **중업**

중업garukakamma은 크고 무거운garu 과보를 주는ka 업입니다. 다른 업들이 가로막을 수 없이 매우 힘이 강해서 죽은 뒤 과보를 주는 것이 정해진 업을 중업이라고 합니다. 불선업 중에서는 오무간업, 결정사견 세 가지가 중업에 해당합니다. 오무간업과 결정사견은 앞에서 이미 설명했습니다. 선업 중에서는 색계 선정 네 가지나 다섯 가지, 무색계 선정 네 가지 등 고귀한 선업이 해당됩니다.

- **인근업**

인근업āsannakamma은 죽음에 인근한 시기에maraṇāsannakāle 행했거나 kataṁ 회상했던anūssariaṁ 업입니다. 중업이 없는 경우, 죽음에 인근한 시기에 행한 이 인근업이 어느 정도 힘이 강하다면 인근업이 재생연결의 과보를 줍니다. 비유하자면 소우리 안에 힘이 매우 강한 소들이 있더라도 소우리를 열었을 때 비록 힘은 강하지 않더라도 문 근처에 있는 소가 먼저 나오는 것과 마찬가지입니다.

선 인근업으로는 맛타꾼달리Maṭṭhakuṇḍalī의 일화를 예로 들 수 있습니다.[239] 아버지의 인색으로 집밖에서 죽음을 맞이하던 맛타꾼달리는 임종 직전에 부처님을 친견하고 단지 마음으로만 깨끗한 믿음을 일으켰고 이 선업으로 다음 생에 천신으로 태어났습니다(Dhp.2 일화).

239 본서 제2장의 '삼귀의의 이익'에서 언급했던 다밀라Damiḷa 어부의 일화와 제5장의 '삿된 생계'에서 언급했던 망나니 땀바다티까Tambadāṭhika의 일화(Dhp.100 일화)도 예를 들 수 있다.

불선 인근업으로는 마하와짜깔라Mahāvācakala 청신사의 일화를 예로 들 수 있습니다. 강가 강 근처에 지내는 마하와짜깔라 장자는 30년 동안 '도와 과를 증득하리라'라고 32가지 신체부분의 혐오스러움에 마음 기울이는 더러움asubha 수행주제를 위해 노력했지만 도와 과를 얻을 작은 징조조차 드러나지 않자 임종에 즈음해서 '부처님의 가르침은 깨달음으로 인도하는 가르침이 아니다. 윤회윤전의 고통으로부터 해탈하게 하는 가르침이 아니다'라고 잘못 마음 기울이는 사견을 가지고 죽었습니다. 그 뒤 바로 강가 강에 9우사바 크기의[240] 악어 아귀로 태어나 단 한 번도 배불리 먹어보지 못한 채 깟차까Kacchaka라는 강둑에서 지내다가 돌을 싣고 내려오는 수레나 많은 소가 딸린 수레들을 삼켜서 먹곤 했다고 합니다(A3:35/AA.ii.108).

• **습관업**

습관업āciṇṇakamma은 많이 모으고āciyati 거듭거듭 행한 업입니다. 여러 번, 오랫동안 행했던 보시나 살생 등의 업을 말합니다. 혹은 한 번 행했더라도 그것을 거듭 회상하고 기뻐한 선업이나 거듭 회상하고 후회한 불선업도 해당됩니다. 중업이나 힘이 강한 인근업이 없다면 습관업이 다음 생에 태어나게 하는 결과를 줍니다. 갑자기 죽음을 맞이하는 경우도 있기 때문에 평소 선업을 열심히 실천하여 선업 습관업의 힘을 강하게 해야 합니다.

• **소행업**

소행업kaṭattākamma은 이전에 행했던kaṭattā 업입니다. 위의 세 가지 업

240 1우사바usabha는 140완척이다. 1완척은 약 40cm이므로 9우사바는 약 500m이다.

이 없으면 이 소행업이 과보를 줍니다. 소행업은 마치 미친 사람이 던진 창처럼 과보를 주는 것이 확정적이지 않습니다.

## 시기 따라 네 가지

업은 과보를 주는 시기에 따라서 현생감수업, 차생감수업, 반복감수업, 무효업이라는 네 가지로 나눌 수 있습니다.

현생차생 반복무효 시기따라 업네종류

### • 현생감수업

현생감수업diṭṭhadhammavedanīyakamma이란 현생에 과보를 주는 업입니다. 즉 직접 경험하고 볼 수 있는 성품인diṭṭhadhamma 현생에 느껴지고 감수되는vedanīya 업을 말합니다. 부처님 당시 뿐나Puṇṇa라는 하인은 멸진정에서 출정한 사리뿟따 존자에게 양치목과 마실 물, 그리고 자신이 먹을 음식을 보시했고, 그 과보로 즉시 자신이 갈던 밭이 황금덩어리가 되었습니다(Dhp.223 일화). 혹은 난다라는 야차는 사리뿟따 존자의 삭발하여 깨끗한 머리를 때려 즉시 무간 지옥에 떨어졌습니다(M101/MA.iv.5~6).

### • 차생감수업

차생감수업upapajjavedanīyakamma이란 바로 다음 생에 과보를 주는 업입니다. 즉 현재 생의 근처인upa=samīpe 바로 다음 생에upapajja 느껴지고 감수되는vedanīya 업을 말합니다. 이 차생감수업은 두 번째 생에서 재생연결 때도 과보를 줄 수 있고, 삶의 과정에서도 과보를 줄 수 있습니다. 앞서 설명한 아홉 가지 선정이나 오무간업, 결정사견 등은 바로 다음 생에서 재생연결 때 과보를 주는 업들입니다. 또한 과거 보살이 용왕의 생을 기원하며 보시나 지계 등의 선업을 행했기 때문에 임종할 때는 불선업이 과보를 주어 축생인 용왕으로 태어났지만 그 전 여러 생에 행한 보시나 지계 등의 선업이 삶의 과정에서 화려한 용궁이나 용녀 등의 부귀영화를 가져다주었습니다(JA.iv.457).

• **반복감수업**

반복감수업aparāpariyavedanīyakamma이란 세 번째 생을 시작으로 열반을 증득할 때까지 반복해서 과보를 주는 업입니다. 즉 거듭되는 생에서aparāpariye 느껴지고 감수되는vedanīya 업을 말합니다. 이 반복감수업에서 벗어난 중생은 없습니다. 수다원이 되면 사악처에 태어나게 하는 반복감수업들은 완전히 소멸됩니다. 아나함이 되면 욕계에 태어나게 하는 반복감수업들은 완전히 소멸됩니다. 아라한이 되면 아라한이 된 이후에 행하는 모든 업이 무효업이 됩니다. 하지만 아라한이 되기 전에 행한 반복감수업들 중에는 완전한 열반에 드는 마지막 생까지 따라와서 과보를 주는 업들도 있습니다. 선업으로 말하자면 수부띠Subhūti 존자는 과거생에 부처님 공덕 명상을 실천하여 그 과보로 태어나는 생마다 거듭 인간과 천상의 여러 세간적인 영화를 누리다가 마지막 생에서도 아나타삔디까 장자의 조카로 태어나 출가하여 아라한이 되었고, 응공제일이라는 칭호까지 받았습니다.[241] 불선업으로 말하자면 마지막 생까지 따라와서 부처님으로 하여금 머리에 두통을 생겨나게 하거나 허리를 아프게 하는 과거 불선업, 마하목갈라나 존자로 하여금 도둑에게 두들겨 맞도록 과보를 주는 불선업이 반복감수업입니다.

241 본서 제8장의 '부처님 거듭새김'에서 자세하게 설명했다.

• **무효업**

무효업ahosikamma이란 과보를 주지 못하고 단지 업이기만 한kammaṁ eva ahosi 업입니다. 즉 앞에서 언급한 현생감수업 등의 세 가지 업이 조건이 충족되지 않아 과보를 줄 수 있는 기회를 얻지 못한 채 자신이 과보를 줄 시기가 다해서 저절로 사라져 버리는 업을 무효업이라고 합니다. 단지 업일 뿐이고 과보를 주지는 못합니다.

## 업과 업보의 법칙

지금까지 업이 과보를 주는 것과 관련하여 업의 여러 종류를 살펴보았습니다. 여기서는 업과 업이 과보를 주는 것과 관련한 중요한 법칙들, 원칙들을 살펴보겠습니다.

### 선한행위 좋은결과 나쁜행위 나쁜결과

앞에서 과보를 주는 장소에 따라 업을 불선업, 욕계 선업, 색계 선업, 무색계 선업이라는 네 가지로 나누었습니다. 이것을 줄이면 선업과 불선업이 됩니다. 사실 선업이라는 명칭은 '좋은 결과를 주는 업'이라는 의미입니다. 즉 좋은 결과를 주는 업이 선업입니다. 마찬가지로 불선업이라는 명칭도 '나쁜 결과를 주는 업'이라는 의미입니다. 즉 나쁜 결과를 주는 업이 불선업입니다. 따라서 업과 업의 과보에서 알아두어야 할 첫 번째 내용은 바로 '선업은 좋은 결과를 준다. 불선업은 나쁜 결과를 준다'입니다(S11:10; A1:15). 보시의 여러 가지 좋은 결과, 지계의 여러 가지 좋은 결과, 살생 등의 여러 가지 나쁜 결과를 앞에서 자세하게 설명했습니다. 수행의 여러 가지 좋은 결과는 다음 장에서 설명할 것입니다. 따라서 나쁜 결과를 주는 악업은 거듭 행하면 안 됩니다. 좋은 결과를 주는 선업은 거듭 행해야 합니다(Dhp.117, 118).

선한행위 좋은결과 나쁜행위 나쁜결과
악행거듭 하면안돼 선행거듭 행해야돼

### 좋은행위 서둘러라 더디하면 악행즐겨

업과 업의 과보에서 알아두어야 할 두 번째 내용은 되도록 선업은 서둘러 행해야 한다는 사실입니다. 왜냐하면 선업을 더디게 하면 좋은 과보가 오기는 하지만 천천히 오거나 적게 오기 때문입니다. 또한 중생들은 선업을 미루는 만큼 악업을 즐기기 때문입니다.

부처님 당시 에까사따까Ekasāṭaka 바라문은 초야에 부처님 설법을 듣고 희열이 넘쳐 한 벌뿐인 웃옷을 부처님께 보시하려 했지만 인색이 가로막아 거듭 시간을 보낸 뒤에 후야가 되어서야 보시했습니다. 만약 초야에 바로 보시했다면 십육종포상[242]을, 중야에 보시했다면 팔종포상을 받았을 것인데 후야에 보시했기 때문에 사종포상을 받는 데 그쳤습니다(Dhp.116 일화). 또한 마하다나Mahādhana 부부는 초년에 재산을 잘 관리했다면 첫째가는 부자가 되었을 것이고 출가하여 수행했다면 각각 아라한과 아나함이 되었을 것입니다. 중년에 재산을 잘 관리했다면 둘째가는 부자가 되었을 것이고 출가하여 수행했다면 각각 아나함과 사다함이 되었을 것입니다. 말년에라도 재산을 잘 관리했다면 세 번째 부자가 되었을 것이고 출가하여 수행했다면 각각 사다함과 수다원이 되었을 것입니다. 하지만 계속 재산도 관리하지 않고 출가하여 수행도 하지 않는 것은 물론이고 전혀 선업을 하지 않아 남이 먹다 버린 찌꺼기를 먹는 신세가

242 코끼리, 말, 돈, 시녀, 하인, 마을 등의 포상을 각각 열여섯 마리, 만육천 냥, 열여섯 명, 열여섯 개씩 받는 포상을 말한다. 팔종포상과 사종포상은 여덟씩, 넷씩 받는 포상이다.

되어 버렸습니다(Dhp.155, 156 일화).

좋은행위 서둘러라 더디하면 악행즐겨

### 선악과보 반대인듯 언젠가는 나타난다

업과 업의 과보에서 알아두어야 할 세 번째 내용은 선업과 불선업의 과보가 서로 반대로 보이기도 한다는 사실입니다. 즉 선업이 나쁜 결과를 초래하고 불선업이 좋은 결과를 초래하는 듯 보이기도 합니다. 그래서 "선업이나 불선업은 없다. 선업과 불선업의 과보는 없다"라고까지 주장합니다. 하지만 겉으로 보기에만 그런 것입니다. 선업의 좋은 결과가 나타나기 전, 이전에 행한 악업의 결과가 나타난 것입니다. 불선업의 나쁜 결과가 나타나기 전, 이전에 행한 선업의 결과가 나타난 것입니다 (Dhp.119, 120).

선악과보 반대인듯 언젠가는 나타난다

이 내용은 〈업 분석 긴 경〉에 자세하게 설명되어 있습니다. 어떤 사람은 살생 등의 악행을 행하고 지옥에 태어납니다. 어떤 사람은 살생 등의 악행을 행하고도 천상에 태어납니다. 어떤 사람은 살생을 삼가는 등의 선행을 행하고 천상에 태어납니다. 어떤 사람은 살생을 삼가는 등의 선행을 행하고도 지옥에 태어납니다.

이 사실에 대해서 "악행을 행한 이는 모두 죽은 뒤에 지옥에 태어난다"라고 해서는 안 됩니다. "악행을 행해도 천상에 태어나기 때문에 악행도 없고 악행의 과보도 없다"라고 해서도 안 됩니다. "선행을 행한 이는 모두 죽은 뒤에 천상에 태어난다"라고 해서도 안 됩니다. "선행을 행해도 지옥에 태어나기 때문에 선행도 없고 선행의 과보도 없다"라고 해서도 안 됩니다.

그러면 어떻게 바르게 이해해야 할까요?[243] 우선 "악행과 악행의 과보, 선행과 선행의 과보는 있다"라고 확실하게 알아야 합니다. 이 내용을 바탕으로 당장의 결과가 어떻게 나타나든 악행을 행했으면 현생에서나 다음 생이나 후세에 조건이 무르익었을 때 악행의 과보가 나타날 것이고, 선행을 행했으면 현생에서나 다음 생이나 후세에 조건이 무르익었을 때 선행의 과보가 나타날 것이라고 바르게 이해해야 합니다(M136).

## 성취불취 상황따라 선악과보 달라진다

그러면 업과 업보가 서로 반대인 것으로 생각되는 상황이 발생하는 이유는 무엇일까요? 업이 과보를 줄 때는 근본원인과 주변조건에 영향을 받기 때문입니다. 근본원인hetu은 이전에 행한 업입니다. 주변조건은 선업이 좋은 결과를 주도록, 불선업이 나쁜 결과를 주도록 도와주는 상황ṭhāna입니다.

상황을 좌우하는 것은 거취gati, 외모upadhi, 시기kāla, 수단payoga이라는 네 가지입니다. 이 네 가지가 성취된 상황은 선업이 좋은 과보를 주도록 도와줍니다. 불선업이 나쁜 과보를 주지 못하게 합니다. 네 가지가 성취되지 못한 상황은 불선업이 나쁜 과보를 주도록 도와줍니다. 선업이 좋은 결과를 주지 못하게 합니다.

거취외모 시기수단 네종류가 상황좌우
성취불취 상황따라 선악과보 달라진다

243 과보를 주는 시기에 따른 네 종류의 업을 참조하라.

먼저 성취sampatti와 불성취vipatti에 대해 살펴보겠습니다.

선처에 태어나는 것이 거취 성취이고 악처에 태어나는 것이 거취 불성취입니다. 용모가 훌륭하거나 신체가 건장한 것이 외모 성취이고 용모가 훌륭하지 않거나 신체가 불구인 것이 외모 불성취입니다. 훌륭한 통치자가 있거나 수명이 긴 시기가 시기 성취이고 나쁜 통치자가 있거나 수명이 짧은 시기가 시기 불성취입니다. 선행을 행하려 노력하는 것이 수단 성취이고 악행을 행하려 노력하는 것이 수단 불성취입니다.

이어서 각각의 성취와 실패가 어떻게 과보에 영향을 주는지 살펴보겠습니다.[244] 먼저 성취가 과보에 주는 영향입니다. 거취 성취의 예로는 땀바다티까Tambadāṭhika 일화를 들 수 있습니다. 55년간 망나니로서 살생을 일삼은 땀바다티까는 사리뿟따 존자의 도움으로 다음 생에 천상에 태어났고, 천상에서 지내는 동안에는 과거 살생의 불선업이 과보를 주지 못했고 선업들이 많은 과보를 주었습니다(Dhp.100 일화). 외모 성취의 예로는 아름다운 여인을 예로 들 수 있습니다. 한 가족이 잘못을 저질렀으나 벌금을 낼 형편이 안 되어 왕궁에서 허드렛일을 하고 있었습니다. 하지만 딸 중의 한 명이 매우 아름다워 왕은 그녀를 후궁으로 삼았고, 그녀와 가족들은 편안하게 지냈습니다. 시기 성취의 예는 전륜성왕을 들 수 있습니다. 전륜성왕은 나라를 법답게 통치하기 때문에 그 동안의 국민들은 선업의 좋은 결과를 많이 누립니다. 수단의 성취는 앙굴리말라 존자를 예로 들 수 있습니다. 비록 살생을 많이 했지만 부처님을 만나 출가하여 열심히 노력했고 결국 아라한이 되었습니다. 그래서 완전한 열반에 들어 이전에 행했던 불선업들도 모두 소멸되었습니다.

244 《위방가 주석서》에서는 성취가 불선업을 무력하게 하는 경우, 선업을 강력하게 하는 경우 등으로 나누어 설명했으나 여기서는 간략하게 예를 들었다.

두 번째는 불성취가 과보에 주는 영향입니다. 거취 불성취의 예로는 로사까띳사Losakatissa 존자 일화를 들 수 있습니다. 로사까띳사 존자는 깟사빠 부처님 당시에도 출가하여 계도 어느 정도 지켰고 위빳사나 수행도 했습니다. 하지만 질투 때문에 한 아라한 존자에게 허물을 범했고 그 과보로 오랫동안 악처에 태어났습니다. 악처에 태어나는 동안에는 불선업만 주로 과보를 주었습니다. 이전에 행했던 보시나 지계 등의 선업은 과보를 주지 못했습니다(JA.i.256). 외모 불성취의 예로는 추한 여인을 예로 들 수 있습니다. 앞의 일화와 비슷하게 같은 노예라도 용모가 추하면 더럽고 지저분한 일을 맡게 됩니다. 시기 불성취의 예는 수명이 매우 짧은 시기를 예로 들 수 있습니다. 앞에서 살펴본 대로 수명이 10세일 때는 먹을 것도 부족하고 괴로움을 많이 겪습니다. 수단 불성취는 데와닷따Devadatta를 예로 들 수 있습니다. 데와닷따는 부처님을 시해하려는 노력 등 악행을 많이 저질러 불선업의 과보로 무간 지옥에 태어났고, 금생에 출가하고 선정을 닦았던 선업이 다음 생에 과보를 주지 못했습니다(VbhA.421).

## 근본원인 업이지만 유일원인 아니라네

위의 "업과 업의 결과가 없다"라는 주장과 대조적으로 "모든 것은 업 때문이다. 업이 유일한 원인이다"라고 주장하기도 합니다. 이와 관련해서 업과 업의 과보에서 알아두어야 할 다섯 번째 내용은 모든 것이 업 때문만은 아니라는 사실입니다. 비록 업이 '근본 원인'이기는 하지만[245] 유일한 원인은 아닙니다. 여러 가지 원인 때문에 여러 가지 결과가 생겨납니다(Vis.ii.173). 하지만 일부 외도들은 "어떠한 느낌이든 모두 과거 생의 업 때문이다"라고 주장합니다. 그에 대해 부처님께서는 "만약 그렇다면

245 본서 제8장의 정견에 포함된 '업 자산 정견'을 참조하라.

인간은 누구나 과거에 어떠한 불선업을 행한 적이 있기 때문에 그 불선업의 결과로 전부 살인자나 도둑 등이 되어야 할 것이고, 선행을 하려는 의지도 없을 것이다. 하지만 그렇지 않다"라는 등으로 논박하셨습니다(A3:61). 또한 "느낌의 원인에는 담즙과 점액과 바람과 이 세 가지의 결합과 계절의 변화와 적당하지 않은 섭생과[246] 다른 이의 상해와 과거의 업이라는[247] 여러 가지가 있다"고 설하셨습니다(S36:21). 업은 이러한 여러 가지 원인 중에 하나일 뿐입니다.

## 근본원인 업이지만 유일원인 아니라네

이와 관련하여 물질적 현상과 정신적 현상에 적용되는 다섯 가지 결정법칙niyāma을 알아야 합니다(DA.ii.24).

① 업 결정법칙kammaniyāma: 불선업이 악처에 태어나게 하는 것, 선업이 선처에 태어나게 하는 것은 결정된 법칙입니다.

② 온도 결정법칙utuniyāma: 봄이 가면 여름이 오는 등 계절의 바뀌는 현상, 식물에 싹이 나고 꽃이 피는 등의 현상은 온도에 의해 생겨납니다.

③ 종자 결정법칙bījaniyāma: 콩을 심으면 콩이 나고, 팥을 심으면 팥이

246 적당하지 않은 섭생에서 생긴 것visamaparihārajāni이란 자신의 몸을 비정상적으로visama 가누는 것 때문에 생겨난 것parihārajāni이다. 자신이 감당할 수 없을 정도로 무거운 짐을 짊어지거나 한밤중 등 적당하지 않은 때에 밖에 나가는 것 등을 말한다(SA.iii.121). *Ashin Guṇālaṅkāra Mahāthera,*《*Milindapañhāvatthu* 밀린다왕문경 해설》, p.251에서는 원문의 'visamaparihārajāni'를 '비정상적인 음식에서 생긴 것visamārajāni'이라고 대역했다.

247 여기서 '과거의 업'은 전적으로 과거의 업을 말한다. 다른 원인들에 의해 생긴 느낌들도 그 근본원인으로는 업이 포함되어 있다. 예를 들어 아비담마에 의하면 모든 육체적 고통은 업의 과보 때문에 생긴 것이다.(《아비담마 길라잡이》 제1권, p.147) 하지만 앞의 일곱 가지 원인들은 개인적으로 분명히 경험할 수 있는 것이고 세상에서도 인정하는 사실이기 때문에 드러내어 설하신 것이다. 전적으로 과거 불선업 때문에 생겨난 느낌은 숙명통에 의해서만 알 수 있다. 《상윳따 니까야》 제4권, p.470 주389 참조.

나는 등의 현상은 종자에 의해 생겨납니다.

④ 마음 결정법칙cittaniyāma: 중생들에게 한순간도 끊어지지 않고 생겨나고 사라지는 마음은 멋대로 질서 없이 생겨나고 사라지지 않고, 적당한 차례와 장소와 역할에 따라서 생겨나고 사라집니다.

⑤ 법 결정법칙dhammaniyāma: 여기에 포함되는 것은 매우 다양합니다. 앞의 네 가지 결정법칙에 해당하는 것을 제외한 여러 현상, 즉 땅의 성품이 딱딱하고 거친 것 등 각각의 법이 각각 자신의 성품을 가지는 것, 연기의 가르침, 사성제의 가르침 등이 모두 여기에 속합니다.

업과온도 종자마음 법의다섯 결정법칙

## 악행작다 무시말고 공덕작다 경시마라

업과 업의 과보에서 알아두어야 할 여섯 번째 내용은 작은 악행이라도 무시하면서 저지르면 안 되고, 작은 선행이라도 경시하면서 행하지 않으면 안 된다는 사실입니다. 낙숫물이 모여서 항아리를 가득 채우듯이, 조금씩 쌓인 악행이 산더미만큼 커다란 죄가 되고 조금씩 쌓인 선행이 큰 공덕을 이룹니다.

상인들이라면 강도들이 출몰하는 위험한 길을 피해야 하듯이 특히 사소한 악행이라도 피해야 합니다(Dhp.123). 이와 관련하여 《자따까》의 일화를 소개하겠습니다. 과거 한 농부는 동료의 물을 몰래 마신 뒤 저녁에 자신의 행위를 반조하면서 '이러한 갈애가 늘어난다면 악처에 떨어질 것이다'라고 숙고하고서 위빳사나 수행을 닦아 벽지불이 되었습니다. 한 아들은 도적으로부터 벗어나기 위해 아버지를 아버지가 아니라고 거짓말을 한 뒤 나중에 자신의 행위를 반조하면서 마찬가지로 '이러한 악행이 늘어난다면 악처에 떨어질 것이다'라고 숙고하고서 위빳사나 수행을 닦아 벽지불이 되었습니다(J459).

반대로 사소하고 작은 선행이라도 천상에 태어나게 합니다. 단지 진실만을 말한 것, 화를 내지 않은 것, 사탕수수 한 줄기를 보시한 것, 과일 하나를 보시한 것 등으로 천상에 태어난 이들이 있습니다(Dhp.224 일화).

악행작다 무시말고 공덕작다 경시마라

### 선행악행 과보줄때 비슷하게 나타난다

업과 업의 과보에서 알아두어야 할 일곱 번째 내용은 선업과 악업이 과보를 줄 때는 그 행위와 비슷하게 과보를 준다는 사실입니다. 예를 들어 살생을 삼가는 선업을 행했다면 그 과보로 천상에 태어나는 것 외에도 사람으로 태어났을 때 수명이 긴 결과를 누립니다. 반대로 살생이라는 불선업을 행했다면 그 과보로 지옥에 태어나는 것 외에도 사람으로 태어났을 때 수명이 짧은 결과를 받습니다(M135).

선행의 구체적인 예로 의자천궁 천녀를 들 수 있습니다. 부처님 당시에 한 여인은 위의를 잘 갖춘 한 장로에게 믿음과 정성을 다해 음식과 함께 황금색 천을 깐 작은 의자를 보시했고, 그 과보로 다음 생에 여러 가지 천상의 영화와 함께 특별히 황금으로 된 의자천궁을 가진 천녀로 태어났습니다. 황금색 천을 보시했기 때문에 의자가 황금색이었고, 보시할 때 희열의 힘이 매우 강했기 때문에 의자천궁의 속력이 매우 빨랐습니다. 보시를 받는 이가 원하는 대로 보시했기 때문에 마음이 원하는 대로 의자천궁은 날아갈 수 있었고, 매우 공손하게 보시했기 때문에 의자천궁은 항상 감탄을 자아낼 정도로 멋진 모습을 갖추었다고 합니다(VvA.4~5).

악행의 구체적인 예로 한 농부는 황소가 말을 듣지 않자 짚더미를 둥글게 말아 황소의 목을 감싼 뒤 불을 질러 황소를 죽였습니다. 그 과보로 지옥에 떨어져 오랫동안 고통을 받다가 일곱 생 동안 까마귀로 태어났습니다. 까마귀로 태어난 일곱 생마다 초가지붕에서 하늘로 솟구친 둥근 불더미에 목이 걸려 타 죽었습니다. 한 여인은 개가 자신을 계속 따라다니자 모래를 채운 항아리를 개의 목에 줄로 묶어 연못에 빠뜨려 죽였습니다. 그 과보로 지옥에 떨어져 오랫동안 고통 받다가 사람으로 태어났을 때 백 생 동안 모래 항아리에 목이 묶인 채 물속에 던져져 죽었습니다. 한 무리의 목동도 도마뱀을 쫓다가 개미언덕에 일주일간 가둔 채 모르고 지내다가 나중에 풀어주었습니다. 그 과보로 비록 지옥의 고통은 피할 수 있었지만 열네 생에 걸쳐 칠일 동안 아무 음식도 먹지 못하는 고통을 겪었습니다(Dhp.127 일화).

선행악행 과보줄때 비슷하게 나타난다

## 악행죽음 피할곳은 어디서도 못찾는다

앞에 언급한 일화를 통해 업과 업의 과보에서 알아두어야 할 여덟 번째 내용으로, 특히 악행과 관련하여 '악행의 과보는 피할 수 없다'라는 사실이 분명합니다. 또한 부처님 당시, 부처님의 외삼촌이자 장인이었던 숩빠붓다Suppabuddha 일화를 통해서도 악행으로 인한 죽음은 어디로 가더라도 피할 수 없다는 사실을 알 수 있습니다. 숩빠붓다는 부처님이 자신의 딸을 버리고 출가했고, 자신의 딸도 출가했고, 자신의 아들인 데와닷따도 출가하여 부처님에게 적대적인 태도를 보이며 매우 강한 반감을 가지고 있었습니다. 그래서 어느 날, 술을 마시면서 부처님께서 탁발 가는 길을 막았고, 결국 부처님께서는 되돌아가셨습니다. 이 사실을 연유로 부처님께서는 숩빠붓다가 일주일 뒤에 자기 궁전의 일층 제일 아래 계단에서 땅속으로 꺼질 것이라고 예언했습니다. 그 소식을 들은 숩빠붓다는 7층 꼭대기에서 일주일 동안 숨어 지냈습니다. 부처님께서는 "하늘 위로 올라가더라도, 바닷속으로 내려가더라도, 산속으로 들어가더라도 죽음을 피할 곳은 어디에도 없다"라고 설하셨습니다. 숩빠붓다는 결국 칠일째 되는 날에 부처님의 예언대로 일층 제일 아래 계단에서 땅속으로 꺼져 무간 지옥에 태어났습니다(Dhp.128 일화).

하늘위도 바닷속도 깊은산도 동굴속도
악행과보 피할곳은 어디서도 못찾는다
죽음지배 벗어난곳 어디서도 못찾는다

### 선업으로 불선업을 잠재우고 소멸시켜

그렇다면 이전에 행한 악행들로부터 전혀 벗어날 수 없을까요? 그렇지는 않습니다. 업과 업의 과보에서 알아두어야 할 아홉 번째 내용은 악업을 잠재우고 소멸시키는 방법입니다.

첫 번째 방법은 악업들이 과보를 줄 기회를 얻지 못하도록 더 큰 선업을 행하는 방법입니다. 비유하자면 바다에 작은 돌이나 큰 바위를 던지면 가라앉고 나무를 던지면 뜨듯이, 불선업을 행하면 나쁜 과보를 받고 선업을 행하면 좋은 과보를 받습니다. 하지만 큰 바위를 큰 배 위에 올려놓으면 가라앉지 않듯이, 불선업보다 더 힘이 큰 선업을 계속 행하면 불선업이 과보를 줄 기회를 얻지 못합니다(Mil.85). 그러므로 이전에 행했던 크거나 작은 불선업 때문에 괴로워하기보다 그러한 불선업이 일어날 기회를 얻지 못하도록, 그 불선업보다 더 큰 선업을 행하는 것이 중요합니다.

선업이 불선업을 제압할 수 있는 이유는 바로 선업이 불선업보다 크고 강하기 때문입니다. 선업은 다른 사람들이나 천신들과 나눌 수 있습니다.[248] 또한 선업을 행한 이들은 대부분 기뻐합니다. 그래서 나중에 회상하더라도 그 선업은 기쁨을 생겨나게 하며, 기쁨이 생겨나면 다시 거듭 회상하게 합니다. 반대로 불선업은 일부러 나눌 수 없습니다. 또한 불선업을 행한 이들은 대부분 '나는 악행을 행했다'라고 후회합니다. 그래서 나중에 회상하기를 싫어합니다. 마음이 위축됩니다. 이처럼 선업이 불선업보다 크고 강해서 불선업을 제압할 수 있습니다(Mil.286~287).

하지만 아무리 큰 선업으로도 막을 수 없는 불선업이 있습니다. 앞서 살생의 과보를 설명할 때 언급했던 오무간업이 그것입니다. 어머니를 죽이거나 아버지를 죽이거나 아라한을 죽이거나 부처님 몸에 피가 나게 하거나 승가를 분열시키는 악행을 저질렀다면 그 생에서 아무리 선업을 닦는다 하더라도 현생에서 선정이나 도와 과, 열반을 증득하지 못합니다. 다음 생에 천상에 태어나지 못하는 것은 물론이고 무간 지옥에 태어납니다.[249] 또한 보시나 지계 등 보통의 선업은 불선업이 과보를 줄 기회만 차단하는 것에 그칩니다. 완전히 제거하지는 못합니다. 덮어둘 뿐입니다. 악처에 떨어지게 하는 모든 불선업은 위빳사나 수행을 통해 생겨나는 수다원도에 의해서 완전히 사라집니다.

따라서 이전에 행한 악행들로부터 벗어나는 두 번째 방법은 바로 악행들을 덮어두는 정도가 아니라 완전히 제거하는 방법, 즉 위빳사나를 닦아 수다원도가 생겨나게 하는 방법입니다. 수다원에 이어 사다함, 아나함, 아라한으로 지내는 동안은 절대로 사악처에 떨어지지 않습니다. 단지 과거 생에 행한 악업이 삶의 과정에서만 과보를 줄 수 있습니다. 특

248 본서 제4장의 '회향'을 참조하라.

249 이러한 업을 '중업'이라고 한다. 여기에 대해서는 앞서 설명한 '업의 종류'를 참조하라.

히 아라한이 되면 더 이상 새로 태어남이 없기 때문에 받아야 할 과보는 그 생에서 모두 겪은 뒤 완전히 소멸됩니다. 비유하자면 소금 한 덩이를 물이 조금 밖에 없는 잔에다 넣으면 물의 양이 적기 때문에 그 물은 짜서 마실 수가 없지만, 같은 양의 소금을 큰 강에 넣으면 물의 양이 많기 때문에 그 물은 짜지 않아서 마실 수 있는 것과 마찬가지입니다. 이처럼 같은 정도의 사소한 악행을 행하더라도 몸과 말과 마음을 닦지 않아 선업이 적은 사람들에게는 그러한 악행이 지옥으로 인도하는 과보를 주지만, 몸과 말과 마음을 닦는 일을 마친 아라한들에게는 그러한 악행이 삶의 과정에서 과보를 조금 주더라도 다음 생에는 털끝만큼도 영향을 주지 못합니다(A3:99). 예를 들어 부처님께서 노년에 등의 통증으로 고통을 겪으신 것은 과거 생에 권투선수였을 때 상대방의 등뼈를 부러뜨렸기 때문입니다.[250] 하지만 그 악업은 부처님의 다음 생까지 과보를 주지 못합니다. 부처님에게 새로운 태어남은 없기 때문입니다. 또한 부처님 당시, 앙굴리말라는 사람을 수백 명이나 죽인 살인자여서 만약 그대로 죽었다면 지옥에 떨어지는 것이 확실했습니다. 하지만 부처님의 가르침을 듣고 출가하여 열심히 수행했고 결국 아라한이 되었습니다. 비록 그 생에서 행한 살생업 때문에 몽둥이나 돌에 맞는 과보는 받았지만 완전한 열반에 들어 윤회에서 벗어나게 되었습니다(M86).

선업으로 불선업을 잠재우고 소멸시켜
선업배를 만들어서 불선과보 잠재우고
수다원도 선업으로 악처과보 소멸하고
아라한의 완전열반 모든고통 소멸하네

250 《대불전경》 IX, p.135 참조.

## 누가 짓고 누가 받는가

이렇게 업과 업의 과보에 관해 알아가다 보면 “누가 업을 행하는가? 누가 업을 받는가?”라고 업을 행하는 주체와 과보를 받는 주체에 대한 문제를 제기할 수 있습니다. 여기에 대해서는 우선 관습적 설법sammuti-desanā과 절대적 설법paramatthadesanā이라는 두 가지 설법을 알아야 합니다. ‘사람, 중생, 여자, 남자, 왕, 바라문, 천인, 인간’ 등 세속에서 통용되는 명칭을 사용하여 설하신 가르침을 관습적 설법이라고 부릅니다. ‘무상, 고, 무아, 무더기, 감각장소, 요소, 진리, 네 가지 새김확립’ 등 실재 성품을 밝히는 가르침을 절대적 설법이라고 부릅니다.

우선 부처님께서 보시나 지계의 좋은 결과와 파계의 나쁜 결과에 대해서 일반 신도들에게 설하실 때는 세간에서 통용되는 명칭을 사용하여 “누가 보시를 해서 천상에 태어났다. 누가 살생을 해서 지옥에 태어났다”라고 말씀하십니다. 이것은 보시를 하도록, 계를 지키도록 하기 위해서입니다. 이 관점에서는 ‘자작자수自作自受’, 즉 “자기가 선업을 행해서 자기가 선업의 좋은 결과를 누린다”라고(S11:10) 말할 수 있습니다.[251]

한편 절대적인 의미로는 ‘업을 행하는 자’나 ‘업의 과보를 받는 자’는 존재하지 않습니다. ‘법만존재’, 즉 순간순간 생겨나고 사라지는 정신과 물질, 원인과 결과의 연속만 존재합니다. 이 관점에서는 “업을 짓는 자도 없다. 과보를 받는 자도 없다. 오직 법들만 일어날 뿐이다”라고 말할 수 있습니다(Vis.ii.237).

---

251 세간의 명칭을 사용해서 설하시는 여덟 가지 경우가 있다. ① 도덕적 부끄러움과 도덕적 두려움을 설하실 때, ② 업만이 자기 재산임을 설하실 때, ③ 각각의 사람들이 실천하여 이룬 것들을 보이실 때, ④ 오무간죄를 설하실 때, ⑤ 네 가지 거룩한 마음가짐을 설하실 때, ⑥ 숙명통을 설하실 때, ⑦ 보시의 청정을 설하실 때, ⑧ 세상의 언어를 무시하지 않고 설하실 때이다. *Mahāsi Sayadaw*, 《*Bhārasutta tayato* 짐경에 대한 법문》, pp. 74~92 참조.

누가짓고 누가누려 자작자수 법만존재

## 업은 어디에 있는가

업과 관련되어 "그러면 업은 도대체 어디에 있는가?"라고도 질문할 수 있습니다. 즉, 만약 업이 존재한다면 업이 존재하는 장소도 분명하게 있어야 한다고 생각할 수 있습니다. 하지만 "업은 어디에 있다. 어디에 존재한다"라고 말할 수 없습니다. 마치 과일이 열리기 전에 그 과일이 뿌리에 있는지 줄기에 있는지 잎에 있는지 말할 수 없는 것처럼 업도 "어디에 있다"고 할 수 없습니다. 하지만 시간이 지나고 조건이 무르익으면 과일이 생겨나듯이 업도 조건이 무르익으면 과보를 생겨나게 합니다. 이렇듯 업은 마치 그림자가 형체를 따라 다니며 떠나지 않는 것과 같이 한 중생의 정신적 연속에 수반되어 있다가 조건에 따라 과보를 생겨나게 합니다. 어떠한 행위를 하면 그 행위를 할 때의 의도는 생겨났다가 사라져 버립니다. 더 이상 존재하지 않습니다. 하지만 그 의도의 힘은 계속 생겨나고 사라지는 정신의 연속에 이어집니다. 그러다가 조건이 무르익었을 때 과보를 생겨나게 합니다(Mil.76).

그림자가 몸따르듯 정신연속 업수반돼

## 업과 업보를 생각해선 안 된다

업과 업의 과보에 관하여 마지막으로 주의할 것은 이렇게 다양한 업과 그 과보에 대해서 '이것은 무슨 업의 결과인가, 저것은 무슨 업의 결과인가'라고 생각해서는 안 된다는 사실입니다. 업과 업의 과보를 조건과 원인과 함께 있는 그대로 아는 것은 부처님들만 가지는 열 가지 힘 중의 하나입니다(A10:21). 또한 업과 업보에 대한 생각은 생각하지 말아야 할 네 가지 중의 하나입니다. 생각하지 말아야 할 네 가지란 ① 부처님의 경지, ② 선정의 경지, ③ 업의 과보, ④ 세상에 대한 사색입니다. 이러한 네 가지에 대해 사색하면 미치거나 곤혹스러워집니다(A4:77).

붓다경지 선정경지 업과보와 세상사색
생각하면 안되나니 생각하면 미친다네

# 죽음에 대하여

## 죽음에 대한 이해

### 죽음의 원인과 종류

이렇게 여러 가지 업을 행하고, 현생에 행한 업이나 과거 생에 행한 업의 과보를 받으면서 살아가다가 네 가지 원인으로 중생은 그 생의 목숨을 다하게 됩니다. 즉 수명이 다하거나 업이 다하거나 둘 모두가 다하거나 파괴업에 의해서 중생은 죽습니다.

수명다해 업다해 둘모두다해
파괴업의 네가지 죽음의원인

기름과 심지에 의지해서 타고 있는 등잔불이 심지가 다하면 불이 꺼지는 것처럼 한계수명이 있는 탄생지에 태어났다면 아무리 과거 생산업이 강하더라도 목숨이 다합니다. 예를 들어 인간세상의 수명이 백 살인 때에 사람으로 태어났다면 아무리 더 오래 살 수 있는 선업이 있더라도 백

살이 되면 대부분 죽음을 맞이합니다. 물론 선업이 특별한 경우는 부처님 당시 160세까지 살았던 박꿀라Bakkula 존자처럼 더 오래 사는 경우도 있지만 대부분은 그렇지 않습니다(M124).

두 번째로는 기름이 다해도 등잔불이 꺼지는 것처럼 아직 한계수명까지 도달하지 않았더라도 그 생에 태어나게 하는 생산업이 다한다면 죽어야 합니다. 예를 들어 도리천의 한계수명은 천상년으로 천 년입니다. 하지만 도리천에 태어나게 한 선업의 힘이 약하다면 천 년을 다 채우기 전에 목숨이 다합니다.

세 번째로는 기름과 등불이 동시에 다해 등잔불이 꺼지는 것처럼 생산업으로 인한 수명한계와 태어난 탄생지의 한계수명이 동일한 경우에는 그 한계수명에 도달했을 때 죽습니다. 예를 들어 야마천의 한계수명은 천상년으로 2천 년인데 야마천에 태어나게 한 생산업도 2천 년의 결과를 주는 선업이라면 2천 년이 되었을 때 수명과 업 두 가지 모두가 다해서 죽습니다. 지금까지 세 가지 경우를 적시의 죽음kāla maraṇa이라고 합니다.

네 번째로는 외부에 심하게 바람이 불면 기름과 심지가 남아 있더라도 등잔불이 꺼지는 것처럼 목숨을 끊어버리는 파괴업이 갑자기 결과를 주면 죽어야 합니다. 예를 들어 인간세상의 평균수명이 80세이고, 인간세상에 태어나게 하는 생산업이 더 오래 살 수 있을 정도로 강하다 하더라도 갑자기 독사에 물려 죽을 수도 있고 칼에 찔려 죽을 수도 있습니다(Mil.291). 이 경우를 불시의 죽음akāla maraṇa이라고 합니다.

### 죽음 인근 과정

이러한 네 가지 원인 중 어느 하나로 인해 목숨을 마칠 즈음, 죽음에 임박해서 중생에게 업이나 업 표상이나 거취 표상이라는 세 가지 대상

중 어느 하나가 드러납니다.

업kamma이 드러날 때는 과거에 행한 여러 가지 선업이나 불선업 중 어느 하나가 마음에 드러납니다. 예를 들어서 과거에 스님에게 공양 올렸던 행위가 드러나는 것을 말합니다.

업 표상kammanimitta이 드러날 때는 과거에 어떠한 업을 행할 때 직접적으로 얻었던 대상이나 도움을 주었던 대상이 드러나는 것을 말합니다. 예를 들어 과거에 불상에 꽃을 올린 적이 있을 때 그 행위와 관련하여 불상이 드러나거나 꽃이 드러나는 것을 말합니다.

거취 표상gatinimitta이 드러날 때는 다음 생에 태어날 탄생지나 혹은 그곳에서 겪고 누릴 물건이 드러나는 것을 말합니다. 예를 들어 천상에 태어날 이에게 천궁이 드러나거나 천녀가 드러나는 것, 지옥에 태어날 이에게 지옥세상이 드러나거나 지옥불이 드러나는 것을 말합니다.

업업표상 거취표상 죽음인근 드러나네

일반적으로는 이렇게 드러난 대상이 죽기 직전까지 반복적으로 일어납니다. 마치 여행을 하려는 이가 미리 준비를 하듯이 태어나야 할 곳에 마음을 기울이듯 계속 생겨납니다.

하지만 그 대상이 바뀌기도 합니다. 먼저 나쁜 것에서 좋은 것으로 바뀐 예를 소개하겠습니다. 소나Soṇa 존자의 부친은 젊은 시절부터 사냥으로 생계를 유지하다가 늙어서 기력이 없자 아들 밑으로 출가했습니다. 그가 죽음 직전에 이르렀을 때 산기슭에서 큰 개들이 자신을 물려하는 것처럼 대상이 드러났습니다. 나쁜 거취 표상이 드러난 것입니다. 그래서 "쫓아내라, 아들아. 쫓아내라, 아들아"라고 계속해서 외쳤습니다. 그 소리를 듣고 소나 존자는 "무슨 일입니까?"라고 물었습니다. 부친은 "큰 개들이, 큰 개들이 … "라고 대답했습니다. 소나 존자는 부친에게 지옥이라는 거처 표상이 드러난 것을 알고, '나 같은 아들이 있는데 어찌 지옥에 떨어지게 할 것인가?'라고 생각하고서 사미들에게 꽃을 구해 오도록 시켰습니다. 그 꽃을 탑의 뜰에 깔아 놓고서 늦깎이로 출가한 부친을 침대와 함께 탑 앞으로 옮겨왔습니다. 그리고는 "스님을 위하여 꽃을 공양 올렸습니다. 부처님께 예경하십시오"라고 격려했습니다. 그러자 부친의 마음에 매우 큰 신심과 희열이 생겨났고, 그 순간에 큰 개들이 아닌 천녀들이 드러났습니다. 부친은 "아들아, 저리 비켜라. 아들아, 저리 비켜라. 새엄마들이 오고 있구나"라고 중얼거리며 죽음을 맞이하여 천상에 태어났다고 합니다(VbhA.419).

좋은 대상에서 나쁜 대상으로 바뀐 예도 있습니다. 법답게 통치하여 담마소까Dhammāsoka라고도 불렸던 아소까 대왕에게 임종 즈음, 처음에는 좋은 대상이 드러났습니다. 하지만 의사가 올린 구즈베리 열매조각을 바라보자 '인도 대륙을 다스리던 이가 지금은 이 작은 구즈베리 조각을 다스리고 있는가'라고 매우 슬퍼하면서 좋지 않은 대상을 취한 채 죽어서 다음 생에 큰 구렁이로 태어났습니다. 하지만 그 뒤 아들 마힌다Mahinda 장로의 도움으로 구제되어 그 생에서 죽은 뒤 다음 생에 아라한이 되었다고 합니다.[252]

### 죽음과 재생연결

이렇게 죽음에 즈음하여 드러나는 대상을 향해 마음을 기울이다가 마지막 임종마음이 생겨났다가 사라집니다. 임종마음은 그 직전까지 생겨났던 업이나 업 표상이나 거처 표상을 대상으로 하지 않습니다. 그 생의

252 강종미, 《아비담마 해설서》(상), pp.661~662 참조.

제일 첫 번째 재생연결의 마음과 같은 것을 대상으로 합니다. 임종마음이 사라지고 나면 그 즉시, 순간의 틈도 없이 바로 다음 생의 제일 첫 번째 마음인 재생연결마음이 생겨납니다. 다음 생 재생연결마음의 대상은 앞의 생 임종 즈음에 생겨났던 마음들의 대상과 동일합니다.

이렇듯 임종마음이 일어났다 사라진 직후 순간의 틈도 없이 다음 생의 재생연결마음이 생겨납니다.

### 윤회

새로운 생의 재생연결마음이 생겨난 뒤 여러 마음이 차례대로 일어났다 사라지고, 다시 일어났다 사라지고 하면서 그 생을 보낸 후, 같은 과정으로 죽고 태어나기를 반복합니다. 이것을 윤회라고 합니다. 이렇게 태어나면 늙고 죽고 다시 태어나고, 다시 태어나면 다시 늙고 죽으면서, 이르는 생마다 슬픔과 비탄과 고통 등 여러 가지 괴로움을 겪어야 합니다. 그렇기 때문에 지혜로운 이들은 윤회의 고통을 성찰하고서 그렇게 윤회하게 하는 원인법들을 잘 제거하여 열반을 체득합니다. 그리고 마침내 윤회에서 완전히 벗어납니다. 이 내용에 대해서는 뒷부분에 다시 자세하게 설명하겠습니다.

## 죽음에 대한 자세

### 죽음을 맞이하는 이의 자세

죽음을 맞이하는 이에게 다가오는 상황은 매우 다양해서 아픔이나 걱정의 정도나 마음의 대상이 서로 다를 것입니다. 일반적으로는 육체적으로 매우 힘이 약한 상태이기 때문에 의지적으로 어떤 마음을 일으키기가 쉽지 않습니다. 강한 업이 결과를 주면 어쩔 수 없이 그 대상을 따라가는 경우가 많습니다. 그래서 우선 죽음에 즈음해서 좋은 대상이 드러나도록 그 전에 선업을 많이 행하는 것이 중요합니다. 나중에 설명할 '죽음 명상'도 자주자주 수행해서 누구에게나 죽음이 다가온다는 사실에 잘 마음 기울이면서 죽음을 맞이해야 합니다. 그리고 나쁜 대상이 드러났더라도 좋은 대상으로 바꿀 여지가 있습니다. 따라서 되도록 이전에 행했던 선업을 회상하는 것을 통해, 삼귀의나 오계를 수지하는 등 새로운 선업을 실천하는 것을 통해, 더 나아가 혹시 수행하던 것이 있으면 수행을 통해 좋은 대상을 취하도록 노력해야 합니다. 그렇지 않고 그 생에 행했던 후회스러운 일, 나쁜 일을 회상하거나 남겨지는 가족에 대한 걱정으로 우는 등 좋지 않은 대상을 취하면서 죽음을 맞이해서는 안 됩니다.

후회로 인해 축생으로 태어난 일화 하나를 소개하겠습니다. 깟사빠 부처님 당시에 한 젊은 비구가 우연히 나뭇잎을 뜯어서 계를 범했습니다. 사소하다고 생각한 비구는 그 허물을 계속 참회하지 않은 채 수행을 계속했습니다. 결국 그 생에서 깨달음도 얻지 못하고 범계도 참회하지 못한 채 죽음에 즈음해서 '나의 계행이 무너졌구나'라고 후회하는 마음으로 죽어 다음 생에 축생인 용왕으로 태어났습니다. 사실 그 생에서 오랫동안 수행했던 선업을 고려하면 좋은 생에 태어날 수도 있었지만 악행에 대한 후회 때문에 축생으로 태어난 것입니다(Dhp.182 일화).

## 주위 사람들의 자세

### • 죽어가는 이에 대한 자세

주위 사람들은 죽어가는 이가 앞에서 언급한 대로 나쁜 대상을 취하지 않도록, 좋은 대상을 취하도록 할 수 있는 만큼 도와주어야 합니다.

먼저 죽어가는 이가 주위 가족이나 친척들의 우는 소리를 듣지 않도록, 슬퍼하는 모습을 보지 않도록 도와주어야 합니다. 마음의 힘이 매우 약한 상태이기 때문에 가까운 사람들의 우는 소리나 슬퍼하는 모습은 죽어가는 이에게 큰 슬픔이나 애착이 생겨나게 합니다.

스스로 삼귀의와 오계를 수지하지 못하는 상태라면 주위에서 삼귀의와 오계를 수지하도록 도와주어야 합니다. 죽음에 즈음해서 삼귀의를 한 공덕으로 천상에 태어난 어부 다밀라의 일화를 제2장에서 소개했습니다.

스님들을 초청해서 경전 독송을 듣게 하거나 보시를 하도록 도와줄 수도 있습니다. 죽음에 즈음해서는 〈새김확립 긴 경〉을 많이 독송하지만 (Dhp.16 일화) 평소 애송하던 경을 들려주어도 됩니다. 독송할 때는 빠알리어로 독송해도 되고 의미가 분명하게 드러나도록 번역본을 독송해도 됩니다. 여기에서는 〈새김확립 긴 경〉 서문을 소개하겠습니다.

> **에까야노 아양 빅카웨 막고 삿따낭 위숫디야 소까빠리데와낭 사마띡까마야 둑카도마낫사낭 앗탕가마야 냐야사 아디가마야 닙바낫사 삿치끼리야야 야디당 짯따로 사띠빳타나. 까따메 짯따로. 이다 빅카웨 빅쿠 까예 까야누빳시 위하라띠 아따삐 삼빠자노 사띠마 위네이야 로께 아빗자도마낫상. 웨다나수 웨다나누빳시 위하라띠 아따삐 삼빠자노 사띠마 위네이야 로께 아빗자도마낫상. 찟떼 찟따누빳시 위하라띠 아따삐 삼빠자노 사띠마 위네이야 로께 아빗자도마낫상. 담메수 담마누빳시 위하라띠 아따삐 삼빠자노 사띠마 위네이야 로께 아빗자도마낫상.**

> 비구들이여, 이 도는 오직 유일한 길이니, 중생들을 청정하게 하고, 슬픔과 비탄을 극복하게 하고, 고통과 근심을 사라지게

하고, 성스러운 도를 얻게 하고, 열반을 실현하게 하는 것이다. 그것은 바로 네 가지 새김확립이다.

무엇이 네 가지인가? 이 가르침에서, 비구들이여, 비구는 노력하고 새기고 바르게 알면서 몸에 대해 몸일 뿐이라고 관찰하여 세상에 대한 탐욕과 근심을 제거하면서 지낸다. 노력하고 새기고 바르게 알면서 느낌에 대해 느낌일 뿐이라고 관찰하여 세상에 대한 탐욕과 근심을 제거하면서 지낸다. 노력하고 새기고 바르게 알면서 마음에 대해 마음일 뿐이라고 관찰하여 세상에 대한 탐욕과 근심을 제거하면서 지낸다. 노력하고 새기고 바르게 알면서 법에 대해 법일 뿐이라고 관찰하여 세상에 대한 탐욕과 근심을 제거하면서 지낸다.

### • 죽은 이에 대한 자세

사랑하고 존경하는 이가 죽었을 때 슬픔이 생겨나는 것은 당연합니다. 아나함이나 아라한이 아닌 이들은 아직 성냄을 다 제거하지 못했기 때문에 사랑하고 존경하는 이의 죽음을 참기 힘듭니다. 하지만 아래에 소개한 부처님의 가르침에 따라 마음을 잘 다스려야 합니다.

먼저 죽음에 대해 올바르게 마음 기울여야 합니다. 아들을 잃고 슬픔을 주체할 수 없어 매일 화장터에 가서 울며 통곡하고 있는 한 장자에게 부처님께서는 "죽음이라는 것은 한 장소, 한 사람에게만 국한된 것이 아니다. 세상에 태어난 존재 모두에게 공통된 것이다. 어떤 형성들도 영원하지 않다. 죽어야 할 것은 죽기 마련이고, 부서져야 할 것들은 부서지기 마련이다"라고 설하셨습니다(Dhp.212 일화). 마찬가지로 할머니를 잃은 빠세나디 대왕에게도 "옹기장이가 만든 옹기는 그것이 날 것이든 구운 것이든 그 어떤 것이라도 모두 부서지기 마련이고 부서짐을 끝으로 하고 부서짐을 뛰어넘을 수 없다. 이와 같이 중생은 죽기 마련이고, 죽음을 끝으로 하고, 죽음을 뛰어넘지 못한다"라고 설하셨습니다(S3:23). 이러한 가르침에 따라 '모든 존재는 죽기 마련이다'라고 올바르게 숙고해야 합니다. 이 내용은 죽음 명상과 관련된 숙고입니다. 죽음 명상에 대해서는 제8장 수행에 포함된 보호명상에서 자세하게 설명하겠습니다. 여기서는 〈화살경〉에서 설하신 부처님의 설법을 소개하겠습니다(Sn.370).

이 세상에 사람의 목숨이란 것
표상이 없고 알 수가 없다네.
또한 비참하고 또한 짧나니
그것은 또한 괴로움에 얽혀있네.

태어난 존재로서 죽음을 피할
그러한 방법은 존재하지 않아서
늙음에 이르러도 죽어야 하나니
실로 이것은 생명의 법칙이네.

비유하면 잘 익은 과일들에게
아침이면 떨어질 위험이 뒤따르듯
이와 같이 태어난 사람들에게
죽음의 두려움이 항상 따라다니네.

비유하면 옹기장이 빚은 질그릇
끝내는 모두 다 깨어지듯이

이와 같이 태어난 사람의 목숨
결국은 죽음으로 끝을 맺네.

젊은 사람이나 늙은 사람이나
어리석은 사람이나 현명한 사람이나
모두가 죽음에는 굴복하고 마나니
모두가 결국엔 죽음에 이르네.

죽음에 붙잡혀 고통을 당하면서
또다른 세상으로 가는 그들 중
아버지는 자식을 구하지 못하고
친척도 친척을 어찌하지 못하네.

자세히 살펴보라! 많은 친척들
갖가지로 통곡하며 지켜보는 채
마치 도살장에 끌려가는 소처럼
사람들은 하나하나 사라져가네.

이와 같이 세상의 모든 사람들
늙음과 죽음에 고통 받나니
그러므로 현자는 슬퍼하지 않는다네.
세상의 참모습을 잘 알기 때문이네.

어디에서 왔는지 어디로 가는지
가고 오는 그 길을 알지 못하네.

생사의 양끝을 알지 못하여
부질없이 통곡만 하고 있네.

그렇게 슬피 울며 통곡하면서
어리석게 자신을 해치는 사람에게
무슨 이익 하나 생긴다 하면
현자도 이미 그리했을 것이네.

하지만 울부짖고 슬퍼해서는
마음의 평안을 얻을 수 없다네.
그의 괴로움은 더욱 심해지고
몸만 계속해서 여윌 뿐이네.

몸만 여위고 안색만 창백해져
자기 스스로를 해칠 뿐이네.
그렇게 죽은 이 살아나지도 않나니
통곡도 부질없는 일이네.

슬픔을 버리지 않는 사람은
더욱더 괴로움에 빠지게 되네.
죽은 이 때문에 울부짖는 것은
슬픔의 포로가 되는 길이네.

보라! 이런저런 업에 끌려서
윤회의 길을 가는 다른 이들이나

죽음의 지배하에 놓이게 되어
두려워 떨고 있는 이 생명들을.

이렇게 저렇게 되기를 원하지만
결과는 다르게 나타나는 법.
기대가 어긋남도 이와 같으니
보라! 세상의 이러한 법칙을.

이 세상에 사람이 백년을 살거나
혹은 그 이상을 산다 하더라도
결국엔 친지와 헤어져야 하나니
마지막엔 목숨을 버려야 하네.

그러니 부처님의 말씀을 듣고
슬피 우는 비탄을 극복해야 하네.
목숨이 다하여 죽은 이를 보고
그는 이미 내가 어찌할 수 없다고.

불이 활활 타오르는 집은
물을 부어 꺼야 하듯이
이와 같이 현명한 이, 지혜로운 이,
슬기로운 이나 선한 이들은
바람에 솜털을 날려버리듯
생겨나는 슬픔을 빨리 떨쳐버리네.

스스로의 행복을 찾는 이라면
몸에 박힌 화살을 뽑아버리듯
슬피 우는 비탄과 또한 갈망과
근심을 화살처럼 떨쳐버려야 하네.

번뇌의 화살을 뽑아버린 이
집착 않고 마음평안 얻게 되어서
모든 슬픔 초월하나니
슬픔 없는 그 사람, 적멸하리니.

또는 사랑하는 이가 죽어서 생기는 슬픔은 바로 사랑하는 이에 대한 애정으로 인한 것이기 때문에 이미 죽은 이에게 지나치게 애착하지 않도록 노력해야 합니다. 위사카 부인이 사랑하는 손녀를 잃고 괴로워하고 있을 때(Dhp.213 일화), 아닛티간다Anitthigandha라는 젊은이가 자신의 약혼녀를 잃고 슬퍼하고 있을 때(Dhp.215 일화), 어떤 장자가 애지중지하던 외아들을 잃고 일도 하지 못하고 음식도 먹지 않고 묘지에 가서 "내 아들아, 어디 있느냐. 내 아들아, 어디 있느냐"라고 비통하게 울고 있을 때 부처님께서는 "애정 때문에 슬픔이 생기고, 애정 때문에 두려움이 생긴다. 사랑에서 벗어난 이는 슬픔이 없는데 두려움이 어찌 있겠는가"라고 위로하셨습니다(M87).

마지막으로는 보시에 관한 내용에서 언급했듯이 선업의 공덕몫을 회향해야 합니다. 남아 있는 가족이나 친지로서 이미 다음 생에 태어난 이에게 해 줄 수 있는 것은 회향 외에는 없습니다. 회향은 자식의 의무 가운데 하나이기도 합니다. 죽은 사람이 혹시 시아귀로 태어난 경우에는 회향을 받아 기뻐하는 것으로 천상의 음식이나 의복 등을 구족할 수 있습니다. 시아귀로 태어나지 않은 경우라도 과거에 친척이었던 시아귀들이 이익을 누릴 수 있고, 최소한 보시한 본인이 보시의 이익을 누릴 수 있습니다.

## 수행자의 자세

더 나아가 진실한 불자라면 다른 사람의 죽음에서 경각심을 일으켜 더욱 더 많은 선업을 행해야 합니다. 죽음 명상을 실천해야 합니다. 특히 죽음과 윤회에서 벗어나도록 위빳사나 수행을[253] 실천해야 합니다. 이와 관련하여 네 종류의 사람이 있습니다. 멀리 떨어진 곳에 사는 잘 알지 못하는 어떤 사람이 죽었다는 소식을 듣는 것만으로 경각심을 일으켜 바르게 노력하여 깨달음을 얻는 이는 채찍의 그림자만 보고도 경각심을 일으켜 달리는 말과 같습니다. 어떤 사람이 죽은 모습을 직접 보고서 경각심을 일으켜 바르게 노력하여 깨달음을 얻는 이는 채찍이 털에 닿았을 때 달리는 말과 같습니다. 가족이나 친지 등 가까운 사람이 죽었을 때 경각심을 일으켜 바르게 노력하여 깨달음을 얻는 이는 겉가죽을 채찍으로 때렸을 때 달리는 말과 같습니다. 자기 스스로 심한 고통을 겪고서 경각심을 일으켜 바르게 노력하여 깨달음을 얻는 이는 뼈가 드러날 정도로 때려야 달리는 말과 같습니다(A4:113).

죽음이라는 왕에게는 뇌물도 통하지 않아서 죽지 않게 해 달라고 청탁을 할 수도 없습니다. 약속할 수도 없어서 언제 죽음이 오면 좋겠다고 미리 시간을 정할 수도 없습니다. 대항할 수도 없어서 군대나 무기를 잡고서 오지 말라고 맞서 싸울 수도 없습니다. 그러니 자신이 해야 할 일, 선

253 위빳사나 수행에 대해서는 본서 제8장 '수행'에서 자세하게 설명했다.

업, 위빳사나 수행을 실천해야 합니다(M131).

내일살지 죽을지 그누구도 모르네
오늘바로 열심히 선업실천 노력해
대군가진 죽음과 대항할수 없기에

# 윤회

## 윤회의 의미

지금까지 살펴본 대로 중생들은 선업을 행하고서 죽은 뒤 선처에 태어나고 불선업을 행한 뒤 악처에 태어납니다. 그리고 태어난 생에서 다시 선업과 악업을 행한 뒤 또 다른 탄생지에 태어납니다. 이렇게 바퀴가 계속 돌아가듯이 여러 탄생지에 태어나고 죽는 연속적인 과정을 윤회saṁsāra라고 합니다. 혹은 절대적 진리의 입장에서 표현하자면 무더기나 요소나 감각장소, 즉 물질과 정신이 끊임없이 생겨나고 있는 연속적인 과정을 윤회라고 합니다(DhsA.11).[254]

이렇게 윤회할 때 태어나는 곳, 즉 거취gati에는 크게 나누어 지옥, 축생, 아귀, 인간, 천상이라는 다섯 탄생지가 있습니다(M12). 또는 사악처에 포함된 아수라 탄생지를 첨가하여 육도윤회六道輪廻라고 하기도 합니다. 각각에 대해서는 앞에서 자세하게 설명했습니다.

'과거 생을 나는 알지 못한다. 다른 이들이 죽어서 천상이나 지옥에

254 Khandhānañca paṭipāṭi, dhātuāyatanāna ca;
Abbocchinnaṃ vattamānā, saṃsāroti pavuccati.

태어나는 것을 나는 알지 못한다'라는 이유를 대면서 윤회가 없다고 생각하는 이들도 있습니다. 이것은 선천적으로 눈이 먼 사람이 검은색도 없고 흰색도 없다고 주장하는 것과 마찬가지입니다. 직접 알지 못하고 보지 못했다고 해서 그것이 존재하지 않는다고 주장해서는 안 됩니다(D23).[255]

스스로 수행을 통해 과거 생을 기억하는 숙명통이나 보통의 눈으로 볼 수 없는 것을 볼 수 있는 천안통을 닦아 직접 경험하고서 윤회를 믿는 방법이 하나 있습니다. 하지만 신통을 얻기란 쉽지 않습니다. 또 다른 방법은 부처님의 말씀에 대한 믿음으로 윤회를 믿는 방법입니다. 세상에 모든 것을 다 직접 경험하고서 믿을 수는 없습니다. 믿을 만한 이들의 말은 직접 경험하지 않고서도 믿을 수 있습니다. 부처님께서는 성전의 여러 곳에서 윤회와 관련되어 일관적으로 설법하셨습니다. 거룩하신 부처님에 대한 믿음으로 윤회를 믿을 수도 있습니다.[256]

## 윤회하는 이유

이렇게 윤회하는 것은 네 가지 진리를 모르기 때문입니다. 태어나고 늙고 병들고 죽는 등 모든 것이 괴로움이라는 괴로움의 진리, 그러한 괴로움은 갈애 때문에 생겨난다는 생겨남의 진리, 갈애가 남김없이 소멸한 열반이라는 소멸의 진리, 열반을 실현하기 위한 실천이라는 도의 진리, 이러한 네 가지 진리에 대해 모르는 것, 즉 무명 때문에 중생들은 시작을

---

255 여기에는 위에서 제시한 이유 외에도 윤회를 믿지 않는 여러 가지 이유, 그 이유들에 대한 반론이 제시되었다.

256 혹은 아이들의 전생기억이나 에드가 케이시의 의학적 투시를 통한 연구도 참고할 만하다. 짐 터커 지음, 박인수 옮김, 《어떤 아이들의 전생기억에 관하여》, 김영사, 2015; 지나 서미나라 지음, 강태헌 옮김, 《윤회》, 파피에, 2012.

알 수 없는 과거로부터 계속 윤회해 왔고 네 가지 진리를 모르는 한 무수히 많은 세월을 앞으로도 윤회할 것입니다(D16).

> 사성제를 사실대로 있는대로 보지못해
> 이런저런 여러생에 오랜세월 윤회했네

이 내용을 다음과 같이 자세하게 설명할 수 있습니다. 고통을 고통이라 알지 못하는 것은 무명입니다. 갈망하는 것은 갈애입니다. 사실 무명과 갈애가 윤회의 두 가지 뿌리입니다. 계속 윤회하게 하는 근본원인 두 가지입니다. 더욱더 집착하는 것은 취착입니다. 얻으려 노력하는 것은 선업이나 불선업이라는 업입니다. 노력하면 때로는 얻고 때로는 얻지 못합니다. 얻지 못하면 고통이라는 것은 잘 알지만 얻은 것이 고통이라는 사실은 잘 모릅니다. 사실 세간적인 모든 이익은 언젠가 무너지기 때문에 고통일 뿐입니다. 하지만 그것이 고통이라는 것을 모릅니다. 실제로는 고통이고 괴로움인데 고통이고 괴로움이라고 모르기 때문에 갈망합니다. 갈망이 심해져서 집착합니다. 집착해서 얻으려 노력합니다. 노력하면 때로는 얻고 때로는 얻지 못합니다. 얻은 것은 다시 고통입니다. 하지만 고통을 고통이라고 알지 못합니다. … 이러한 형식으로 중생들은 계속 윤회하고 있습니다. 이 내용을 게송으로 정리하면 다음과 같습니다.[257]

> 고통이라 고통을 알지못하네
> 알지못해 고통을 갈망한다네

---

257 12연기와 윤회에 대한 우 자띨라 사야도*U Jaṭila Sayadaw*의 간략한 게송이다.

갈망하여 더욱더 집착한다네
집착하여 얻으려 노력한다네
노력하여 때로는 얻게된다네
얻는것이 사실은 고통이라네

## 무시윤회

망고 열매의 씨앗을 심어서 그 씨앗이 자라 과실을 맺으면 다시 그 열매의 씨앗을 심고, 다시 씨앗이 자라 과실을 맺는 식으로 그 연속을 끊어지게 하는 다른 조건이 없는 한 계속 진행될 때 그 시작과 끝을 알 수 없습니다(Mil.81). 그와 마찬가지로 무명에 덮이고 갈애에 묶여 치달리는 중생들이 한 생에서 태어나서 죽은 뒤 다른 생에 태어나는 윤회의 시작은 결코 드러나지 않습니다.

비유하자면 만약 어떤 사람이 온 대지를 대추씨만한 흙덩이들로 만들어놓고 "이것은 나의 아버지이다. 이것은 나의 아버지의 아버지이다"라고 말한다면 차라리 흙덩이가 다 없어질지언정 아버지의 연속은 다함이 없을 것입니다(S15:2).

윤회시작 알수없어 안드러나 다른비유
대지흙을 대추씨의 크기덩이 만들고서
아버지와 할아버지 계속해서 헤아려도
아버지의 연속전에 흙덩이가 끝난다네

얼마나 긴 시간인지 가늠하도록 앞서 제7장에서 언급한 대겁이라는 시간 단위를 다시 언급해 보겠습니다. 예를 들어 길이와 너비와 높이가 각각 1요자나인 큰 바위산을 한 사람이 100년에 한 번씩 매우 부드러운 천으로 스쳐서 그 큰 바위산이 다 닳아 없어진다 하더라도 다하지 않을 정도로 대겁이라는 시간은 매우 길다고 앞에서 설명했습니다. 이렇게 긴 시간 단위인 대겁으로 몇 대겁, 몇 십만 대겁, 몇 천만 대겁으로도 헤아리지 못할 만큼 긴 시간을 중생들은 윤회해 왔습니다.

겁이라는 시간길어 헤아리기 어렵나니
가로세로 높이모두 일요자나 큰바위산
백년마다 한번씩만 비단으로 스쳤을때
바위산이 다한데도 일겁시간 안다하네
윤회시작 알수없고 드러나지 않기때문

그렇게 오래 윤회하는 동안 중생들은 원수 등과 같이 마음에 들지 않는 사람과 만나야 했기 때문에, 부모 등과 같이 사랑하는 사람과 헤어져야 했기 때문에, 재산을 잃어야 했기 때문에, 병을 앓아야 했기 때문에 많은 눈물을 흘렸고, 그 흘린 눈물은 사대양의 바닷물보다 더 많았습니다(S15:3).

때로는 소나 양 등으로 태어나 도살을 당하면서 흘린 피, 도둑이나 도둑질로 붙잡혀 교수형을 당해 흘린 피도 사대양의 바닷물보다 더 많았습니다(S15:13).

그러니 모든 형성된 것들을 염오해야 마땅합니다. 형성된 것에 대한 애착이 빛바래도록 해야 마땅합니다. 해탈해야 마땅합니다.

윤회시작 알수없어 무명덮여 갈애묶여
중생들이 치달리는 윤회시작 안드러나

오랜세월 윤회동안 부모형제 자식죽음
재산잃고 질병고통 애별리고 원증회고
비탄빠져 흘린눈물 대해보다 더많나니
형성들을 염오하고 빛바래어 해탈하라

이러한 윤회의 허물을 보지 못하는 이들은 거듭 다시 태어납니다. 때로는 악행을 행하고서 지옥 등의 악처에 태어나고 때로는 선행을 행하고서 천상 등의 선처에 태어납니다. 그러나 현자들은 견고함이라고는 없는 윤회의 허물을 지혜로 잘 성찰하고서 윤회에서 벗어나기 위한 도닦음을 잘 실천합니다. 그렇게 오랫동안 잘 실천하여 성스러운 도를 통해 윤회에 얽어매는 모든 족쇄와 번뇌를 끊어내고 죽음없음의 경지인 열반을 체득합니다. 그리고 마지막에 아라한이 되어 완전한 열반에 들어 윤회의 고통에서 벗어납니다(Dhp.126).

악행자는 지옥가고 선행자는 천상가네
번뇌다한 아라한은 완전열반 실현하네

# 제8장
# 수행

부처님의 차제설법에 따라 제4장에서 보시 설법, 제5장과 제6장에서 지계 설법, 그리고 제7장 중간에서 천상 설법을 살펴보았습니다. 마치 코끼리를 장식한 뒤에 그 코끼리의 코를 잘라버리듯, 부처님께서는 천상의 영화를 설하신 뒤에 천상의 영화도 무상하고 견고하지 않기 때문에 그것에 애착하지 말아야 한다는 내용으로 감각욕망의 허물에 대해 설하셨습니다. 그렇게 감각욕망의 허물을 통해 을러멘 뒤 출리의 공덕에 대해 설명하셨고, 법을 받아들일 준비가 되었을 때 괴로움과 괴로움의 생겨남, 괴로움의 소멸, 괴로움의 소멸에 이르게 하는 도를 설하셨습니다. 이제 차제설법의 나머지 부분인 감각욕망의 허물과 출리의 공덕, 네 가지 진리를 깨닫기 위한 도, 즉 수행에 관한 내용만 남았습니다.

이것을 행복의 관점으로 살펴보면 다음과 같이 정리할 수 있습니다.

근면보호 선우균형 금생행복 네가지고
믿음지계 베풂지혜 내생행복 네가지네
수행으로 궁극행복 불교목적 행복실현

〈알라와까 경〉에서 부처님께서는 "잘 닦은 법이 행복을 가져 온다"라고 설하셨습니다(S10:12). 여기서 '잘 닦은 법'이란 열 가지 선법, 혹은 보시–지계–수행을 말하고 '행복'이란 인간의 행복manussasukha과 천상의 행복dibbasukha과 열반의 행복nibbānasukha을 말한다고 주석서에서는 설명합니다(SA.i.299). 혹은 이것을 금생의 행복diṭṭhadhammasukha과 내생의 행복samparāyikasukha과(A8:54) 궁극적 행복paramatthasukha이라는(SnA. ii.226) 세 가지 행복으로도 설명할 수 있습니다. 이 중 부처님의 가르침에서 청정범행을 닦는 궁극적 목적은 '취착 없는 완전한 열반anupādaparinibbāna'입니다(M24). 취착 없는 완전한 열반이란 모든 번뇌가 완전히 소멸하여 어떠한 법에도 취착하지 않는 아라한과, 혹은 모든 조건이 완전히 소멸한 열반을 뜻합니다. 아라한과도 열반을 대상으로 합니다. 따라서 행복으로 표현하자면 부처님의 가르침에서 청정범행을 닦는 궁극적 목적은 '열반의 행복nibbānasukha'이라고 표현할 수 있습니다.

지금까지 인간의 행복과 천상의 행복, 혹은 금생의 행복과 내생의 행복, 그리고 그러한 행복 두 종류를 가져다주는 보시, 지계에 관해 살펴보았습니다. 이제 궁극적 행복이라는 열반의 행복을 가져다주는 수행에 관해 살펴보겠습니다.

## 감각욕망의 허물과 출리의 공덕

### 감각욕망 대상과 그것의 달콤함, 허물, 벗어남

좋아하고 매혹적인 다섯대상 감각욕망
감각욕망 조건하여 즐김기쁨 달콤함과
고생하며 생계유지 애를써도 돈못벌어
얻었어도 지키려고 보호해도 빼앗기고
서로서로 싸우기도 전장성채 돌진하고

강도약탈 붙잡혀서 큰고통의 현생허물
죽은뒤에 악처나는 감각욕망 내생허물
감각욕망 제어버림 감각욕망 벗어나네

보시와 지계 등의 선법을 통해 얻어지는 인간의 행복, 천상의 행복이라는 것은 사실 인간세상과 천상세상에서 즐길 만한 형색, 소리, 냄새, 맛, 감촉들입니다. 이렇게 중생들이 좋아할 만한, 원할 만한 형색 등의 다섯 가지를 감각욕망이라고 합니다. 또는 좋아할 만한 대상들을 원하고 바라는 탐욕도 감각욕망이라고 합니다. 형색 등의 다섯 가지는 원할 만한kāmayitabba 대상이기 때문에 토대 감각욕망vatthukāma, 혹은 감각욕망 대상kāmaguṇa이라고 하고 탐욕은 원하는kāmeti 성품이기 때문에 번뇌 감각욕망kilesakāma이라고 합니다.

특히 형색, 소리, 냄새, 맛, 감촉이라는 다섯 가지 토대 감각욕망, 즉 감각욕망 대상은 중생들이 좋아할 만한 점을 가지고 있습니다. 매혹적입니다. 중생들의 마음을 빼앗습니다. 그것을 보거나 듣거나 냄새 맡거나 먹거나 만지면 즐거움과 기쁨이 생겨납니다. 이것이 감각욕망의 달콤함assāda입니다.

이러한 달콤함이 있기 때문에 중생들은 감각욕망 대상에 집착합니다. 집착하기 때문에 가지려고 애를 씁니다. 최소한 생계를 유지하기 위한 정도의 감각욕망 대상 정도를 구하기 위해서도 애를 써야 합니다. 그렇게 애를 쓰면서 더위나 추위, 배고픔과 목마름 등의 여러 고통을 겪습니다. 또한 애를 써도 재물을 얻지 못해 상심하고 슬퍼하면서 고통을 받습니다. 재물을 얻었어도 누가 훔쳐갈까 전전긍긍하며 이를 지키기 위해 걱정하고 근심하면서 고통을 받습니다. 그렇게 지키더라도 물에 떠내려가거나, 불에 타거나, 도둑이 훔쳐가거나 왕이 몰수해 가거나 못된 자식들이 낭비해 버려서 '내 재산이 모두 없어졌다'라고 슬퍼하면서 고통을 받습니다. 더 나아가 감각욕망 대상을 얻기 위해 서로 다투고 싸우면서, 또는 전장에 나가거나 성채로 돌격하다가 죽거나 죽음에 버금가는 고통을 받습니다. 여법한 방법으로 얻지 못할 때에는 강도짓과 약탈 등 여법하지 않은 방법으로 구하기도 합니다. 그러다가 붙잡히면 매질을 당하거나 불에 태워지거나 마지막에 죽는 등의 고통을 받습니다. 이러한 여러 가지 고통이 바로 감각욕망 때문에 생겨나는 현생의 허물입니다. 또한 감각욕망 때문에 몸과 말과 마음으로 나쁜 행위를 하면 죽은 뒤에 사악처에 태어나 큰 고통을 겪습니다. 이것은 감각욕망 때문에 생겨나는 내생의 허물입니다. 이와 같은 감각욕망으로 인한 현생과 내생의 위험이 바로 감각욕망의 허물ādīnava입니다.

그리고 이러한 여러 가지 허물이 있는 감각욕망 대상에 대한 원함과 애착을 제어하는 것, 즉 제거하는 것이 바로 감각욕망에서 벗어남nissaraṇa입니다(M13).

## 감각욕망 대상의 허물 비유

살없는뼈 고깃덩이 건초횃불 숯불꿈과
빌린물건 나무열매 칼도마와 창과작살
뱀머리와 불더미의 감각욕망 열한비유

먼저 감각욕망 대상은 살이 거의 없는 뼈다귀와 같습니다. 정육점 주인이 소뼈 하나를 살이나 피가 없이 다 발라낸 뒤에 근처에서 서성거리고 있는 굶주린 개에게 던져주면 개는 매우 좋아하며 뼈를 쫓아갑니다. 먹을 만한 살이나 피가 전혀 없는데도 아주 조금 남아 있는 살이나 피,

혹은 그 냄새만이라도 가지려고 계속 핥고 씹고 있습니다. 하지만 그 뼈를 핥고 씹는 것만으로 그 개의 굶주림이 해소될까요? 배가 부를까요? 굶주림도 해소되지 않고 배도 부르지 않을 것입니다. 다른 음식은 구하려 하지 않고 그 뼈만 계속 핥고 씹고 있으면 피곤하고 괴롭기만 할 뿐입니다. 마찬가지로 감각욕망 대상들도 달콤함은 조금일 뿐이고 허물이 많습니다. 하지만 약간의 달콤함에 현혹되어 계속해서 감각욕망 대상들을 가지기 위해 노력하고 애씁니다. 애써서 가지기도 합니다. 가지면 즐거움과 기쁨이 생겨납니다. 하지만 그 즐거움은 계속 이어지지 않습니다. 잠시일 뿐입니다. 여전히 목마릅니다. 갈망합니다. 그래서 다시 구합니다. 갈망이 해소되지도 않은 채 계속해서 감각욕망만 구하고 지키느라 피곤하고 괴롭기만 할 뿐입니다. 그러므로 '감각욕망은 살 없는 뼈처럼 구하고 보호하기 위해 애쓰느라 피곤함과 괴로움이 많이 생겨난다'라고 숙고하고서 감각욕망 대상을 버려야 합니다.

감각욕망 대상은 고깃덩이와 같습니다. 독수리나 매 한 마리가 고깃덩이 한 점을 물고 가면, 다른 독수리나 매가 고깃덩이를 가지려고 고깃덩이를 물고 있는 독수리나 매를 계속 따라가면서 찌르고 쪼아댑니다. 고깃덩이를 놓지 않는 한 계속해서 고깃덩이 때문에 고통을 당합니다. 마찬가지로 감각욕망 대상을 가지고 있으면 감각욕망 대상 때문에 여러 가지 고통이 생겨납니다. 지키기 위해 애쓰는 고통, 지키더라도 물이나 불 등으로 무너져서 생겨나는 고통, 도둑맞거나 약탈을 당해 생겨나는 고통, 심지어 죽기도 하는 고통을 겪어야 합니다. 그래서 '감각욕망 대상은 고깃덩이처럼 괴로움의 원인이다'라고 숙고하고서 감각욕망 대상을 버려야 합니다.

감각욕망 대상은 건초횃불과 같습니다. 풀이나 짚을 엮어 만든 건초횃불을 잡고 바람이 불어오는 방향으로 가면 횃불은 바람 때문에 건초만 태우지 않고 동시에 건초횃불을 잡은 사람도 같이 태웁니다. 건초횃불을 버리지 않으면 계속해서 태웁니다. 마찬가지로 감각욕망 대상을 거머쥔 이도 감각욕망 대상을 버리지 않는 한 여러 가지 고통을 겪어야 합니다. 그래서 '감각욕망 대상은 건초횃불처럼 괴로움의 원인이다'라고 숙고하고서 감각욕망 대상을 버려야 합니다.

감각욕망 대상은 숯불구덩이와 같습니다. 백 길[258]이나 깊은 구덩이가 벌겋게 불타오르는 숯불로 가득 차 있다고 합시다. 그러면 두려워서 누구도 그곳에 다가가지 못할 것입니다. 만약 자신보다 힘이 센 두 사람이 각각 한쪽 팔을 붙잡고 숯불구덩이 속에 자신을 던지려고 한다면 두려워서 벗어나기 위해 있는 힘을 다할 것입니다. 감각욕망 대상도 숯불구덩이와 같이 많은 허물이 있기 때문에 매우 두려운 것입니다. 그래서 '감각욕망 대상은 숯불구덩이처럼 매우 두려운 것이다'라고 숙고하고서 감각욕망 대상을 버려야 합니다.

감각욕망 대상은 꿈과 같습니다. 좋은 꿈을 꾸고 있을 때 꿈꾸는 동안은 현실인 것처럼 생각합니다. 기뻐하기도 합니다. 하지만 꿈에서 깨어나면 꿈속에서 경험한 것들은 모두 사라집니다. 마찬가지로 감각욕망 대상들은 사용하고 즐기고 있는 동안에는 좋은 것처럼 생각되지만 사라지고 나면 아무 것도 남지 않습니다. 예를 들어 좋은 음식 하나를 얻기 위해 피곤을 무릅쓰고 열심히 구합니다. 하지만 먹을 때에는 혀에 한순간, 찰나 정도만 맛이 드러나고 삼키고 나면 아무 것도 남지 않습니다. 보이는 형색, 들리는 소리, 맡아지는 냄새, 닿아지는 감촉, 이 모든 감각욕망 대상도 그와 마찬가지입니다. 보고 있는, 듣고 있는, 냄새 맡고 있는, 맛보고 있는, 닿고 있는 그 순간 정도만 달콤할 뿐 사라지고 나면 아무 것

258 똑바로 서서 손을 위로 편 사람의 높이를 '한 길'이라고 한다.

도 남지 않습니다. 그래서 '감각욕망 대상은 마치 꿈처럼 순간 정도만 경험할 수 있다. 피곤하고 괴로움만 많을 뿐이다'라고 숙고하고서 버려야 합니다.

감각욕망 대상은 빌린 물건과 같습니다. 옷이나 보석 등을 다른 이에게서 빌렸다면 시간이 되었을 때 주인에게 돌려주어야 합니다. 빌린 잠시 동안만 사용할 수 있습니다. 감각욕망 대상도 빌린 물건처럼 잠시 동안만 사용할 수 있습니다. 항상 사용할 수 있는 것이 아닙니다. 오늘은 내 물건이지만 내일은 내 물건이 아닐 수도 있습니다. 없어질 수도 있습니다. 물이나 불 등으로 인해 무너지고 사라져 버릴 수도 있습니다. 죽을 때에는 감각욕망 대상들을 모두 버려야 합니다. 또한 빌린 옷이나 보석 등을 주인에게 돌려주지 않고 그대로 사용하면 주인이 다른 많은 사람 앞에서 억지로 뺏을 수도 있습니다. 그렇게 빼앗기면 매우 부끄러워 심한 정신적 고통이 생겨날 수도 있습니다. 감각욕망 대상들을 '나의 것이다'라면서 매우 애착하고 즐기고 있는 이들에게 보석과 집 등 생명 없는 감각욕망 대상이나 가족 등 생명 있는 감각욕망 대상들이 여러 위험과 장애 때문에 무너지고 사라져 그것들과 멀어지는 경우가 생긴다면, 그렇게 애착하고 즐기고 있는 이들에게 마음의 괴로움이 심하게 생겨납니다. 여러 가지 병에 걸리기도 합니다. 미치거나 죽을 수도 있습니다. 그래서 '감각욕망 대상은 빌린 물건처럼 잠시만 즐길 수 있는 것들이다'라고 숙고하고서 버려야 합니다.

감각욕망 대상은 나무열매와 같습니다. 어떤 사람이 열매가 달린 나무 위로 올라가 그 열매를 따먹고 있을 때 다른 한 사람이 그 열매를 원해서 나무를 뿌리부터 베어버린다고 합시다. 그렇게 베어버릴 때 나무 위에 올라가 있던 이는 빨리 내려와야 합니다. 열매를 좋아한 나머지 내려오지 않으면 나무가 쓰러질 때 같이 떨어져서 다리나 팔이 부러질 수도 있습니다. 죽을 수도 있습니다. 마찬가지로 감각욕망 대상도 그 감각욕망 대상을 버리지 못해 애착하고 있는 이에게 여러 가지 정신적 괴로움, 육체적 괴로움들이 생겨나게 합니다. 도적들이 재산을 가진 이들을 죽이는 모습, 왕을 죽이고 새로 왕이 되는 모습, 힘이 센 나라의 왕이 힘이 약한 나라를 쳐들어가 전쟁을 벌여 차지하는 모습, 다른 이의 부인을 원해 그 남편을 죽이고 여인을 차지하는 모습 등을 통해 분명히 알 수 있습니다. 또한 감각욕망 대상을 위해 악행을 저질러 지옥, 축생, 아귀에 태어나 여러 생 동안 괴로움을 겪는 것도 분명합니다. 감각욕망을 버리는 수행을 하지 못해 윤회하면서 거듭 태어나고 늙고 병들고 죽어야 하는 모습, 슬픔과 비탄과 절망 등으로 매우 큰 고통과 괴로움을 겪는 모습도 분명합니다. 그래서 '감각욕망 대상은 나무열매처럼 여러 가지 고통을 생겨나게 한다'라고 숙고하고서 버려야 합니다.

감각욕망 대상은 도살용 칼과 도마와 같습니다. 소나 돼지 등은 도살당하기 전에 도살용 칼이나 도마를 매우 두려워합니다. 도살당할 소나 돼지 등에게 칼이나 도마는 매우 두려워할 만한 것입니다. 마찬가지로 감각욕망 대상도 매우 두려워할 만한 것입니다. 감각욕망 대상 때문에 범죄를 저질러 목이 잘려 죽어야 하는 이는 바로 그 감각욕망 대상 때문에 죽는 것입니다. 감각욕망이 죽였다고도 말할 수 있습니다. 감각욕망 대상을 위해 불선업들을 행해서 사악처에 이르러 여러 가지 고통을 당하는 것도 모두 감각욕망 대상 때문입니다. 감각욕망 대상에 매달리기 때문에 윤회하면서 거듭 태어나 여러 가지 방법으로 죽어야 하는 것도 모두 감각욕망 대상 때문입니다. 그래서 '감각욕망 대상은 도살용 칼과 도마처럼 매우 두려워할 만한 것이다'라고 숙고하고서 버려야 합니다.

감각욕망 대상은 창과 작살과 같습니다. 창이나 작살도 매우 두려워할 만한 것입니다. 창에 찔린 사람이 겪는 고통, 작살에 찔린 물고기가 겪는 고통을 떠올리면 이 사실이 매우 분명할 것입니다. 마찬가지로 감각욕망이라는 창에 찔린 이들도 많은 고통을 겪습니다. 이성에 대한 애착 때문에 잘못 결혼하여 크게 고통 받는 것, 사견에 대한 집착 때문에 잘못 행하여 크게 고통 받는 것, 감각욕망을 연유로 악행을 저질러 투옥되어 고통 받는 것, 사악처에 이르러 고통 받는 것, 새로운 생에 거듭 태어나 거듭 죽어야 하는 것, 이러한 것들도 감각욕망이라는 창, 감각욕망이라는 작살에 찔려 고통을 당하는 것입니다. 그래서 '감각욕망 대상은 창과 작살처럼 매우 두려워할 만한 것이다'라고 숙고하고서 버려야 합니다.

감각욕망 대상은 독사의 머리와 같습니다. 길을 가다가 독사의 머리를 밟으면 물려서 심하면 죽을 수도 있습니다. 마찬가지로 감각욕망 대상을 함부로 갈구하다가, 혹은 가져서 즐기다가 여러 가지 많은 고통을 당할 수 있습니다. 그래서 '감각욕망 대상은 독사의 머리처럼 매우 두려워할 만한 것이다'라고 숙고하고서 버려야 합니다(M22).

감각욕망 대상은 불더미와 같습니다(JA.v.220). 불더미는 가까이 있는 사람을 태워버립니다. 불더미를 껴안고 있는 이는 말할 것도 없습니다. 즉시 태워버립니다. 그래서 불더미에 대해 잘 아는 이들은 근처에 가까이 가지 않고 피합니다. 어쩔 수 없어 가까이 가서 일을 해야 하는 사람이라 하더라도 멀리서 일을 합니다. 혹은 데이지 않도록 보호복을 잘 입고 위험을 방지합니다. 하지만 불의 위험을 알지 못하는 불나방들은 불길 속으로 전력을 다해 날아갑니다. 그래서 결국은 죽습니다. 마찬가지로 대부분의 사람들은 불더미와 같은 감각욕망 대상 속으로 전력을 다해 뛰어듭니다. 자신들을 불태울 감각욕망 대상을 할 수 있는 만큼 많이 가지기 위해 구합니다. 훔치거나 약탈하기도 합니다. 다른 이들을 죽이기도 합니다. 그로 인해 여러 가지 고통을 당합니다. 죽기도 합니다. 윤회하는 내내 사악처의 고통을 겪기도 합니다. 그래서 '감각욕망 대상은 불더미처럼 여러 가지 고통의 원인이다'라고 숙고하고서 버려야 합니다.

## 출리와 출리의 공덕

그러면 감각욕망 대상을 어떻게 버려야 할까요?

출가초선 관찰열반 모든선법 출리이네
밤낮항상 새기면서 감각욕망 제거하라

감각욕망 대상들을 원하고 즐기는 것과 반대되는 것, 즉 감각욕망 대상들을 원하지 않는 성품, 즐기지 않는 성품, 애착하지 않는 성품이 출리 nekkhamma 出離입니다. 여기에는 출가하는 것, 초선정을 증득하는 것, 위빳사나 관찰을 하는 것, 열반, 그 외에 모든 선법이 포함됩니다(ItA.331).

그 중에서도 대표적인 것이 출가입니다. 세속생활을 떠나 출가생활을 하는 것 자체가 세속적인 여러 감각욕망 대상들을 접할 기회를 줄여주기 때문에 출리라고 할 수 있습니다. 하지만 몸만 감각욕망 대상으로부터 떠나서는 안 됩니다. 마음이 감각욕망 대상으로부터 떠나야 합니다. 삼귀의를 하거나 보시를 하거나 계를 준수하는 등 선업을 실천하면 잠시 감각욕망 대상으로부터 떠납니다. 더 나아가 사마타 수행을 통해 선정을 증득하면 입정한 시간 동안 감각욕망 대상과 관련한 애착이나 원함이 생겨나지 않습니다. 위빳사나 관찰을 통해 현재 분명한 대상들의 성품을 사실대로 알 때도 애착이나 원함이 생겨나지 않습니다. 모든 번뇌가 소멸한 성품인 열반은 감각욕망 대상과는 정반대인 성품이기 때문에 역시 출리라고 할 수 있습니다.

이 중에서도 부처님께서는 〈감각욕망 경〉에서 "항상 새기면서 감각욕망 대상들을 제거하라"라고 설하셨습니다(Sn.398). 이것을 '밤낮항상 새기면서 감각욕망 제거하라'라고 게송으로 표현했습니다. 여기서 '항상'이란 하루 내내, 한 달 내내, 일 년 내내, 한 생 전체를 말합니다. '새기면서'란 네 가지 새김확립을 실천하는 것입니다. 이렇게 감각욕망의 허물, 위험, 두려움을 잘 숙고하고서 항상 새김확립을 실천하여 감각욕망을 버리고 제거해야 합니다.

출가자들은 윤회윤전의 고통에서 벗어나기 위해saṁsāravaṭṭadukkhato mocanatthāya 출가한 이들이기 때문에 감각욕망 대상을 버리고 제거하는 것이 당연합니다. 〈초전법륜경〉에서도 "출가자라면 감각쾌락탐닉에 몰두하는 것과 자기학대에 몰두하는 것을 의지해서는 안 된다"라고 직접적으로 설하셨습니다(S56:11). 그렇다면 재가자도 감각욕망 대상들을 모두 다 버리고 삼가야 할까요? 재가자들은 세속 생활을 하기 때문에 모든 감각욕망 대상들을 다 버려야 한다고 말할 수는 없습니다. 선법을 실천하려는 의지가 있는 재가자라면 할 수 있는 만큼 삼가면 됩니다. 우선 〈정신경〉에서 살생, 도둑질, 거짓말, 삿된 생계를 통해 재산을 구하고 행복을 누리는 것을 '감각쾌락탐닉에 몰두하는 것'이라고 설하셨기 때문에(D29) 오계를 준수하고 여법한 방법으로 재산을 구해야 합니다. 재가자의 행복에 대해서 설명할 때 올바른 방법으로 재산을 구해 소유하고 사용하는 것도 포함된다고 설명했습니다. 더 나아가 팔계나 십계를 수지하여 감각욕망 중에서도 음행을 삼가거나, 오후에 음식 먹는 것을 삼갈 수도 있습니다. 보시하거나 법문을 듣거나 수행하면서 감각욕망 대상과 멀리 떨어져 지낼 수도 있습니다. 집중수행에 참여했다면 출가자처럼 가능한 한 모든 감각욕망 대상들을 삼가고 수행에 전념하면 됩니다. 그렇게 못하더라도 앞에서 설명한 대로 감각욕망 대상의 허물을 자주 숙고하고 반조하면서 지낸다면 감각욕망 대상이 무너지고 사라졌을 때 크게 상심하지 않을 것입니다.

이렇게 감각욕망 대상을 삼가면 어떠한 이익을 얻을 수 있을까요?

출리의 공덕에 대해서 부처님께서는 〈감각욕망 경〉에서 "감각욕망 대상을 삼가는 이는 세상에 대해 애착하는 갈애를 잠재울 수 있다"라고 설하셨습니다(Sn.398). 여기에서 '세상'이란 사악처 세상, 인간세상, 천상세상, 무더기 세상 등을 뜻한다고 주석서에서 설명하고 있습니다(Nd1.14). 하지만 세상 그 자체보다 사악처 세상, 인간세상, 천상세상에 있는 좋아하고 바랄 만한 감각욕망 대상을 두고 말한 것입니다. 그래서 '좋아하고 바랄 만한 그 모든 감각욕망 대상에 애착하고 들러붙고 좋아하는 감각욕망 갈애를 사라지게 할 수 있다. 제거할 수 있다. 뛰어넘을 수 있다'라는 뜻입니다.

감각욕망 대상들을 좋아하지 않고 애착하지 않으면 진실로 행복할 것입니다. 그 이유는 다음과 같습니다. 감각욕망을 진실로 좋은 것, 거룩한 것으로 생각하고서 좋아하고 애착하기 때문에 그것들을 가지기 위해 애써 구하려 합니다. 목숨을 버리면서까지 구하려 합니다. 구해서 가진 감각욕망 대상들을 보호하기도 해야 합니다. 이것 자체가 매우 괴로운 일입니다. 보호하고 지니던 감각욕망 대상들이 무너지고 사라지면 또 슬퍼하면서 괴로워합니다. 반대로 감각욕망 대상을 독사 등과 마찬가지로 두려운 것, 혐오스러운 것으로 잘 숙고하고 있으면 그것들을 구하지 않아도 되기 때문에, 보호하지 않아도 되기 때문에 괴로움이 사라집니다. 행복합니다. 감각욕망 대상들이 무너져 사라져도 걱정할 필요가 없습니다. 무너져도 마음으로 괴로워하지 않습니다. 행복하게 지낼 수 있습니다.

사마타 수행을 통해 선정을 증득한다면, 그 선정에 입정한 동안에는 감각욕망이 완전히 억압되어 드러나지 못하기 때문에 희열과 행복을 느끼며 지낼 수 있습니다.

자신에게 분명하게 드러나는 물질과 정신 성품들을 새기는 위빳사나 관찰을 하는 중에는 감각욕망 대상들이 더 이상 좋은 것으로 드러나지 않습니다. 물질과 정신일 뿐이라고, 생겨나서 사라지는 것일 뿐이라고, 무상하고 괴로움이고 무아일 뿐이라고 드러납니다. 그래서 집착하지 않습니다. 집착하지 않기 때문에 새로운 업을 짓지 않습니다. 새로운 업을 짓지 않기 때문에 그 업 때문에 태어나서 늙고 병들고 죽는 여러 고통도 생겨나지 않습니다.

위빳사나 지혜가 무르익어 수다원이 된다면 사악처에 태어나게 하는 번뇌들이 완전히 제거되기 때문에 현생에서 감각욕망 대상과 관련하여 걱정할 것이 없습니다. 마치 상처 없는 손으로는 독을 만져도 독이 미치지 못하듯이(Dhp.124) 수다원들은 감각욕망 대상을 즐기더라도 저절로 제어가 됩니다. 내생에서도 사악처에 태어나지 않고 선처에 태어나 행복을 누립니다.

더 나아가 아나함이 되면 모든 감각욕망 갈애가 사라집니다. 그래서 감각욕망 대상과 관련된 모든 고통도 저절로 사라집니다.

아라한이 되면 모든 번뇌가 사라져 감각욕망 대상과 관련된 것뿐만 아니라 모든 윤회윤전의 고통이 사라집니다.

## 경각심의 토대 여덟 가지

감각욕망의 허물과 출리의 공덕을 보고서 수행하려는 마음이 자극됩니다. 그 밖에도 수행을 자극하는 부처님의 법문들이 많이 있습니다. 경각심의 토대 여덟 가지도 그 중 하나입니다.

원래 경각심saṁvega 驚覺心이란 '놀라다saṁvijjati'라는 단어에서 유래했습니다. 단순히 사자 등을 보고 놀라는 것은 마음동요 경각심cittutrāsa saṁvega이고 법체로는 성냄dosa일 뿐입니다. 악행을 행하는 것을 두려워하는 것은 도덕적 두려움 경각심ottappa saṁvega이고 법체로는 도덕적 두려움ottappa입니다. 선행, 특히 수행을 하도록 놀라게 하고 경책하고 깨닫게 하는 것은 지혜 경각심ñāṇa saṁvega입니다.[259] 법체로는 도덕적 두려움과 결합한 어리석음없음, 즉 통찰지 마음부수입니다. 특히 아라한들이 갖춘 경각심을 법 경각심dhamma saṁvega이라고 합니다.[260] 수행과 관련된 경각심은 바로 지혜 경각심과 법 경각심입니다. 그리고 경각심을 생겨나게 하는 원인, 토대가 바로 경각심의 토대saṁvegavatthu입니다. 여기에는 여덟 가지가 있습니다.

생노병사 지옥고통 과거미래 윤전고통
현재음식 구함고통 경각심의 토대여덟

먼저 《담마상가니》나(Dhs.264) 《앙굿따라 니까야》 등에서는(A4:119) '태어남, 늙음, 병듦, 죽음'이라는 네 가지만 구체적으로 나옵니다. 하지만 여러 주석서에서 사악처의 고통, 과거 윤회에 기인한 고통, 미래 윤회에 기인한 고통, 현생에 음식을 구함에 의한 고통이라는 네 가지를 첨가하여 여덟 가지 경각심의 토대로 설명합니다(DA.ii.383).

《위숫디막가 대복주서》에서는 그 이유를 "처음의 네 가지는 선처와 악

259 그래서 '경각심驚覺心'이라는 한자를 사용할 때 보통 경각심은 '警覺'이라는 단어를 사용하지만 '놀라다'라는 의미를 표현하기 위해 '驚覺'이라고 표현했다. 법체가 '지혜'이기 때문에 '覺'이라는 표현도 잘 어울린다.

260 《부처님을 만나다》, pp.338~339 참조.

처에 모두 공통된 고통이다. 하지만 악처에는 특별히 더 심한 고통이 있기 때문에 악처의 고통을 첨가했다. 또한 악처의 고통까지 다섯 가지는 현생에 겪는 고통이다. 하지만 과거의 윤회, 미래의 윤회와 관련된 고통이 있기 때문에 여섯 번째와 일곱 번째 고통을 첨가했다. 마지막으로 어떤 이들에게는 현생에 특히 음식을 구하기 위한 고통이 분명하기 때문에 여덟 번째 음식을 구하는 고통을 포함했다"라고 설명합니다(Pm.i.159).

첫 번째로 태어남의 고통을 숙고하면 경각심이 생겨납니다. 제7장에서 설명한 사악처의 고통은 사악처에 태어나지 않았다면 겪지 않을 것입니다. 선처라고 하는 인간세상에 처음 태어날 때도 편안하게 태어나지 않습니다. 아주 비좁고 어둡고 혐오스러운 자궁에서 마치 썩은 오물 속의 벌레처럼 태어납니다. 그곳에서 열 달 동안 마음대로 구부리거나 펴지 못한 채 괴로움을 겪습니다. 어머니가 갑자기 움직이면 격렬한 요동으로 고통을 겪고, 어머니가 찬물을 마시면 마치 한빙지옥에 떨어진 듯 고통을 겪고, 어머니가 뜨거운 죽을 삼키면 마치 숯불 비가 내리는 듯 고통을 겪습니다. 중간에 낙태라도 하게 되면 잘리고 끊어지는 고통을 겪습니다. 출산할 때도 마치 열쇠 구멍으로 코끼리가 나오듯이, 좁은 자궁의 입구를 통해 끄집어내어질 때 극심한 고통을 겪습니다. 갓 태어나서는 몸이 매우 연약하기 때문에 무엇과 조금만 닿아도 바늘로 찌르는 듯 고통을 겪습니다. 살아가면서 스스로 단식을 하거나 고행을 해서 고통을 겪기도 하고, 다른 사람에게 맞거나 찔리는 등의 고통을 겪기도 합니다. 이 모든 괴로움, 고통은 모두 태어남에 기인한 것입니다.

태어난 뒤 시간이 지나면 사지가 무력하고, 감관이 쇠퇴하고, 기억력이 떨어지고, 치아가 빠지고, 머리카락이 희어지고, 피부가 주름지는 등 여러 육체적, 정신적 괴로움이 늙음을 토대로 생겨납니다.

그렇게 살아가는 동안 병이 들면 여러 가지 육체적, 정신적 고통이 생겨납니다. 마지막에 목숨을 마칠 때는 모든 근육과 관절이 끊어지는 듯한 매우 심한 괴로움이 생겨납니다(Vis.ii.131).

악처의 고통은 제7장에서 자세히 설명했습니다. 이러한 태어나고 병들고 늙고 죽는 고통, 악처의 고통은 현생에서만 겪는 것이 아닙니다. 과거에도 윤회하면서 어느 생에 태어나서 늙고 병들고 죽는 고통, 악처의 고통을 오랜 세월 동안 겪었습니다. 미래에도 윤회에서 벗어나지 못하는 한 계속 겪을 것입니다.

무시윤회 치달리는 중생에게 그동안의
원증회고 애별리고 부모형제 자녀친지
재산잃어 흘린눈물 사람짐승 도둑으로
머리잘려 흘린피가 바다보다 더많나니
오래도록 고통재앙 혹독겪어 무덤증장
형성염오 빛바래서 해탈해야 마땅하네

시작을 알 수 없는 긴 세월 동안 윤회하면서 한 중생이 마음에 들지 않는 이와 만나서 흘린 눈물, 마음에 드는 이와 헤어져서 흘린 눈물, 부모형제와 자녀와 친지와 재산을 잃어서 흘린 눈물, 사람이나 짐승이나 도둑으로 머리가 잘려 흘린 피는 모두 사대양의 물보다 더 많기 때문에 모든 형성을 염오하여 애착을 빛바래게 해서 해탈해야 마땅하다고 부처님께서 설하셨습니다(S15:3).

음식을 구해야 하는 고통은 색계 범천이나 무색계 범천들에게는 없습니다. 음식을 영양분으로 사는 욕계 중생들에게만 있습니다. 욕계 중생들은 매일 음식을 구해야 합니다. 특히 사람들은 매일 음식을 먹어야 합니다. 매일 음식을 먹기 위해 재산을 구해야 합니다. 부자인 이들은 재산은 쉽게 구하더라도 여전히 매일 먹어야 하는 고통이 있습니다. 가난한 이들은 음식을 구하는 것 자체가 힘듭니다. 일부는 악행을 통해 구할 때도 있습니다. 그러면 그 악행 때문에 여러 가지 고통이 생겨납니다. 위력이 작은 욕계 천신들도 힘들게 음식을 구해야 합니다. 위력이 큰 욕계 천신들은 그리 힘들지 않게 음식을 구합니다. 하지만 정기적으로 음식을 먹어야 합니다. 중간에 먹지 않으면 죽기까지 합니다. 축생도 음식을 구하는 고통, 먹어야 하는 고통을 겪는 것은 마찬가지입니다. 이러한 고통이 '음식을 구하는 것에 기인한 고통'입니다.

윤회에서 벗어나지 못하는 한 이러한 고통을 계속 겪을 것입니다. 경각심의 토대 여덟 가지를 잘 숙고하고 반조하여서 윤회에서 벗어나게 하는 수행에 노력해야 합니다.

## 좋은 기회에 노력하라

수행을 하기에 바로 지금이 좋은 기회입니다. 부처님께서 〈시기아님경〉에서 "비구들이여, 성스러운 도라는 청정범행을 실천하기 위한 시기는 오직 하나다. 그것은 부처님의 가르침이 드러난 시기이다"라고 설하셨습니다(A8:29). 하나의 순간, 하나의 시기란 부처님의 가르침이 분명하게 존재할 때, 그 가르침을 들을 수 있는 곳에, 가르침을 이해할 수 있는 지혜를 갖춘 사람으로 태어나서 부처님의 가르침에 대한 믿음을 구족한 순간, 시기를 말합니다. 이것을 '부처님 출현 아홉 번째 순간buddhuppādanavamakhaṇa'이라고 합니다. '아홉 번째'인 이유는, 도와 과를 얻기 위해 실천하고 노력하는 기회가 없는 적당하지 않은 시기나 적당하지 않은 순간이 여덟 가지이기 때문입니다. 여덟 가지 적당하지 않은 시기는 다음과 같습니다.

① 부처님께서 출현하셔서 가르침을 분명히 설하실 때 지옥에 태어난 적당하지 않은 시기가 하나
② 축생으로 태어난 적당하지 않은 시기가 하나
③ 아귀나 아수라로 태어난 적당하지 않은 시기가 하나
④ 물질만 존재하는 무상유정천에 태어난 적당하지 않은 시기가 하나[261]
⑤ 사람으로 태어나더라도 부처님의 가르침이 전해지지 않는 변방지역에 태어난 적당하지 않은 시기가 하나
⑥ 부처님의 가르침이 성행하는 지역에 사람으로 태어났어도 사견에 집착하는 적당하지 않은 시기가 하나
⑦ 가르침을 알고 이해할 수 있을 정도의 지혜가 없는 적당하지 않은 시기가 하나
⑧ 부처님의 가르침이 없는 적당하지 않은 시기가 하나

이러한 적당하지 않은akkhaṇa 여덟 시기를 '팔난八難'이라고 부릅니다. 이러한 팔난을 벗어나 부처님의 가르침이 분명히 성행하는 좋은 시기를 부처님 출현 아홉 번째 순간buddhuppādanavamakhaṇa이라고 합니다.

이 좋은 시기는 매우 얻기 힘든 거룩한 시기입니다. 무엇 때문에 얻기 힘들까요? 부처님께서 출현하기 전의 시기들, 그리고 부처님의 가르침이 사라진 이후의 시기들, 이러한 부처님의 가르침이 없는 시기들은 한

261 무색계 범천을 포함시키기도 한다. 왜냐하면 무색계 범천에 태어난 범부들은 귀가 없어서 부처님의 법문을 듣지 못해 깨달을 기회가 없기 때문이다.

계를 모를 정도로 매우 길기 때문입니다. 사실 한 분의 부처님께서 출현하는 것 자체가 매우 어려운 일입니다.

여러 가지 계기로 부처님이 되려고 서원하는 이는 많지만 그들 모두가 부처님이 되지는 못합니다. 먼저 수기를 받는 덕목을 갖추는 것조차 쉽지 않습니다.[262] 설령 수기를 받는다 하더라도 열 가지 바라밀을 세 단계로 오랜 세월 실천해야 정등각자 부처님이 될 수 있습니다.[263] 아무리 빨라도 4아승기와 십만 대겁이 걸립니다. 중간 정도로는 8아승기와 십만 대겁, 길게는 16아승기와 십만 대겁이 걸립니다. 또한 '헤아릴 수 없이 많은'이라는 의미의 '아승기asaṅkheyya'라는 숫자도 $10^{140}$, 혹은 한 부처님과 다음 부처님 사이에 부처님이 출현하지 않는 매우 긴 시간인 불간아승기 buddhantara asaṅkheyya 佛間阿僧祇를 표현합니다. 이렇게 한 분의 부처님께서 출현하시는 것 자체가 우선 매우 어렵습니다. 그래서 "비구들이여, 한 사람의 출현은 매우 얻기 어렵다. 어떤 한 사람인가? 바로 여래 · 아라한 · 정등각자이다"라고 설하셨습니다(A1:13:2).

또한 부처님께서 출현하셔서 부처님의 가르침이 성행하는 시기라 할지라도 자신이 사악처 등의 팔난과 만난 상황이라면 부처님의 가르침과 만날 수 없습니다. 그런데 먼저 사악처에서 벗어나는 것 자체가 어렵습니다. 백 년 만에 한 번씩 물위로 올라오는 눈먼 거북이가 넓은 바다에 떠다니는 널빤지에 뚫린 자기 머리 크기의 구멍 속으로 목을 내미는 것보다 악처에 떨어진 뒤 다시 인간의 몸을 받는 것이 더 어렵다고 합니다(S56:47). 또한 손톱 위에 올려놓은 흙의 양이 온 세상의 흙보다 매우 적은 것처럼 사람이나 천신으로 다시 태어나는 중생들은 매우 적고 악처에

262 《부처님을 만나다》, pp.71~75 참조.
263 《부처님을 만나다》, pp.77~82 참조.

태어나는 중생들은 매우 많습니다(S20:2; S56:102~131). 악처에서 벗어난다 하더라도 무상유정천이나 무색계에 태어나거나, 사람으로 태어나더라도 변방에 태어나는 등 팔난에 이른 중생들이 한계를 모를 정도로 매우 많습니다. 얻기 매우 힘든 인간의 삶을 얻은 이들 중에서도 인간세상에서 부처님의 가르침을 한 번도 들어보지 못한 이들, 또한 들었다고 하더라도 이런저런 견해에 집착해서 부처님의 가르침을 믿지 않는, 부처님의 가르침에 들어오지 않는 이들, 이러한 이들만 매우 많습니다.

이러한 모습, 이러한 방법으로 팔난에 포함된, 팔난과 만나는 나쁜 시기, 나쁜 순간과 만나야만 하는 이들은 한계를 알 수 없이 매우 많기 때문에 "부처님 출현 아홉 번째 순간은 매우 만나기 어렵다"라고 말합니다.

지금 부처님의 가르침을 듣고, 이해할 수 있는 지혜와 통찰지가 있는 불자라면 '도와 과, 열반을 얻게 되기를'이라는 등으로 서원하면서 행했던 과거 선업바라밀 덕분에 매우 얻기 힘든 이 부처님 출현 아홉 번째 순간이라는 좋은 기회를 얻은 것입니다. 이렇게 좋은 시기, 좋은 시간을 얻었을 때, 청정범행이라는 거룩한 실천행, 성스러운 도의 실천이라고 하는 수행, 특히 위빳사나 수행을 실천하면 자신이 바라는 성스러운 도와 과를 얻을 수 있을 것입니다.

만약 어떠한 이유로 위빳사나 수행을 실천하지 못한 채 이 좋은 기회를 놓친다면 매우 크게 잃어버리는 것입니다. 윤회윤전 속에서 이전에 계속 헤매던 대로 헤매다가 불선업이 결과를 주어 사악처에 떨어진다면 매우 큰 고통을 헤아릴 수 없이 겪어야 할 것입니다.

그러므로 부처님의 가르침을 이해할 수 있는 정도의 지혜를 갖춘 불자라면 누구나 자신이 얻은 그 부처님 출현 아홉 번째 순간이 매우 가치가 크고 얻기 힘들다는 사실을 마음에 잘 새겨두길 바랍니다. 그렇게 좋은 시기가 다하기 전에 얻을 만하고, 꼭 얻어야 하는 성스러운 도와 과를 직접 손에 쥐듯이 얻을 수 있도록 청정범행, 거룩한 실천brahmacariya이라는 위빳사나 수행에 힘써야 합니다.[264]

## 수행

수행bhāvanā이라는 용어는 '생겨나게 한다uppādeti, 늘어나게 한다 vaḍḍheti'는 단어에서 유래했습니다. 즉 번뇌를 억압하거나 제거하는 마음을 계속 생겨나게 하는 것, 늘어나게 하는 것을 말합니다. '닦는다, 계발한다'라는 등으로도 표현합니다.

수행은 크게 사마타samatha 수행과 위빳사나vipassanā 수행의 두 가지로 나눌 수 있습니다.

### 사마타 수행

#### 사마타 수행 개요

먼저 사마타란 '고요하게 한다, 가라앉힌다sameti'는 단어에서 유래했습니다. 즉 어떠한 대상에 의도적으로 계속 마음을 두어 다른 장애나 번뇌를 가라앉히는 수행입니다. 그렇게 하여 일정 기간 장애나 번뇌가 전혀 생겨나지 않고 한 대상에 몰입된 상태인 선정jhāna 禪定이 생겨납니다. 그러한 선정은 다음 생에 색계 천상이나 무색계 천상에 태어나게 하는 결과를 줍니다.

---

264 《부처님을 만나다》, pp.424~427의 세리와 일화도 참조하라.

사마타 수행주제에는 두루채움kasiṇa 遍滿[265] 10가지 등 모두 40가지가 있습니다. 예를 들어 '땅 두루채움'이라는 수행을 하려는 이는 보통의 땅이나 미리 만들어 놓은 둥근 모양의 흙을 눈으로 보면서 '땅, 땅, 땅'이라고 거듭 마음 기울여야 합니다. 이렇게 거듭해서 마음을 기울이게 되면 그 흙의 모양이 눈을 감아도 마치 눈을 뜨고 보는 것처럼 분명해질 것입니다. 그렇게 드러나는 표상을 익힌 표상uggaha nimitta이라고 합니다. 이렇게 익힌 표상이 드러나면 원하는 장소에 가서 앉거나 서거나 가거나 눕거나 그 익힌 표상이라는 대상만을 '땅, 땅, 땅'이라고 항상 마음 기울여야 합니다.

중간에 감각욕망 등의 장애들이 생겨나도 즉시 마음을 대상으로 기울여 관조해 나가면 땅 표상이 원래 모습과 같지 않고 광명과 함께 매우 깨끗하게 드러납니다. 그것을 닮은 표상paṭibhāga nimitta이라고 합니다. 이때는 마음에서 감각욕망 바람 등의 장애들이 사라집니다. 닮은 표상이라는 대상에만 집중된 마음들이 고요하게 끊임없이 생겨납니다. 그렇게 고요하게 마음이 생겨나는 것을 근접삼매upacāra samādhi라고 합니다.

이 근접삼매 속에서 닮은 표상에 끊임없이 마음을 기울이면 다섯 가지 선정 구성요소들이 생겨나면서 마음이 그 두루채움kasiṇa 닮은 표상이라는 대상에 꿰뚫고 들어가는 것처럼 매우 집중되어 고요하게 머뭅니다. 이것을 몰입삼매appanā samādhi라고 하고,[266] 이 몰입삼매에는 초선정, 제2선정, 제3선정, 제4선정이라는 네 종류가 있습니다.[267]

---

265 '까시나'라고 번역하기도 한다. 흙 두루채움 수행주제의 경우, 흙 모양의 원판을 만들어 표상을 취한 후 나중에는 그 표상을 확산시켜 나가 주위 전체를 두루 채우는 수행이기 때문에 '두루 채움'으로 번역했다.

266 본삼매라고도 번역한다. '꿰뚫고 들어간다, 전진한다, 돌진한다appeti'라는 의미를 표현하기 위해 몰입삼매로 번역했다.

267 사마타 수행주제에 대한 요약 설명은 비구 일창 담마간다 편역, 《위빳사나 백문백답》 pp.28~36을 참조하라. 자세한 내용은 《청정도론》 3장부터 12장까지에 설명되어 있다.

## 보호명상

여러 가지 사마타 수행주제 중에서도 각자 닦고 있는 본 수행주제를 다른 심한 번뇌로부터 보호해 주는 네 가지 보호명상이 있습니다.[268]

① 부처님 거듭새김buddhānussati

② 자애mettā

③ 더러움asubha

④ 죽음새김maraṇassati

부처님 거듭새김 수행은 특히 미혹을 막아줍니다. 자애 수행은 심한 성냄을 막아줍니다. 더러움 수행은 심한 애착을 막아줍니다. 죽음새김 수행은 자만을 막아줍니다.[269]

미혹오면 붓다를 닦아제거해
애착오면 부정을 닦아제거해
성냄오면 자애를 닦아제거해
자만오면 죽음을 닦아제거해

268 《사랏타디빠니 복주서》에 "Caturārakkhaṁ ahāpentāti buddhānussati mettā asubhaṁ maraṇassatīti imaṁ caturārakkhaṁ aparihāpentā. '네 가지 보호명상을 빠뜨리지 말고'란 '부처님 거듭새김, 자애, 더러움, 죽음새김이라는 이 네 가지 보호명상을 게을리 하지 말고'라는 뜻이다"라고 설명되어 있다(SdṬ.iii.402). 특히 자애, 죽음새김, 더러움 인식은 모든 곳에 유익한 명상주제이다.《청정도론》 제1권, p.291 참조.

269 《앙굿따라 니까야》에서는 "애착을 제거하기 위해 더러움을 닦아야 한다. 성냄을 제거하기 위해 자애를 닦아야 한다. 사유를 단절하기 위해 들숨날숨새김을 닦아야 한다. 나라는 자만을 뿌리 뽑기 위해 무상인식을 닦아야 한다"라고(A9:1) 설하셨다. *Saṅgajā Sayadaw*는 《*Caturārakkhadīpanī* 네 가지 보호명상 해설서》, p.4에서 "현자는 부처님 새김을 통해 믿음을 확고히 하고 죽음을 통해 자만을 제거하고 더러움을 통해 애착을 제거하고 자애를 통해 성냄을 제거해야 한다"라고 설명했다.

• **부처님 거듭새김**

첫 번째 보호명상은 부처님 거듭새김buddhānussati 佛隨念 수행으로 제3장에서 소개한 부처님의 아홉 가지 덕목을 계속 독송하고 마음에 거듭 새기는 것입니다. 매일 적어도 한 번은 신심을 북돋기 위해서, 혹은 심한 어리석음으로부터 자신의 수행주제를 보호하기 위해서 이 수행을 닦으면 좋습니다. 특히 믿음이 줄어들었을 때, 수행하기 싫을 때, 심하게 두려울 때, 매우 고통스러울 때 등에도 부처님 거듭새김 수행을 잠시 하면 여러 어려움들을 쉽게 극복할 수 있습니다.

부처님 거듭새김을 닦을 때는 먼저 제3장에서 설명한 부처님 덕목의 빠알리어 구절도 여러 번 읽고 독송하여 마음에 새겨야 합니다. 그 구절대로 아홉 가지 부처님의 덕목을 모두 다 독송하거나 마음속으로 외워도 좋고, 마음에 드는 어느 한 가지나 두 가지 등의 덕목만 계속 독송하는 것도 좋습니다. 또는 아홉 덕목 모두에 대해 빠알리어와 그 의미 게송을 다음과 같이 독송하거나 마음에 새기는 것도 좋습니다.

> 소 바°가와 이띠삐 아라항 So bhagavā itipi arahaṁ
> 소 바°가와So bhagavā그 거룩하신 세존께서는
> 이띠삐 아라항itipi arahaṁ나쁜 습관과 함께 모든 번뇌로부터 멀리 떠나 사람과 천신, 범천들의 특별한 공양을 받을 만한 아라한이십니다.
>
> 소 바°가와 이띠삐 삼마̄삼붓도° So bhagavā itipi sammāsambuddho
> 소 바°가와So bhagavā그 거룩하신 세존께서는
> 이띠삐 삼마̄삼붓도°itipi sammāsambuddho사성제와 알아야 할

모든 법들을 스스로 올바르게 깨달으신 정등각자이십니다.

소 바가와 이띠삐 윗자짜라나삼빤노 So bhagavā itipi vijjācaraṇasampanno

**소 바가와**So bhagavā그 거룩하신 세존께서는

**이띠삐 윗자짜라나삼빤노**itipi vijjācaraṇasampanno지혜와 실천을 모두 구족한 명행족이십니다.

소 바가와 이띠삐 수가또 So bhagavā itipi sugato

**소 바가와**So bhagavā그 거룩하신 세존께서는

**이띠삐 수가또**itipi sugato바르고 훌륭한 말씀만을 설하는 분, 또는 피안의 열반으로 잘 가신 선서이십니다.

소 바가와 이띠삐 로까위두 So bhagavā itipi lokavidū

**소 바가와**So bhagavā그 거룩하신 세존께서는

**이띠삐 로까위두**itipi lokavidū모든 세상을 잘 아는 세간해이십니다.

소 바가와 이띠삐 아눗따로 뿌리사담마사라티 So bhagavā itipi anuttaro purisadammasārathi

**소 바가와**So bhagavā그 거룩하신 세존께서는

**이띠삐 아눗따로 뿌리사담마사라티**itipi anuttaro purisadammasārathi제도할 만한 이들을 제도하는 데 가장 으뜸인 무상사 조어장부이십니다.

소 바가와 이띠삐 삿타 데와마눗사낭 So bhagavā itipi satthā devamanussānaṁ

**소 바가와**So bhagavā그 거룩하신 세존께서는

**이띠삐 삿타 데와마눗사낭**itipi satthā devamanussānaṁ천신과 인간의 진정한 스승인 천인사이십니다.

소 바가와 이띠삐 붓도 So bhagavā itipi buddho

**소 바가와**So bhagavā그 거룩하신 세존께서는

**이띠삐 붓도**itipi buddho사성제의 바른 법을 스스로 깨닫고 다른 중생들도 깨닫게 하는 부처님이십니다.

소 바가와 이띠삐 바가와 So bhagavā itipi bhagavā

**소 바가와**So bhagavā그 거룩하신 세존께서는

**이띠삐 바가와**itipi bhagavā여러 가지 공덕을 모두 구족한 세존이십니다.

부처님 거듭새김 수행을 많이 행하는 이들은 여러 가지 이익을 얻을 수 있습니다.

번뇌떠나 마음곧아 믿음지혜 행복늘어
고통참아 공경받아 佛과함께 참괴생겨
佛되려해 선처나는 불수념의 열한이익

부처님과 마찬가지로 여러 번뇌로부터 멀리 떠날 수 있습니다. 마음에 간교함이나 속임이 없이 곧고 올바르게 됩니다. 믿음과 지혜가 늘어

납니다. 몸과 마음이 행복합니다. 평상시에, 혹은 수행 중에 생겨날 수 있는 여러 가지 심한 육체적 고통과 정신적 고통들도 잘 참을 수 있게 됩니다. 부처님의 덕목이 자신의 심장에 가득하기 때문에 스스로도 다른 이의 공경을 받을 만한 덕목을 갖추게 됩니다. 더 나아가 항상 부처님과 함께 지내는 것처럼 생각됩니다. 부처님께서 바로 자신의 앞에 있는 것처럼 생각되기 때문에 나쁜 행위를 부끄러워하고 두려워하여 악행을 쉽게 저지르지 못합니다. 더 믿음이 강한 이들은 자신도 그 부처님처럼 정등각자가 되려는 서원까지 합니다. 이 부처님 거듭새김 수행을 통한 희열이나 삼매를 바탕으로 위빳사나 수행을 하면 깨달음까지 얻을 수 있습니다. 설령 깨달음을 얻지 못한다 하더라도 다음 생에 천상에 태어나는 이익을 얻을 수 있습니다(Vis.i.205).

부처님 거듭새김을 잘 실천하여 이러한 여러 가지 이익을 얻은 예를 하나 소개하겠습니다. 지금으로부터 십만 대겁 전에 난다Nanda라는 선인이 많은 제자들과 함께 히말라야 산에 머물 때 빠두뭇따라Padumuttara 부처님께서 출현하셨습니다. 하지만 난다 선인은 그 사실을 모른 채 선정을 즐기며 지냈습니다. 어느 날, 빠두뭇따라 부처님께서 제자들과 함께 히말라야 산에 오셨을 때 난다 수행자는 부처님을 뵙자마자 지혜로 잘 숙고하여 진짜 부처님인줄 알고서 "오, 실로 부처님께서는 위없으시구나. 오, 실로 부처님은 희유하시구나. 오, 실로 부처님은 만나기 힘들구나"라고[270] 크게 기뻐했습니다. 그리고 꽃으로 자리를 깔고, 열매 등으로 공양 올린 뒤 부처님 거듭새김을 수행하면서 적합한 장소에 앉아 있었습니다. 그때 빠두뭇따라 부처님께서 보시 받을 만한dakkhiṇeyya 공덕으로

---

270 Aho buddhā anuttarā. Aho buddhā acchariyā. Aho buddhā sudullabhā.

제일인 제자 한 명으로 하여금 당신 대신 설법하게 하신 후 스스로 다시 그 법을 설하셨습니다. 그때 많은 제자 수행자들이 지혜를 증득해 아라한이 됐습니다.

반면, 수행자들의 스승인 난다 선인은 '먼저 법을 설한 장로가 제자임에도 불구하고 지혜가 매우 탁월하구나. 특별하고 심오한 법을 설하시는구나'라고 그 장로에 대해 매우 놀라워하면서 장로처럼 되려는 의욕이 너무나 강했기 때문에 도를 얻지 못했습니다. 난다 선인은 부처님 앞에서 손을 합장하고 높이 올려 "이러한 저의 선업으로 다음 부처님 회상에서 이 장로처럼 지혜가 좋은 제자가 되기를 기원합니다"라고 서원했습니다.

부처님께서는 "난다 선인이여, 그대가 바라는 서원을 성취하길 원한다면 부처님 덕목을 칭송하고 생각하는 것인 부처님 거듭새김 수행을 열심히 노력하라. 부처님 거듭새김 수행은 40가지 수행주제 중에서도 매우 좋고 특별한 수행주제이다. 부처님 거듭새김 수행을 많이 행한다면 그대의 서원은 성취될 것이다"라고 하시고 다음의 게송을 읊으셨습니다(Ap.i.76).

> 수행하라, 부처님 거듭새김 수행을
> 여러 수행 중에서도 위가 없는 수행을
> 부처님 거듭새김 수행하고서
> 마음으로 바라는 것 이룰 것이다.[271]

난다 선인도 부처님의 가르침대로 부처님 거듭새김 수행을 계속해서 닦았고, 죽은 뒤에 선처에만 거듭 태어났습니다. 인간세상에 태어나더라도 거룩한 가문에, 천상세상에 태어나도 위력이 큰 천신으로 태어나다

---

271 Bhāvehi buddhānussatiṁ, bhāvanānamanuttaraṁ;
Imaṁ satiṁ bhāvayitvā, pūrayissasi mānasaṁ.

가, 고따마 부처님 당시에는 천상에서 임종한 후 사왓티 성에 아나타삔디까 장자의 조카로 태어났습니다. 이름은 수부띠Subhūti라고[272] 불렸습니다(AA.i.173).

수부띠는 제따와나 낙성식 축원법문에서 부처님의 가르침을 듣고서 많은 재산을 버리고 비구가 된 후 열심히 정진하여 보시 받을 만한dakkhiṇeyya 공덕으로 제일인 제자가 되었습니다. 그리고 자신의 과거를 반조하고서 부처님 거듭새김 수행의 이익이 매우 많은 것, 그 이익을 스스로 누렸다는 것을 다음의 게송들로 설명했습니다(Ap.i.77).

이생 저생 이리저리 윤회하면서
수많은 재산을 나는 얻었네.
재산과 관련해서 모자람이 없었으니
이것이 부처님 거듭새김 결과이네.

지금부터 백의 천,[273] 십만 겁 전에
그 당시에 이런 행위 행하였나니
그 동안에 사악처를 알지 못했네.
이것이 부처님 거듭새김 결과이네.

앞서 제3장에서 부처님의 덕목은 헤아릴 수 없을 정도로 많다고 설명했습니다. 그렇게 헤아릴 수 없이 많은 바라밀, 복덕, 위력을 구족한 부처님께 깨끗한 마음으로 존경하고 예경하는 이에게는 어느 누구도 헤아

272 몸이 매우 빛났다virocati. 그래서 수부띠Subhūti라고 불렸다.

273 원문의 'satasahassa'는 백의 천 배, 즉 십만을 나타낸다. 시의 운율을 맞추기 위해 '백의 천'이라고 첨가했다.

릴 수 없는 많은 이익이 생겨납니다. 다른 수행주제들은 선정이나 도와 과, 열반의 이익을 주로 가져다주지만 부처님 거듭새김은 그러한 출세간의 이익뿐만 아니라 윤회하는 내내 세간의 이익까지 모두 가져다줍니다. 그래서 "여러 수행주제 중에서도 으뜸이다"라고 한 것입니다.

> 부처님을 존경하는 이들은 으뜸인 분을 존경하는 것이다.
> 으뜸인 분을 존경하는 이에게는 으뜸인 결과가 생겨난다(A4:34).

- **자애**

두 번째 보호명상은 자애mettā 수행입니다. 자애란 다른 이의 번영과 행복을 진정으로 바라는 성품입니다. 법체로는 성냄없음adosa 마음부수입니다.

중생번영 행함특징 중생번영 이끎역할
원한제거 나타나고 여리작의 근인자애

자애의 특징은 중생들의 번영을 행하는 것입니다. 자애를 가진 이는 다른 이에게 불이익을 생겨나게 하는 몸의 행위나 말의 행위나 마음의 행위를 하지 않습니다. 다른 이에게 세간의 이익, 출세간의 이익을 생겨나게 하는 몸과 말과 마음의 행위만 합니다.

자애의 역할은 중생들에게 번영을 가져다주는 것입니다.

자애는 원한을 제거하는 것으로 지혜에 나타납니다. 혹은 원한을 제거해 주는 이익이 있습니다. 자애를 가진 이들은 '이 자가 예전에 나를 속였었다. 나를 괴롭혔다'라는 등으로 원한을 품지 않습니다. 원한은 불과 같아서 중생들을 태웁니다. 자애는 물과 같아서 중생들을 서늘하게 합니다.

게송의 '여리작의'라는 표현은 합리적 마음기울임yonisomanasikāra 如理作意, 즉 이치에 맞게, 올바르게 마음을 기울이는 것입니다. 사람들은 누구나 장점과 단점이 있습니다. 다른 사람의 단점에만 마음을 기울이면 성냄이 생겨납니다. 장점에 마음을 기울이면 성냄이 생겨나지 않습니다. 자애가 생겨납니다. 이처럼 다른 이의 장점, 마음에 드는 상태를 보는 것이 자애의 가까운 원인입니다.

자애는 몰입삼매를 얻기 위해 주 수행주제로 닦는 방법과 자신의 주 수행주제를 거친 성냄으로부터 보호하기 위해 보호명상으로 닦는 방법이 있습니다.

몰입삼매를 얻기 위해서는 먼저 성냄의 허물과 인욕의 이익을 반조해야 합니다. 성냄의 허물과 인욕의 이익을 보고 알아야 성냄을 버리고 인욕을 얻어 자애가 생겨나기 때문입니다.

또한 자애를 닦기 전 먼저 갖추어야 하는 법 열다섯 가지를 갖추어야 합니다. 이것을 자애선행법mettāpubbabhāgadhamma이라고 합니다. 비단 자애뿐만 아니라 적정의 경지인 열반을 꿰뚫어 알고자 하는 이, 이익과 번영을 구하는 데 능숙한 이들이라면 누구나 따라야 할 법입니다(Sn.300).

① 유능해야 합니다. 옳고 거룩한 법을 실천하는 데 유능해야 합니다.
② 정직해야 합니다. 올곧은 실천이 있어야 합니다.
③ 고결해야 합니다. 항상 올발라야 합니다.
④ 온순해야 합니다. 지혜로운 이들의 훈계를 쉽게 받아들여야 합니다.
⑤ 부드러워야 합니다.
⑥ 겸손해야 합니다. 자만으로 우쭐거리지 말아야 합니다.
⑦ 만족해야 합니다. 얻은 필수품으로 만족해야 합니다.

⑧ 부양하기 쉬워야 합니다.
⑨ 분주하지 않아야 합니다. 일이 적어야 합니다.
⑩ 생활이 간소해야 합니다. 간소하게 생계를 유지해야 합니다.
⑪ 감관이 고요해야 합니다.
⑫ 슬기로워야 합니다. 무르익은 지혜와 통찰지가 있어야 합니다.
⑬ 거만하지 말아야 합니다. 몸과 말, 두 가지를 잘 제어해야 합니다.
⑭ 탐착하지 말아야 합니다. 다른 이들에 대해 애착하거나 탐착하지 말아야 합니다.
⑮ 현자들이 나무라는 일들은 어떠한 것도 하지 말아야 합니다.[274]

자애를 닦으려는 이는 이러한 법들을 바탕으로 해야 합니다. 그래야 자애의 위력이나 이익이 크고 광대합니다.

이렇게 선행법들을 갖춘 뒤 절대로 자애를 닦아서는 안 될 사람과 먼저 자애를 닦아서는 안 될 사람을 알아야 합니다.

이성과 죽은 이에 대해서는 자애를 닦아서는 안 됩니다. 이성에 대해 자애를 닦으면 탐욕이나 애착이 중간중간에 생겨나 자애를 닦기 힘들고,[275] 죽은 이에 대해 자애를 닦으면 몰입삼매가 생겨나지 않습니다.

그리고 싫어하는 사람, 매우 좋아하는 사람, 무관한 사람, 원한 맺힌 사람에 대해 먼저 자애를 닦아서는 안 됩니다. 싫어하는 사람을 처음부터 대상으로 하면 자애가 잘 생겨나지 않습니다. 매우 사랑하는 이를 처음부터 대상으로 하면 그의 행복과 고통 때문에 애착과 슬픔이 쉽게 생겨납니다. 무관한 사람을 처음부터 대상으로 해도 자애가 잘 생겨나지

274 〈자애경〉의 서문이다. 《숫타니파타》, pp.134~135 참조.
275 보호명상이나 자애 바라밀을 닦기 위한 정도로는 이성에 대해서도 자애를 닦을 수 있다.

않습니다. 원한 맺힌 사람에 대해서는 성냄이 먼저 생겨납니다.

먼저 본보기를 마련한다는 의미로 자기 자신을 대상으로 '내가 위험이 없기를, 근심이 없기를, 고통이 없기를, 행복하게 잘 지내기를'이라고 마음 기울이면서 자애를 닦아야 합니다. '내가 행복하기를 바라는 것처럼 다른 이들도 각자 행복하길 바랄 것이다'라고 생각하면 쉽게 다른 이들에 대한 자애가 생겨납니다.

그 뒤 존중하는 사람에 대해서 자애를 닦아 몰입삼매에 들 수 있습니다. 이어서 좋아하는 사람, 무관한 사람, 싫어하는 사람에 대해서[276] 차례대로 자애를 닦은 뒤 이들 모두를 평등하게 바라볼 수 있을 정도로 경계를 허물어야 합니다.

혹은 528가지 방법을 통해서도 자애를 보낼 수 있습니다.[277] 먼저 특별히 지정하지 않고 모든 중생, 모든 생명, 모든 존재, 모든 개인, 몸을 가진 모든 이들이라는 다섯 범주를 대상으로 각각 '위험이 없기를, 근심이 없기를, 고통이 없기를, 행복하게 잘 지내기를'이라고 네 가지로 자애를 보내는 방법이 20가지,[278] '모든 여성, 모든 남성, 모든 성자, 모든 범부, 모든 천신, 모든 인간, 악처에 떨어진 모든 이'라고 일곱 종류로 지정해서 각각 네 가지로 자애를 보내는 방법이 28가지입니다. 이 둘을 합하면 48가지입니다. 또한 이 48가지 각각에 대해서 열 가지 방향으로 보내는 방법이 480가지입니다. 앞의 48가지와 480가지를 합하면 528가지가 됩니다.

---

276 싫어하는 사람에 대한 성냄을 제거하는 여러 가지 방법은 《청정도론》 제2권, pp.143~159; 《부처님을 만나다》, pp.321~329 참조.

277 《위숫디막가》에서는 몰입삼매를 얻은 수행자만 이 방법을 성취할 수 있다고 언급했다(《청정도론》 제2권, p.162). 하지만 몰입삼매를 얻지 못한 수행자라도 보호명상으로, 혹은 자애 바라밀을 닦는 정도로 실천할 수 있다. 《대불전경》 II, pp.487~488에서는 마음이 여러 대상으로 옮겨 다니기 때문에, 그리고 수행자들마다 기질이 다르기 때문에 여러 가지 방법으로 부처님께서 자애를 설하셨다고 설명한다.

278 '모든 중생들이 위험이 없기를', '모든 중생들이 근심이 없기를'이라는 등으로 헤아린다. 나머지도 마찬가지이다.

자신의 수행주제를 보호해 주는 보호명상으로 자애를 닦을 때는 마찬가지로 먼저 바탕을 마련하기 위해서 자신을 대상으로 간략하게 자애를 보낸 뒤에 존경하는 분이나 스승님, 가족이나 동료 수행자들, 자신을 보호하는 천신들, 집이나 정사를 보호하는 천신들, 지역과 도시에 있는 모든 존재, 시방의 모든 존재에 대해서 차례대로 자애를 보내면 됩니다.[279]

자애를 자주 닦으면 다음과 같은 열한 가지 이익을 누릴 수 있습니다.

오매편안 악몽안꿔 인천좋아 천신보호
불독무기 못해치고 삼매빨리 얼굴맑아
임종불매 사후범천 자애이익 열한가지

게송에서 '오매편안'이란 오매寤寐, 즉 ① 편안하게 잠에 들고 ② 편안하게 잠에서 깬다는 뜻입니다. ③ 악몽을 꾸지 않습니다. '인천좋아'란 인천人天, 즉 ④ 사람들이 좋아하고 ⑤ 천신들이 좋아한다는 뜻입니다. ⑥ 천신들이 보호해 주기까지 합니다. ⑦ 불이나 독, 무기가 해치지 못합니다. ⑧ 쉽게 삼매에 듭니다. ⑨ 용모가 맑습니다. ⑩ '임종불매臨終不昧'란, 즉 임종할 때 헤매지 않고 죽는다는 뜻입니다. ⑪ 자애선정을 바탕으로 위빳사나 수행을 통해 열반까지도 증득할 수 있고, 그렇지 못하더라도 선정을 닦았다면 범천세상에 태어날 수 있습니다. 혹은 자애선정을 얻지 못했더라도 인간세상이나 욕계 천상세상이라는 선처에 태어납니다(A11:16).

279 〈자애경〉에 따라서 자애를 닦는 방법은 《대불전경》 II, pp.483~488 참조.

자애의 이익과 관련하여 일화를 하나 소개하겠습니다.[280] 부처님 당시, 비구 오백 명이 부처님께 수행주제를 받고 멀리 떨어진 어느 숲에서 머물게 되었습니다. 숲에서 사는 산신이나 목신들은 '계를 잘 지키는 스님들이 우리들이 지내는 곳에 오셨다. 스님들이 아래에서 지내시는데 우리들이 자식들과 함께 나무 위에서 지내는 것은 옳지 않다'라고 생각하고서 모두 나무에서 내려와 지냈습니다.

이렇게 보름이 지나자 천신들은 "우리가 나무 위로 올라가는 것도 옳지 않다. 땅에 계속 지내는 것도 힘들다. 스님들을 숲에서 떠나도록 하는 것이 좋겠다"라고 상의하고서 비구들이 낮에 수행하는 곳, 밤에 잠자는 곳, 경행하는 곳 등에 머리가 없거나 다리가 없는 귀신 등으로 나타나거나 무서운 소리를 질러대며 비구들을 놀라게 했습니다. 비구들은 너무 힘든 나머지 숲을 떠나 부처님께 돌아가 그 사실을 여쭈었습니다. 그때 부처님께서는 "비구들이여, 그대들이 무기를 가지고 가지 않아서 그런 것이다. 자, 이 무기를 가지고 가거라"라고 하시며 〈자애경〉을 설해 주셨습니다.

비구들은 부처님께서 주신 〈자애경〉을 수지한 뒤 그 숲으로 돌아와 자애경을 독송하며 숲의 천신들에게 자애를 보냈습니다. 숲의 천신들도 그 소리를 듣고 자애의 마음이 생겨나 비구들을 환대하며 발우와 가사를 받아주고 다리를 주물러 드리는 등 시중을 들고 여러 위험으로부터 보호해 주었습니다. 비구들은 삼매를 얻어 위빳사나 수행을 했고, 부처님의 게송 끝에 모두 아라한이 되었습니다(Dhp.40 일화).

### • 더러움 수행

세 번째 보호명상은 더러움asubha 수행입니다. 더러움 수행은 몸의 혐

---

280 웃따라와 관련된 일화도 《법구경 이야기》 제3권, pp.78~89를 참조하라.

오스러움에 계속 마음 기울이는 것입니다. 자신의 몸에 대한 애착이나 타인, 특히 이성에 대한 애착이라는 큰 번뇌로부터 원래 수행주제를 보호해 줍니다.

더러움 수행을 닦는 방법과 명칭은 문헌에 따라 조금 차이가 있습니다. 먼저 더러움이라는 명칭은 《위숫디막가》에서 시체가 변해가는 과정을 직접 관조하는 방법으로 설명했습니다. 같은 문헌에서 32가지 신체 부분의 혐오스러움을 관찰하는 것은 '몸에 대한 새김kāyagatā sati'이라는 제목으로 설명했습니다. 〈새김확립 긴 경〉에서는 묘지에서 시체가 변해가는 과정을 '아홉 가지 묘지관찰nava sibathika'이라는 제목으로, 서른두 가지 신체 부분의 혐오스러움을 관찰하는 것은 '혐오 마음기울임paṭikūla manasikāra'이라는 제목으로 설명했습니다. 여기서는 서른두 가지 신체 부분의 혐오스러움을 관찰하는 것을 위주로 하고 시체와 관련된 내용을 보충해서 살펴보겠습니다.

혐오 마음기울임을 관찰하려면 먼저 '머리카락, 몸털, 손발톱, 이빨[281], 피부| 살, 힘줄, 뼈, 골수, 콩팥| 심장, 간, 막,[282] 지라, 허파| 창자, 장간막,[283] 위속 음식물, 똥, 뇌수| 쓸개즙, 가래, 고름, 피, 땀, 비계| 눈물, 기름, 침, 콧물, 관절액, 오줌'이라고 말로, 그리고 마음으로 독송하며 외워야 합니다. 이어서 색깔이나 형태, 방위, 장소, 비슷한 것과 비슷하지 않은 것으로 구분하여 수행합니다. 이어서 색깔, 형태, 냄새, 거주지, 장소의 다섯 가지로 혐오스러운 상태에 마음 기울여 나가면 수행이 향상됐을 때 몰입삼매가 생겨납니다.

---

281 '치아'라고 표현해야 하나 혐오스러움을 더하기 위해 이빨로 표현했다.

282 막에는 두 가지가 있다. 하나는 심장과 콩팥을 감싸는 것이고, 다른 하나는 온몸의 내피 아래 살을 덮고 있는 것이다.

283 사람이 심하게 움직일 때 창자를 붙들어 매는 역할을 한다.

보호명상 정도로 닦으려면 마찬가지로 '머리카락, 몸털 …' 등으로 서른두 가지 모두, 혹은 처음 다섯 가지 정도에 마음 기울이면 됩니다.

또는 간략하게 '이 몸의 아홉 구멍에서는 항상 더러운 것이 흘러나온다. 눈에서는 눈곱이, 귀에서는 귀지가, 코에서는 콧물이, 입에서는 침이나 가래가, 아래로는 대변과 소변이, 몸에서는 끊임없이 땀과 때가 흘러나온다. 이렇듯 이 몸뚱이는 더럽고 악취를 풍기며 온갖 오물로 가득 차 있다'라고 숙고해도 됩니다.

사실 시체만 혐오스러운 것이 아닙니다. 살아있는 이 몸도 깨끗하지 않고, 더럽고, 혐오스럽습니다. 단지 외부장식 때문에 나타나지 않을 뿐입니다.

몸속에는 80종의 벌레들이 삽니다. 겉피부에 의지해서 사는 벌레들은 겉피부를 먹고 살고, 속피부에 의지해서 사는 벌레들은 속피부를 먹고 살고, 살에 의지해서 사는 벌레들은 살을 먹고 살고, 근육에 의지해서 사는 벌레는 근육을 먹고 살고, 뼈에 의지해서 사는 벌레들은 뼈를 먹고 살고, 골수에 의지해서 사는 벌레는 골수를 먹고 삽니다. 그리고 자신들이 의지해서 사는 겉피부 등에서 태어나고, 늙고, 병들고, 죽고, 대소변을 봅니다. 이렇듯 이 몸뚱이는 벌레들의 출산소이기도 하고, 양로원이기도 하고, 병원이기도 하고, 묘지이기도 하고, 화장실이라고도 할 수 있습니다.

만약 이 몸을 양치질, 세수, 목욕 등으로 깨끗하게 하지 않거나 의복이나 장식으로 치장하지 않고 어머니가 낳아 준 그대로 거친 머리카락을 이리저리 날리면서 이 마을에서 저 마을로 돌아다니고 있다면 설령 그가 왕이라도 거지와 다를 바 없을 것입니다. 혐오스럽고 메스꺼운 것으로는 다를 바 없습니다. 그렇게 깨끗하지 않고 메스꺼운 것들이 흘러나오고 냄새가 지독한, 혐오스러운 것들일 뿐이기 때문에 왕의 몸이나 천민의 몸이나 저열하고 거룩하다거나, 좋고 나쁜 것으로 다른 것이라고는 없습니다.

양치질과 세수, 목욕 등으로 깨끗하게 하고, 의복이나 장식으로 치장하고 꾸미기 때문에 몸이 더럽다는 특성을 알지 못합니다. 그래서 남성들은 여성들을, 여성들은 남성들을 좋아하고 애착하는 것입니다.

사실 이 몸에는 애착하고 좋아할 만한 것이라곤 티끌만큼도 없습니다. 그렇게 없기 때문에 머리카락, 몸털, 손발톱, 이빨, 침, 콧물, 대변, 소변 등 몸의 어느 한 부분이라도 몸 밖으로 나와 떨어지면 손으로 만지려고조차 하지 않습니다. 싫어합니다. 혐오합니다. 하지만 어리석음에 덮여 그 사실을 모른 채 자기 몸에 애착합니다. 좋아합니다. '좋아할 만하다, 바랄 만하다, 항상하다, 행복하다, 자아다'라고 생각합니다.

들개는 빨간 낑수까 꽃을 보고 고기라고 여기고서 떨어진 꽃마다 씹어봅니다. 그럼에도 '떨어진 것은 고기가 아니지만 나무에 달려 있는 것은 고기다'라고 잘못 생각하면서 계속 기다리며 피곤해 합니다. 마찬가지로 어리석은 범부들도 시체나 외부로 떨어진 신체부분만을 혐오하고 몸에 붙어있거나 내부의 신체부분은 깨끗하다고 집착합니다. 집착하여 악행을 행하고 고통에서 벗어나지 못합니다. 지혜로운 이들이라면 자신의 몸이 실제로는 여러 가지 더러운 것들로 가득 차 있어 깨끗하지 않고 혐오스럽다고 마음 기울여 자신과 남에 대한 심한 애착과 탐욕으로부터 자신을, 수행주제를 보호해야 합니다.

살아 있는 몸에 대해 혐오스러움이 드러난 일화가 있습니다.[284] 쩨띠야 Cetiya 산에 머물던 마하띳사Mahātissa 장로는 아누라다뿌라Anurādhapura로 탁발을 가고 있었습니다. 한 여인이 남편과 다툰 후 친정으로 돌아가던 길에 장로와 마주쳤습니다. 여인은 장로를 보고 활짝 웃었습니다. 그

---

284 기생 시리마의 일화도 참고하라. 《법구경 이야기》제2권, pp.428~433; 《숫타니파타》 pp.155~159; 《부처님을 만나다》, pp.394~400 참조.

때 드러난 치아를 보고 장로는 더러움인식asubhasaññā을 얻어 그것을 바탕으로 위빳사나를 닦아 그 자리에서 아라한이 되었습니다. 잠시 후 아내를 뒤따라오던 남편이 장로를 보고 "존자시여, 혹시 어떤 여인을 보지 못하셨습니까?"라고 물었을 때, 장로는 다음과 같이 대답했습니다(Vis.i.20).

> 이곳을 지나간 그 사람이
> 여자인지 남자인지 나는 모르네.
> 단지 한 더미의 뼈 무더기가
> 큰 길을 따라 지나 갔다네.

더러움 수행을 잘 실천하면 수행 장소나 수행을 싫어하는 것과 감각욕망 대상을 좋아하는 것을 잘 극복할 수 있습니다. 두려움이나 공포도 잘 극복할 수 있습니다. 추위나 더위, 배고픔과 목마름, 다른 이의 거친 말, 더 나아가 죽음에 이를 정도의 고통도 잘 견딜 수 있습니다(Vis.i.257). 앞에서 언급했듯이 신체부분의 혐오스러움을 관조한다면 초선정까지, 더 나아가 색깔을 관조한다면 네 가지 선정을 얻고, 그것을 바탕으로 신통까지 얻을 수 있습니다. 시체 관찰을 통해서도 초선정까지 얻을 수 있습니다. 묘지 관찰을 통해 허물 거듭관찰을 닦을 수도 있습니다.[285]

• **죽음새김**

네 번째 보호명상은 죽음새김maraṇassati입니다.[286] 부처님께서는 여러

---

285 《마하사띠빳타나숫따 대역》, pp.162~163 참조.

286 자세한 내용은 《청정도론》 제2권, pp.21~39 참조.

경전에서 "죽음새김을 닦고 많이 행하면 큰 결실과 큰 이익이 있다. 죽음없음不死에 들어가고 죽음없음을 완성한다"라는 등으로 설하셨습니다(A8:73).

여기서 죽음이란 한 생의 목숨이 끊어지는 것을 말합니다. 즉 '수명 āyu'이라는 물질적 · 정신적 생명기능[287]과 업에서 생겨난 온기[288]와 의식이 더 이상 생겨나지 않는 것입니다(S22:95).

생명온기 또한의식 이내몸을 떠나갈때
앎도없이 버려진채 먹이되어 누워있네

죽음새김은 "죽음이 올 것이다. 생명기능이 끊어질 것이다"라거나 "죽음, 죽음, 죽음 … "이라는 등으로[289] 마음 기울이면서 수행합니다(Vis. i.222). 혹은 다음과 같이 마음 기울여도 됩니다(DhpA.ii.111).

나의목숨 진실로 확실하지 않다네
죽음만이 진실로 틀림없이 확실해
나란존재 확실히 죽어야만 한다네
나의목숨 확실히 죽음으로 끝나네
목숨이란 진실로 결정된것 아니네
죽음만이 진실로 확실하게 결정돼[290]

287 물질적 생명기능과 정신적 생명기능은 각각 《청정도론》 제2권, pp.425~426, p.467 참조.

288 물질은 업 · 마음 · 온도 · 음식이라는 네 가지 원인에서 생겨나는데 그 중 업에서 생겨난 불 요소를 말한다. 《아비담마 길라잡이》 제2권, pp.70~78 참조.

289 의미를 잘 이해하고서 'maraṇaṁ bhavissati, jīvitindriyaṁ upacchijjissati'라거나 'maraṇaṁ maraṇaṁ'이라고 빠알리어로 마음 기울여도 된다.

290 Addhuvaṁ me jīvitaṁ, dhuvaṁ me maraṇaṁ, avassaṁ mayā maritabbameva, maraṇapariyosānaṁ me jīvitaṁ, jīvitameva aniyataṁ, maraṇaṁ niyataṁ.

보호명상 정도로는 이 정도로 간략하게 새기면 충분합니다. 어떤 수행자는 이렇게 간략하게 새기면서 근접삼매까지 도달할 수 있습니다. 죽음명상을 자신의 수행주제로 삼는 수행자의 경우, 이렇게 간략하게 새겨서 근접삼매에 도달하지 못한다면 살인자가 나타난 것처럼 언제든지 죽을 수 있다는 사실, 큰 영화를 가진 이들도 언젠가는 죽음으로 무너진다는 사실, 부처님 같은 거룩한 분들도 결국 죽음에 이르셨다는 사실, 뱀에 물리거나 음식을 잘못 먹어서 언제든지 죽을 수 있다는 사실, 호흡이나 자세 등 여러 가지와 관련되어 있기 때문에 목숨은 힘이 없다는 사실, 수명이나 죽는 병 등은 알 수 없다는 사실, 한 호흡 사이에도 죽을 수 있다는 사실[291] 등을 자세하게 거듭 새겨야 합니다.

이 중 '수명이나 죽는 병 등은 알 수 없다'라는 구절은 중생들이 죽음과 관련하여 알 수 없는 다섯 가지를 말합니다. 첫째, 몇 살까지 살지 알 수 없습니다. 둘째, 어떤 병으로 죽을지 알 수 없습니다. 셋째, 오전에 죽을지 오후에 죽을지 알 수 없습니다. 넷째, 죽은 뒤에 묻힐 곳을 알 수 없습니다. 다섯째, 죽은 뒤에 다시 태어날 곳을 알 수 없습니다.

목숨수명 이전에 그나알지 못하네
죽을병도 이전에 그나알지 못하네
죽을시간 이전에 그나알지 못하네
묻힐묘지 이전에 그나알지 못하네
태어날곳 이전에 그나알지 못하네

---

291 한 입의 음식을 삼키는 시간밖에 살 수 없을지도 모른다고, 한 호흡의 시간밖에 살 수 없을지도 모른다고 수행하는 비구야말로 죽음새김을 예리하게 닦는 수행자다. A8:73; 《앙굿따라 니까야》 제5권, pp.309~314 참조.

죽음새김을 잘 실천하는 수행자는 방일하지 않습니다. 모든 존재에 즐거워하지 않는 인식을 얻습니다. 목숨에 대한 집착을 버립니다. 악행을 혐오합니다. 필수품들을 많이 쌓아두지 않습니다. 필수품에 대한 애착과 인색을 버립니다. 무상 인식이 차츰 깊어지고, 무상 인식이 깊어지면서 괴로움 인식과 무아 인식이 확립됩니다. 죽을 때 두려워하거나 헤매지 않습니다. 이 생에서 열반을 증득하지 못한다 하더라도 다음 생에 선처에 태어납니다.

죽음명상과 관련하여 일화 하나를 소개하겠습니다.[292] 부처님 당시, 한 청신사는 아들을 잃고 슬픔을 참을 수가 없어 매일 화장터에 가서 울며 통곡했습니다. 부처님께서는 그가 깨달음을 얻을 인연이 무르익었다는 것을 아시고 청신사의 집으로 가셨습니다. 청신사는 부처님께 예경 올린 뒤 한쪽에 앉았습니다. 부처님께서는 "장자여, 왜 슬퍼하고 있습니까?"라고 질문했습니다.

"부처님, 아들을 잃어서 슬퍼하고 있습니다."

"장자여, 부서지기 마련인 법은 부서집니다. 무너지기 마련인 법은 무너집니다. 그렇게 부서지고 무너지는 것도 한 집에만 국한된 것이 아닙니다. 한 마을에만 국한된 것이 아닙니다. 사실은 한계가 없는 온 우주, 삼계에 죽지 않는 이라고는 없습니다. 조건 따라 형성된 법 중에 무너지지 않고 항상한 것은 단 하나도 없습니다. 중생이라면 누구든 죽어야 합니다. 중생이라면 누구나 무너져야 합니다. 과거 지혜로운 이들도 그들의 가족이 죽었을 때 '죽기 마련인 것은 죽는다. 무너지기 마련인 것은 무너진다'라고 올바르게 숙고하고서 슬퍼하지 않았습니다."

---

292 죽음새김과 관련하여 직조공의 딸 일화는《법구경 이야기》제2권, pp.526~532를, 마하다나 상인의 일화는 같은 책, 제3권, pp.205~207을 참조하라.《부처님을 만나다》, pp.401~407도 참조하라.

그리고는 《자따까》 일화 하나를 말씀하셨습니다. 어느 생에 보살은 농사를 하면서 생계를 유지하던 이였습니다. 보살은 아내와 아들과 딸과 며느리와 하녀와 함께 한 집에서 행복하게 살고 있었습니다.

보살은 나머지 다섯 명에게 자주 다음과 같이 훈계하곤 했습니다.

"그대들은 보시를 하고, 계를 수지하고, 포살을 준수하며 살아야 한다. 특히 죽음새김을 닦아라. 죽어야 한다는 사실을 잘 기억하라. 진실로 모든 형성법은 항상하지 않다. 다하기 마련이고 무너지기 마련이다. 그러니 매일 밤낮으로 방일하지 말고 지내라."

나머지 다섯 명도 훈계를 잘 받들어 방일하지 않고 죽음새김을 잘 실천했습니다.

어느 날, 보살과 아들이 함께 밭에 나갔습니다. 보살은 밭을 갈았고 아들은 쓰레기를 모아 태웠습니다. 그런데 쓰레기를 태우는 장소 근처 한 개미언덕에 독사 한 마리가 살고 있었고, 연기가 눈을 자극하자 화가 난 독사가 아들을 물었습니다. 아들은 그대로 쓰러져 죽어 버렸습니다. 보살은 아들이 죽었다는 사실을 알고 시체를 나무 아래에 눕히고 옷으로 잘 덮어 시신을 수습했습니다. 울지 않았습니다. '부서지고 무너지기 마련인 것은 부서지고 무너지기 마련이다. 죽기 마련인 것은 죽는다. 모든 형성법은 영원하지 않다. 모든 중생은 죽음으로 끝난다'라는 항상하지 않은 성품만을 관찰하며 계속 밭을 갈았습니다.

그러던 중 한 이웃이 밭 근처를 지나갔습니다. 보살은 이웃에게 음식을 2인분이 아니라 1인분만 가져오고, 가족 모두가 깨끗하게 옷을 입고 꽃이나 향을 가지고 같이 오도록 전해 달라고 부탁했습니다. 그리고 계속 쟁기질을 했습니다. 소식을 들은 아내도 아들의 죽음을 짐작했지만 울지 않았습니다. 아내는 깨끗한 옷을 입고 꽃과 향을 들고 하녀에게 음식을 들게 한 다음 딸과 며느리와 함께 밭으로 갔습니다. 어느 한 사람도 우는 사람이 없었습니다.

보살은 아들의 시체를 눕혀 놓은 나무 그늘 아래에 앉아 밥을 먹었습니다. 먹고 나서 가족 모두 땔감을 모아 그 땔감더미 위에 시체를 놓고 꽃과 향으로 헌공한 뒤 불을 붙였습니다. 그 누구도 눈물 한 방울 흘리지 않았습니다. 그들 모두가 죽음새김 수행을 잘 닦아왔기 때문입니다.

그들의 공덕 때문에 제석천왕의 자리가 뜨거워졌습니다. 그 연유를 살펴본 뒤 제석천왕은 지나가던 사람으로 변신하고 그 자리에 나타나 짐짓 물었습니다.

"이보시오, 무엇하고 있소?"

"사람을 화장하고 있소."

"믿을 수 없소. 어떤 짐승을 죽여 굽고 있는 것 아니오?"

"짐승이 아니오. 사람을 화장하고 있소."

"그러면 그 사람은 그대들의 원수이겠군요."

"우리 아들의 시체요. 원수가 아니요."

"그러면 그 아들은 미워하는 아들이었겠소."

"매우 사랑했던 아들이었소."

"그렇다면 왜 울지 않소?"

보살은 다음과 같이 시로 대답했습니다.

> 뱀이 옛 허물 버리고 가듯이
> 아들도 자신의 몸 버리고 떠나갔네.
> 그의 몸은 이제 느끼지도 못하고
> 아들은 죽어서 저승으로 가버렸네.

화장하며 불태워도 친척들의 비탄을
아들은 전혀 알지 못한다네.
아들이 가야할 곳 이미 가 버렸기에
그러니 나는 슬퍼하지 않는다네.

다음은 보살의 아내에게 물었습니다.

"그대는 죽은 이와 어떤 관계요?"

"열 달 내내 뱃속에서 돌보다가 태어나서는 젖을 먹여 키웠고 잘 자라도록 기른 나의 아들이오."

"아버지는 남자라서 울지 않는다고 칩시다. 어머니의 마음은 매우 약한데 왜 그대는 울지 않소?"

보살의 아내도 다음과 같이 시로 대답했습니다.

부르지 않았어도 거기에서 왔고
허락하지 않았는데 저곳으로 갔다네.
조건 따라 와서는 조건 따라 가거늘
그에 대해 비탄해서 무엇 하겠는가.

보살의 딸은 다음과 같이 대답했습니다.

만약 운다면 마르기만 할 텐데
그것이 나에게 무슨 이익 있겠는가.
친척과 친구, 그리고 친지들에게
더욱 큰 싫어함만 생겨난다네.

보살의 며느리는 다음과 같이 대답했습니다.

밤하늘에 가고 있는 달을 보고서
달라고 떼를 쓰는 어린 아이처럼
이미 죽은 이에 대해 슬퍼한다면
그와 같이 떼 쓰는 것 마찬가지네.

하녀는 다음과 같이 대답했습니다.

이미 깨져 산산조각 나버린
물항아리 다시는 붙일 수 없듯이
이미 죽은 이에 대해 슬퍼한데도
그와 같이 전혀 되돌릴 수 없다네.

제석천왕은 그들의 법다운 말을 듣고 존경심이 생겨나 "그대들은 방일하지 말고 계속 죽음새김을 잘 닦으시오. 오늘부터는 일하지 마시오. 나는 제석천왕이오. 그대들의 집을 칠보로 가득 채워 주겠소. 그러니 보시를 행하시오. 계를 지키시오. 포살을 준수하시오. 방일하지 마시오"라고 훈계하고서 집을 칠보로 가득 채운 뒤 천상으로 돌아갔습니다.

부처님께서는 이 일화의 끝에 법문을 설하셨고, 아들을 잃어 슬퍼하던 장자는 수다원이 되었습니다(J354).[293]

---

293 《법구경 이야기》 제3권, pp.48~49 참조. 보살의 아내는 케마 비구니, 아들은 라훌라, 딸은 웁빨라완나, 하녀는 쿳줏따라의 과거 생이었다.

# 위빳사나 수행

## 위빳사나 수행 개요

위빳사나vipassanā라는 단어는 '특별하게visesena, 혹은 다양하게vividhena 관찰한다passati'라고 분석할 수 있습니다. 즉 분명하게 존재하는 실재 성품, 혹은 물질과 정신에 대해 물질과 정신일 뿐이라고, 원인과 결과의 연속일 뿐이라고, 무상하고 괴로움이고 무아일 뿐이라고 특별하고 다양하게 관찰하는 것입니다. 그렇게 관찰하여 무상하고 괴로움이고 무아일 뿐이라고 아는 위빳사나 지혜가 생겨나고, 이것이 무르익었을 때 모든 물질과 정신이 소멸한 성품인 열반을 증득합니다. 열반을 증득하면 수다원, 사다함, 아나함, 아라한이 되어 윤회에서 벗어나게 됩니다.

이러한 위빳사나 수행은 사마타 수행을 통해 근접삼매나 몰입삼매를 닦은 뒤 그것을 바탕으로 수행하는 방법과 위빳사나만으로 수행하는 방법이 있습니다. 어떠한 경우든 우선 중생들의 존재상속santati[294]에는 물질과 정신이라는 두 가지 법만 존재한다는 사실, 또한 그 물질과 정신은 관련된 여러 조건 때문에 생겨난다는 사실, 그리고 매 순간 끊임없이 생멸하기 때문에 항상하지 않고, 괴로움이고, 자아나 영혼이 아닌 무아라는 사실을 간략하게나 자세하게 듣고 아는 배움을 미리 갖추어야 합니다.

만약 사마타 수행 후에 위빳사나 수행을 하려는 수행자라면 자신이 증득한 근접삼매나 몰입삼매에 입정하여 출정하고서 바로 그 선정 구성요

294 한 개인, 또는 중생으로 일컬어지는 물질과 정신의 연속을 말한다. 그냥 '중생'이라고 표현하면 변하지 않는 어떤 실체가 있는 것으로 생각할 수 있기 때문에 '끊임없이 생멸하고 있는 물질과 정신의 연속'이라는 것을 나타내기 위해 이렇게 표현한다.

소라든지, 아니면 여섯 문에서 분명하게 생겨나는 현상들을 관찰해 나가면 됩니다. 그러다가 피곤해지면 다시 선정에 들어 그 피곤을 푼 뒤 출정하여 같은 방법으로 관찰해 나가면 됩니다.

사마타를 통한 근접삼매나 몰입삼매 없이 위빳사나만으로 수행하는 경우에도 무더기, 감각장소, 요소, 진리, 연기 등 다양한 주제로 관찰할 수 있습니다. 어떠한 주제를 통해서든 자신에게 분명한 대상을 관찰해야 합니다. 분명하지 않은 대상을 경전에서 외운 대로 일부러 찾아서 관찰하면 안 됩니다. 왜냐하면 분명하지 않은 대상에 대해서는 '나'라고 사견으로나 '나의 것'이라고 갈애로 집착하지 않고, 분명한 대상에 대해서만 집착하기 때문입니다. 그러면 무엇이 분명한 대상일까요? 정신보다는 물질이 생멸도 느리고 거칠기 때문에 분명합니다. 물질 중에서도 호흡을 할 때마다 생겨나는 배의 부풂과 꺼짐이 분명합니다. 이것은 근본물질四大 중 바람 요소가 두드러진 현상입니다. 그래서 마하시 위빳사나 수행에서는 다른 분명한 대상이 없으면 배의 부풂과 꺼짐을 기본으로 '부푼다, 꺼진다'라는 등으로 관찰하도록 지도합니다. 그렇게 관찰하다가 다리의 저림이나 아픔이 부풂과 꺼짐보다 분명하게 생겨나면 그 아픔에 마음을 두고 '아픔, 아픔' 등으로 관찰한 뒤 부풂과 꺼짐으로 다시 돌아가 관찰합니다. 마음이 다른 곳으로 달아나면 그것도 억지로 없애려하지 말고 '달아남' 등으로 관찰합니다. 졸음이 생겨나도 '졸림' 등으로 관찰하고 다시 원래 대상으로 돌아옵니다. 그 외에 보거나 듣거나 냄새 맡거나 맛보거나 닿을 때에 분명한 현상들을 관찰한 뒤 다른 특별한 대상이 없으면 다시 부풂과 꺼짐을 관찰합니다.[295]

295 자세한 내용은 《위빳사나 백문백답》, 《위빳사나 수행방법론》(전2권)을 참조.

## 위빳사나 게송

위빳사나 수행에 관한 자세한 내용은 《위빳사나 수행방법론》이나 《위빳사나 백문백답》 등에서 이미 자세하게 설명했습니다. 여기서는 마하시 사야도의 위빳사나 게송과 그 의미를 소개하겠습니다(S22:122).

위빳사나 지혜란 무엇관찰 생겨나
집착하는 오취온 바로관찰 생겨나
무엇때문 어느때 그오취온 관찰해
집착않게 생길때 바로취온 관찰해
정신물질 생길때 관찰못해 집착해
항상한것 좋은것 나라생각 집착해
정신물질 생길때 관찰집착 사라져
무상과고 성품만 분명지혜 드러나
집착없이 팔정도 함께열반 이르러
위빳사나 수행법 게송항상 명심해

• **위빳사나 지혜란 무엇관찰 생겨나**

이 질문은 매우 중요합니다. 왜냐하면 앞서 설명했듯이 수행에는 사마타 수행과 위빳사나 수행이 있고, 각각 적당한 법을 대상으로 수행을 해야 사마타 수행의 이익, 위빳사나 수행의 이익을 얻을 수 있기 때문입니다. '위빳사나 수행의 대상이 무엇인가, 위빳사나 지혜는 무엇을 관찰해야 생겨나는가'라고 먼저 질문을 제시했습니다.

• **집착하는 오취온 바로관찰 생겨나**

두 번째 게송은 첫 번째 게송의 대답입니다. 즉 위빳사나 지혜는 다섯 취착무더기五取蘊를 바르게 관찰하면 생겨난다는 뜻입니다. 이 게송에는 두 가지 중요한 의미가 담겨 있습니다. 하나는 '위빳사나는 다섯 취착무더기를 관찰해야 한다'는 의미이고, 다른 하나는 '바르게 관찰해야 한다'는 의미입니다.

먼저 다섯 취착무더기pañca upādānakkhandhā란 취착upādāna의 대상인 다섯pañca 무더기khandha, 즉 물질 취착무더기rūpupādānakkhandha, 느낌 취착무더기vedanupādānakkhandha, 인식 취착무더기saññupādānakkhandha, 형성 취착무더기saṅkhārupādānakkhandha, 의식 취착무더기viññāṇupādānakkhandha를 말합니다.

'무더기khandha'란 '모은 것'이라는 뜻입니다. 여기서는 단지 벼 무더기나 쓰레기 무더기처럼 그냥 쌓았다는 뜻이 아니라, 과거의 물질과 미래의 물질과 현재의 물질, 또한 안의 물질과 밖의 물질, 미세한 물질과 거친 물질, 저열한 물질과 수승한 물질, 멀리 있는 물질과 가까이 있는 물질 등 여러 가지 물질은 '변형된다'라는 성품으로는 동일하기 때문에 다 모아서 '물질 무더기'라고 한다는 뜻입니다. 느낌 등도 마찬가지입니다.

'취착upādāna'이란 '심하게upa 거머쥐는 것ādāna'을 말합니다. 마치 뱀이 개구리를 꽉 잡고 있는 것처럼 대상을 강하게 집착하는 성품입니다. 취착에는 네 가지가 있습니다.

① 감각욕망 취착kāmupādāna
② 사견 취착diṭṭhupādāna
③ 행실의례 취착sīlabbatupādāna
④ 자아 취착attavādupādāna

토대 감각욕망vatthukāma, 즉 감각욕망 대상에 강하게 집착하는 것이 감각욕망 취착입니다. 소나 개의 행실을 따라 하는 것 등 팔정도가 포함되지 않은 어떠한 행위를 통해 윤회로부터 벗어날 수 있다고 강하게 집착하는 것이 행실의례 취착입니다. 분명히 존재하는 것은 물질과 정신뿐인데 이러한 물질과 정신을 '나'라거나 '자아'라고 강하게 집착하는 것이 자아 취착입니다.[296] 나머지 모든 사견이 사견 취착입니다.[297] 쉽게 설명하자면 감각욕망 취착은 '나의 것'이라는 갈애로 집착하는 것입니다. 나머지 세 가지는 '자아'라거나 '나'라는 등 사견으로 집착하는 것입니다. 이렇게 '나'라거나 '나의 것'으로 강하게 집착하는 대상들이 바로 물질 등 다섯 가지이기 때문에 다섯 취착무더기라고 합니다.

볼 때 눈을 '나'라거나 '나의 눈'이라고 집착합니다. 이것은 물질을 집착하는 것입니다. 보고서 좋거나 나쁘다거나 무덤덤하다고 느끼는 느낌도 마찬가지로 집착합니다. '동그랗다, 노랗다, 풍선이다'라는 등으로 인식하는 인식도 집착합니다. 보는 작용이 형성되도록 대상과 눈을 접촉하게 하고 자극하는 등의 여러 성품인 형성도 집착합니다. 보아서 아는 마음인 의식도 집착합니다.[298] 이렇게 집착의 대상이기 때문에 물질 등을 각각 물질 취착무더기 등이라고 말합니다.

다섯 취착무더기 중에서 느낌, 인식, 형성, 의식은 모두 정신법입니다. 대상을 아는 성품들입니다. 물질은 물질법입니다. 스스로 알지 못합니다. 앎의 대상일 뿐입니다. 따라서 다섯 취착무더기는 줄여서 물질 · 정신 무더기이고, 위빳사나 수행은 '물질 · 정신 무더기를 관찰해야 한다'

296 존재더미사견 스무 가지를 말한다. 본서 제5장의 '사견'에 대한 설명을 참조하라.

297 《위빳사나 수행방법론》 제2권, pp.424~426 참조.

298 다섯 무더기 각각의 성품에 대한 자세한 내용은 《청정도론》 제14장을 , 정리된 내용은 각묵스님, 《초기불교이해》 제7장~제8장, 각묵스님, 《초기불교입문》 제2장을 참조하라.

라고도 말할 수 있습니다.

두 번째 게송의 또 하나 중요한 의미인 '바르게 관찰해야 한다'는 것은 다섯 취착무더기라는 물질과 정신을, 그 물질과 정신이 생겨날 때 항상하지 않다고, 괴로움이라고, 무아라고 관찰해야 한다는 뜻을 모두 포함하고 있습니다. 그 내용은 자세하게 다음 게송들에서 설명하고 있습니다.

- **무엇때문 어느때 그오취온 관찰해**

세 번째 게송은 다섯 취착무더기를 무엇 때문에 관찰해야 하는지에 대한 질문과 어느 때의 다섯 무더기를 관찰해야 하는지에 대한 질문을 표현했습니다. 위빳사나는 세간의 행복을 위해서인지, 신통을 얻기 위해서인지 등 무슨 목적으로 관찰해야 하는지 그 목적을 분명하게 질문하는 내용입니다. 또한 바르게 관찰하려면 이미 생겨간 취착 무더기를 관찰해야 하는지, 생겨나고 있는 것을 관찰해야 하는지, 앞으로 생겨날 것을 관찰해야 하는지, 어느 순간의 물질 · 정신을 관찰해야 하는지 질문하는 내용입니다.

- **집착않게 생길때 바로취온 관찰해**

네 번째 게송은 세 번째 게송의 대답입니다. 앞의 게송에 질문이 두 가지가 포함됐기 때문에 대답 게송에서도 두 가지 대답을 표현했습니다. "수행을 하는 이유는 집착하지 않기 위해서이다"라는 대답과 "수행을 할 때는 물질과 정신이 생겨날 때, 즉 현재의 물질과 정신을 관찰해야 한다"는 대답입니다. 그렇게 관찰해야 '바르게' 취착 무더기를 관찰하는 것입니다.

'생길 때'란 볼 때, 들을 때, 냄새 맡을 때, 맛볼 때, 닿을 때, 생각할 때를 말합니다. 위빳사나 수행을 하지 않는 이들은 볼 때마다, 들을 때마다, 냄새 맡을 때마다, 맛볼 때마다, 닿을 때마다, 생각할 때마다 분명하게 드러나는 물질과 정신들을 갈애를 통해 좋아하면서 집착합니다. 항상한 것으로, 행복한 것으로, 나라거나 중생으로 사견을 통해 집착하기도 합니다. 이러한 집착이 생겨날 기회가 없도록, 집착이 사라지도록, 집착하지 않도록 위빳사나 수행을 하는 것입니다. 이것이 위빳사나 수행의 원래 목적입니다. 집착하면 어떠한 행위를 하고, 그것은 업이 되어 다음 생에 태어나게 합니다. 태어나면 늙고 병들고 죽는 등의 여러 가지 고통이 생겨납니다. 집착하지 않으면 어떠한 행위를 하지 않고, 새로운 업이 생겨나지 않기 때문에 새로운 생에 태어나지도 않고, 태어나지 않기 때문에 늙고 병들고 죽는 등의 여러 고통도 생겨나지 않습니다. 관찰하지 않으면 집착하는 모습, 관찰하면 집착이 사라지는 모습에 관해서는 다음의 게송들에서 분명하게 설명할 것입니다.

생겨날 때 물질과 정신을 관찰해야 한다는 것은 현재의 물질과 정신을 관찰해야 한다는 뜻입니다. 과거에 생겨났던 법들은 지금 확실하게 알 수 없습니다. 또한 그 법들이 생겼을 때 관찰하지 않았다면 갈애와 사견으로 이미 취착했습니다. 분명하게 관찰할 수도 없고, 다시 관찰하더라도 집착이 쉽게 사라지지 않습니다. 미래의 법은 아직 생겨나지 않았기 때문에 언제 생겨날 것인지, 어떻게 생겨날 것인지 마찬가지로 확실하게 알 수 없습니다. 또한 미리 가늠해서 관찰하더라도 나중에 실제로 생겨날 때 관찰하지 않으면 갈애와 사견으로 집착할 것입니다. 현재의 물질과 정신은 지금, 새로 여섯 문에서 드러난 것이기 때문에 확실하고 분명하게 알 수 있습니다. 또한 어떠한 번뇌로도 아직 집착하지 않았습니다. 새 옷에 때가 아직 묻지 않은 것처럼 깨끗합니다. 이때 관찰하여 사실대로 바르게 알면, 그러한 법들을 갈애와 사견으로 집착하지 않습니다. 번뇌가 들붙지 않습니다. 반대로 관찰하지 못해 사실대로 바르게 알지 못하면 그러한 법들을 갈애와 사견으로 집착합니다. 이 내용을 조금 더 자세하게 설명하기 위해 다섯 번째부터 여덟 번째 게송으로 표현했습니다.

- **정신물질 생길때 관찰못해 집착해**
- **항상한것 좋은것 나라생각 집착해**

다섯 취착무더기가 생겨날 때, 즉 정신 · 물질이 생겨날 때 관찰하지 못하면 그 정신 · 물질에 집착합니다. 좋아하고 바라고 원하는 갈애로도 집착하고 '항상하다, 행복하다, 자아다'라고 잘못 아는 사견으로도 집착합니다. 집착하면 그것을 가지기 위해, 유지하기 위해 어떠한 행위를 행합니다.

때로는 보시나 지계 등 선한 행위를 행합니다. 선한 행위를 하면 인간 세상이나 천상이라는 선처에 태어납니다. 수명이 길고, 용모가 준수하고, 몸이 건강하고, 명성이 높고, 지혜가 큰 것 등의 여러 이익도 누릴 수 있습니다. 세간의 시각으로는 행복한 것이라고 할 수 있습니다. 하지만 사람의 영화를 누리더라도 그 생에서 태어났기 때문에 늙어야 합니다. 죽어야 합니다. 슬픔, 비탄, 고통, 근심, 절망 등도 생겨납니다. 사실대로 말하자면 온전히 고통 무더기들만 생겨난다고 할 수 있습니다. 천상의 생에서도 죽어야 합니다. 특히 일부 천신들에게는 죽기 전에 죽음의 징조가 생겨납니다. 그러면 '머지않아 죽어야 한다'라고 알고는 더욱 큰 슬픔이 생겨납니다.[299]

때로는 살생이나 도둑질 등 선하지 않은 행위를 합니다. 불선한 행위를 하면 지옥, 축생, 아귀, 아수라라는 악처에 태어납니다. 사악처의 고통은 앞에서 자세하게 설명했습니다.

299 본서 제7장의 '욕계 천신들의 삶'을 참조하라.

요약하자면 늙음과 죽음 등 모든 고통과 괴로움은 태어남에서 비롯했고, 태어남은 선업이나 불선업 등의 행위로부터, 선업이나 불선업은 물질과 정신이 항상하고 행복하고 자아라고 집착하는 취착으로부터, 취착은 대상이 생겨날 때 관찰하지 않아서 생겨납니다. 즉 모든 고통은 관찰하지 않아서 생겨납니다.

- **정신물질 생길때 관찰집착 사라져**
- **무상과고 성품만 분명지혜 드러나**

따라서 모든 괴로움에서 벗어나려면 궁극적으로는 태어남에서 벗어나야 합니다. 태어남에서 벗어나려면 선업과 불선업에서 벗어나야 합니다. 선업과 불선업에서 벗어나려면 집착하지 않아야 합니다. 집착하지 않으려면 물질과 정신이 생겨날 때 관찰해야 합니다. 물질과 정신이 생겨날 때, 즉 볼 때, 들을 때, 냄새 맡을 때, 맛볼 때, 닿을 때, 생각할 때마다 관찰하면 갈애와 사견으로 집착하지 않습니다. 왜냐하면 생겨나는 순간마다 관찰하는 수행자는 단지 물질과 정신일 뿐이라고, 원인과 결과의 연속일 뿐이라고, 생겨나고 사라지는 것일 뿐이라고 직접 경험하여 압니다. 생겨나고 사라지기 때문에 무상하다는 사실, 무상하기 때문에 괴로움이라는 사실, '나'라거나 '자아'가 아니라 단지 생멸하는 성품법일 뿐이라는 사실이 분명하게 지혜에 드러납니다.

- **집착없이 팔정도 함께열반 이르러**

계속해서 관찰해 나가면 더 이상 집착하지 않습니다. 좋아하고 바라고 원하는 갈애로도 집착하지 않고, '항상하다, 행복하다, 자아다'라고 잘못 아는 사견으로도 집착하지 않습니다.

그리고 관찰할 때마다 애쓰고 노력하는 성품인 바른 노력sammāvāyāma

이 포함되어 있습니다. 또한 대상에 마음을 밀착시키는 성품, 대상을 잊지 않게 새기는 성품인 바른 새김sammāsati도 포함되어 있습니다. 순간마다 대상에 집중되어 머무는 성품인 바른 삼매sammāsamādhi도 포함되어 있습니다. 이 세 가지는 삼매 무더기입니다.

대상에 마음을 보내주는 성품인 바른 사유sammāsaṅkappa도 포함되어 있습니다. 물질과 정신이라고, 원인과 결과라고, 무상하고 괴로움이고 무아라고 사실대로 바르게 알고 보는 지혜인 바른 견해sammādiṭṭhi도 포함되어 있습니다. 이 두 가지는 통찰지 무더기입니다.

거짓말이나 이간하는 말 등을 하지 않는 바른 말sammāvācā, 살생이나 도둑질 등을 하지 않는 바른 행위sammākammanta, 삿된 생계를 버리고 올바르게 생계를 유지하는 바른 생계sammāājīva는 위빳사나를 수행하기 이전 계를 수지하는 때부터 구족됐습니다. 다르게 말하자면, 계속 관찰하고 있으면 관찰하는 대상과 관련하여 삿된 말micchāvācā도 생겨나지 않습니다. 삿된 행위micchākammanta도 생겨나지 않습니다. 삿된 생계micchāājīva도 생겨나지 않습니다. 그래서 관찰할 때마다 계속해서 계 무더기도 포함된다고 할 수 있습니다.

지금까지 말한 대로 관찰할 때마다 팔정도가 생겨나면 위빳사나 지혜가 계속 향상됩니다. 위빳사나가 계속 진전돼 완전히 구족됐을 때 모든 형성들이 소멸한 성품인 열반에 도달합니다.

요약하자면 열반에 도달하기 위해 가장 필요한 것은 집착이 사라지도록 노력하는 것입니다. 일반 사람들은 보는 것도 집착합니다. 듣는 것, 닿는 것, 아는 것도 집착합니다. '항상하다'고 집착합니다. '행복하다, 좋다'라고도 집착합니다. '영혼, 나, 중생'이라고도 집착합니다. 그러한 집착들이 완전히 사라지도록 노력해야 합니다. 그렇게 노력하는 것도 생겨날 때마다 계속해서 관찰해야 한다는 것입니다. 볼 때마다, 들을 때마다,

닿을 때마다, 알 때마다 끊임없이 관찰하고 있어야 합니다. 이렇게 관찰하고 있으면 집착이 완전히 사라질 것입니다. 집착이 사라지면, 성스러운 도가 생겨나서 열반에 도달하게 될 것입니다. 이것이 열반에 도달하는 차례입니다.

• **위빳사나 수행법 게송항상 명심해**

이러한 아홉 게송이 바로 위빳사나 수행의 기본지침입니다. 위빳사나라면 이러한 지침과 일치해야 합니다. 이 지침과 일치하지 않으면 진짜 위빳사나라고 할 수 없습니다. 그래서 이러한 위빳사나 수행지침을 항상 명심해야 한다는 의미를 마지막 게송으로 표현했습니다.

## 청법과 설법

### 청법

수행 선업과 관련된 덕목 중에 청법이 있습니다. 청법은 공덕행토대 중에 여덟 번째에 해당하고, 법문을 들어야 수행도 할 수 있기 때문에 세 가지 선업으로 나눌 때는 수행에 포함됩니다.

청법dhammassavana은 법을dhamma 듣는 것savana입니다. 여기서 법이라는 것은 삼장이나 다섯 니까야, 주석서 등 올바른 부처님의 가르침과 함께 세간의 여러 선행과 관련된 가르침을 뜻합니다. '듣는 것'도 칭찬을 받기 위해서가 아니라 잘 이해하기 위해, 혹은 다른 이에게 다시 전해 주기 위해 배우는 것을 뜻합니다.

이 청법은 수다원이 되게 하는 구성요소 네 가지, 즉 선우를 가까이

하는 것, 법문을 경청하는 것, 올바르고 이치에 맞게 마음을 기울이는 것, 여법하게 실천하는 것 중의 하나입니다(S55:5). 부처님과 벽지불을 제외하고는 누구도 법문을 듣지 않고 도와 과, 열반이라는 특별한 법을 얻을 수 없습니다. 지혜제일이라고 하는 사리뿟따 존자조차 오비구 중의 한 분이었던 앗사지 존자의 게송을 듣고 위빳사나 지혜가 향상됨으로써 수다원도와 과를 얻어 수다원이 됐습니다(Vin.iii.51).

또한 법을 듣는 것은 나무에 물을 주는 것과 같습니다. 묘목을 심고 물을 주지 않으면 메말라서 죽어 버립니다. 이와 마찬가지로 이제 갓 생겨난 위빳사나 지혜도 중간중간 정진이 모자랄 때 북돋고 격려하는 법문이나 신심이 모자랄 때 믿음을 생겨나게 하는 법문 등을 듣지 않으면 그대로 후퇴해버리고 맙니다. 적절한 때에 적절한 법문을 들어야 계속 단계적으로 향상되어 도와 과, 열반이라는 결실을 얻을 수 있습니다(A5:25).

법문을 듣는 것에는 다음과 같은 다섯 가지 이익이 있습니다.

처음듣고 다시분명 의문제거 견해바로
심청정의 다섯가지 현생직접 청법이익

첫째, '처음듣고'라는 표현은 이전에 들어보지 못한 내용을 들을 수 있다는 뜻입니다. 두 번째로 '다시분명'이라는 표현은 이미 들어 보았던 것이라도 다시 듣게 되면 더욱 분명하게 이해할 수 있다는 의미입니다. 세 번째로 의문이 제거됩니다. 네 번째로 견해가 바르게 됩니다. 마지막으로 마음이 깨끗해집니다. 이러한 것이 현생에 직접 경험할 수 있는 청법의 이익들입니다(A5:202).

또한 수행에 있어서도 특별한 이익을 얻을 수 있다는 것을 〈귀로 들음 경〉을 통해 알 수 있습니다. 만약 법문을 듣고서 그 들은 법문을 잘 수지하고 숙지한 뒤 혹시 그 생에 깨달음을 얻지 못한 채 죽는다면, 죽은 뒤에 천상에 태어나 즉시 이전에 들은 법문이 분명하게 드러나 빠르게 깨달음을 얻습니다. 설령 즉시 법문이 드러나지 않더라도 천상에서 신통을 가진 비구나 다른 천신들이 설하는 법문을 들었을 때 곧바로 법문이 분명하게 드러나서 빠르게 깨달음을 얻습니다. 혹은 먼저 그 천상에 태어난 다른 천신이 와서 '이전에 들은 법문을 기억하시오'라는 등으로 기억을 되살리게 해 주어 빠르게 깨달음을 얻을 수 있습니다(A4:191).

사람뿐만이 아닙니다. 축생들조차 특별한 이익을 얻을 수 있습니다. 깟사빠 부처님 당시 어느 숲에서 스님들이 감각장소āyatana에 관련된 성전을 독송하고 있었습니다. 그곳에 살던 구렁이 한 마리가 그 의미를 이해하지는 못했지만 '듣기에 좋구나'라는 정도로 마음을 기울이며 계속 들었습니다. 그 구렁이는 청법의 공덕으로 천상에 태어났고 시간이 흘러 아소까 대왕 당시, 인간세상에 자나사나Janasāna라는 남자로 태어나 나체외도가 되었습니다. 이 자나사나는 아소까 대왕의 모친인 담마Dhammā 왕비의 총애를 받았는데 아소까 대왕의 초청으로 궁전으로 오는 중 한 숲을 지나다가 앗사굿따Assaguttā라는[300] 아라한 장로의 처소를 방문하게 되었습니다. 자나사나는 주위에 있던 코끼리, 말 등의 짐승들을 가리키며 "스님, 이것들은 무엇입니까?"라고 물었습니다. 과거를 숙고해 본 앗사굿따 스님은 "감각장소입니다"라고 대답했고, 그 소리를 듣자마자 이전의 기억이 되살아나 출가하여 아라한이 되었습니다.[301]

---

300 앗사굿따 장로에 대해서는 《맛지마 니까야》 제3권, p.235 주205를 참조.

301 *Kyitheleitha Sayadaw*, 《*Vaṁsakyan* 불교역사서》 제3권, pp.41; 우 소다나 사야도 법문, 비구 일창 담마간다 옮김, 《통나무 비유경》 pp.52~59 참조.

## 설법

수행 선업과 관련된 또 다른 덕목으로 설법이 있습니다. 설법은 공덕행토대 중 아홉 번째에 해당합니다. 수행을 하려면 법문을 들어야 하고, 법문을 들으려면 법문을 해 주는 이가 필요합니다. 따라서 설법을 통해 부처님의 올바른 가르침을 전하는 것도 수행이라고 하는 선업에 포함된다고 할 수 있습니다.

설법dhammadesanā이란 빠알리 삼장이나 주석서 등 바른 교학의 법들dhamma을 설하고 가르치고 훈계하는 것desanā을 말합니다.

설법과 관련하여 먼저 법을 설하는 법사가 갖추어야 할 요건 다섯 가지를 〈우다이 경〉을 통해 살펴보도록 하겠습니다.

차제방편 연민으로 필수품에 미련없이
해치잖고 설법하는 법사요건 다섯가지

먼저 '차제'라는 표현은 차례대로 법을 설해야 한다는 뜻입니다. 이때 '차례대로'라는 말은 부처님께서도 그렇게 하셨듯이 보시에 관한 설법 다음에 계에 관한 설법, 다음에 천상에 관한 설법, 그리고 나서야 도에 관한 설법으로 감각욕망의 위험에 관한 설법, 감각욕망에서 벗어나는 것의 공덕에 관한 설법, 마지막에는 네 가지 진리에 관련된 설법이라는 차제 설법에 따라 법을 가르쳐야 한다는 뜻입니다. 마치 옷감을 염색하기 위해서는 먼저 더러움이나 얼룩 등을 제거한 뒤 깨끗한 상태에서 물들여야 하는 것처럼, 보시나 지계, 천상, 감각욕망의 허물, 출리의 공덕에 관련된 법문을 통해 마음이 장애에서 벗어나고 고무되고 깨끗한 믿음이 생겨났을 때 네 가지 진리에 관한 법문을 설하면 네 가지 진리에 관한 눈이 쉽게 생겨납니다. 부처님께서는 중생들의 근기가 좋은지 나쁜지, 인연이 무르익었는지 아닌지를 잘 아십니다. 그래서 오비구 등을 제도할 때는 앞부분을 생략하고 바로 네 가지 진리를 설하셨고, 야사Yasa 존자 등을 제도할 때는 차제설법을 통해 깨달음으로 이끄셨습니다. 〈다난자니 경〉에 의하면(M97) 임종에 즈음해서 자신을 찾은 다난자니Dhānañjāni 바라문에게 사리뿟따 존자는 선정에 관련된 법문까지만 설한 뒤, 이 정도면 충분하다고 생각하고 마지막 네 가지 진리에 대해서는 법문을 하지 않았습니다. 다난자니 바라문은 거룩한 마음가짐의 선정을 닦아 죽어서 색계 천상에 태어났습니다. 그 사실을 아신 부처님께서는 사리뿟따 존자를 불러 "만약 그대가 네 가지 진리까지 설했다면 열반까지 증득했을 것이다"라고 하시면서 천상에 올라가 끝까지 법문을 하도록 지시하셨습니다. 사리뿟따 존자는 그대로 지시에 따랐으며, 다난자니 바라문은 법문을 듣고 깨달음을 증득했습니다. 사리뿟따 존자는 그 이후로 언제나 네 가지 진리에 대한 법문을 마지막으로 설했다고 합니다. 법을 설하는 위치에 있는 이들이 유의해야 할 점입니다.

두 번째, '방편'이라는 표현은 어떠한 의미가 있으면 그것의 원인을 보이면서 법을 설해야 한다는 뜻입니다.

세 번째, '연민으로'라는 표현은 여러 가지 고통과 근심, 혹은 윤전의 괴로움에 빠진 중생들로 하여금 그러한 근심과 고통에서 빨리 벗어나기를 바라는 연민심을 가지고 법을 설해야 한다는 뜻입니다.

네 번째로 '필수품에 미련없이'라는 표현은 자신의 설법을 통해 얻게 될 필수품에 미련을 갖지 말라는 뜻입니다. 혹은 필수품을 얻고자 기대하면서 법을 설해서는 안 된다는 뜻이기도 합니다.

마지막으로 '해치잖고'라는 표현은 "나는 법을 설하는 법사다. 그대는 법을 듣는 사람이다"라는 식으로 자신을 높이고 남을 멸시하는 등으로 자신과 남의 덕목을 해치지 않고 법을 설해야 한다는 뜻입니다(A5:159).

설법은 '선법들이 청중들에게 도달하기를'이라고 법을 베푸는 행위이기 때문에 보시에도 해당되며, 그것을 법 보시dhammadāna라고 합니다. 앞서 보시에 대한 설명에서도 잠시 살펴보았듯이 모든 보시 중에 법 보시가 으뜸입니다.

하지만 '적당한' 이에게 설해야 합니다. 믿음이 없는 자에게 믿음에 대한 이야기는 나쁜 이야기입니다. 계행이 나쁜 자에게 계행에 대한 이야기는 나쁜 이야기입니다. 배움이 적은 자에게 배움에 대한 이야기는 나쁜 이야기입니다. 인색한 자에게 베풂에 대한 이야기는 나쁜 이야기입니다. 통찰지가 없는 자에게 통찰지에 대한 이야기는 나쁜 이야기입니다. 왜냐하면 그러한 덕목들을 자신에게서는 보지 못하고, 그것을 통해 기쁨과 희열을 얻지 못하기 때문입니다(A5:157).

## 정견

수행 선업과 관련되어 마지막으로 정견, 즉 바른 견해를 소개하겠습니다. 이 덕목은 열 가지 공덕행토대 중 마지막입니다.

정견diṭṭhijukamma은 '올바르게uju 해주는kamma 견해diṭṭhi'라고 분석할 수 있습니다. 즉 잘못된 견해를 갖지 않고 올바른 견해를 갖도록 해주는 것을 뜻하며 법체로는 지혜, 즉 '어리석음없음amoha'이라는 마음부수입니다. 공덕행토대로서 정견은 업 자산 정견을 뜻한다고 복주서에서 설명합니다. 이와 관련하여 ① 열 가지 토대 정견, ② 업 자산 정견, ③ 네 가지 진리 정견의 세 가지 정견에 대해 설명하겠습니다.

먼저 〈살라의 바라문들 경〉(M41) 등에서 부처님께서는 열 가지 토대 정견dasavatthuka sammādiṭṭhi을 설하셨습니다. 이것은 "① 보시하는 것의 이익이 있다. ② 크게 보시하는 헌공의 이익이 있다. ③ 선물 등으로 작게 보시하는 선사의 이익이 있다. ④ 선행과 악행의 좋은 결과가 있다. ⑤ 어머니란 존재는 있다. 즉 어머니를 잘 봉양하면 좋은 결과를 받고 잘 봉양하지 않으면 나쁜 결과를 받는다. ⑥ 아버지란 존재는 있다. 마찬가지로 아버지를 잘 봉양하면 좋은 결과를 받고 잘 봉양하지 않으면 나쁜 결과를 받는다. ⑦ 화생 중생들이 있다. 즉 태어날 때 정신과 신체를 처음부터 완전하게 구족한 채 태어나는 천신이나 지옥, 아귀 중생들이 있다. ⑧ 이 세상은 있다. 즉 이 현생은 있다. 혹은 이 인간세상이란 있다. 혹은 이 우주는 있다. ⑨ 저 세상은 있다. 즉 죽은 뒤의 저 세상은 있다. 혹은 인간세상을 제외한 다른 천상, 지옥 등의 세상은 있다. 혹은 이 우주를 제외한 다른 우주는 있다. ⑩ 이 세상과 저 세상을 스스로 특별히 알고 실현하고서 다른 이들에게 설명할 수 있는 그러한 사문, 바라문들이 있다"라는 열 가지 항목에 대해서 올바른 견해를 가지는 것입니다.

두 번째로는 업 자산 정견kammassakatā sammādiṭṭhi이 있습니다. 위의 열 가지 토대 정견도 내용으로 보면 업 자산 정견에 포함된다고 할 수 있습니다. 업 자산 정견이란 "선업과 불선업이라는 업만이 태어나는 생마다 항상 따라다니는 자신의 진정한 재산이다. 업만이 자신에게 항상 남겨지는 유산이다. 업만이 근본원인이다.[302] 업만이 자신의 진정한 친구, 권속이다. 업만이 진정한 의지처다. 선행과 악행을 행한다면 그것에 따

302 'kammayoni'라는 구절을 번역한 것이다. 'yoni'란 원래 '모태'라는 뜻인데 여기서는 다른 여러 가지 조건 중에서 제일 중요한 조건, 제일 주요한 원인이라는 의미를 가지고 있다.

라 과보를 받을 것이다"라고 바르게 견해를 가지는 것입니다.

업이바로 자기재산 상속자요 근본원인
권속이며 의지처라 선악따라 과보받아

물질적인 재산은 물이나 불 등의 여러 가지 재해에 의해 언제든지 무너질 수 있습니다. 그래서 물질적인 재산은 진짜 재산이라고 할 수 없습니다. 하지만 업은 어떠한 재해에 의해서도 무너지지 않습니다. 중생들의 정신적 연속에서 조건이 갖추어지면 언제든지 그 결과가 생겨납니다. 그래서 업만이 중생들의 진정한 재산입니다.

또한 중생들은 죽을 때 재산이나 친척, 친지 등을 함께 데려갈 수 없습니다. 가져갈 수 있는 것은 오직 업뿐입니다. 업만을 상속할 수 있습니다.

"업은 땅이고 의식은 씨앗이고 갈애는 수분이다. 중생들은 무명이라는 장애로 덮이고 갈애라는 족쇄에 묶여서 … 내생에 다시 존재하게 된다"라는 부처님의 설법처럼(A3:76) 업은 마치 땅처럼 다시 태어남의 바탕입니다. 원문에는 '모태yoni'라고 했는데, 이것은 근본 원인이라는 뜻입니다.[303]

세속의 친지들은 죽고 나서까지 함께할 수 없습니다. 이 세상에 살아 있는 동안뿐입니다. 하지만 오랜 세월 타향을 헤매던 나그네가 무사히 돌아왔을 때 친척들이나 친지들이 환영하듯이 공덕들을 쌓고 이 세상에서 저 세상으로 갈 때 공덕들이 친지들처럼 사랑스럽게 그를 반깁니다(Dhp.219, 220). 그래서 업만이 진정한 권속이라고 할 수 있습니다.

303 본서 제7장의 '업과 업보의 법칙'에서도 언급했다.

그렇다면 끝없는 윤회의 고통에서 존재들은 무엇을 의지해야 할까요? 재산이나 친척, 친구를 의지해야 할까요? 그러한 존재들은 죽으면 헤어져야 합니다. 오직 업만이 진정한 의지처입니다. 선한 업을 실천하여 그 공덕을 진정한 의지처로 삼아야 합니다.

언젠가 부처님께서 제따와나에 머무실 때 수바Subha라는 젊은이가 부처님께 다음과 같이 질문했습니다(M135).

"고따마 존자시여, 어떤 원인과 어떤 조건 때문에 같은 사람이지만 수명, 건강, 용모, 명성, 재산, 가문, 지혜 등에서 차이가 납니까?"

부처님께서는 먼저 다음과 같이 간략하게 대답하셨습니다.

"바라문 젊은이여, 중생들에게는 업만이 각자의 진정한 재산이다. 업만을 상속받는다. 업이 근본원인이다. 업이 권속이다. 업이 의지처이다. 업, 바로 그것이 중생들을 천박하거나 고귀하게 만든다."

수바 바라문이 자세한 설명을 청하자, 부처님께서는 다음과 같이 자세하게 설해 주셨습니다.

"살생을 행하면 죽어서 악처에 태어나고, 사람으로 태어나더라도 수명이 짧다. 살생을 행하지 않으면 천상에 태어나고 사람으로 태어나더라도 수명이 길다."

"중생들을 해치면 죽어서 악처에 태어나고, 사람으로 태어나더라도 병이 많다. 해치지 않으면 천상에 태어나고 사람으로 태어나더라도 건강하다."

"화를 내면 죽어서 악처에 태어나고, 사람으로 태어나더라도 용모가 추하다. 화를 내지 않으면 천상에 태어나고 사람으로 태어나더라도 용모가 훌륭하다."

"질투가 심하면 죽어서 악처에 태어나고, 사람으로 태어나더라도 권세가 적다. 질투하지 않으면 천상에 태어나고 사람으로 태어나더라도 권세가 많다."[304]

"보시하지 않으면 죽어서 악처에 태어나고, 사람으로 태어나더라도 가난하다. 보시하면 천상에 태어나고 사람으로 태어나더라도 부유하다."

"공경해야 할 사람에게 공경하지 않으면 죽어서 악처에 태어나고, 사람으로 태어나더라도 낮은 가문에 태어난다. 공경해야 할 사람에게 공경하면 천상에 태어나고 사람으로 태어나더라도 높은 가문에 태어난다."

"현자를 찾아가서 무엇이 선이고 무엇이 악인지 등에 대해 질문하지 않으면 죽어서 악처에 태어나고,[305] 사람으로 태어나더라도 우둔하다. 질문하면 천상에 태어나고 사람으로 태어나더라도 지혜롭다."

살생하면 단명해 자애장수해
괴롭히면 병약해 연민건강해
화를내면 추악해 참아수려해
질투하면 쓸쓸해 수희순응해
인색하면 가난해 보시부유해
불경하면 저열해 공경고귀해
질문않아 우둔해 질문현명해
나쁜행위 나쁘게 좋으면좋게
선불선업 업따라 과보받으리[306]

304 여기서 '권세가 적다appesakkho'란 마치 밤에 쏜 화살이 보이지 않는 것처럼 대중이 적다는 뜻이다(MA.iv.179). 대중이 잘 따른다는 뜻도 있어 뒤에 표현한 게송에서는 '순응해'라고 표현했다.

305 질문하지 않는 것만으로 지옥에 태어나는 것은 아니다. 질문을 하지 않으면 무엇이 해야 할 것인지, 하지 말아야 할 것인지 알지 못한다. 알지 못하기 때문에 하지 말아야 할 것을 한다. 그래서 지옥에 태어난다(MA.iv.179).

306 마하시 사야도의 게송을 한국어에 맞게 각색했다.

세 번째로는 네 가지 진리 정견catusacca sammādiṭṭhi, 즉 네 가지 진리에 대한 정견이 있습니다. 네 가지 진리란 일반적으로 아는 바와 같이 괴로움이라는 진리, 괴로움의 생겨남이라는 진리, 괴로움의 소멸이라는 진리, 괴로움의 소멸로 인도하는 실천이라는 진리입니다. 먼저 괴로움이라는 진리는 태어남, 늙음, 죽음, 슬픔, 비탄, 육체적 고통, 정신적 고통인 근심, 절망, 좋아하지 않는 대상과 만나야 하는 것, 좋아하는 대상과 헤어져야 하는 것, 얻지 못하는 것을 얻으려 하는 것을 말하며 요약하자면 다섯 무더기 그 자체가 괴로움입니다. 괴로움의 생겨남이라는 진리는 그러한 괴로움을 생겨나게 하는 원인인 갈애를 말하며 감각욕망 갈애, 존재 갈애, 비존재 갈애가 있습니다. 괴로움의 소멸이라는 진리는 괴로움을 생겨나게 하는 원인인 갈애가 남김없이 사라져 소멸한 상태, 그래서 모든 괴로움까지 소멸한 상태인 열반을 뜻합니다. 괴로움의 소멸로 인도하는 실천이라는 진리는 바른 견해, 바른 사유, 바른 말, 바른 행위, 바른 생계, 바른 노력, 바른 새김, 바른 삼매를 뜻합니다.

또한 정견을 ① 업 자산 정견, ② 선정 정견, ③ 위빳사나 정견, ④ 도 정견, ⑤과 정견, ⑥반조 정견이라는 여섯 종류로 나누기도 합니다.[307]

① 업 자산 정견kammassakatā sammādiṭṭhi은 앞에서 설명했듯이 업과 업의 결과가 있다고 아는 것, 아는 지혜를 뜻합니다.

② 선정 정견jhāna sammādiṭṭhi이란 선정이 생겨날 때 함께 결합된 지혜를 말합니다. 선정이란 마음이 한 대상에 몰입된 상태를 뜻하는데 사마타 수행의 경우는 사마타 수행의 대상에 몰입된 대상 선정ārammaṇupanijjhāna, 위빳사나 수행의 경우는 물질과 정신의 무상·

307 《앙굿따라 니까야 주석서》에서는 반조 정견을 생략하고 다섯 가지로(AA.i.369), 《맛지마 니까야 주석서》에서는 선정 정견을 생략하고 반조 정견을 포함해서 다섯 가지로(MA.iii.95) 설명했다. 《앙굿따라 니까야 주석서》의 다른 곳에서는 이 여섯 가지를 다 언급했다(AA.iii.45).

고 · 무아라는 특성에 몰입된 특성 선정lakkhaṇupanijjhāna이 있습니다. 특성 선정은 뒤에 설명할 위빳사나 정견과 비슷하기 때문에 여기서는 사마타 선정이 생겨날 때 포함된 지혜를 뜻한다고 알면 되겠습니다. 하지만 사마타 선정이 생겨날 때는 삼매가 강하기 때문에 선정과 결합한 지혜가 분명하지는 않습니다.[308]

③ 위빳사나 정견vipassanā sammādiṭṭhi이란 위빳사나 수행이 진전되어 생겨나는 여러 위빳사나 지혜, 즉 물질과 정신을 구별하는 지혜, 원인과 결과를 파악하는 지혜, 무상과 괴로움과 무아를 꿰뚫어 아는 지혜 등을 뜻합니다.

④ 도 정견magga sammādiṭṭhi이란 위빳사나 지혜가 구족되어 열반을 대상으로 수다원, 사다함, 아나함, 아라한이라는 네 가지 도의 마음이 생겨나는데 그 도의 마음과 함께 생겨나는 지혜를 뜻합니다.

⑤ 과 정견phala sammādiṭṭhi이란 도의 마음이 생겨난 직후나 혹은 나중에 열반을 대상으로 네 가지 과의 마음이 생겨나는데 그 과의 마음과 함께 생겨나는 지혜를 뜻합니다.

⑥ 반조 정견paccavekkhaṇā sammādiṭṭhi이란 도와 과를 얻은 뒤 자신이 얻은 도나 과, 열반, 제거한 번뇌, 남아 있는 번뇌 등에 대해 반조하는 마음과 함께 생겨나는 지혜를 뜻합니다.

이중 반조 정견은 도와 과를 얻은 뒤라면 저절로 생겨나는 지혜이기 때문에 따로 노력할 필요가 없습니다. 과 정견도 마찬가지로 도를 얻으면 저절로 과보로서 생겨나는 지혜이기 때문에 따로 수행할 필요가 없습니다. 제일 중요한 것은 도의 지혜를 생겨나게 해서 각각 해당되는 번뇌를 더 이상 생겨나지 못하도록 근절하는 것입니다. 하지만 도의 지혜도

308 《*Dhammasacca tayato*초전법륜경에 대한 법문》, p.173 참조.

그 앞부분에 아무런 수행 없이 그냥 순간적으로 생겨나는 것이 아닙니다. 위빳사나 지혜가 무르익어야 생겨납니다. 즉 위빳사나 수행을 실천해야 한다는 뜻입니다. 위빳사나 수행도 바탕이 튼튼하지 못하면 잘 향상되지 못합니다. 바탕이 되는 바른 견해나 지계, 삼매가 갖추어져야 합니다.

물라뿝바 아리야 삼단도요소
도요소를 닦으면 열반이르러

따라서 먼저 "계를 청정하게, 견해를 바르게 하고"라는 등으로 설하신 대로(S47:3/S.iii.124). 업과 업의 결과에 대해 확신하는 업 자산 정견이라는 바탕을 갖추어야 합니다. 또한 계를 청정히 해야 합니다. 재가자라면 오계나 팔계, 그리고 가능하다면 재가자의 율에 해당되는 여러 의무까지, 출가자라면 각각 해당되는 비구계나 비구니계를 비롯하여 각각에 해당되는 의무까지 다하여 계청정을 갖추어야 합니다. 그리고는 사마타 수행을 통해 근접삼매나 몰입삼매, 즉 선정까지 닦은 뒤 그 몰입삼매를 바탕으로 위빳사나 수행을 실천할 수도 있고, 사마타 수행을 하지 않고 바로 위빳사나 수행을 실천하여 실재하는 물질과 정신마다 찰나적으로 집중하는 찰나삼매를 바탕으로 할 수도 있습니다. 이렇게 업 자산 정견, 청정한 계, 사마타 수행자의 근접삼매 혹은 몰입삼매나 위빳사나 수행자의 찰나삼매는 바탕이 되기 때문에 근본 도 구성요소mūlamaggaṅga라고 합니다.

위빳사나 찰나삼매가 형성되면 실재하는 물질과 정신의 고유한 성품들, 무상 · 고 · 무아라는 공통된 특성들을 분명하게 아는 위빳사나 지혜, 위빳사나 정견이 생겨납니다. 위빳사나 수행을 할 때 생겨나는 도 구성요소들은 도의 앞부분에서 생겨나기 때문에 앞부분 도 구성요소pubbabhāgamaggaṅga라고 합니다.

위빳사나 지혜가 단계적으로 향상되어 나가다가 완전히 무르익었을 때, 도의 마음이 생겨나면서 각각 해당되는 번뇌들을 제거합니다. 도의 순간에 생겨나는 도 구성요소들은 성스러운 도 구성요소ariyamaggaṅga라고 합니다. 그리고 곧바로 뒤이어 열반을 대상으로 과의 마음이 생겨나고, 그 뒤에 반조의 마음이 생겨납니다.

여러분들 모두가 근본 도 구성요소를 바탕으로 위빳사나 지혜를 계발하고 성스러운 도를 증득하여 모든 고통에서 벗어나 진정 행복하고 안락하길 바랍니다.

## ●● 빠알리어의 발음과 표기

빠알리어는 고유의 표기법을 가지고 있지 않습니다. 그래서 나라마다 자신의 언어로 표시합니다. 한국어의 경우 지금까지 빠알리어에 대한 한국어 고유의 표기법이 없어 소리 나는 대로 비슷하게 표현한 후 영어 표기법을 병기하여 표시했으나, 본 책에서는 독송과 관련된 경우는 순전히 한글로만 빠알리어를 나타냈습니다. 각각의 표기와 발음은 아래와 같습니다.

### 일반적인 표기

#### 모음

| | | | |
|---|---|---|---|
| 단모음 | a아 | i이 | u우 |
| 장모음 | ā아̄ | ī이̄ | ū우̄ |
| 복모음 | e에 | o오 | |

#### 자음

| | 무성 무기음 | 무성 대기음 | 유성 무기음 | 유성 대기음 | 비음 |
|---|---|---|---|---|---|
| 후음 | ka까 | kha카 | ga가 | gha가° | ṅa앙. |
| 구개음 | ca짜 | cha차 | ja자 | jha자° | ña냐 |
| 권설음 | ṭa따。 | ṭha타。 | ḍa다。 | ḍha다°. | ṇa나。 |
| 치음 | ta따 | tha타 | da다 | dha다° | na나 |
| 순음 | pa빠 | pha파 | ba바 | bha바° | ma마 |
| 반모음 | ya야 | ra라 | la라 | va와 | |
| 마찰음 | sa사 | | | | |
| 기식음 | ha하 | | | | |
| 설측음 | ḷa라。 | | | | |
| 억제음 | ṁ앙 | | | | |

## 특별한 경우의 표기

### ″ 자음중복

예를 들어 '밋체야″ miccheyya'라는 단어의 '체야″'라는 표기에서 '체야'라고 표현하면 '야'가 'ya'인지 'yya'인지 알 수 없습니다. 그래서 '″'라는 표기를 사용하여 자음이 중복됨을 표현합니다. 비슷한 예로 '울로″께야″타 ullokeyyātha'라는 단어에서 그냥 '울로'라고 표현하면 '로'의 'ㄹ'이 'ㄹ' 하나임을 나타내므로 'ㄹ'이 두 개임을 나타내기 위해 '울로″'라고 표현합니다.

### ˂ '야'의 표기

예를 들어 '깝빳타잉 kappaṭṭhāyiṁ'이라는 단어에서 '잉'이라고 표현하면 'iṁ'으로 오해할 수 있습니다. 그래서 'yiṁ'임을 나타내기 위해 '잉'이라고 표현합니다.

### ˇ '와'의 표기

예를 들어 '이다마오̌짜 idamavoca'라는 단어에서 '오'라고 표현하면 'o'라고 오해할 수 있습니다. 그래서 'vo'을 나타내기 위해 '오̌'라고 표현합니다.

### 점이 겹치는 경우 '₊'와 '₋'를 사용한다

예를 들어 '소나단₋다 Soṇadaṇḍa'라는 단어 중 '단₋' 음절에서 아랫점이 첫소리에 붙는지 끝소리에 붙는지 분명하지 않기 때문에 '₋'라는 표현을 통해 끝소리에 붙는 것을 표현합니다. 마찬가지로 위의 '아밥바 abhabba'라는 단어의 경우에도 윗점이 첫소리에 붙는다는 것을 확실하게 표현하기 위해서 '아밥₊바 abhabba'라고 표현할 수 있습니다.

## 받침의 표기

받침으로 쓰일 수 없는 중복된 받침은 'ㅅ', 'ㄱ', 'ㅂ' 으로 통일합니다. 한글 맞춤법 규정에 따라 '짜, 자, 땨, 댜, 따, 다'의 자음이 중복될 때에는 모두 앞의 자음에 'ㅅ' 받침으로 표기합니다. '까, 가'의 자음이 중복될 때에는 모두 앞의 자음에 'ㄱ' 받침으로 표기합니다. '빠, 바'의 자음이 중복될 때에는 모두 앞의 자음에 'ㅂ' 받침으로 표기합니다.

## 발음

### 모음의 발음

- 모음은 표기된 대로 발음하면 됩니다.
- '아'의 발음은 실제로는 우리말 '어'에 가까운 소리로 발음합니다.

### 단음

- 단모음 '아', '이', '우'는 짧게 발음합니다.
- 복모음 '에'와 '오'가 겹자음 앞에 올 때도('**엣타**'의 '**에**') 짧게 발음합니다.

### 장음

- 장모음 '아̄', '이̄', '우̄'는 길게 발음합니다.
- 복모음 '에', '오'가 단자음 앞에 올 때도('**삼모디**'의 '**모**') 길게 발음합니다.
- 단모음이 겹자음 앞에 올 때와('**바ᵖ쿠**'의 '**바ᵖ**') 억제음(ṁ앙) 앞에 올 때

도('**짝쿵**'의 '**쿵**') 길게 발음합니다.

- 단모임이나 복모음이 장음으로 발음되는 경우, 표현의 복잡성을 고려하여 따로 장음부호 '¯'를 붙이지 않았습니다. 〈독송할 때 참조하기 바랍니다.〉

## 자음의 발음

### 후음 (까, 카, 가, 가̊, 앙̇)

혀뿌리를 여린입천장(입천장 안쪽의 부드러운 부분)에 부딪히면서 낸다고 설명하기도 하고 목청에서 소리를 낸다고 설명하기도 합니다. 대부분 표기된 대로 발음하면 됩니다. 특히 '**가̊**'는 강하게 콧소리로 '가'하고 발음합니다. 'ṅa **앙̇**'은 보통 받침으로 많이 쓰입니다. 대표적인 예가 '**상̇가̊**' saṅghaṁ'이고, '**앙**'이라고 발음합니다.

### 구개음 (짜, 차, 자, 자̊, 냐̰)

혀 가운데로 단단입천장(입천장의 딱딱한 부분)의 튀어나온 부분에 부딪히면서 냅니다. 대부분 표기된 대로 발음하면 됩니다. '**자̊**'는 '**가̊**'와 마찬가지로 강하게 콧소리로 '자'하고 발음합니다. '**ㄴ̰**'는 '아' 모음 앞에 올 때는 '냐'로 발음하고, 받침으로 올 때는 'ㅇ'이나 'ㄴ'으로 발음합니다. 즉 뒤에 오는 자음이 목구멍에서 가까우면 'ㅇ', 멀면 'ㄴ'으로 발음합니다. 예를 들어 '**빠딴̰잘리̄** patañjalī'의 경우에는 '빠딴잘리'로, '**밀린다빤̰하** milindapañha'의 경우에는 '밀린다빵하'로 발음합니다.

**권설음 (따̣, 타̣, 다̣, 댜̣, 나̣)**

입천장 머리(입천장의 한가운데 부분)를 혀끝으로 반전하며 소리를 냅니다. '댜̣'는 머리를 혀끝으로 반전하며 강하게 콧소리로 '다'하고 발음합니다.

**치음 (따, 타, 다, 댜, 나)**

혀끝을 윗니의 정면에 부딪히면서 소리를 냅니다. '댜'는 혀끝을 윗니의 정면에 부딪히며 강하게 콧소리로 '다'하고 발음합니다.

**순음 (빠, 파, 바, 뱌, 마)**

두 입술로 소리를 냅니다. '뱌'는 강하게 콧소리로 '바'하고 발음합니다.

**반모음 (야, 라, 라̃, 와)**

'야'는 그대로 '야'로 발음하고, '라'는 혀 가운데를 경구개에 부딪히면서 '라'하고 발음합니다. '라̃'는 혀끝을 윗니의 정면에 부딪히면서 '을라'하고 발음합니다. '와'는 모음 앞에서는 독일어의 'w'처럼 '바'로 발음해야 한다고 설명하기도 하고, 입을 둥글게 오므린 뒤 '와'라고 발음해야 한다고(미얀마) 설명하기도 합니다. 자음 뒤에서는 일반적으로 영어의 'w'처럼 '와'로 발음합니다. 표기할 때는 모두 '와'로 통일했습니다. 특별한 경우로 'yha'라는 단어는 '야'라고 표기했습니다. 발음은 '샤'로(미얀마) 발음합니다.

**마찰음 (사)**

이를 서로 마찰시키면서 '싸'하고 발음합니다. 약한 '사' 발음보다는 조금 강한 '싸'의 발음에 더 가깝습니다.

**기식음 (하)**

한국어의 '하' 발음과 같습니다.

**설측음 (라)**

입천장 머리(입천장의 한가운데 부분)를 혀의 양끝으로 반전하며 소리를 냅니다.

**억제음 (앙, ṁ)**

음성학적으로는 '까, 카, 가, 가' 등 후음 앞에서는 '앙'과 마찬가지로, '짜, 차, 자, 자' 등 구개음 앞에서는 '안'과 마찬가지로, '따, 타, 다, 다' 등 권설음 앞에서는 '안'과 마찬가지로, '따, 타, 다, 다' 등 치음 앞에서는 '안'으로, '빠, 파, 바, 바' 등 순음 앞에서는 '암'으로 발음됩니다. 그 이외의 자음이나 모음 앞, 또는 단독으로 쓰이는 한 단어나 문장의 끝에 올 경우에는 '암'으로(미얀마), 혹은 '앙'으로(스리랑카) 받침을 넣어 발음합니다. 이 책에서는 모두 '앙'으로 표시했습니다.

## ●● 참고문헌


### 빠알리 삼장 및 번역본

The Chaṭṭha Saṅghāyana Tipitaka Version 4.0 (CST4), VRI.

Ashin Guṇālaṅkāra Mahāthera, 《Milindapañhā Vatthu》, Yangon, Khinchouthun Sapei, 1996.

Ashin Sāradassī Sayadaw, 《Dhammapada Aṭṭhakathā Nissaya》, Mandalay, Pitakato pyanbwayei pounhneiktaik, 1973.

Mahāsi Sayadaw, 《Mahāsatipaṭṭhānathouk Pāḷi Nissaya》, Yangon, Buddhasāsanānuggaha aphwe, 2000.

______________, 《Visuddhimagga Myanmarpyan》 4vols, Yangon, Buddhasāsanānuggaha aphwe, 1992.

______________, 《Visuddhimagga Mahāṭikā Nissaya》 4vols, Yangon, Buddhasāsanānuggaha aphwe, 1968.

각묵스님 옮김, 《디가 니까야》 전3권, 초기불전연구원, 2006.

____________, 《상윳따 니까야》 전6권, 초기불전연구원, 2009.

대림스님 옮김, 《청정도론》 전3권, 초기불전연구원, 2004.

____________, 《맛지마 니까야》 전4권, 초기불전연구원, 2012.

____________, 《앙굿따라 니까야》 전6권, 초기불전연구원, 2006~2007.

동봉 역, 《밀린다왕문경》 ①, 민족사, 2003(제3쇄).

백도수 역주, 《위대한 비구니》, 열린경전, 2007.

비구 일창 담마간다 옮김, 《마하시 사야도의 마하사띠빳타나숫따 대역》, 불방일, 2016.

이미령 역, 《밀린다왕문경》 ②, 민족사, 2000.

전재성 역주, 《숫타니파타》, 한국빠알리성전협회, 2004.
_________, 《우다나》, 한국빠알리성전협회, 2009.
_________, 《이띠붓따까》, 한국빠알리성전협회, 2012.

## 사전류

G.P.Malalasekera, 《Dictionary of Pāli Proper names (DPPN)》, London, PTS, 1938.
Ashin Dhammassāmī Bhivaṁsa, 《Pāḷi-Myanmar Abhidhān》, Yangon, Khinchouthun Sapei, 2005.
Department of the Myanmar Language Commission, 《Myanmar-English Dictionary》, Yangon, Ministry of Education, 1993.

김길상, 《佛教大辭典》, 弘法院, 2001.
전재성, 《빠알리-한글사전》, 한국빠알리성전협회, 2005.
水野弘元, 《パーリ語辭典》, 春秋社, 1981.

## 기타 참고도서

Ashin Guṇalaṅkāram mahāthera, 《Minlindapañhāvatthu》, Yangon, Khinchouthunsapei, 1996.
Ashin Janaka Bhivaṁsa,《Thinghyouk Bhāsāṭīkā》, Amarapura, New Burma office Piṭakapounhneiktaik, 2002.
Bhaddanta Tejavanata, 《Mūladhammavisodhanīkyan》, Yangon, Sāsanāyeiwangyiṭhāna Sāsanāyeiujyiṭhāna pounheiktaik, 2006.
Byidounsu Myanmarnaingan Asouya Sāsanāwangyiṭhāna, 《Buddhabhāthā leswekyan》, Yangon, Sāsanāyeiwangyiṭhāna Sāsanāyeiujyiṭhāna pounheiktaik, 2008.

__________________, 《Buddhabhāthātayato》, Yangon,
Sāsanāyeiwangyiṭhāna Sāsanāyeiujyiṭhāna pounheiktaik, 2009.
Dhammācariya U Einain, 《Buddha Abhidhammā Mahānidān》,
Alinthisapei, Yangon, 2011.
__________________, 《Buddhavadagounyi》, Yangon,
Myapanyagounsapei, 2009(제2쇄).
Dhammācariya U Theihlain, 《Yahantāhnin Pugguthumya》,
Yangon, Buddhaathansapei, 1993(제9쇄).
Kyitheleitha Sayadaw, 《Vaṁsakyan》, Yangon, Seikuchouchousapei, 2011.
Ledi Sayadaw, 《Bodhipakkhiyadīpanī》, Yangon,
Mikhineravati saouktaik, 2000.
__________, 《Sāsanasampattidīpanī》, Yangon,
Haṁsāvatī pītaka pounheiktaik, 1953.
Mahāsi Sayadaw, 《Bhārasutta tayato》, Yangon,
Buddhasāsānuggaha aphwe, 2006.
____________, 《Dhammasacca tayato》, 2008.
____________, 《Hemavatasutta tayato》, 2007.
____________, 《Mahāsi Yogīveoyeosin》, 2010.
____________, 《Paṭiccasamuppāda tayatogyi》, 1995.
____________, 《Takkathou Vipassanā》, 1993.
____________, 《Vipassanā Shunikyan》 2vols, 1997.
Mingun Sayadaw, 《Mahābuddhawin》, Yangon,
Sāsanāyeiwangyiṭhāna Sāsanāyeiujyiṭhāna pounheiktaik, 1994.
Saṅgajā Sayadaw, 《Caturārakkhakyan》, Yangon,
Yanaun sapei, 2012.

각묵스님, 《네 가지 마음챙기는 공부》, 초기불전연구원, 2008(개정판2쇄).
______, 《초기불교이해》, 초기불전연구원, 2010.
______, 《초기불교입문》, 이솔출판, 2014.

강종미 번역, 《불교입문》 전2권, 도다가 마을, 2014.
강종미 편역, 《아비담마 해설서》 I, 도다가 마을, 2009.
대림스님/각묵스님, 《아비담마 길라잡이》 전2권, 초기불전연구원, 2002, 전정판 2017.
마하시 사야도 지음, 비구 일창 담마간다 옮김, 《위빳사나 수행방법론》 전2권, 이솔출판, 2013.(재출간, 도서출판 불방일, 2016)
무념 · 응진 역, 《법구경 이야기》 전3권, 옛길, 2008.
밍군 사야도 저, 최봉수 역주, 《大佛傳經》 전10권, 한언, 2009.
비구 일창 담마간다 편역, 《위빳사나 백문백답》, 이솔, 2014.
우 소다나 사야도 법문, 비구 일창 담마간다 옮김, 《통나무 비유경》, 한국마하시선원, 2015.
일묵스님, 《윤회와 행복한 죽음》, 이솔출판, 2010.
일창스님, 《부처님을 만나다》, 이솔출판, 2012.
지나 서미나라 지음, 강태헌 옮김, 《윤회》, 파피에, 2012.
짐 터커 지음, 박인수 옮김, 《어떤 아이들의 전생기억에 관하여》, 김영사, 2015.
한국마하시선원, 《법회의식집》, 2014(초판2쇄 교정판).
허주현진 스님, 《빠알리 문법》, 봉숭아학당, 2014.

## ●● 찾아보기

## ㄴ



## ㄷ



## ㄹ

### ㅅ

## ㅇ

### ㅈ

## ㅊ



## ㅋ



## ㅌ

### ㅍ



### ㅎ

## 지은이

### 비구 일창 담마간다Dhammagandha

1972년 경북 김천에서 출생하여 1996년 서울대 화공과를 졸업하고 해인사 백련암에서 원융 스님을 은사로 출가했다. 범어사 강원을 졸업하고, 2000년과 2005년 두 차례 미얀마에 머물면서 비구계를 수지한 뒤 미얀마어와 빠알리어, 율장 등을 공부했으며, 찬매 센터, 파옥 센터, 마하시 센터 등에서 수행했다. 현재 진주 녹원정사에서 정기적으로 초기불교 강의를 하고 있으며, 한국마하시선원과 호두마을을 오가며 우 소다나 사야도의 법문을 통역하면서 위빳사나 수행의 기초를 지도하고 있다. 2019년 12월 양곤 마하시 수행센터에서 깜맛타나짜리야 칭호를 받았다. 저서로 《부처님을 만나다》, 역서로 《위빳사나 수행방법론》(전2권), 《위빳사나 백문백답》, 《통나무 비유경》, 《마하사띠빳타나숫따 대역》, 《어려운 것 네 가지》, 《담마짝까 법문》, 《알라와까숫따》, 《헤마와따숫따 법문》, 《보배경 강설》, 《아비담마 강설1》 등이 있다.

## 감수자

### 우 소다나U Sodhana 사야도

1957년 미얀마 머그웨이 주에서 출생하여 1972년에 사미계, 1979년에 비구계를 수지했다. 1992년에 담마짜리야 법사 시험에 합격했고, 잠시 먀다웅 강원에서 강사로 재직했다. 1995년에 마하시 수행센터에서 수행한 뒤 마하시 센터 부설 외국전법학교에서 5년간 수학했다. 그 뒤 마하시 수행센터에서 수행지도법사로 수행자를 지도하다 2002년에 처음 한국에 왔다. 2007년 8월부터 한국마하시선원 선원장으로 지내며 경전과 아비담마를 강의하면서 강릉 인월사와 호두마을 등지에서 위빳사나 수행을 지도하고 있다. 2013년에 양곤 마하시 수행센터 국외 나야까 사야도로 임명됐고, 2017년 12월 공식적으로 칭호를 받았다. 2019년 3월 미얀마 정부에서 수여하는 마하깜맛타나짜리야 칭호를 받았다.

## 법 보시 명단


**지은이** | 비구 일창 담마간다

**감　수** | 우 소다나 사야도

**교　정** | 까루나, 홍수연, 향원, 수뭇따, 난다싸리

**보　시** | 이장천, 권봉화, 김춘화, 김동율, 이종철, 김정림, 이진비

**도표도안** | 다룩칸다띳사

**표지그림** | 담마시리

**표지사진제공** | 유근자


삽바다낭 담마다낭 지나띠
Sabbadānaṁ dhammadānaṁ jināti.
모든 보시 중에서 법 보시가 으뜸이니라.

이당 노 뿐냥 닙바낫사 빳짜요 호뚜
Idaṁ no puññaṁ nibbānassa paccayo hotu.
이러한 우리들의 공덕으로 열반에 이르기를.

이망 노 뿐냐바강 삽바삿따낭 바제마
Imaṁ no puññabhāgaṁ sabbasattānaṁ bhājema.
이러한 우리들의 공덕몫을 모든 존재에게 회향합니다.

사두 사두 사두
Sādhu, Sādhu, Sādhu.
훌륭합니다, 훌륭합니다, 훌륭합니다.

- 이 책에서 교정할 내용들을 아래 주소로 메일 보내주시면 다음에 책을 펴낼 때 많은 도움이 될 것입니다. 많은 관심 부탁드립니다.(nibbaana@hanmail.net)

- 한국마하시선원에서 운영하는 도서출판 불방일에서는 마하시 사야도의 법문은 「큰북」 시리즈로, 우 소다나 사야도의 일반 법문은 「불방일」 시리즈로, 우 소다나 사야도의 아비담마 법문은 「아비담마 강설」 시리즈로, 비구 일창 담마간다의 법문은 「법의 향기」 시리즈로, 독송집이나 법요집은 「큰북소리」로 출간하고 있습니다. 여러분들의 많은 법 보시를 기원합니다.(농협 355-0041-5473-53 한국마하시선원)

# 가르침을 배우다
## 빠알리 성전을 통해 본 불교 기초 교리

개정판 1쇄 발행일 | 2021년 7월 23일

지 은 이 | 비구 일창 담마간다
감　　수 | 우 소다나 사야도
펴 낸 이 | 사단법인 한국마하시선원
디 자 인 | (주)나눔커뮤니케이션 02)333-1736

펴 낸 곳 | 도서출판 불방일
등　　록 | 691-82-00082
주　　소 | 경기도 안양시 만안구 경수대로 1201번길 10
(석수동 178-19) 2층
전　　화 | 031)474-2841
팩　　스 | 031)474-2841
홈페이지 | http://koreamahasi.org
이 메 일 | nibbaana@hanmail.net

* 잘못된 책은 구입하신 서점에서 바꿔드립니다.

값 27,000원
ISBN 979-11-970021-3-7